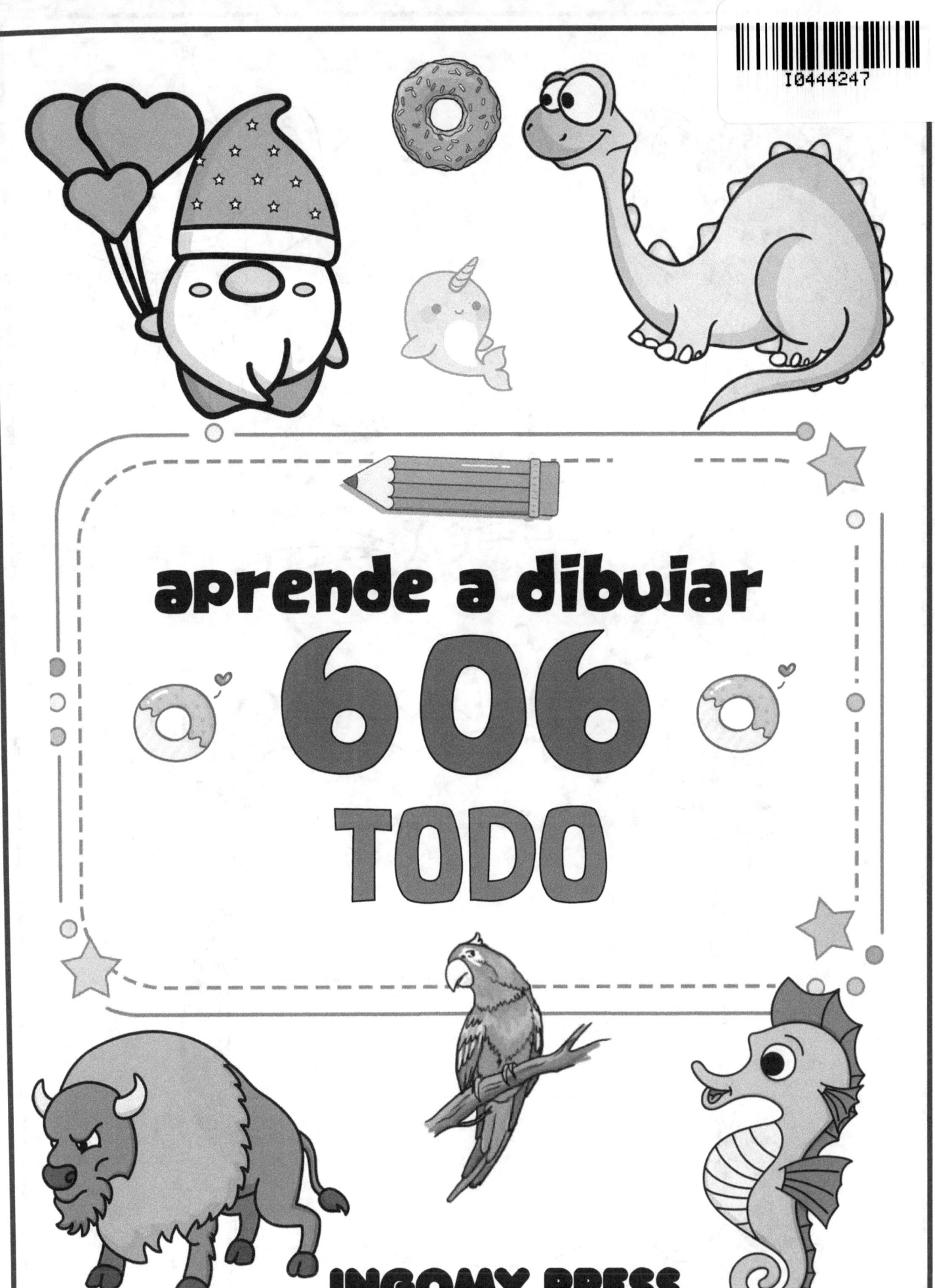

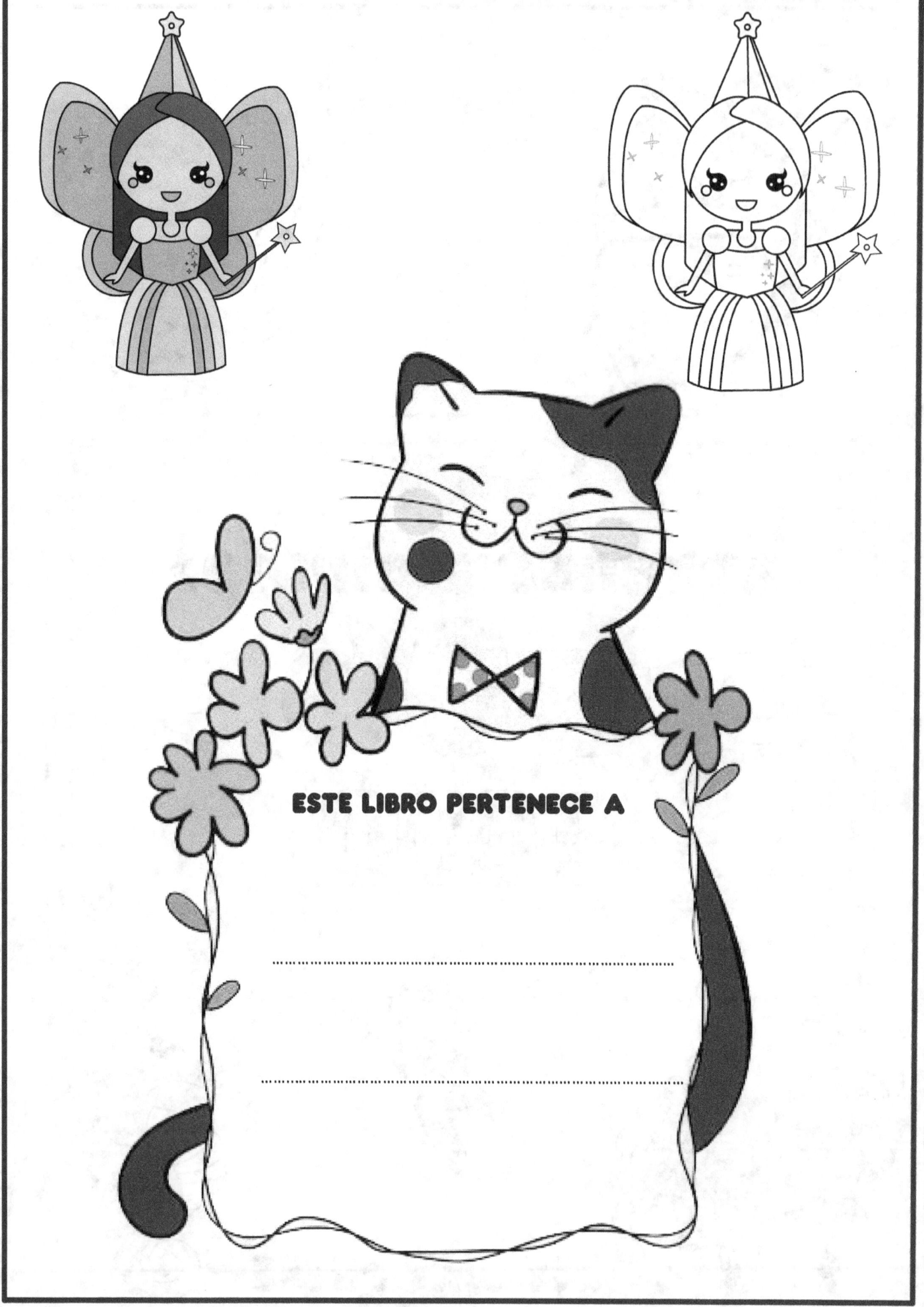

aprende a dibujar 606

Copyright © 2024

Reservados todos los derechos. Ninguna parte de esta publicación puede ser reproducida, distribuida o transmitida en ninguna forma o por ningún medio, incluyendo fotocopias, grabaciones u otros métodos electrónicos o mecánicos, sin el permiso previo por escrito del editor, excepto en el caso de citas breves incorporadas en reseñas críticas y ciertos otros usos no comerciales permitidos por la ley de derechos de autor.

Este libro es solo para fines informativos y educativos. El autor y el editor han hecho todo lo posible para garantizar la precisión de la información contenida en este libro, pero no ofrecen garantías ni declaraciones con respecto a la precisión, aplicabilidad o integridad de los contenidos de este libro. La información contenida en este libro es estrictamente para fines educativos. Por lo tanto, si desea aplicar las ideas contenidas en este libro, asume la plena responsabilidad de sus acciones.

Marcas comerciales

Todas las marcas comerciales, marcas de servicio y nombres comerciales en este libro son marcas comerciales o marcas comerciales registradas de sus respectivos propietarios.

Cover illustration © 2024

Contenido

- Mariposas
- La escuela
- Maquillaje
- Juguetes
- Videojuegos
- Mascotas
- Animales del zoológico
- Animales marinos
- Pájaros
- Insectos
- Dinosaurios
- Unicornio
- Flores
- Naturaleza
- Comida
- Bebida
- Helado
- Dulces
- Verduras
- Frutas
- Emojis
- Espacio
- Deportes
- Dibujos animados
- San Valentín
- Monstruos
- Vehículos
- Autos
- Navidad
- Música
- 3D
- Juguetes
- Sirenas
- Kawaii
- Cosas lindas
- Halloween
- Superhéroes
- Dibujos mágicos

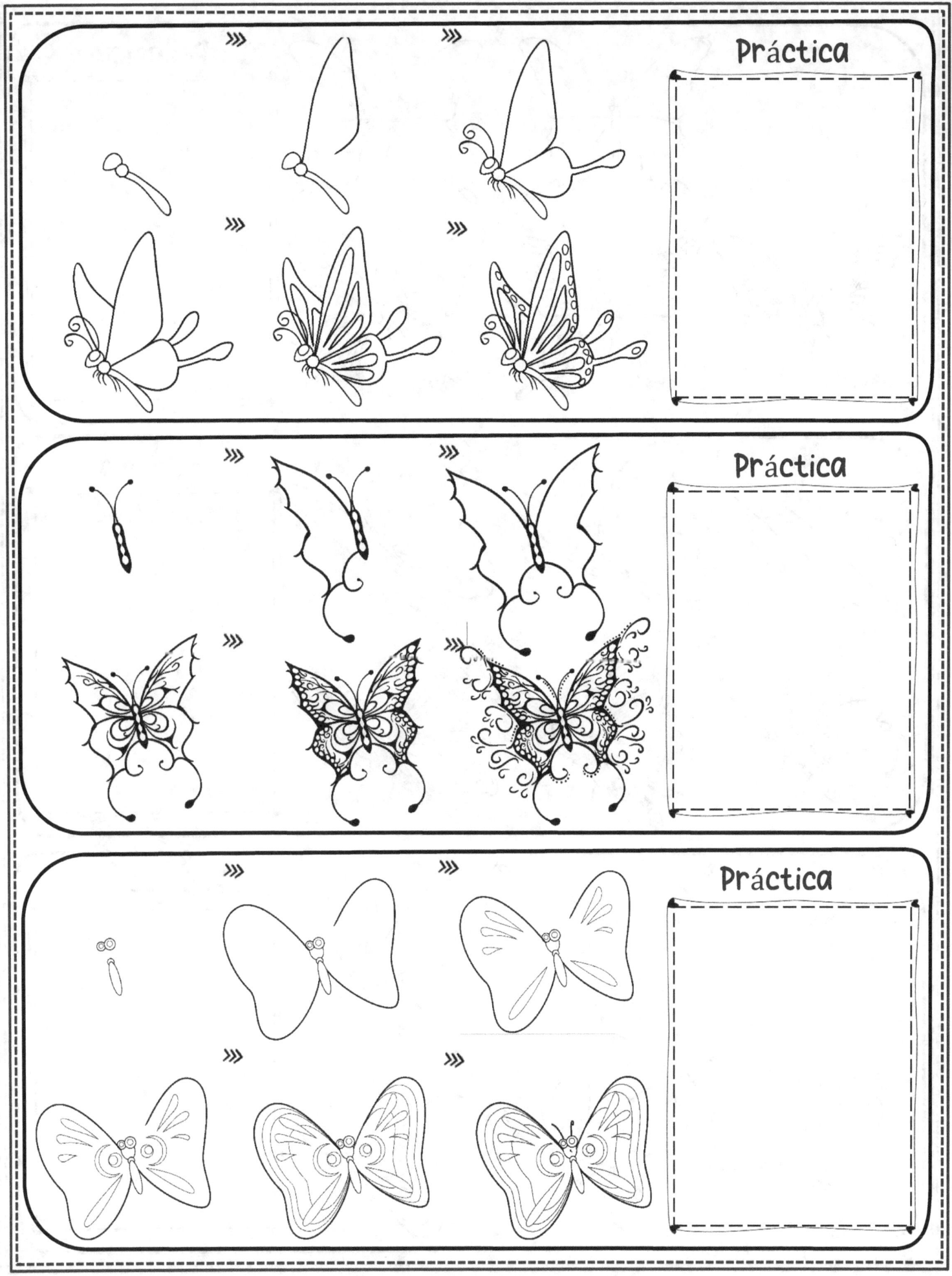

Práctica

Práctica

Práctica

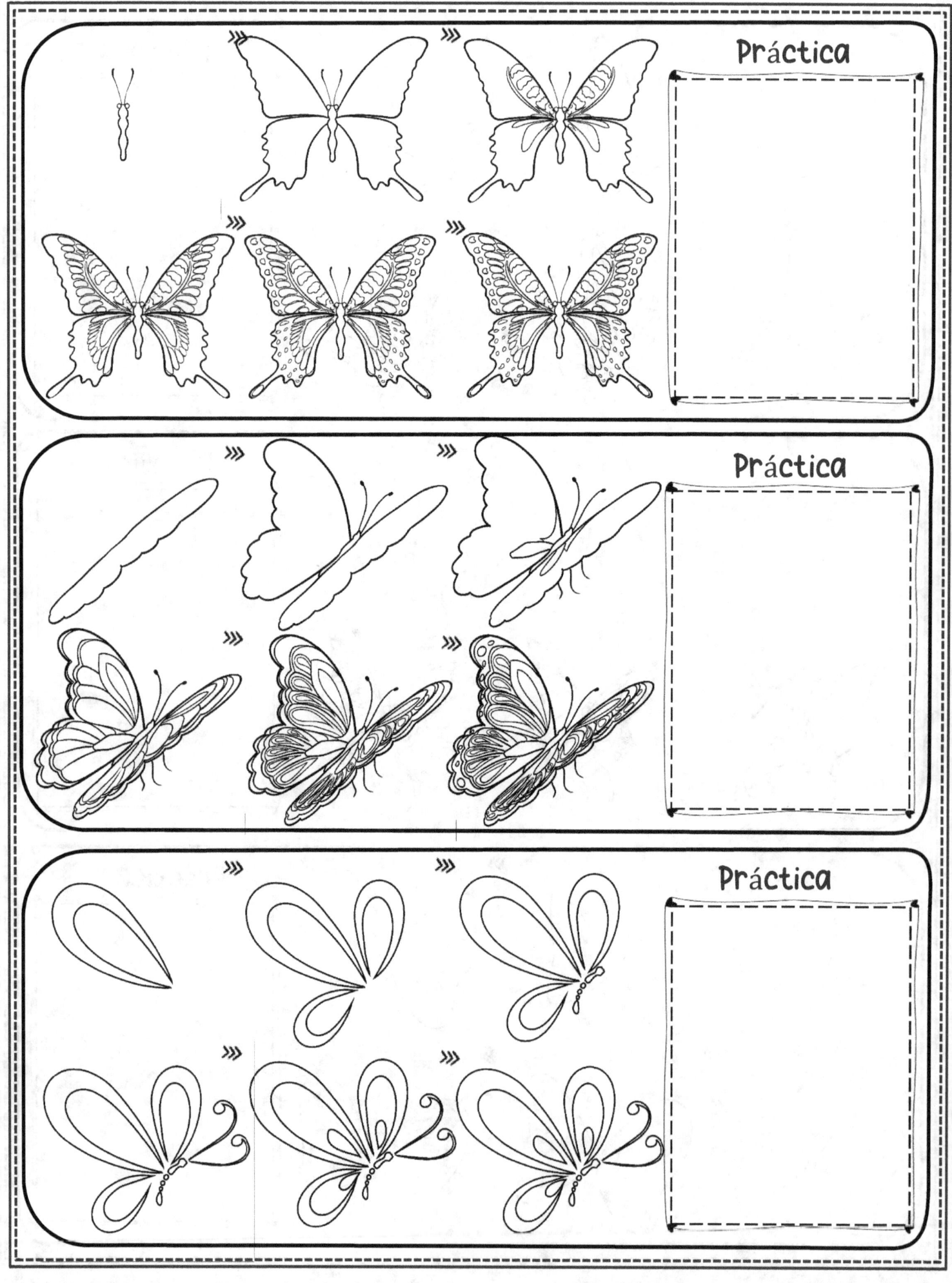

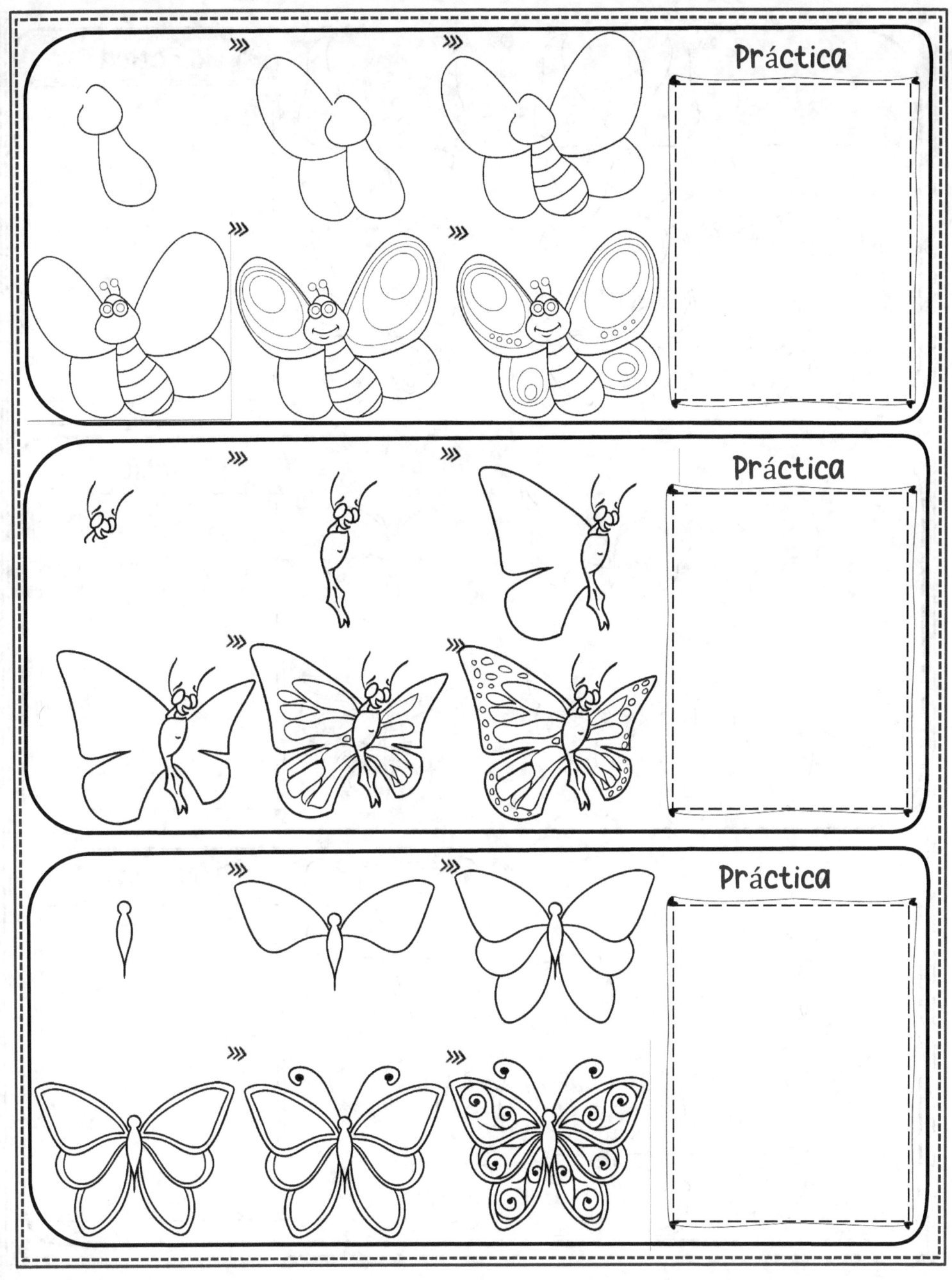

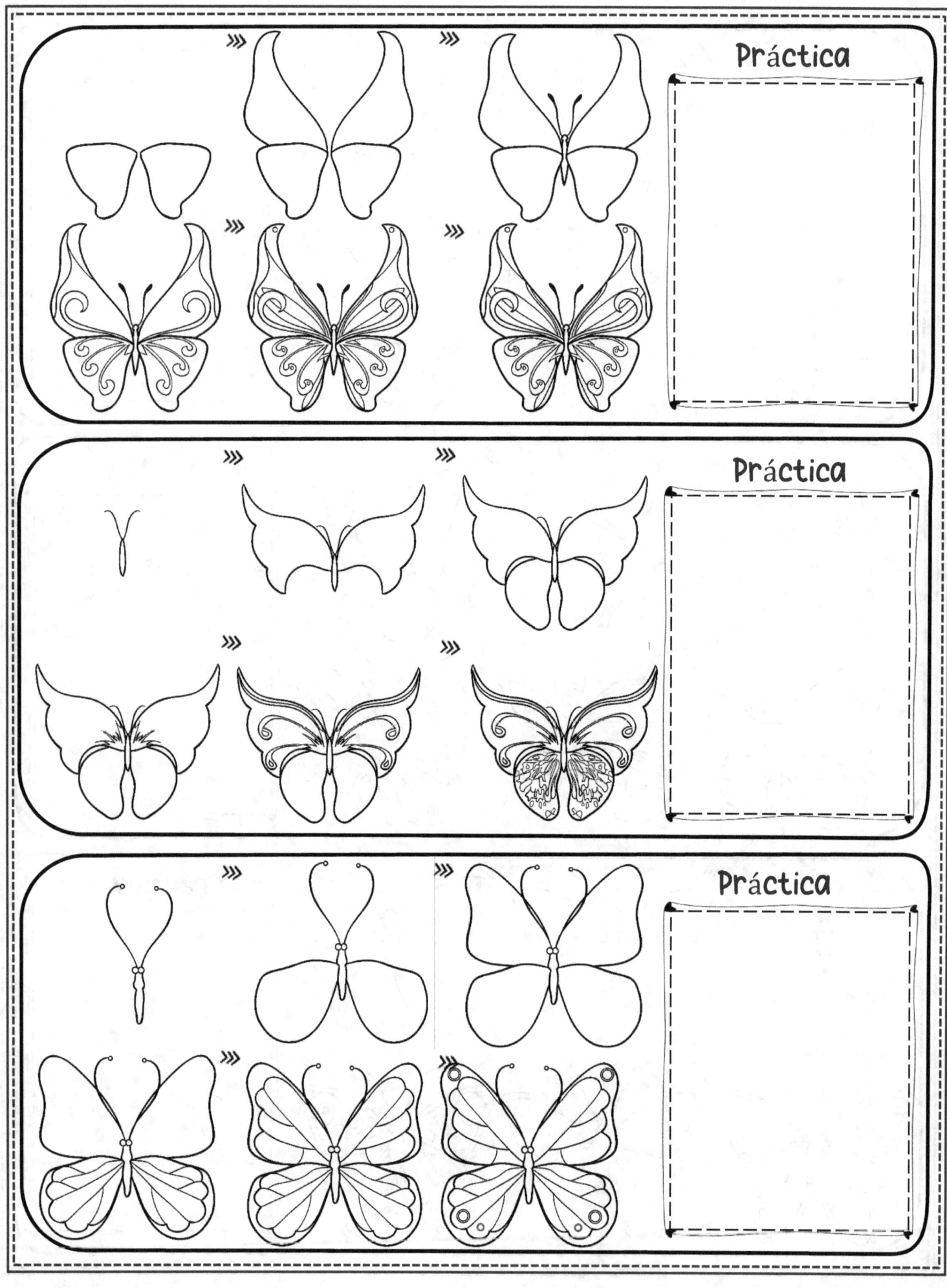

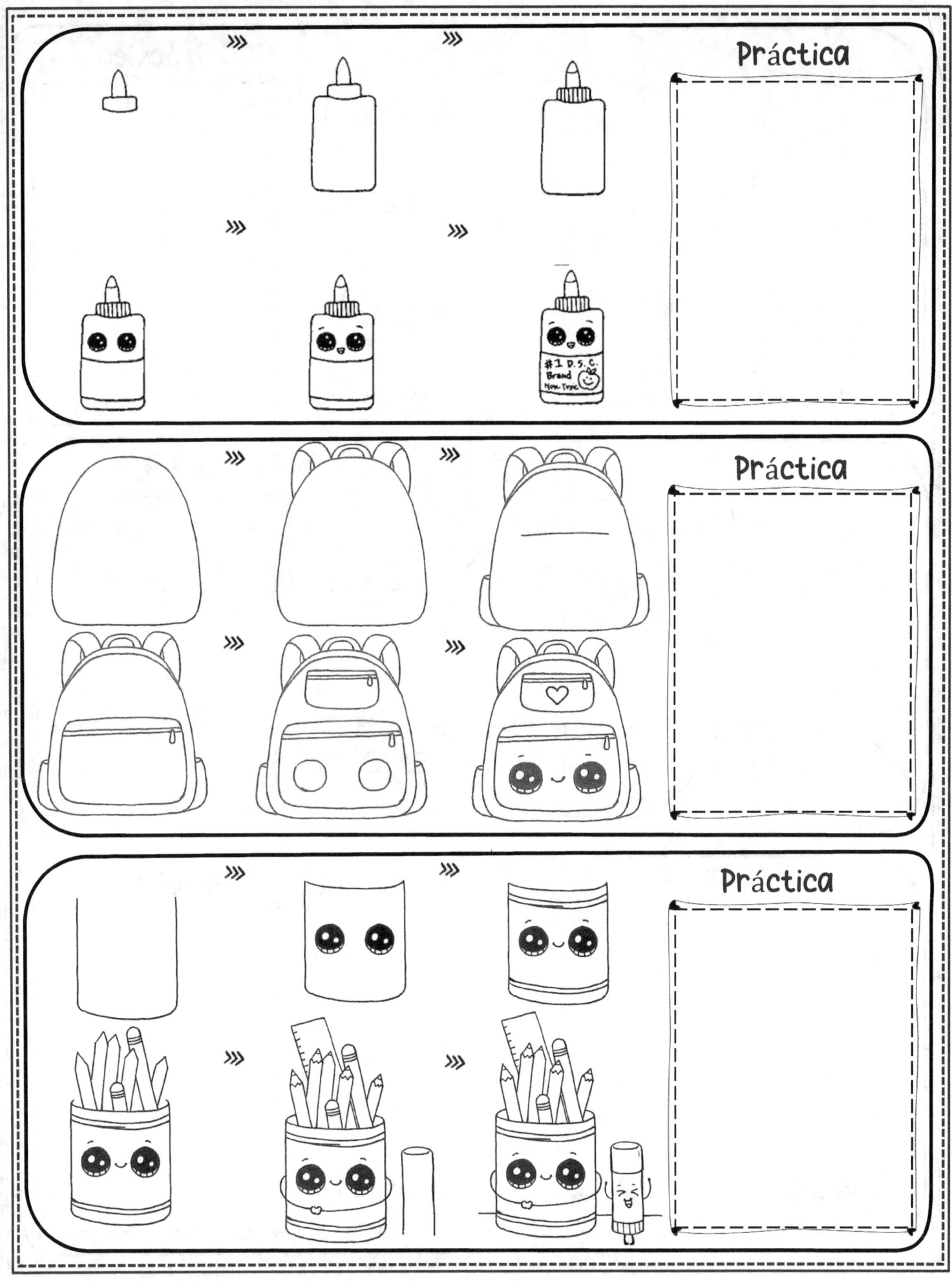

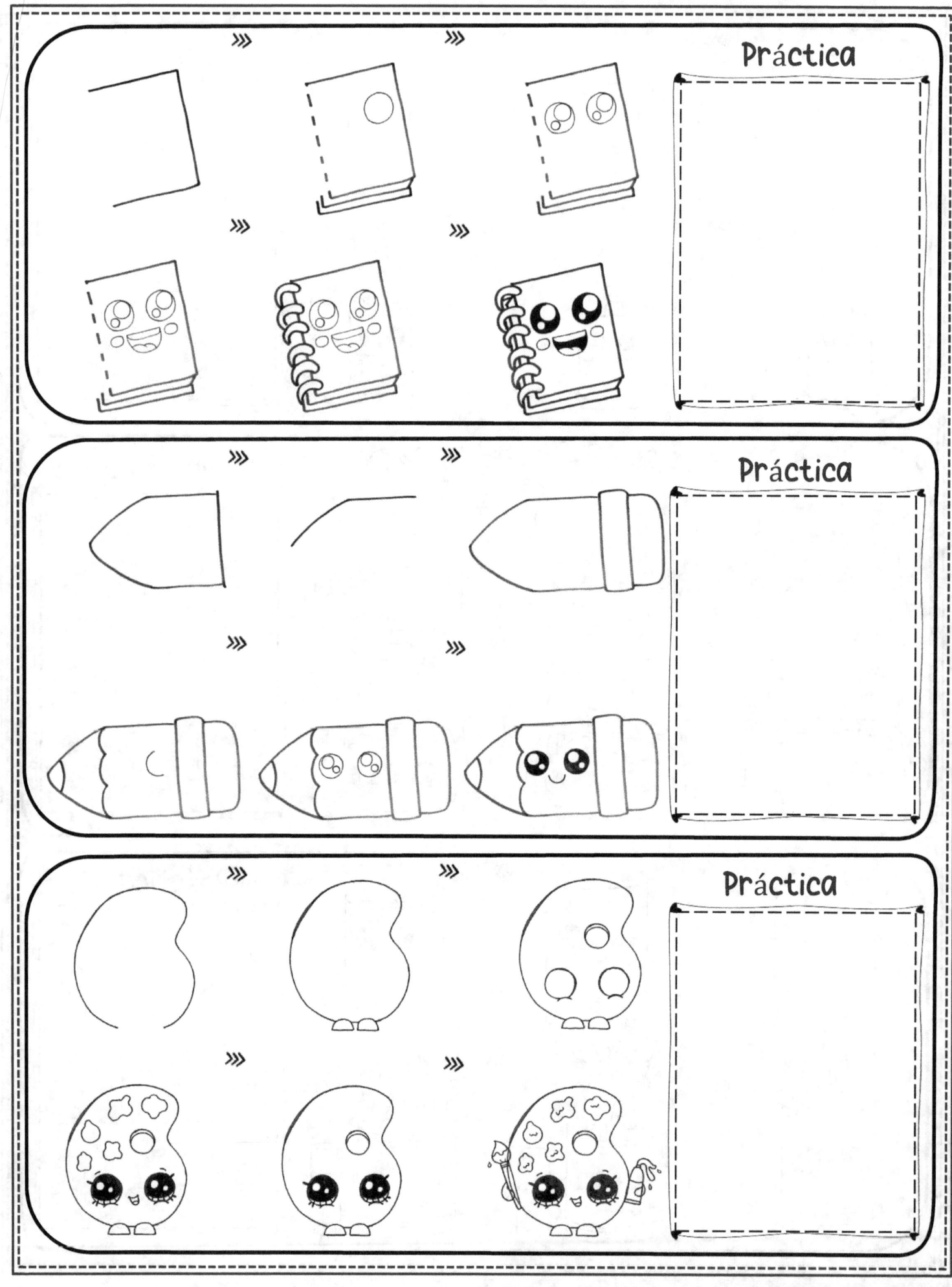

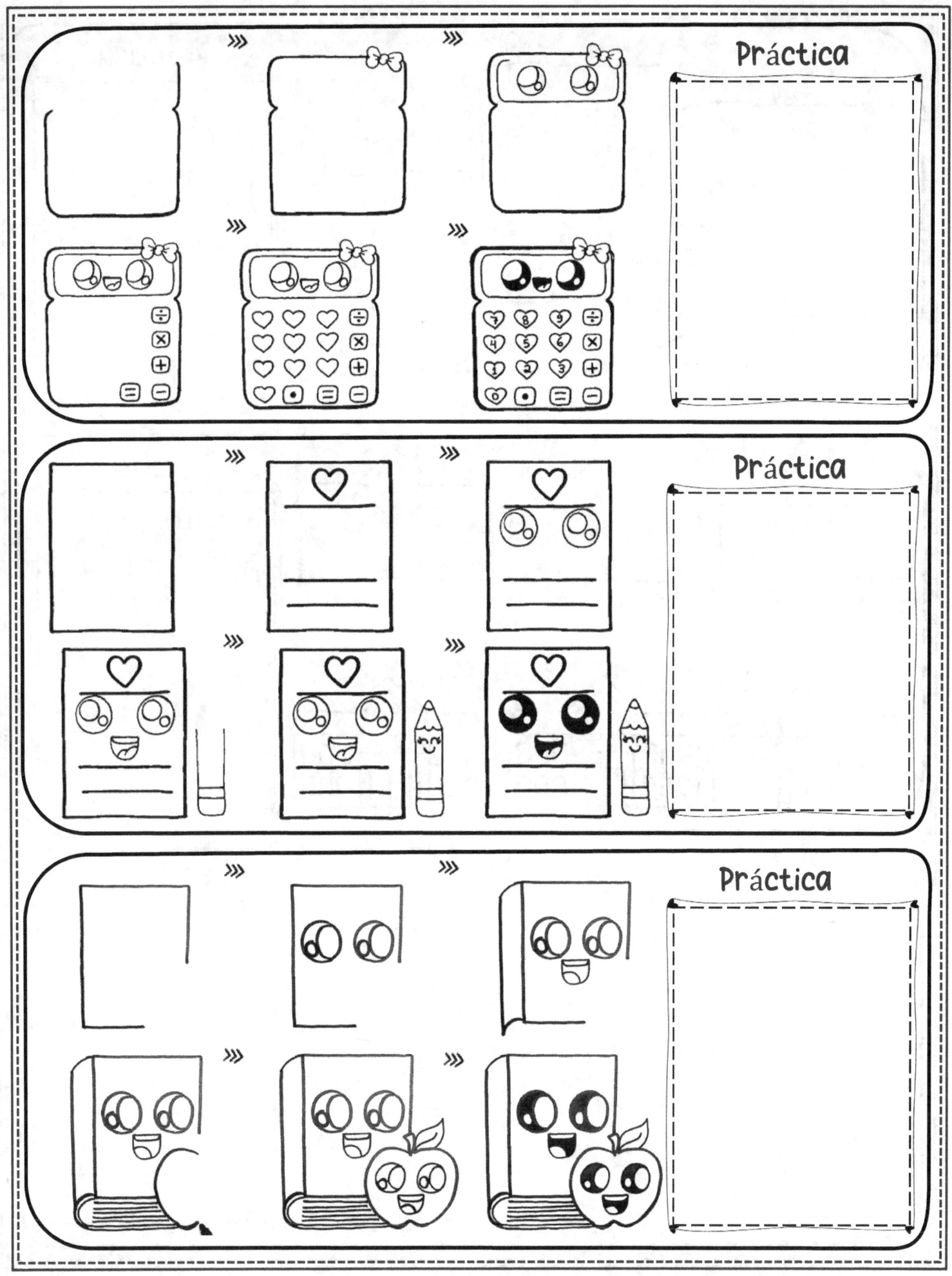

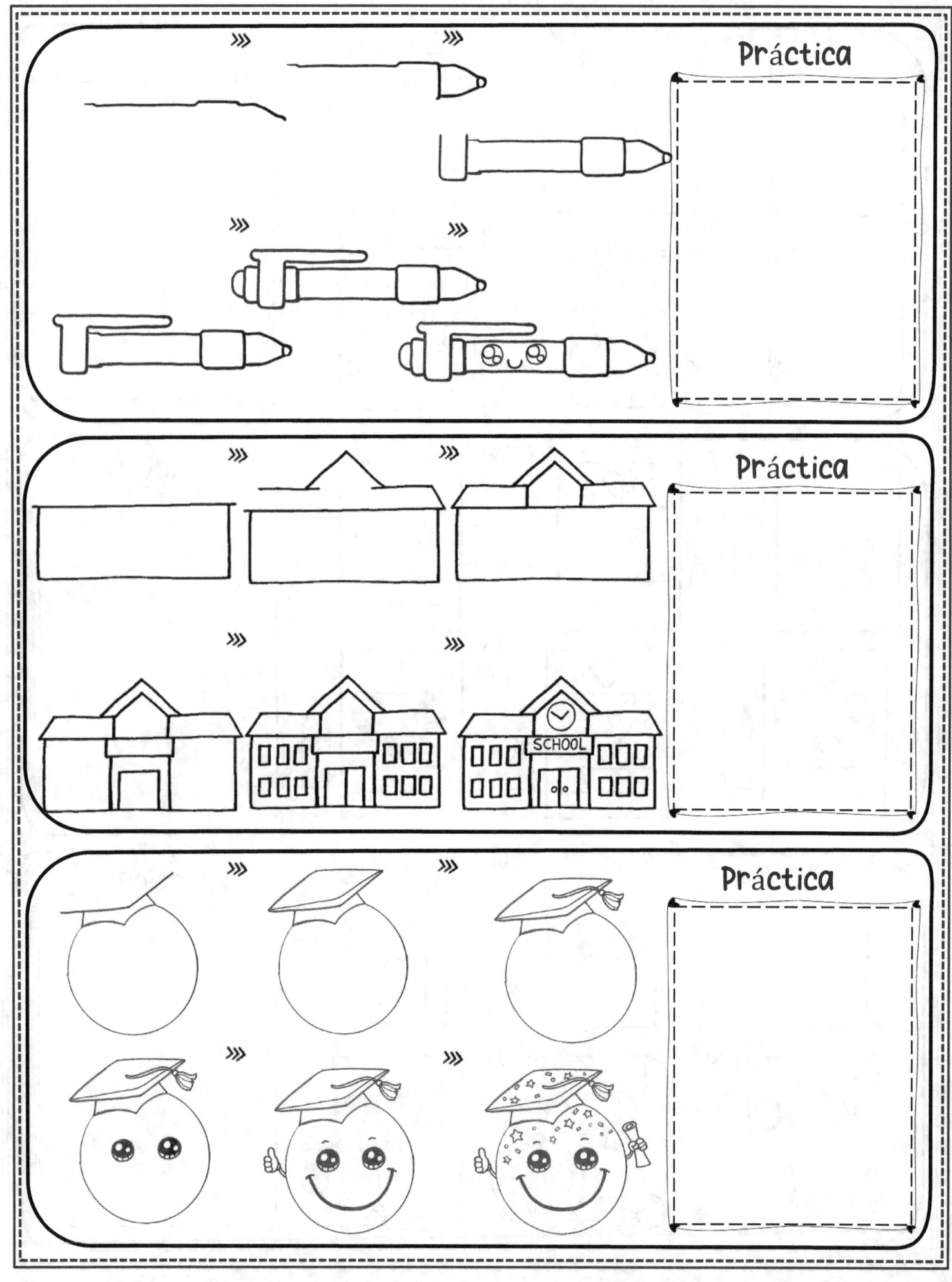

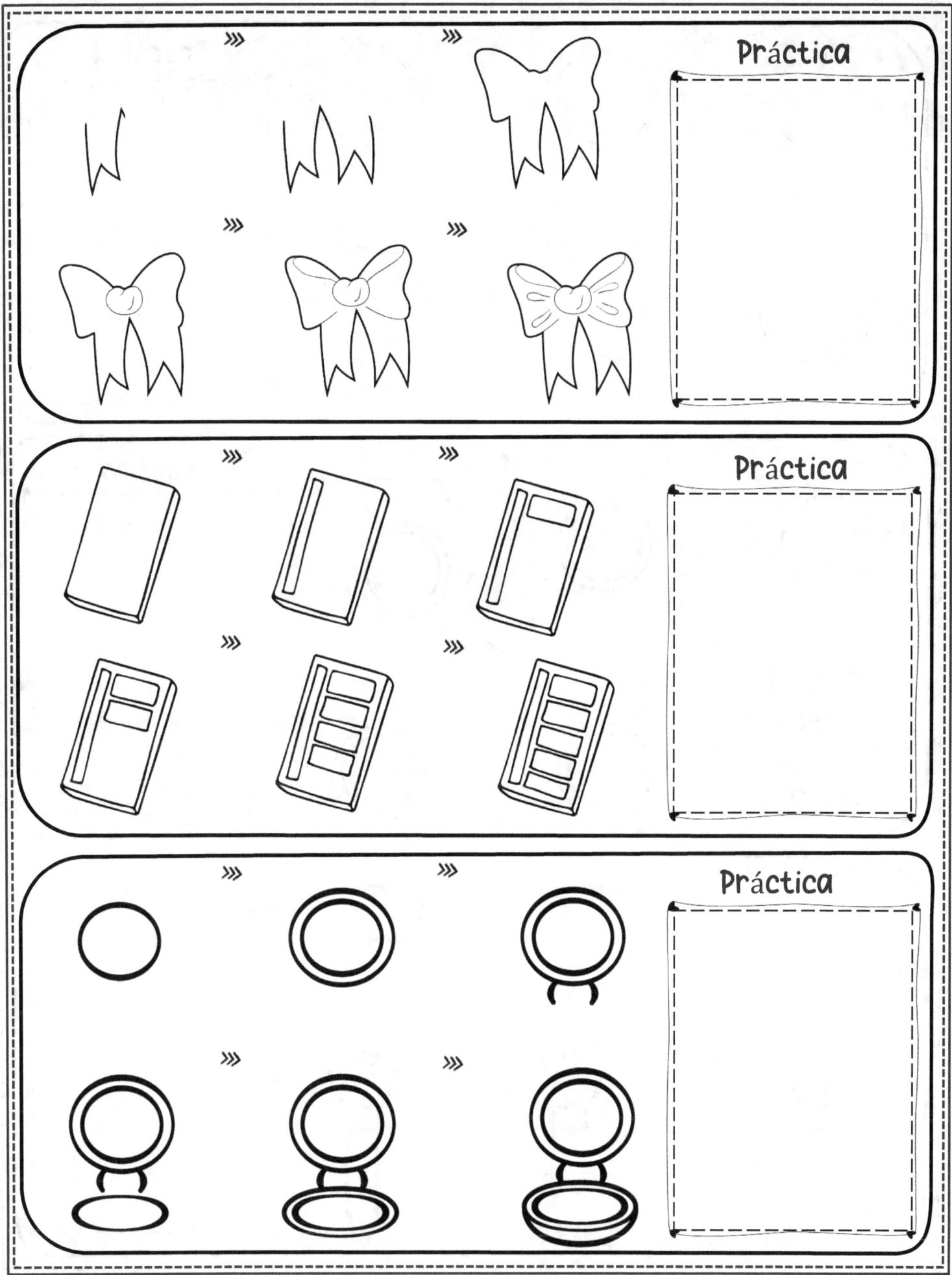

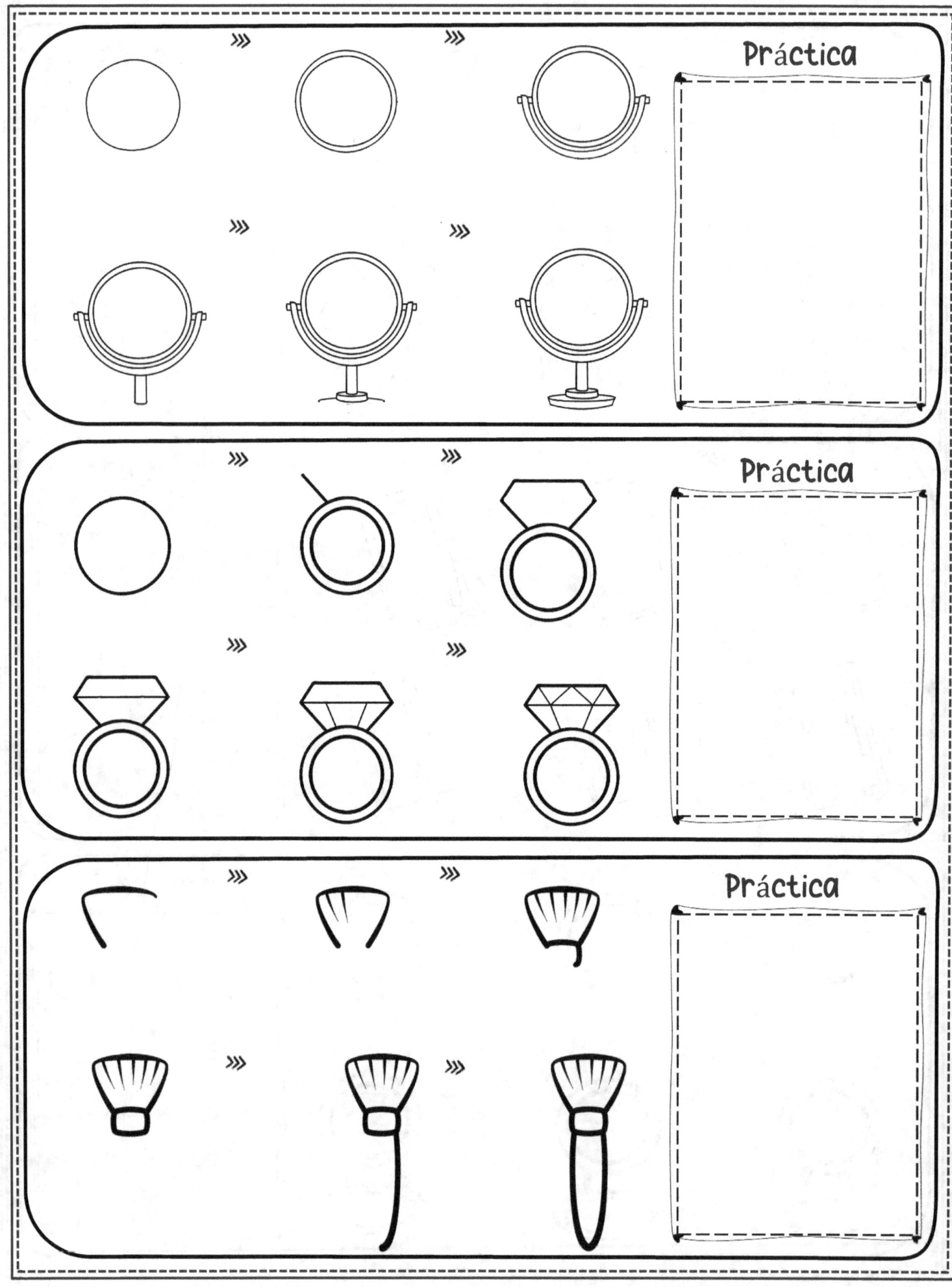

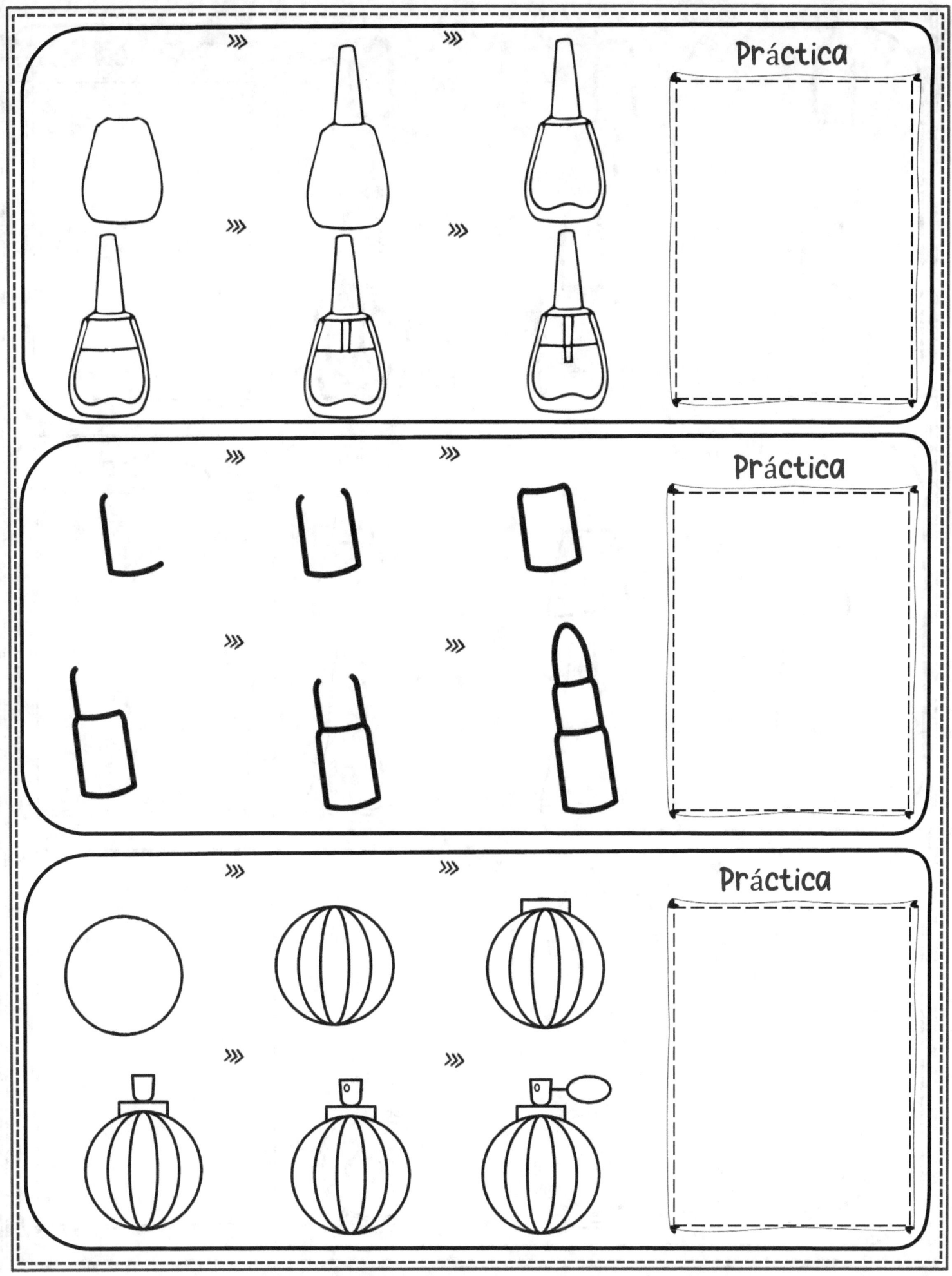

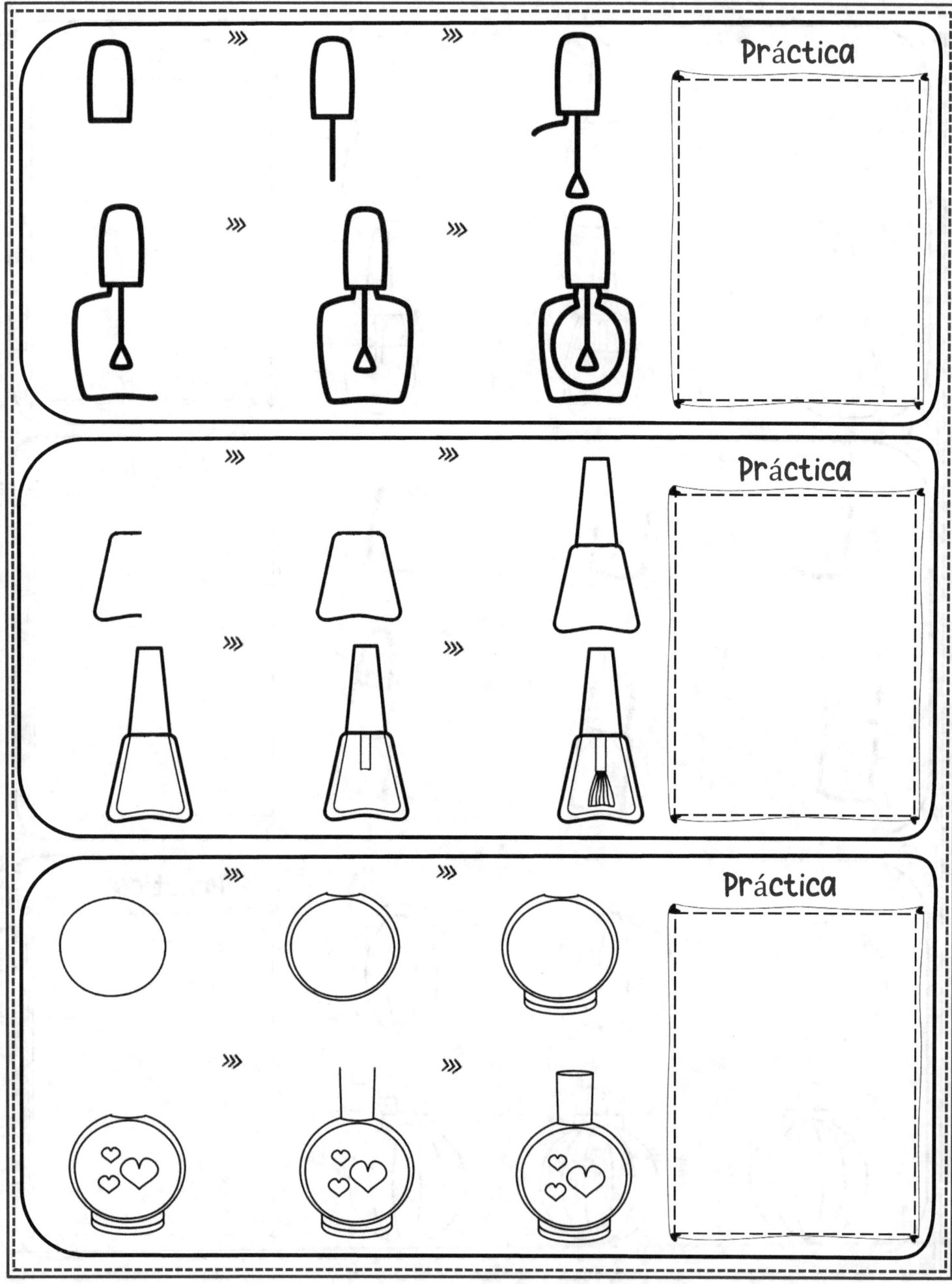

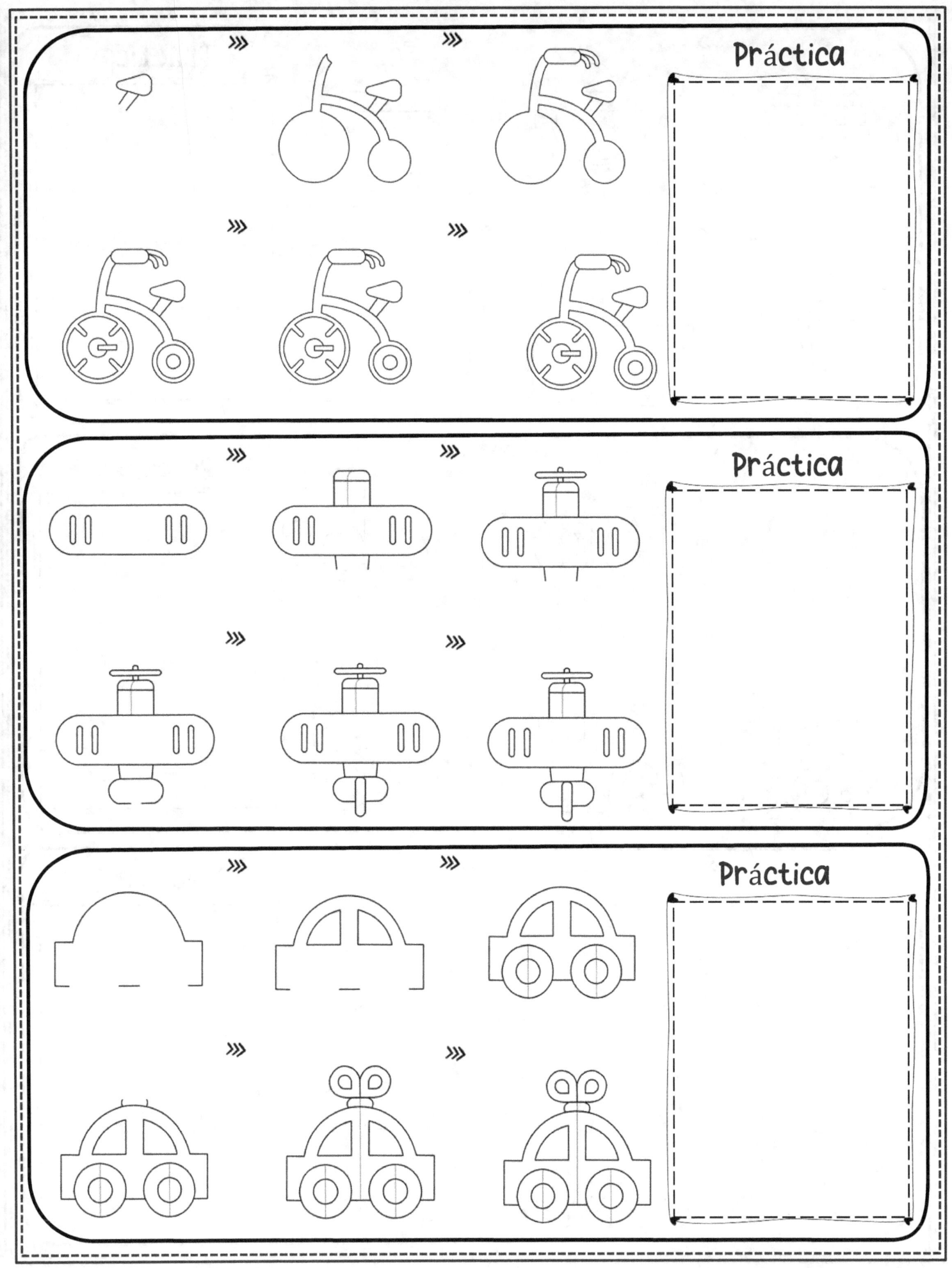

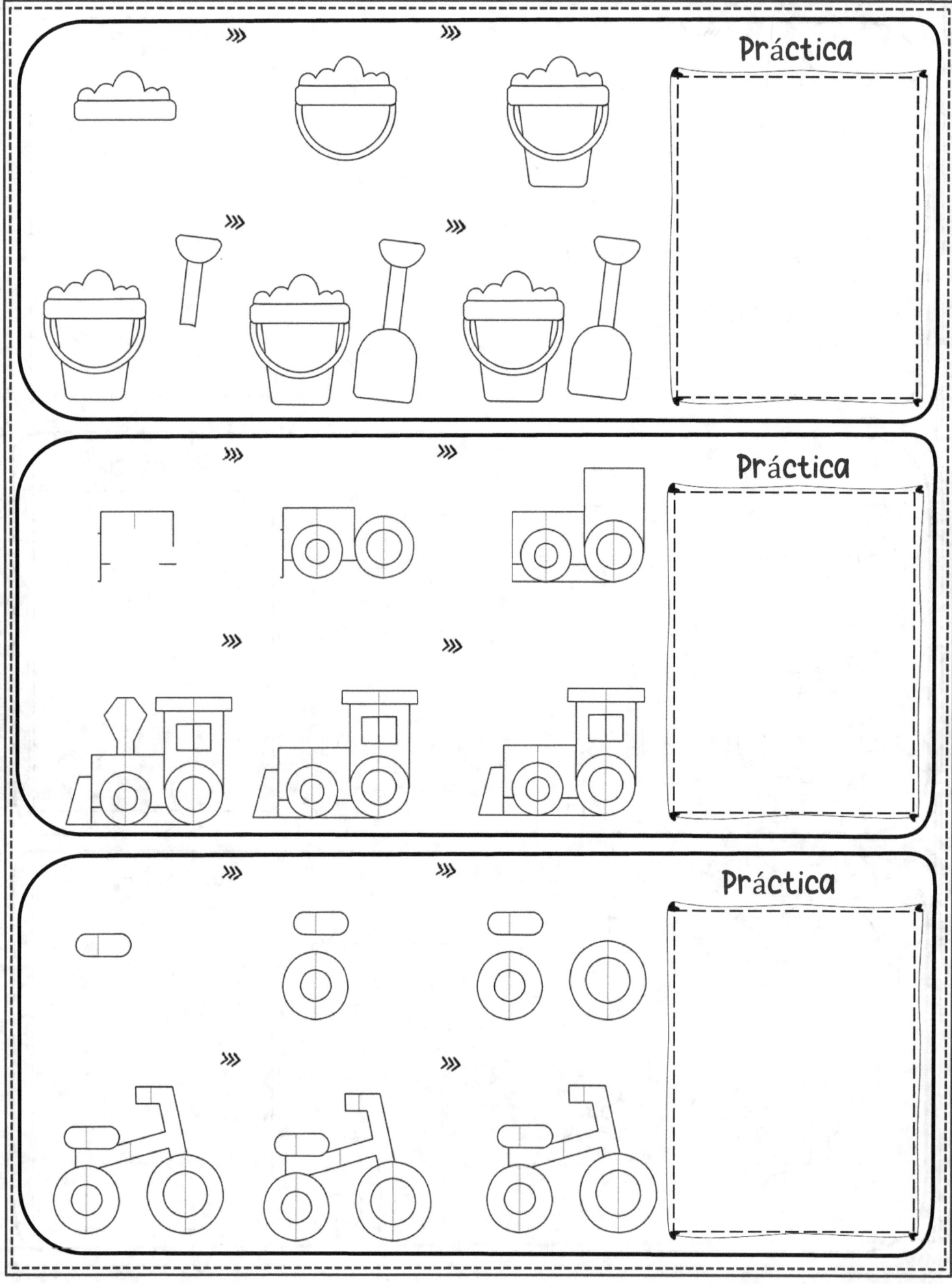

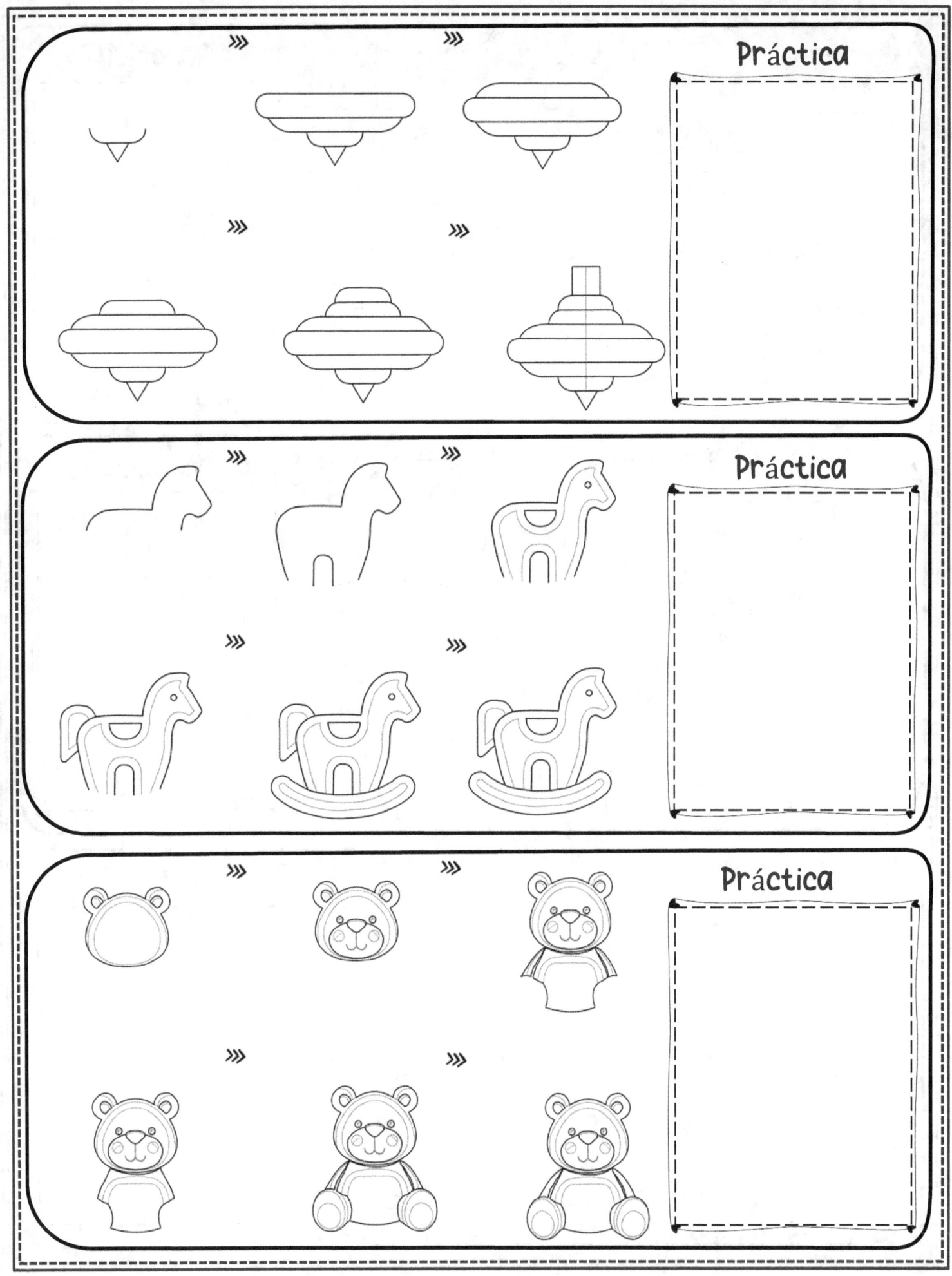

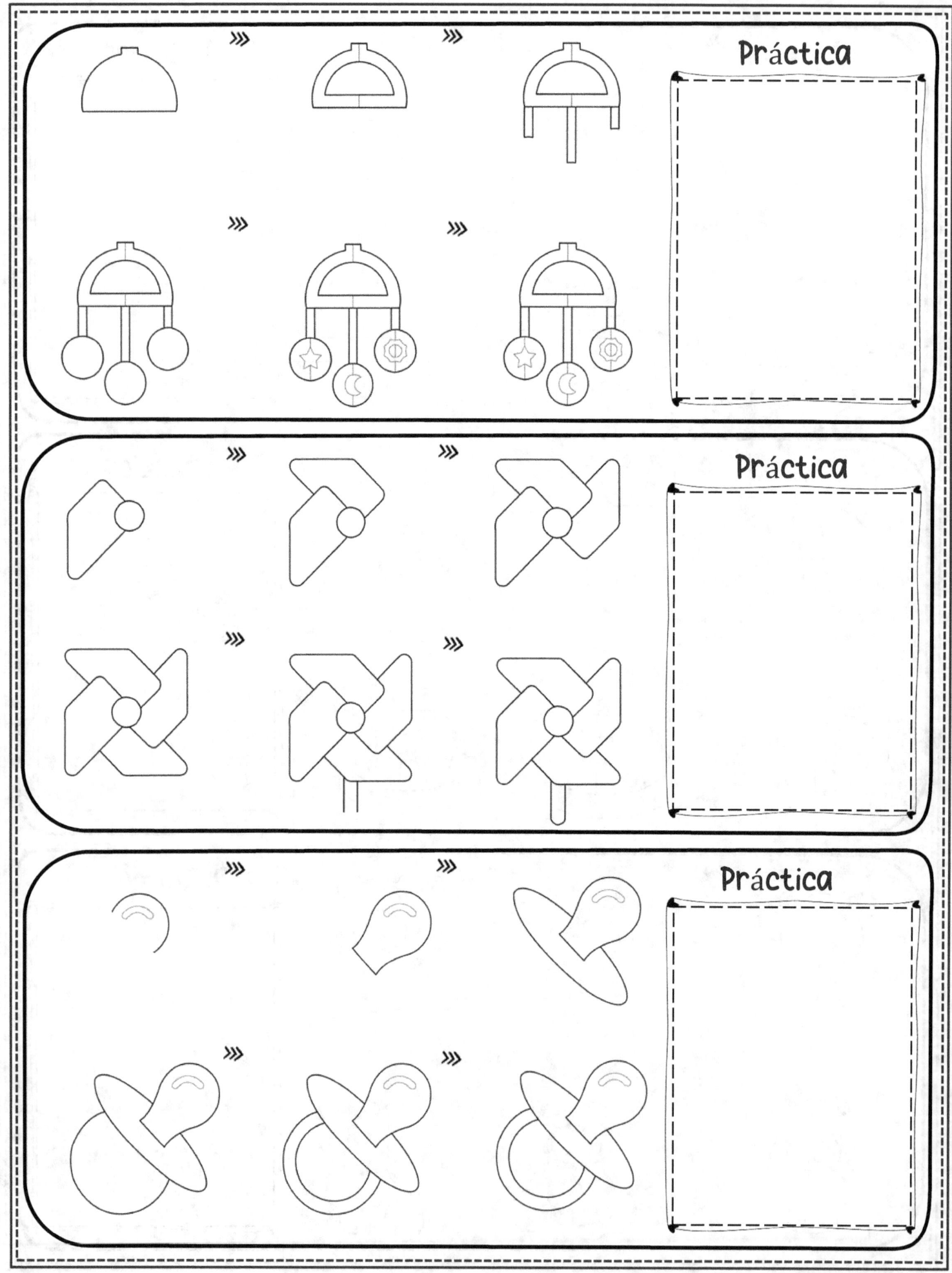

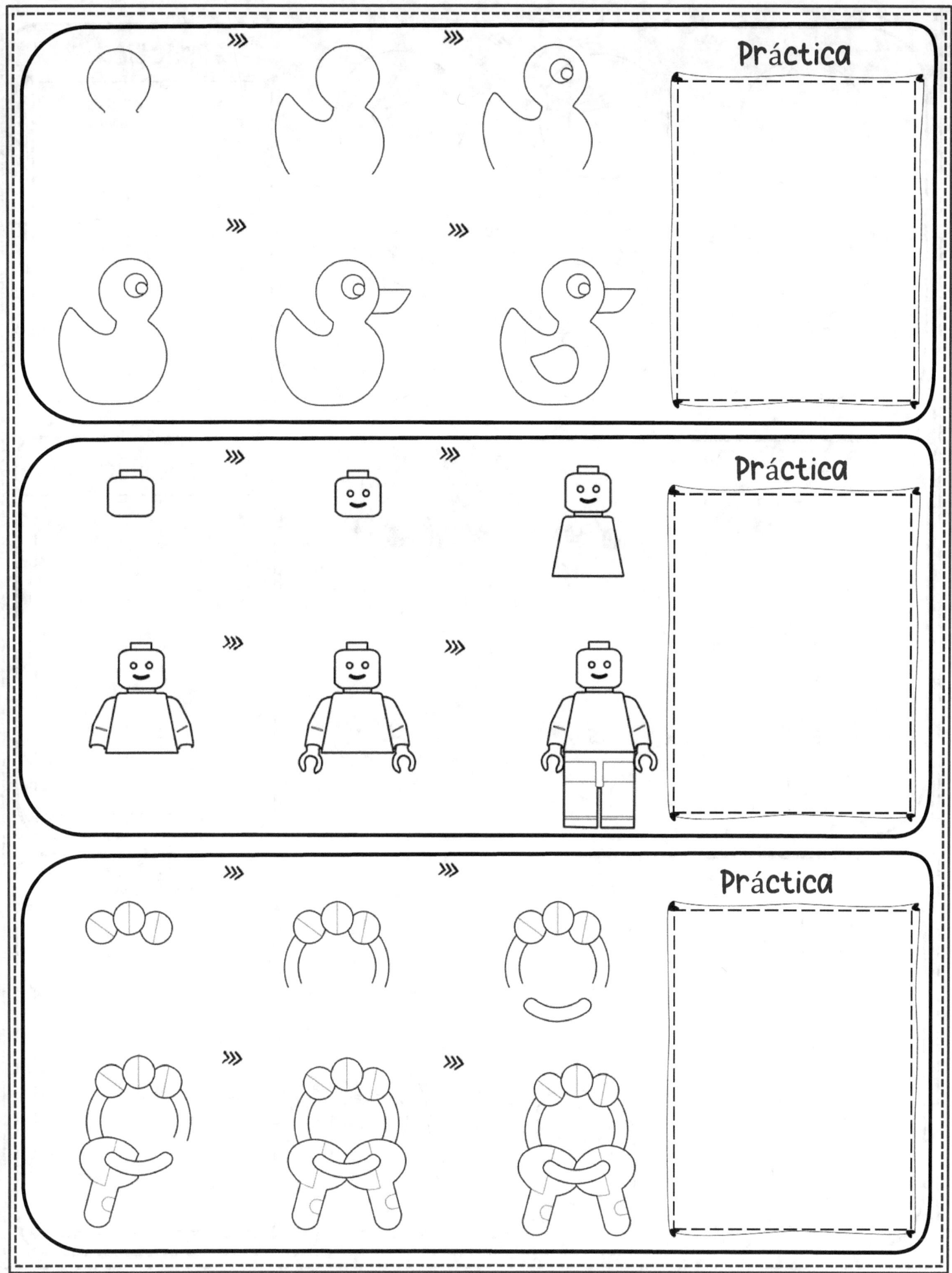

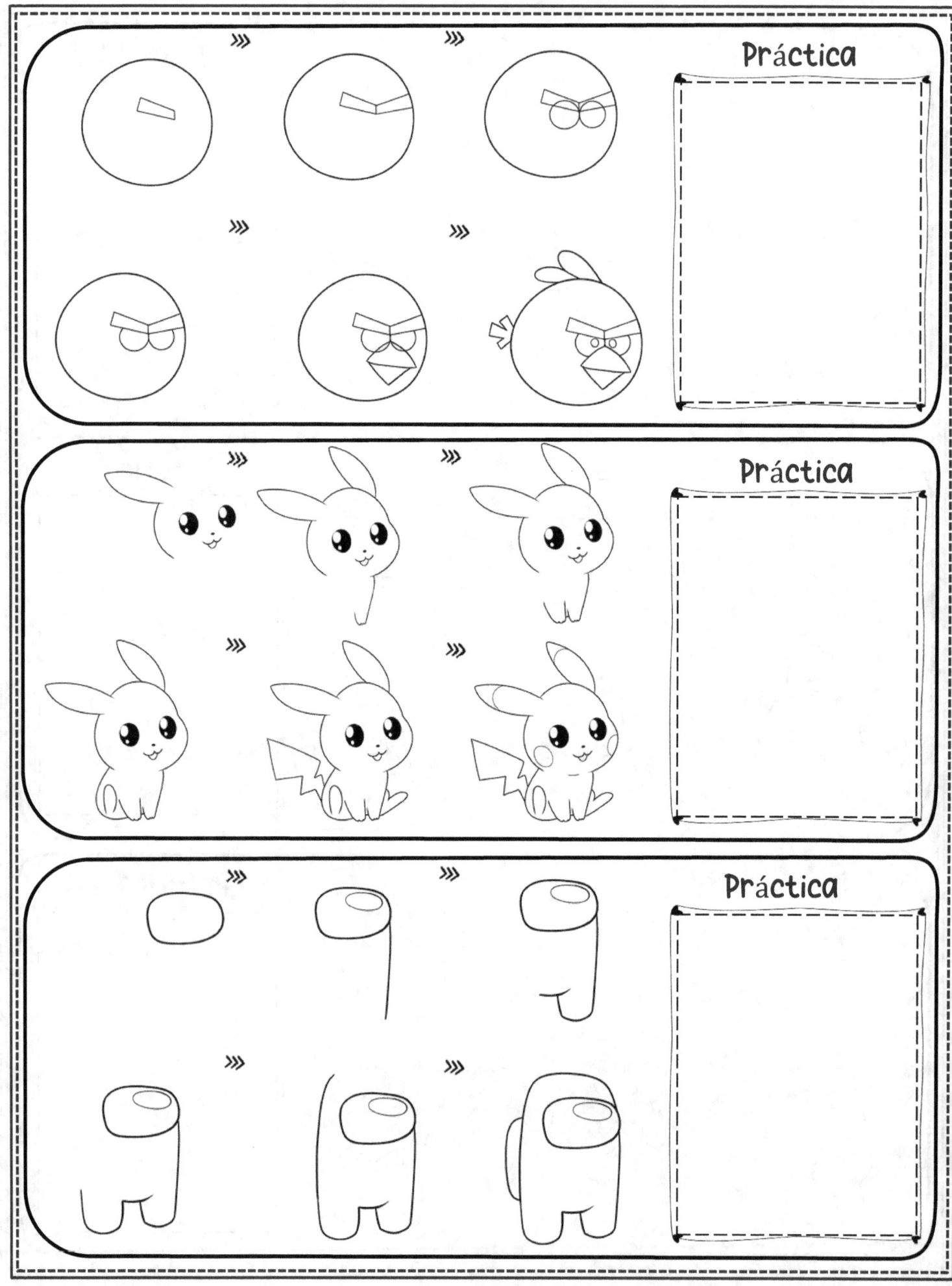

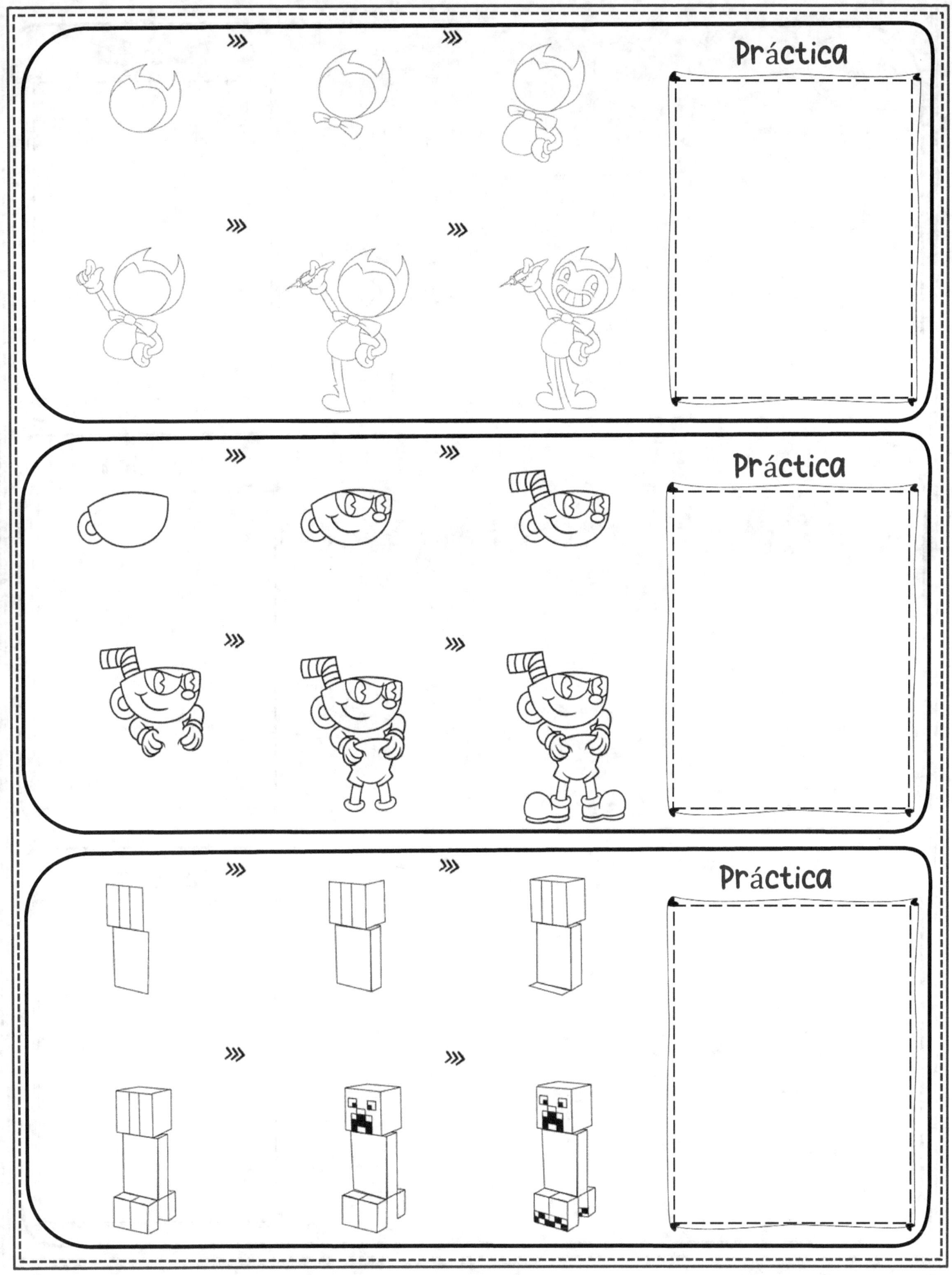

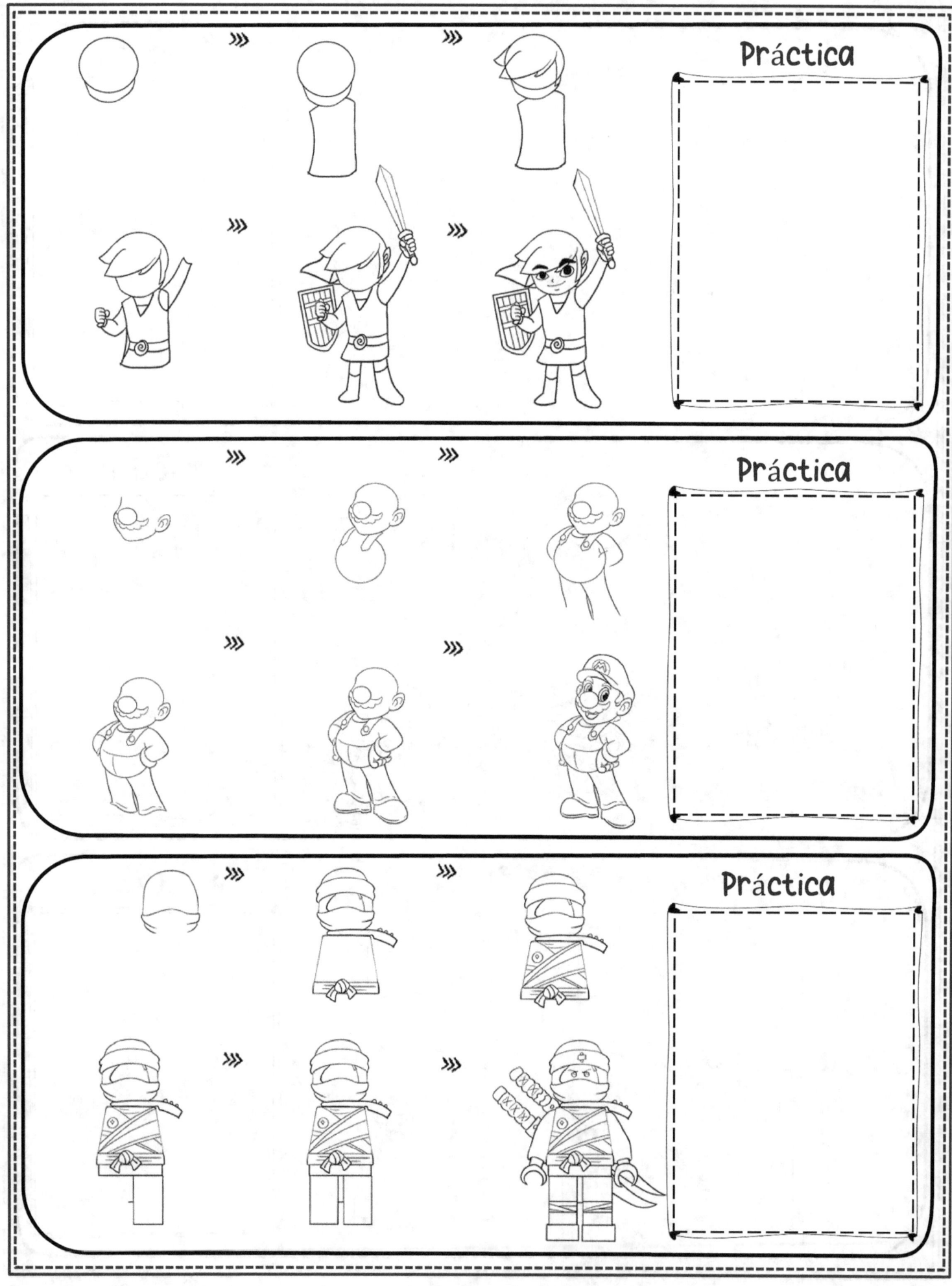

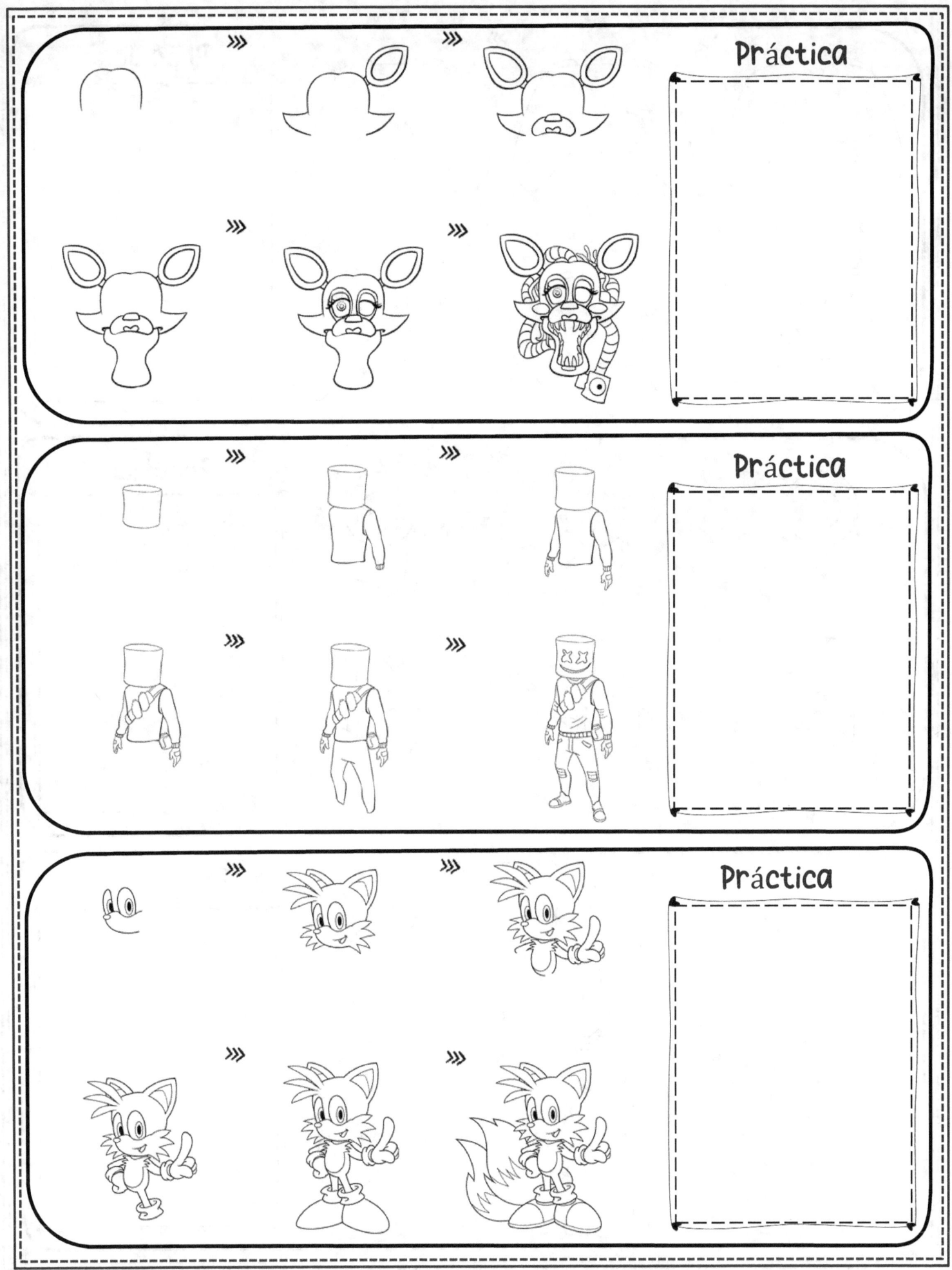

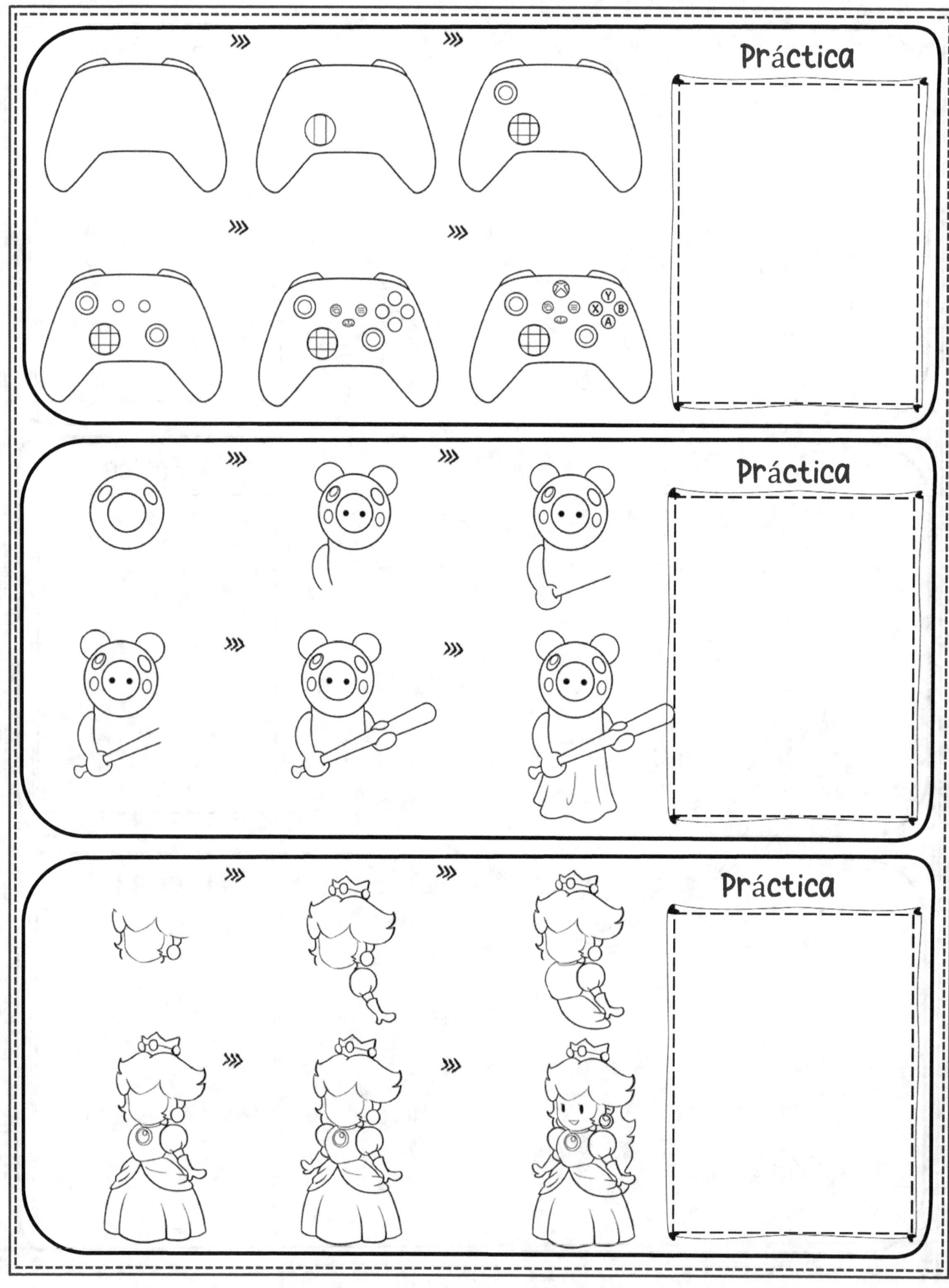

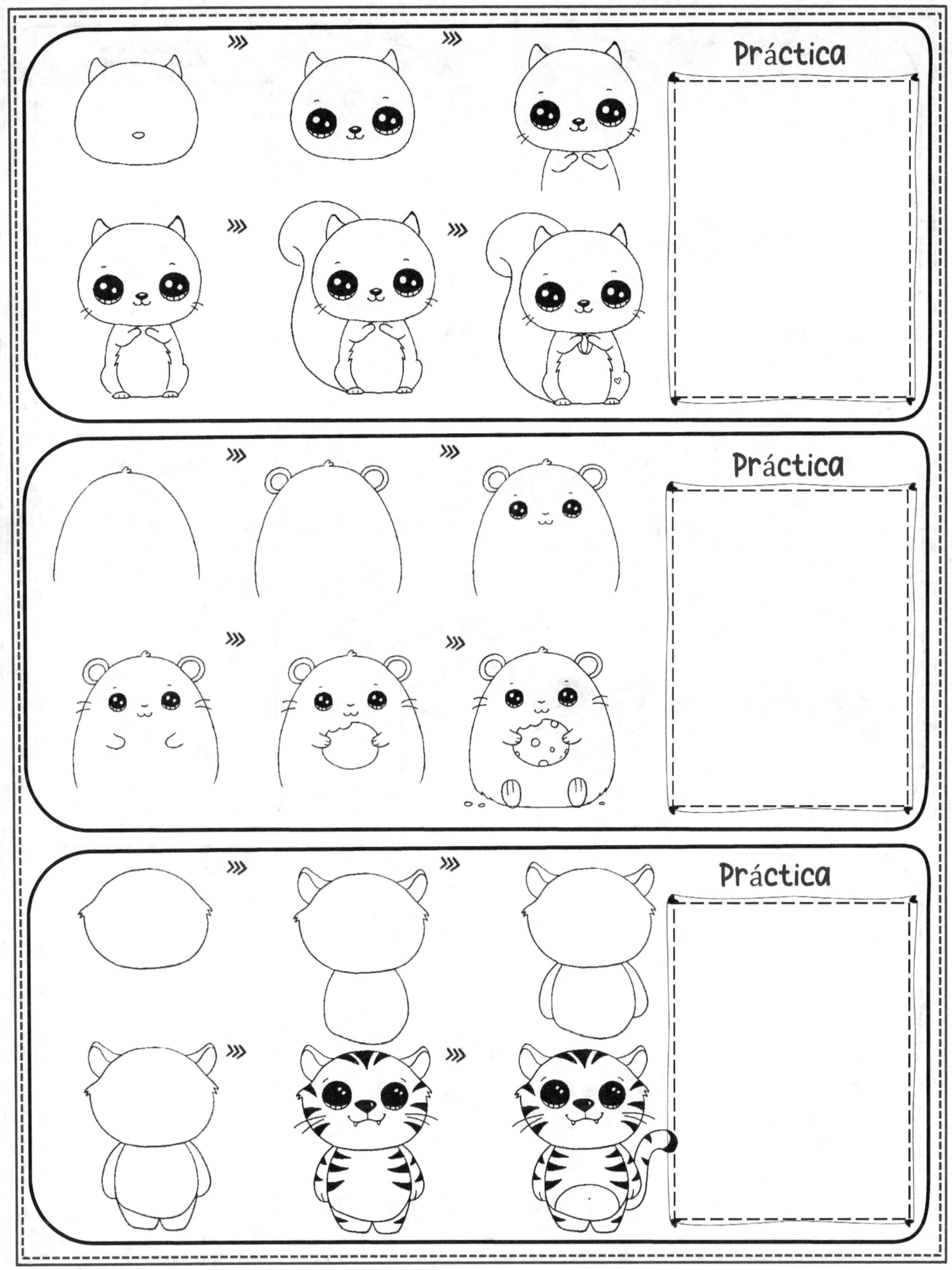

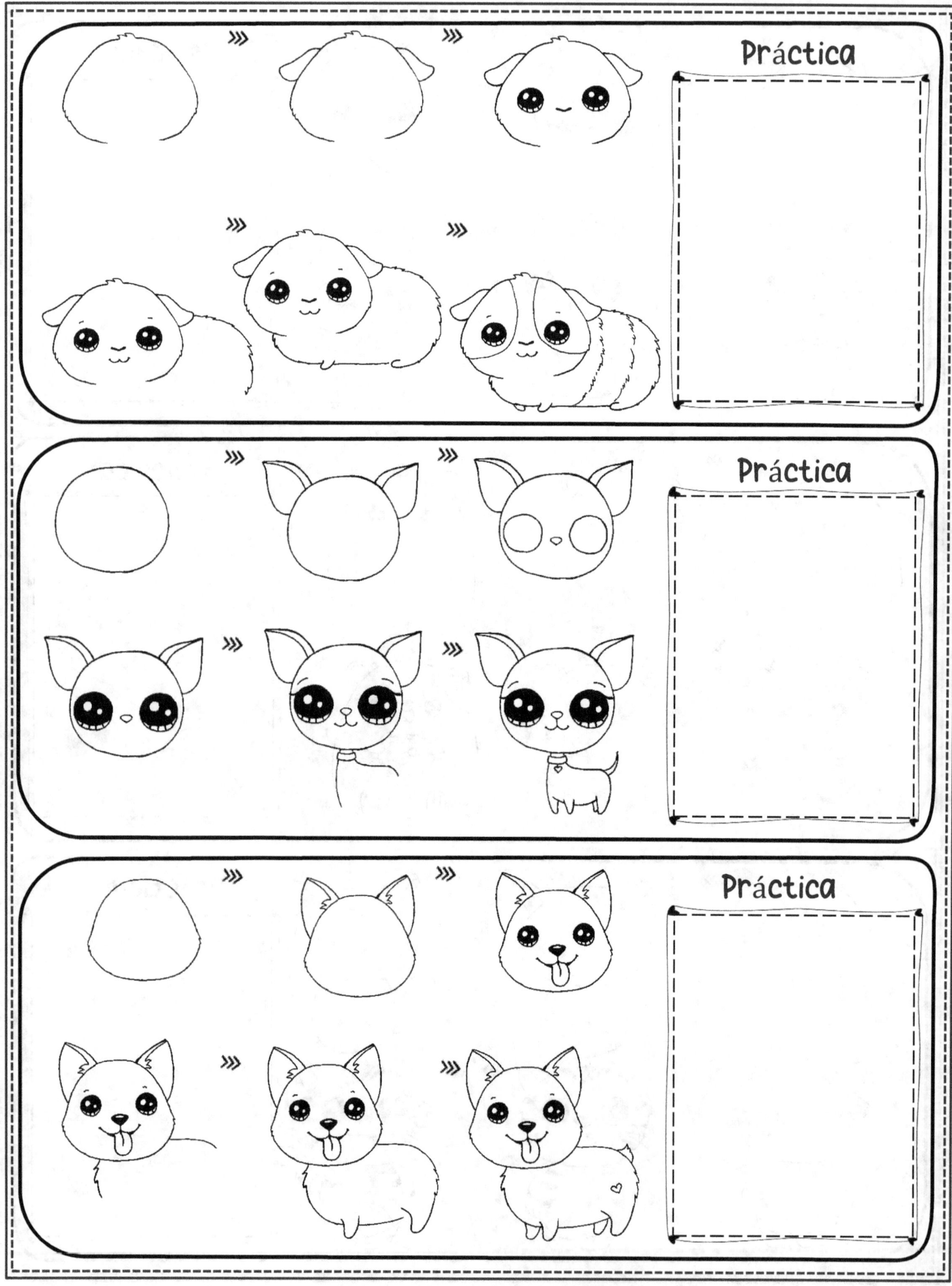

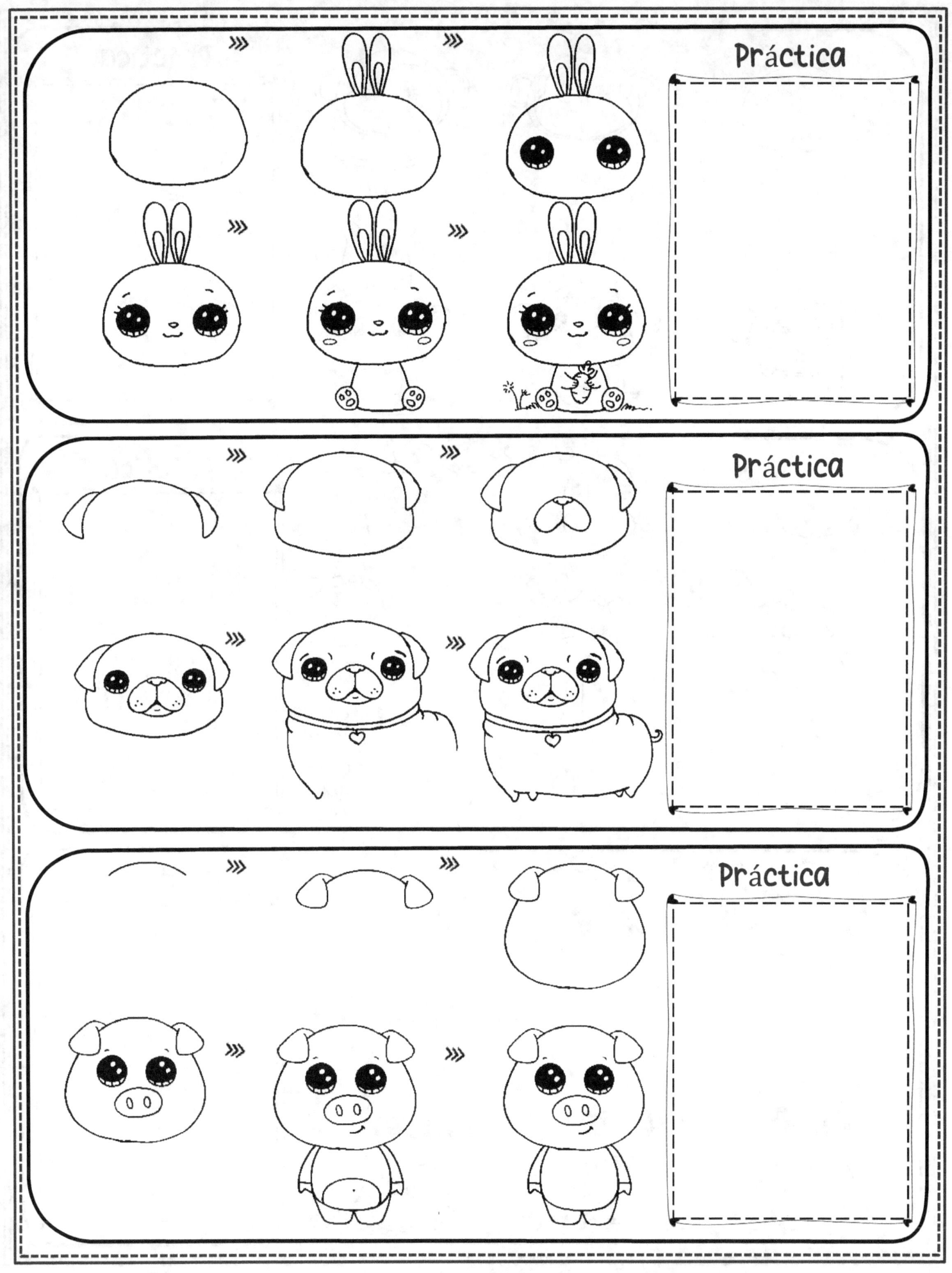

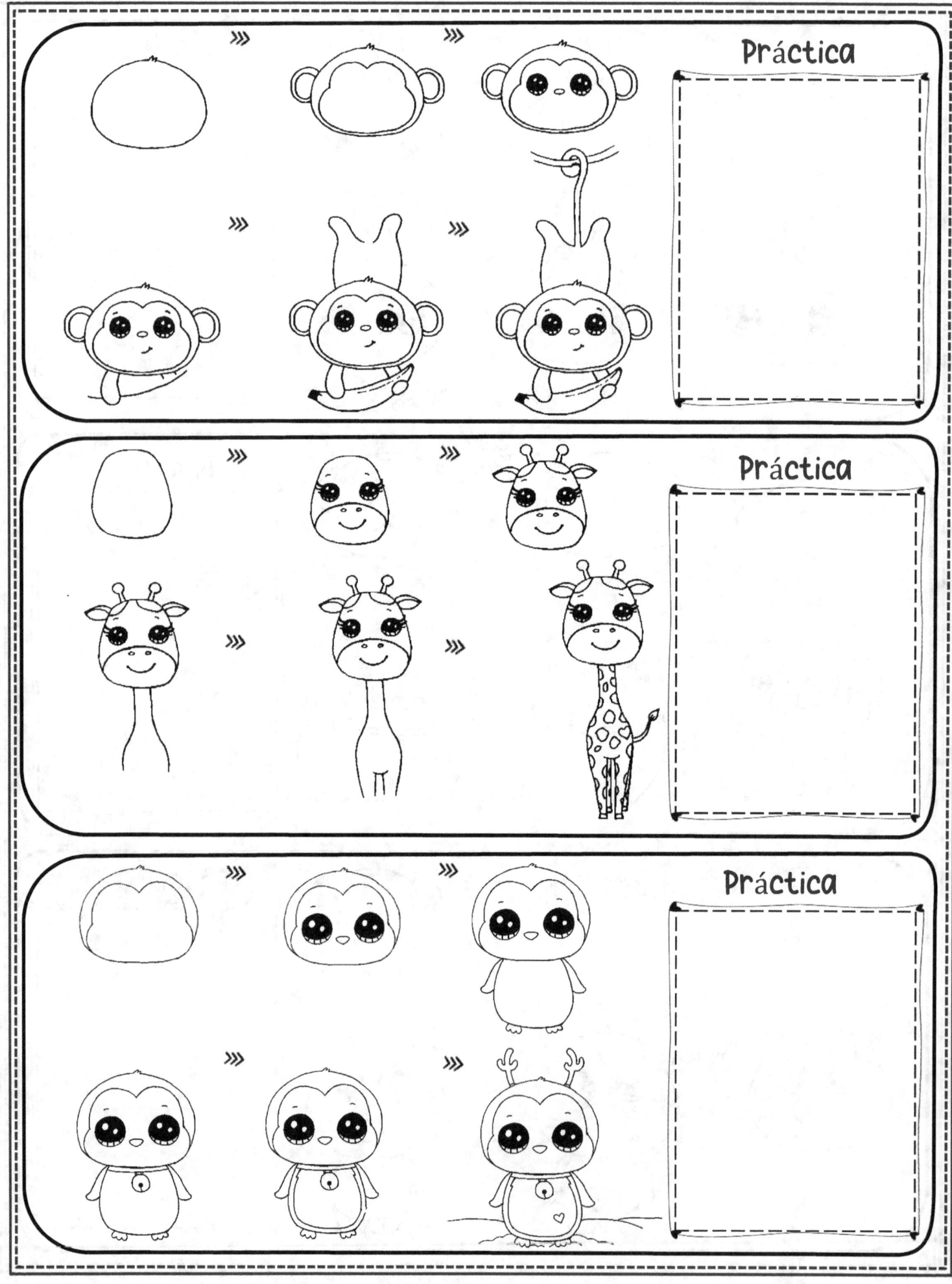

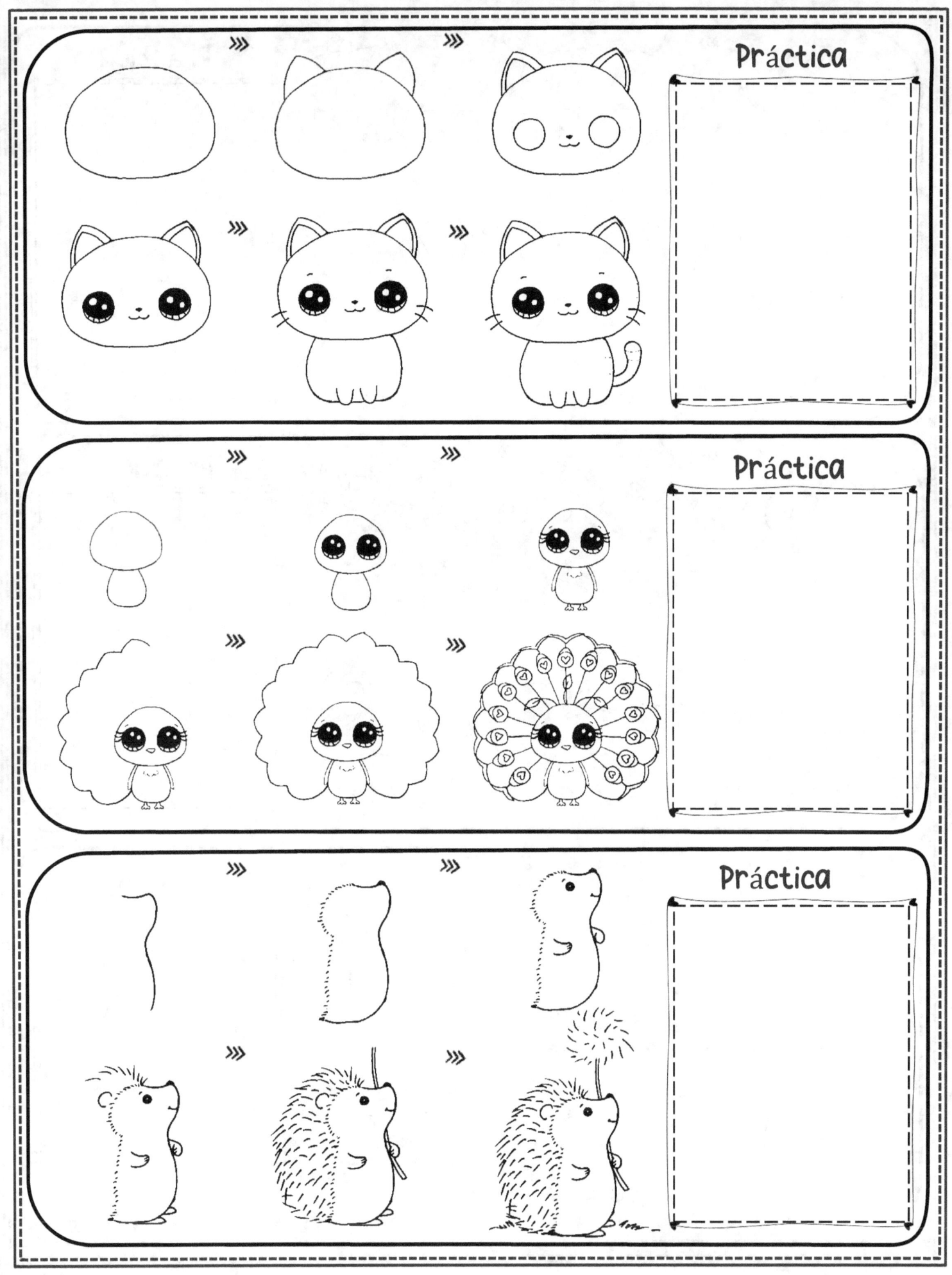

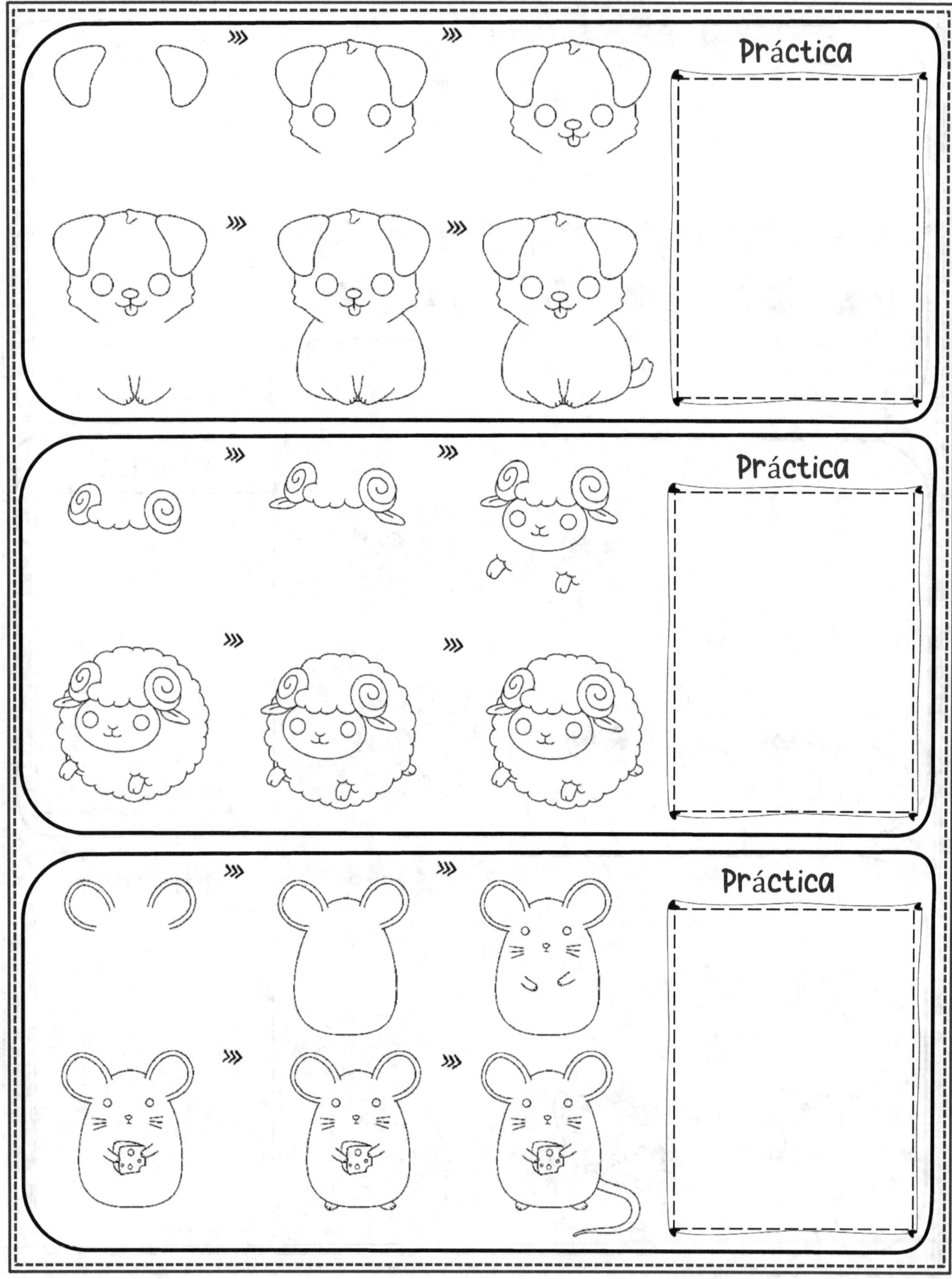

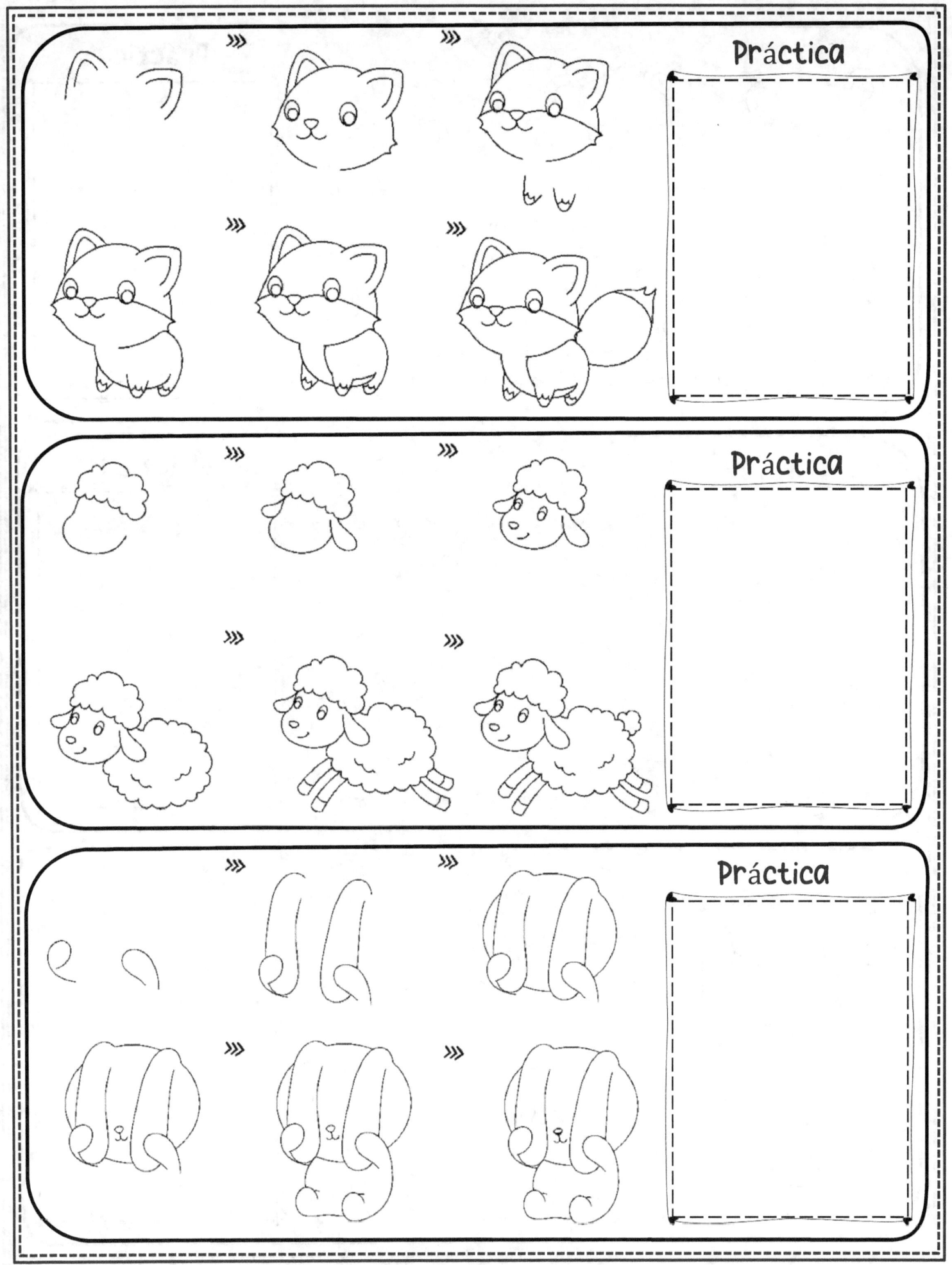

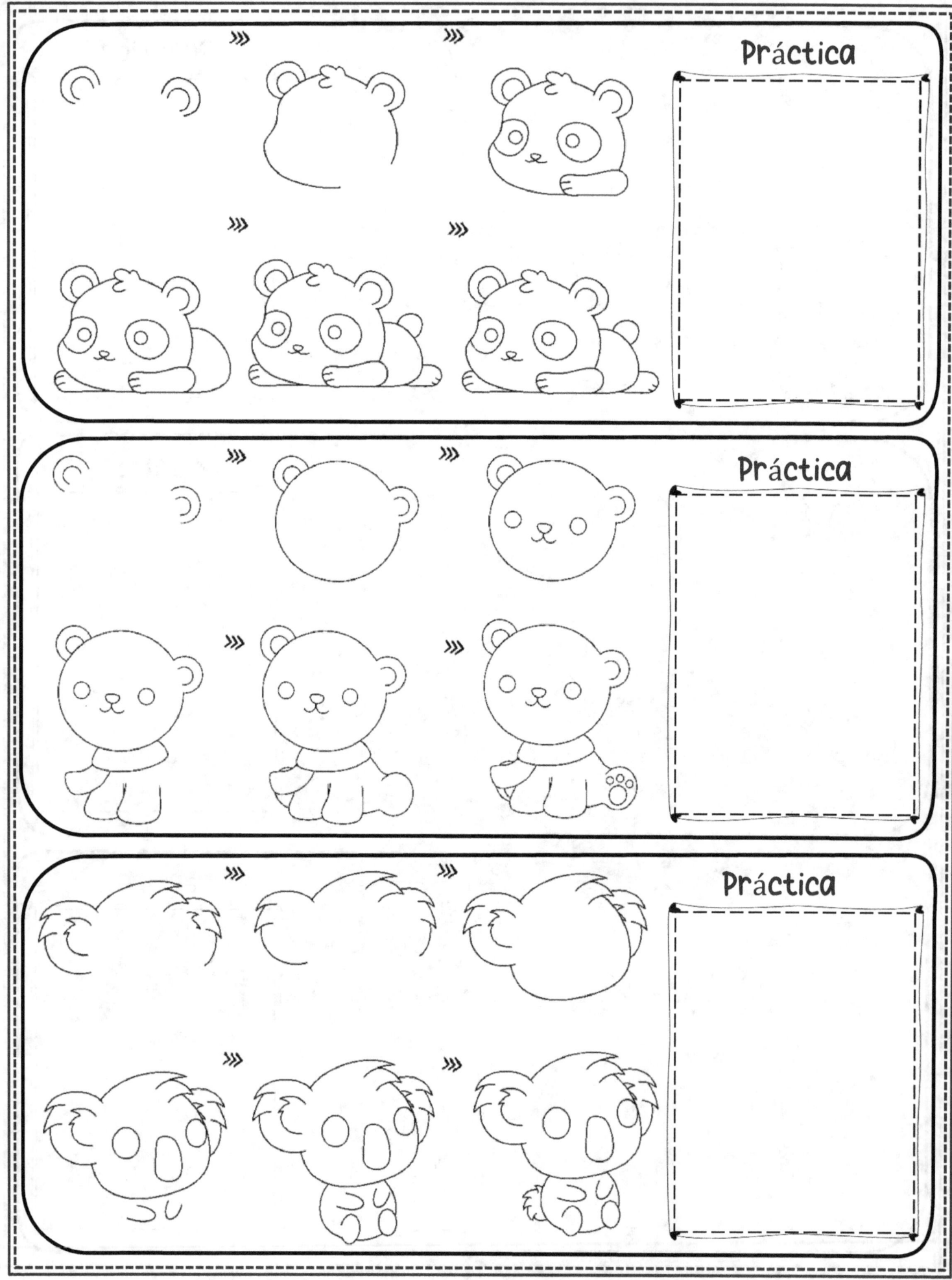

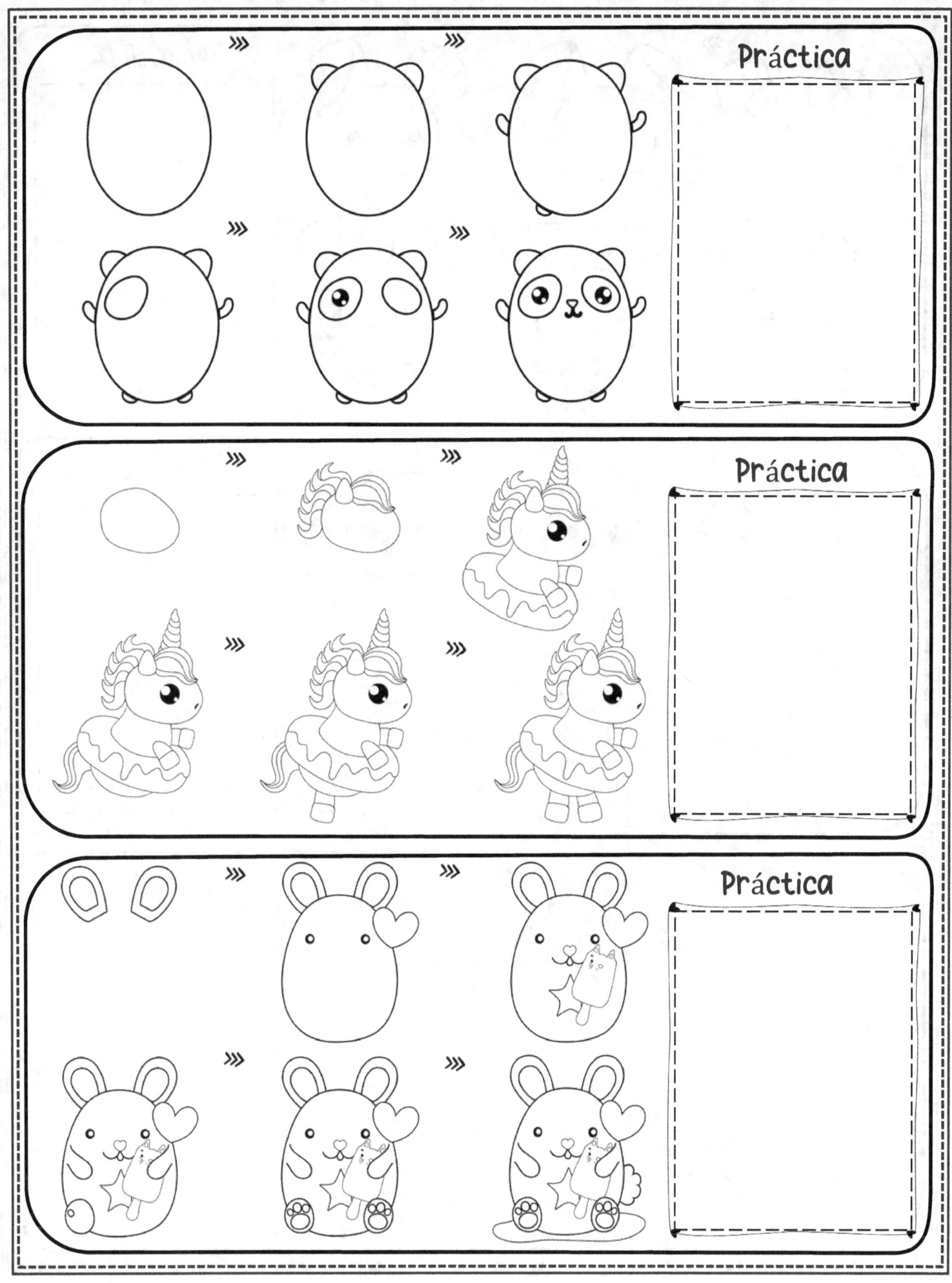

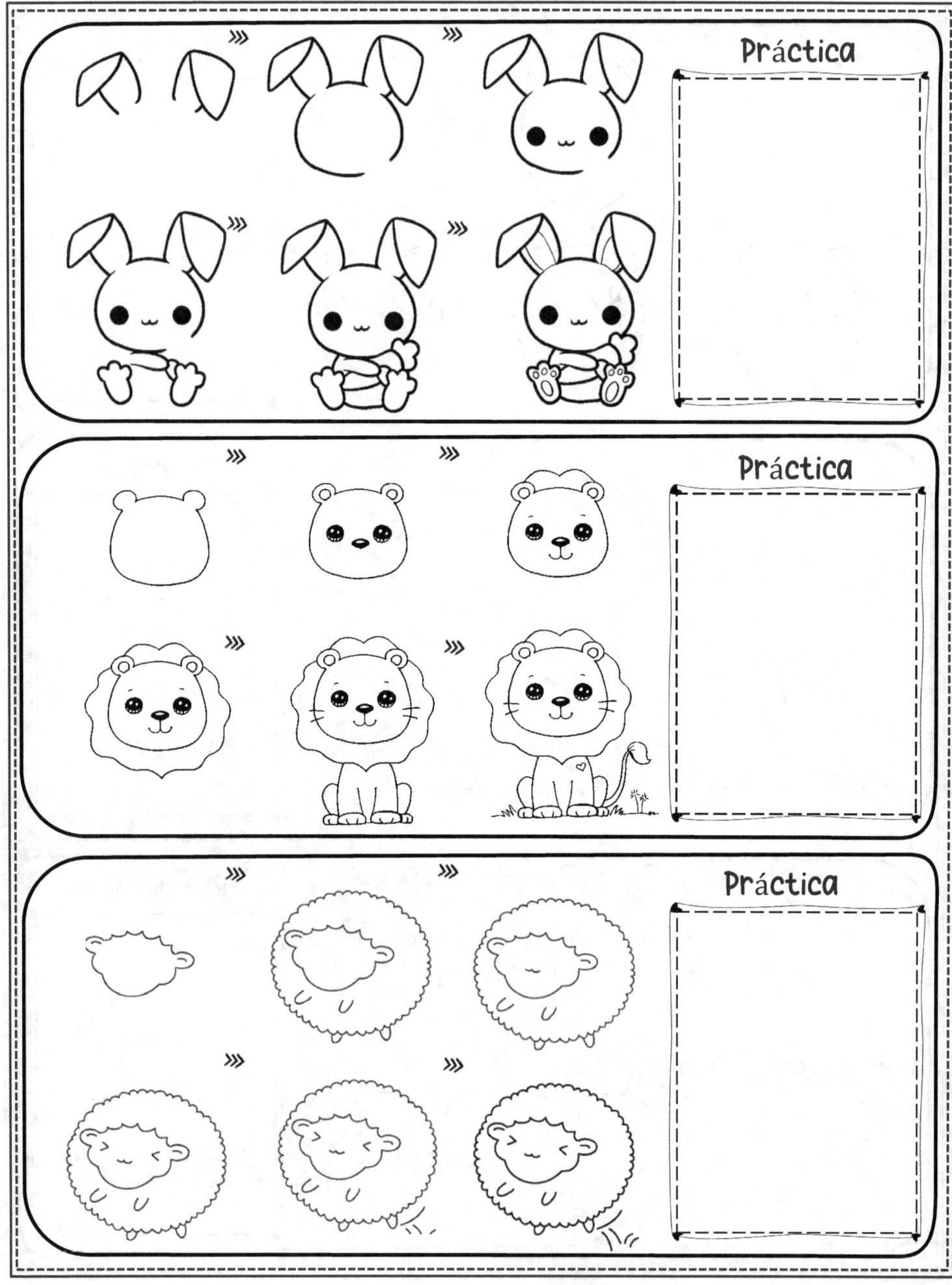

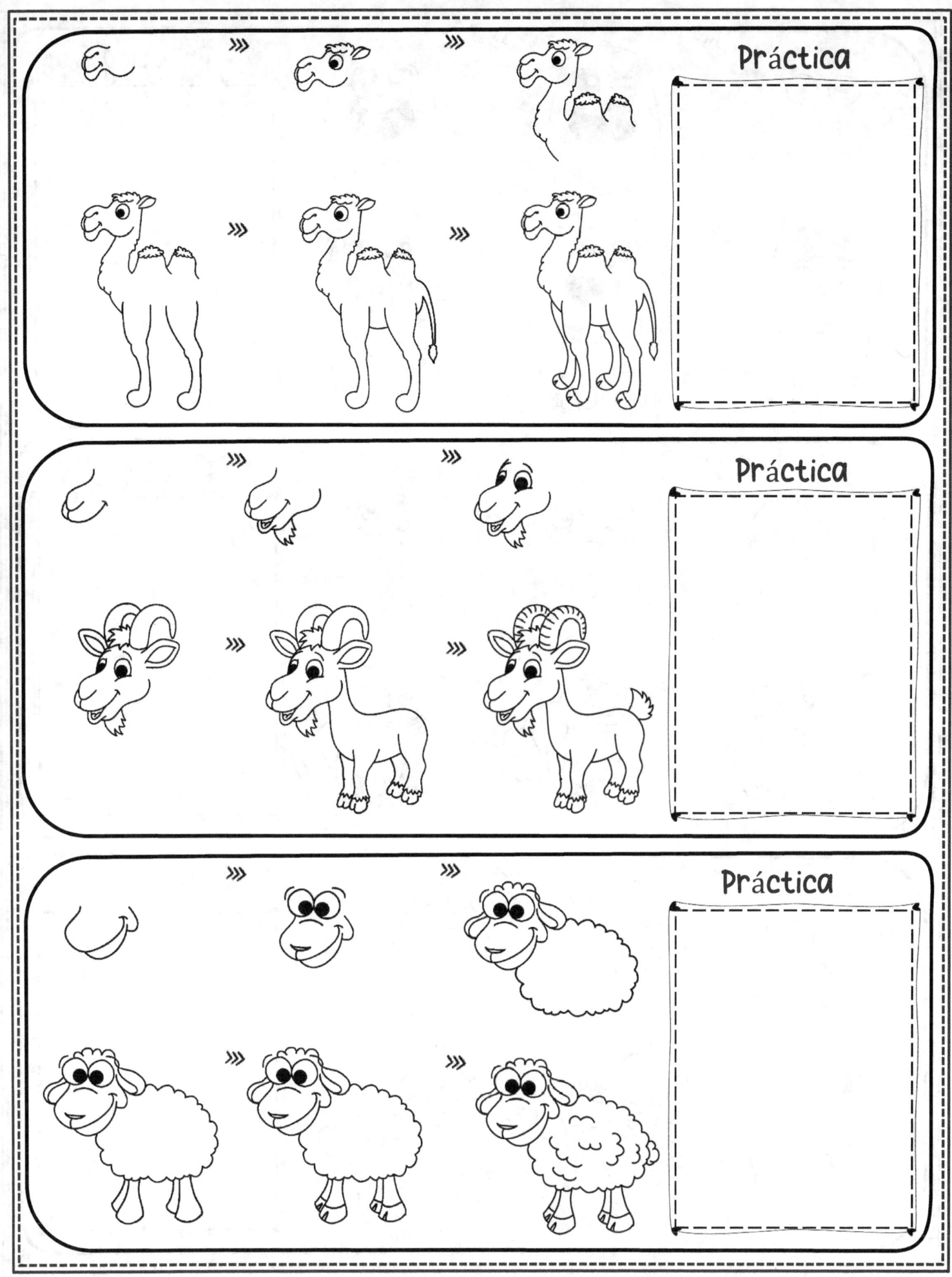

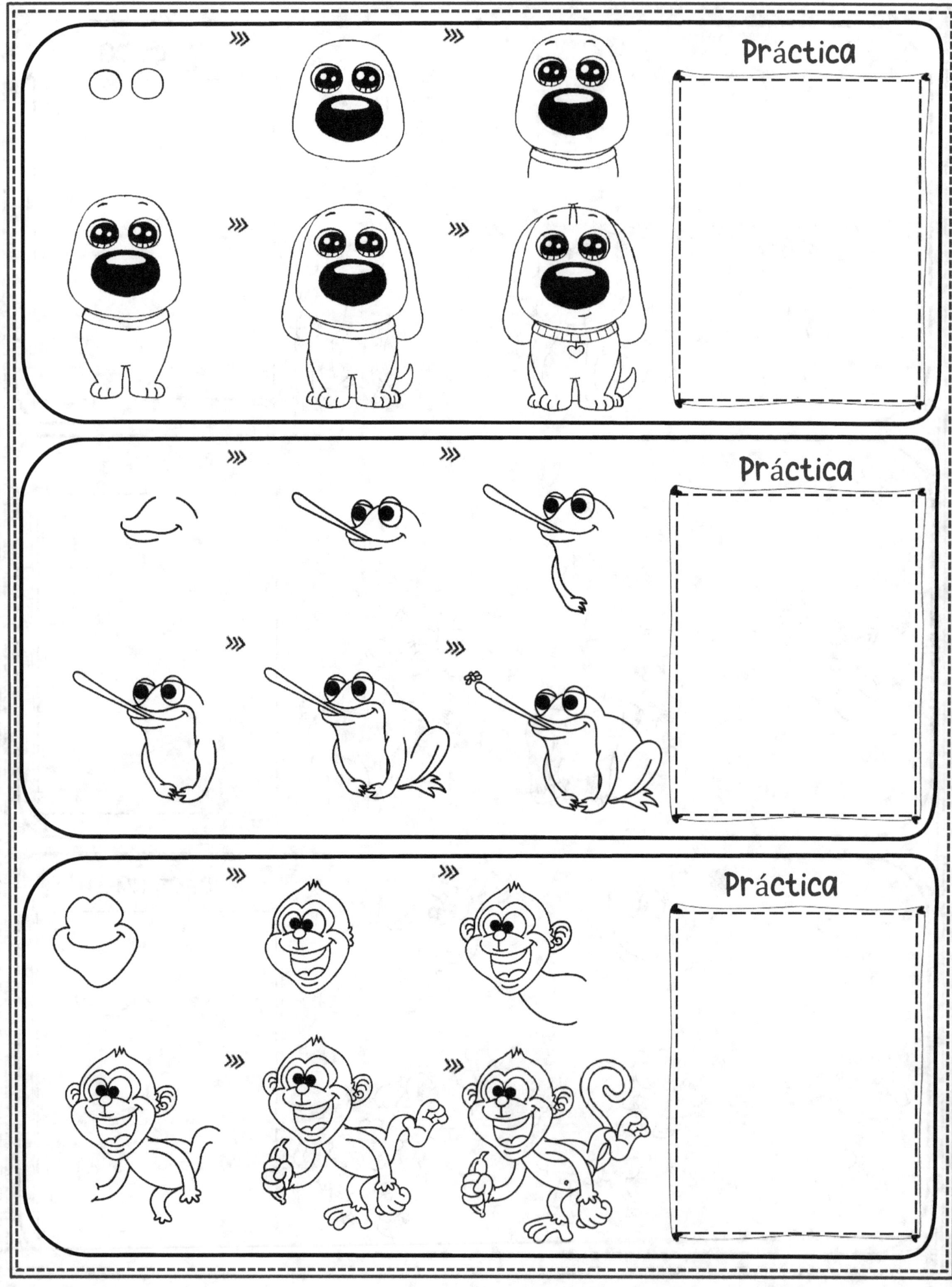

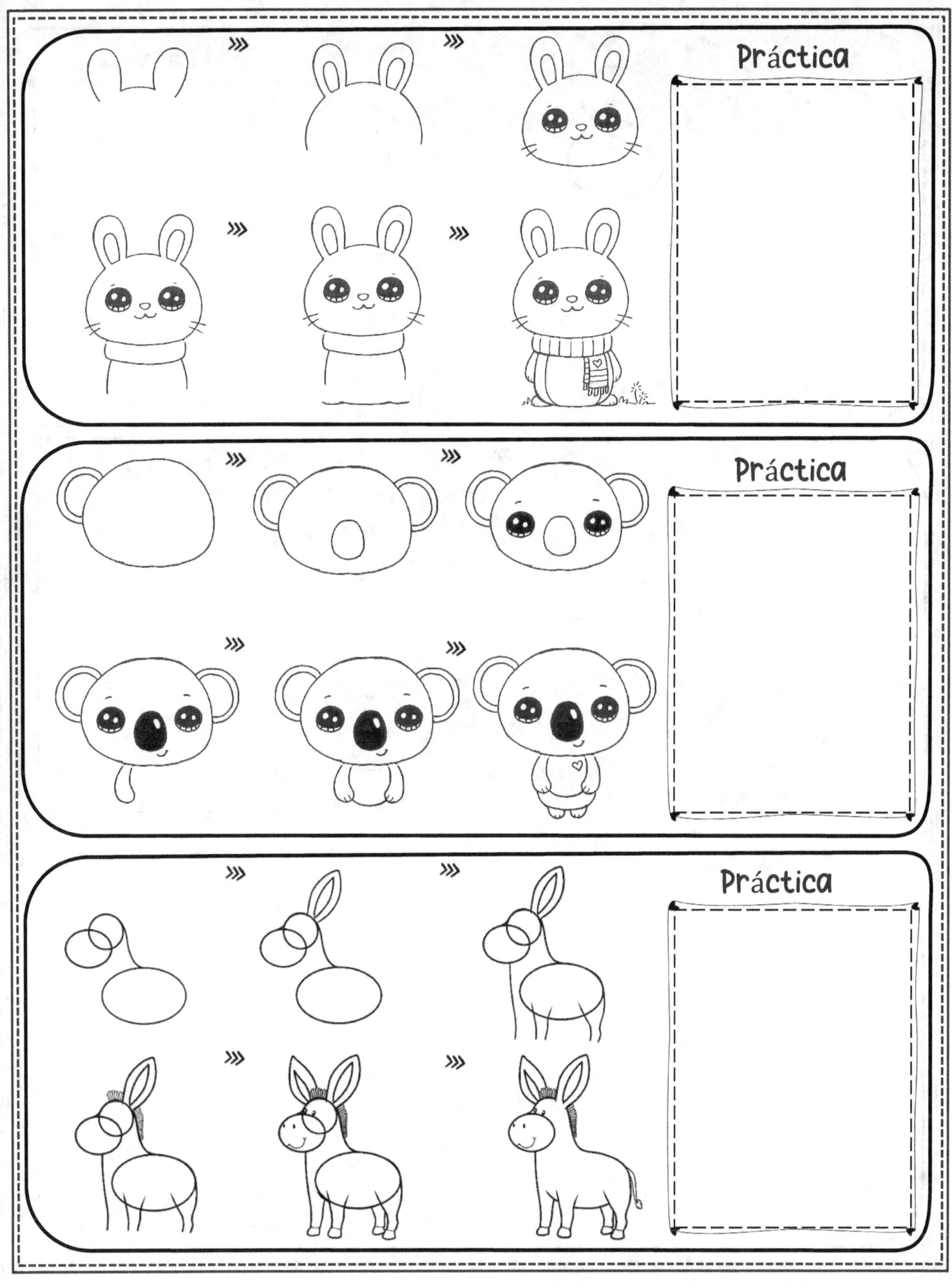

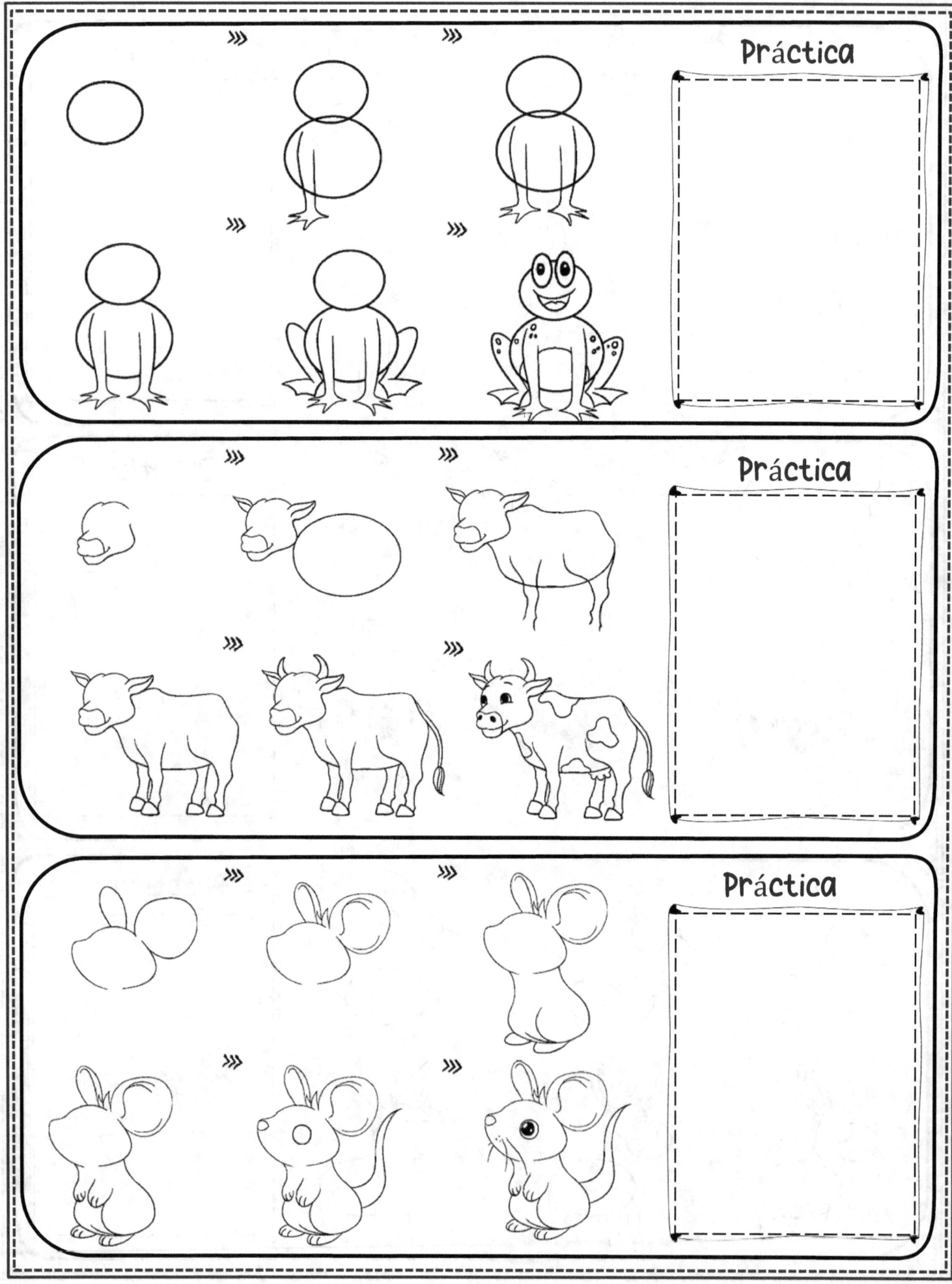

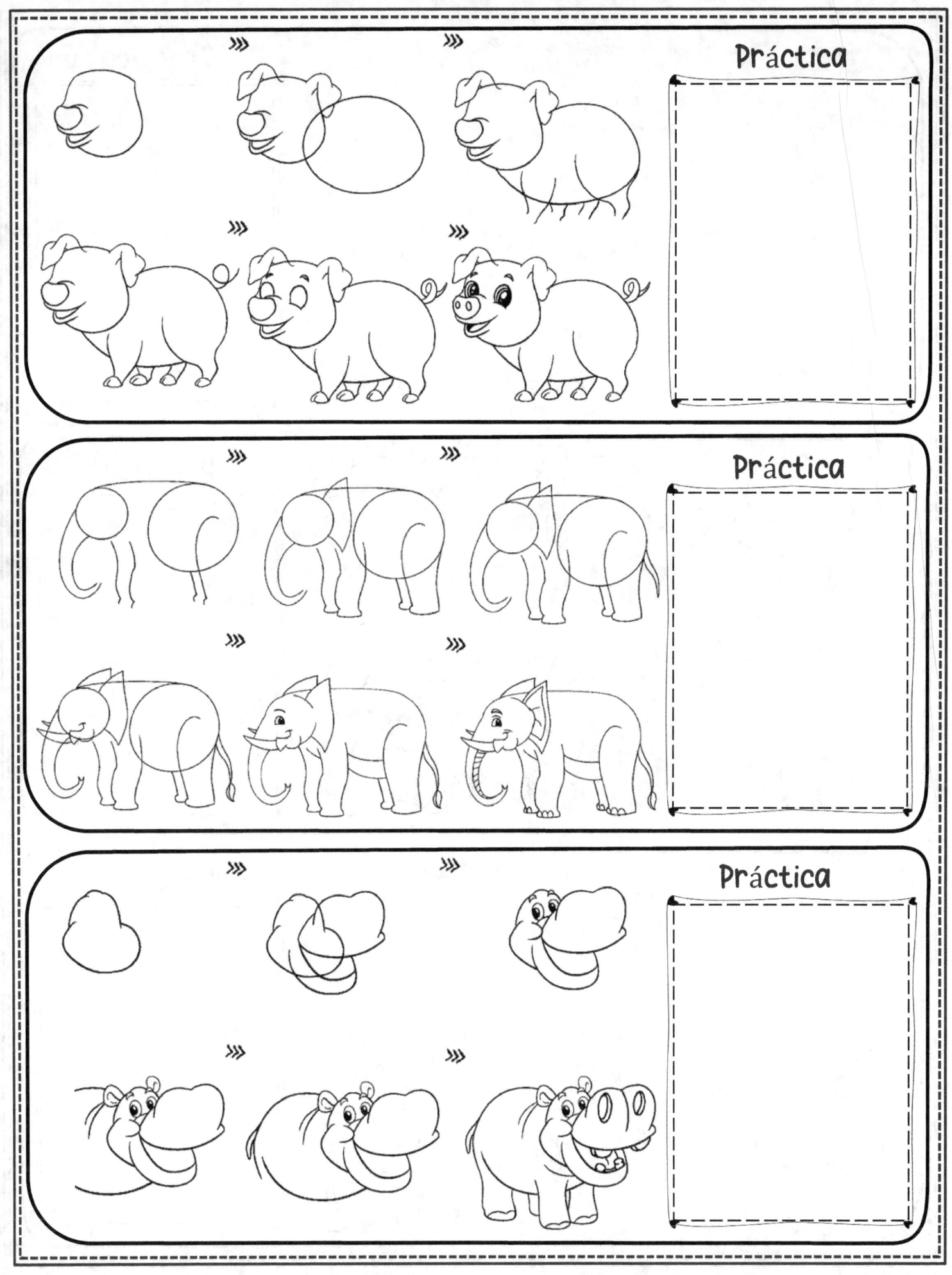

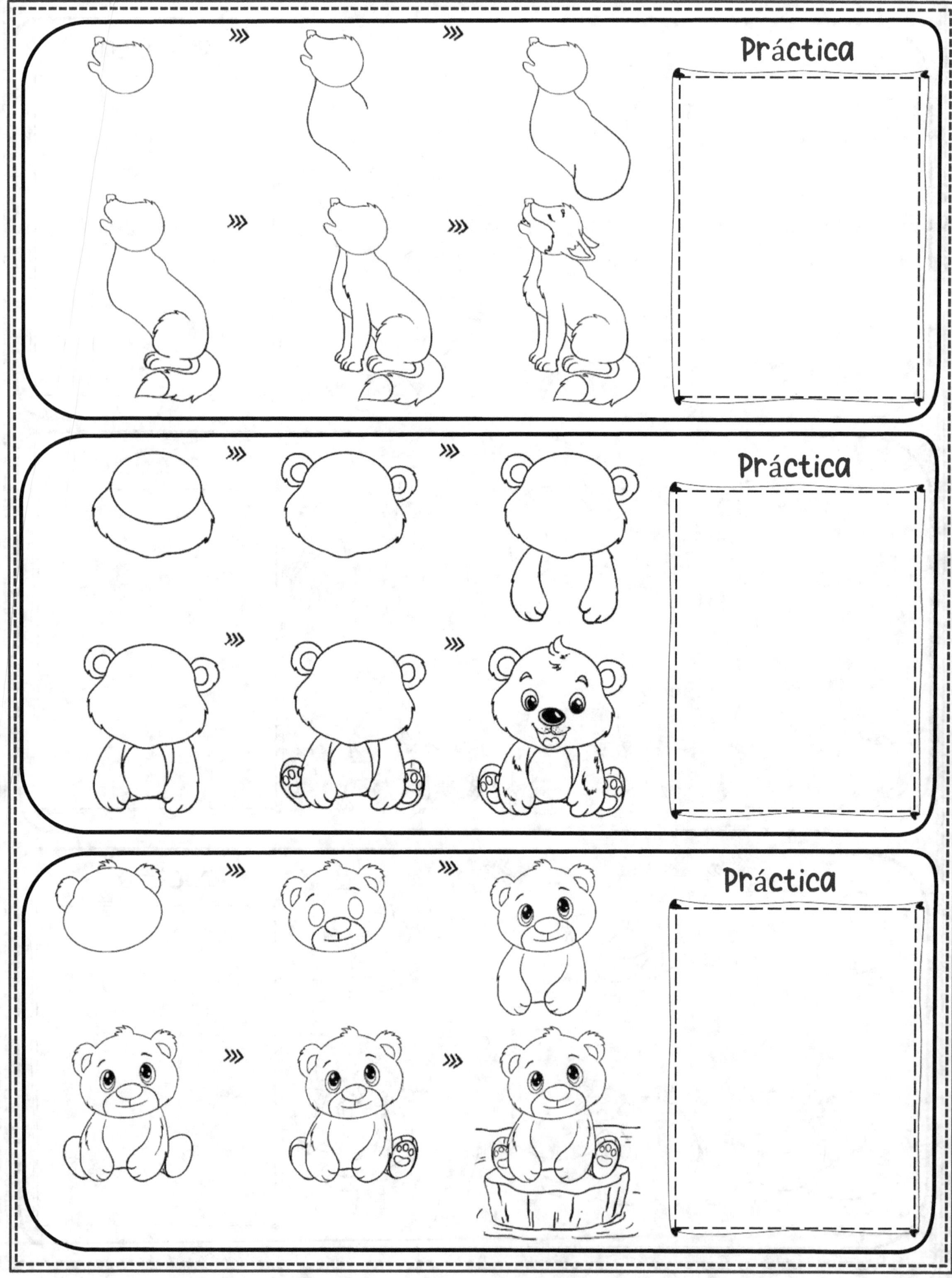

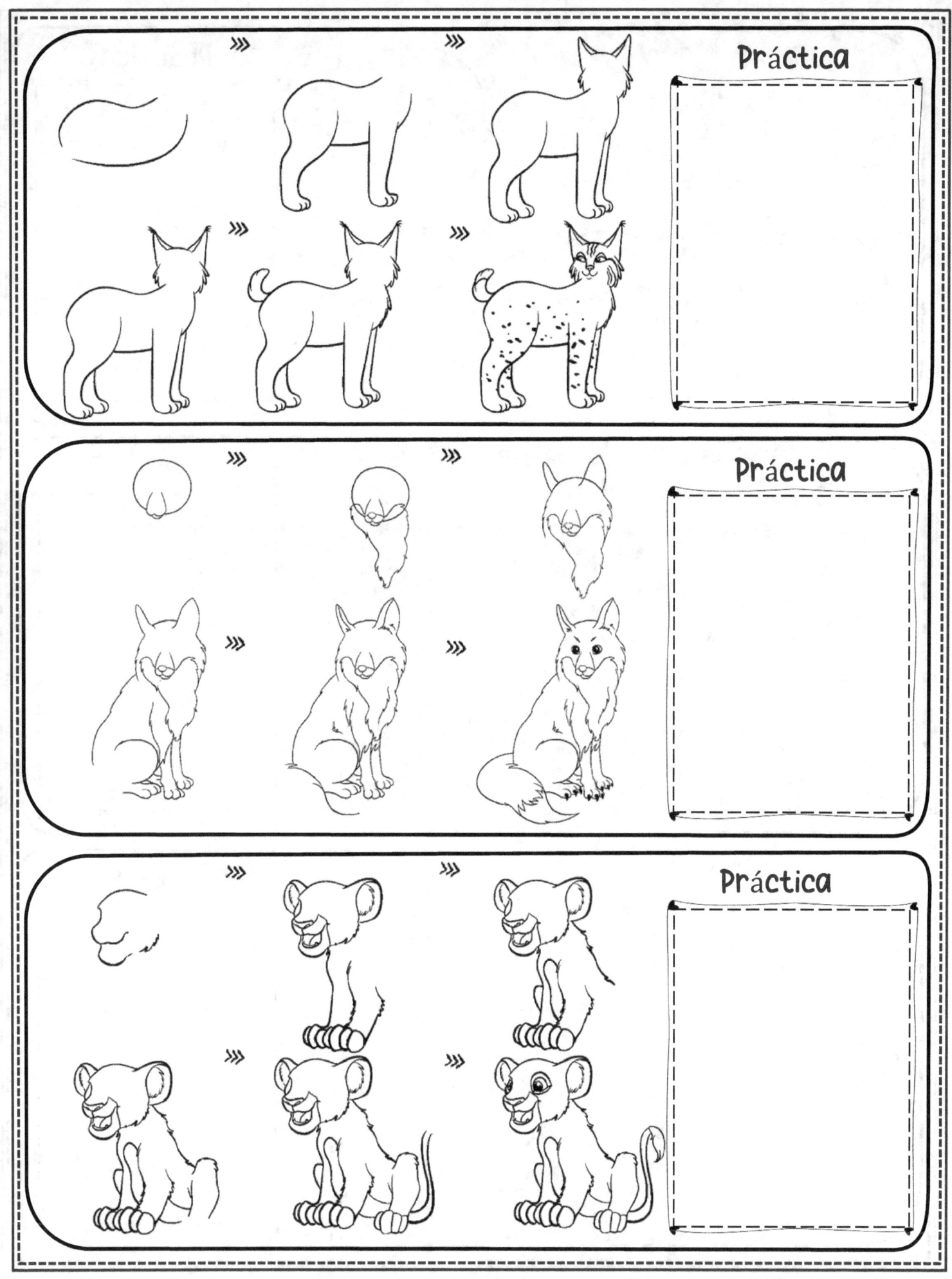

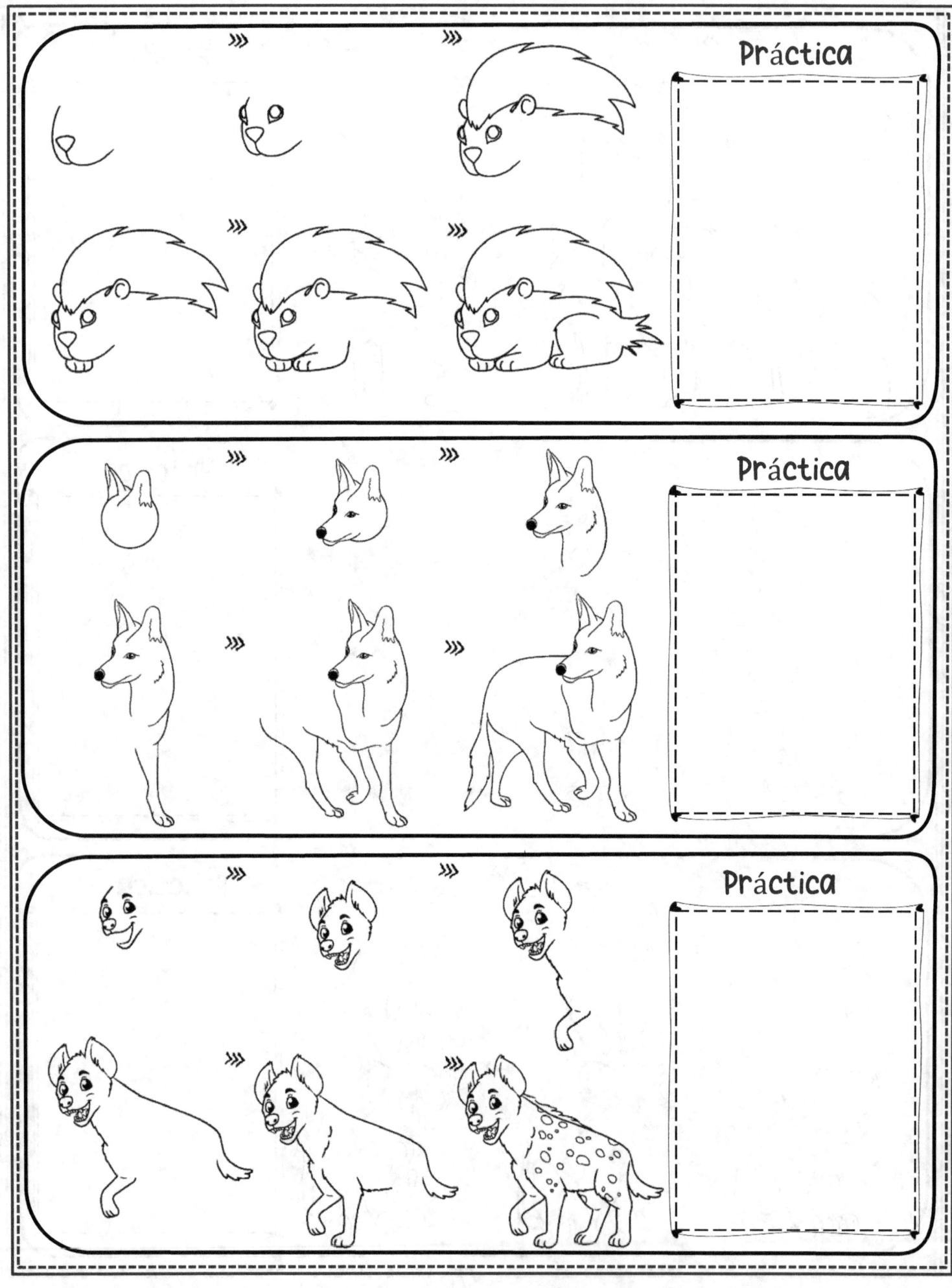

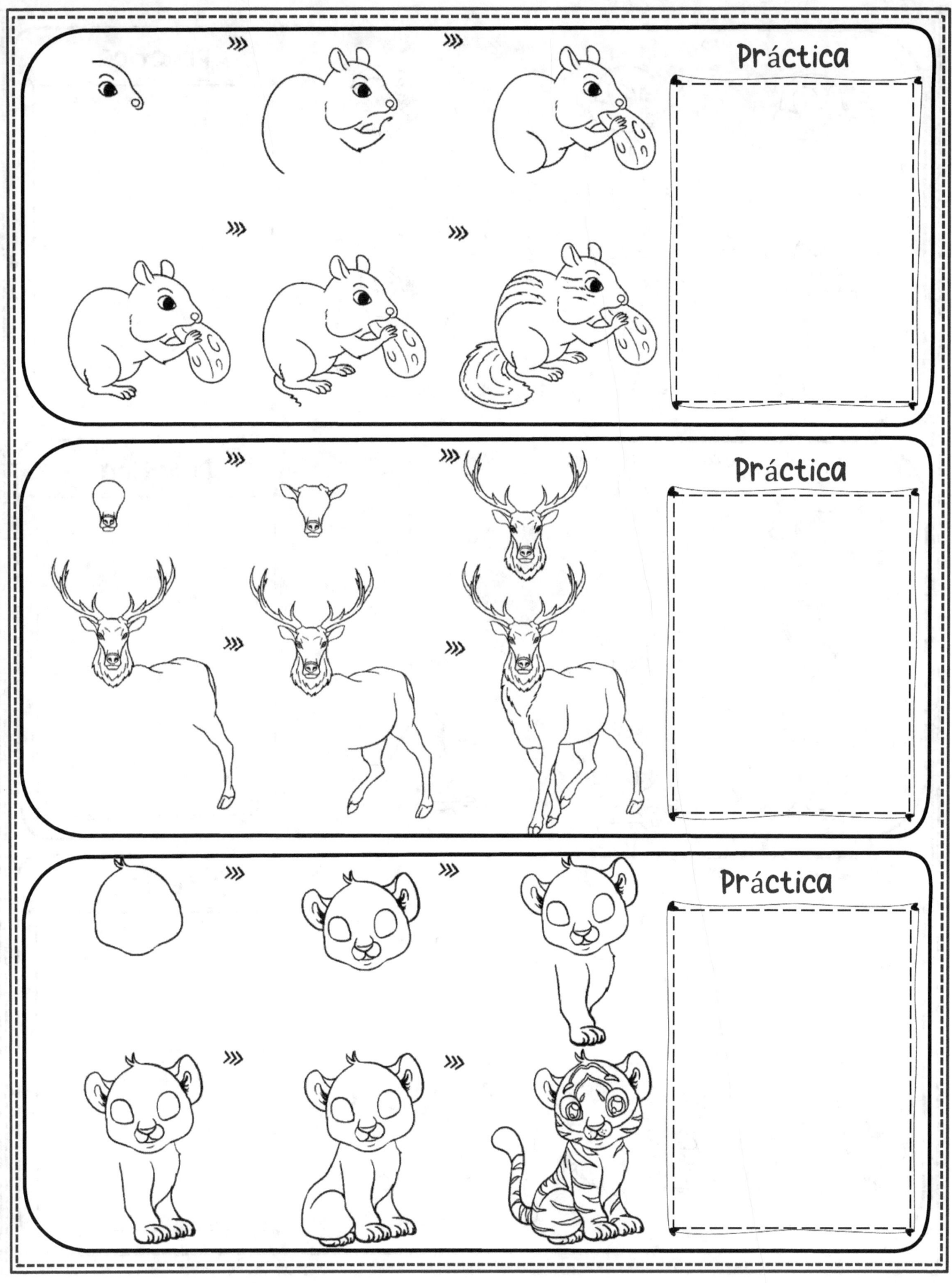

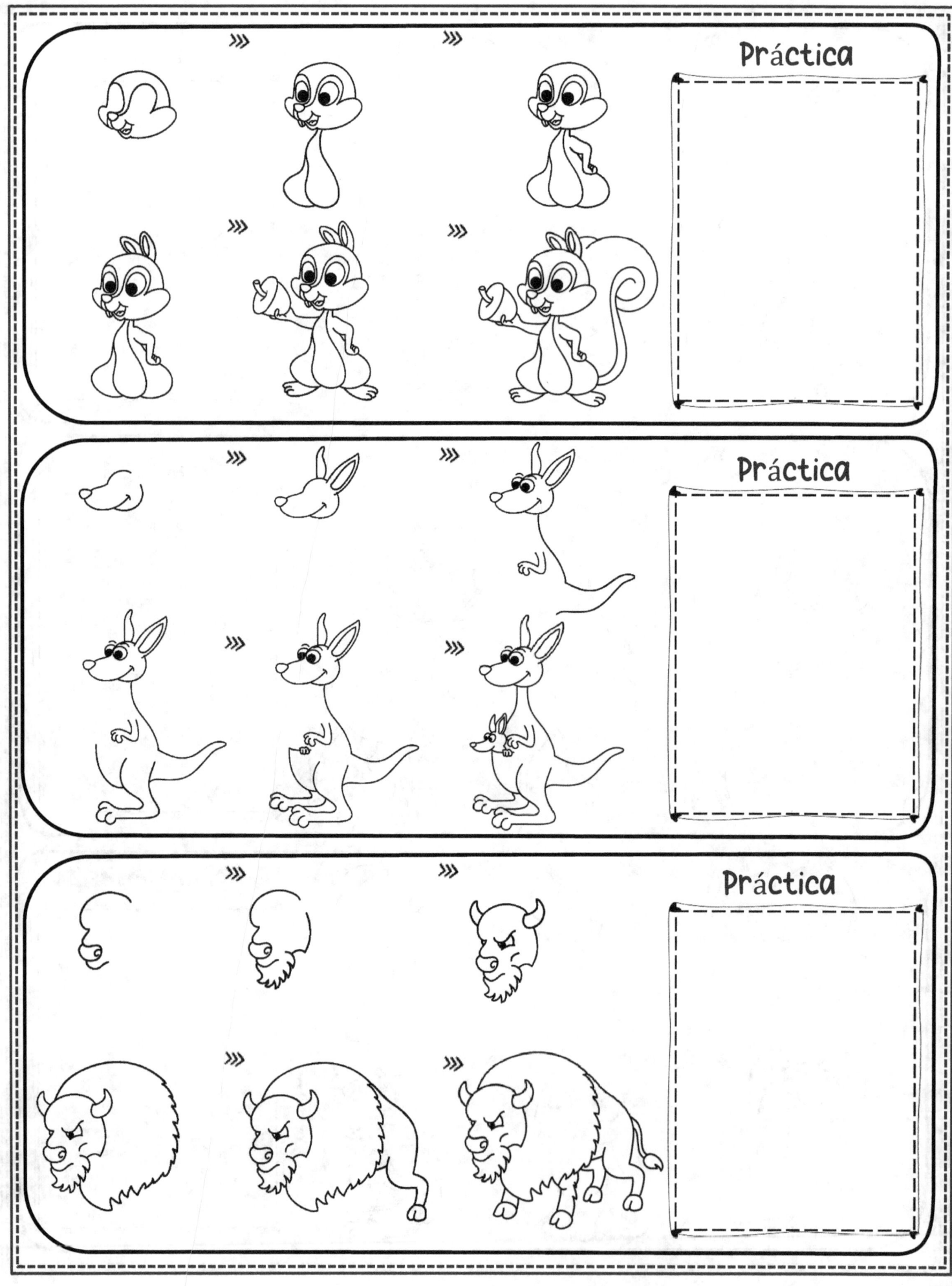

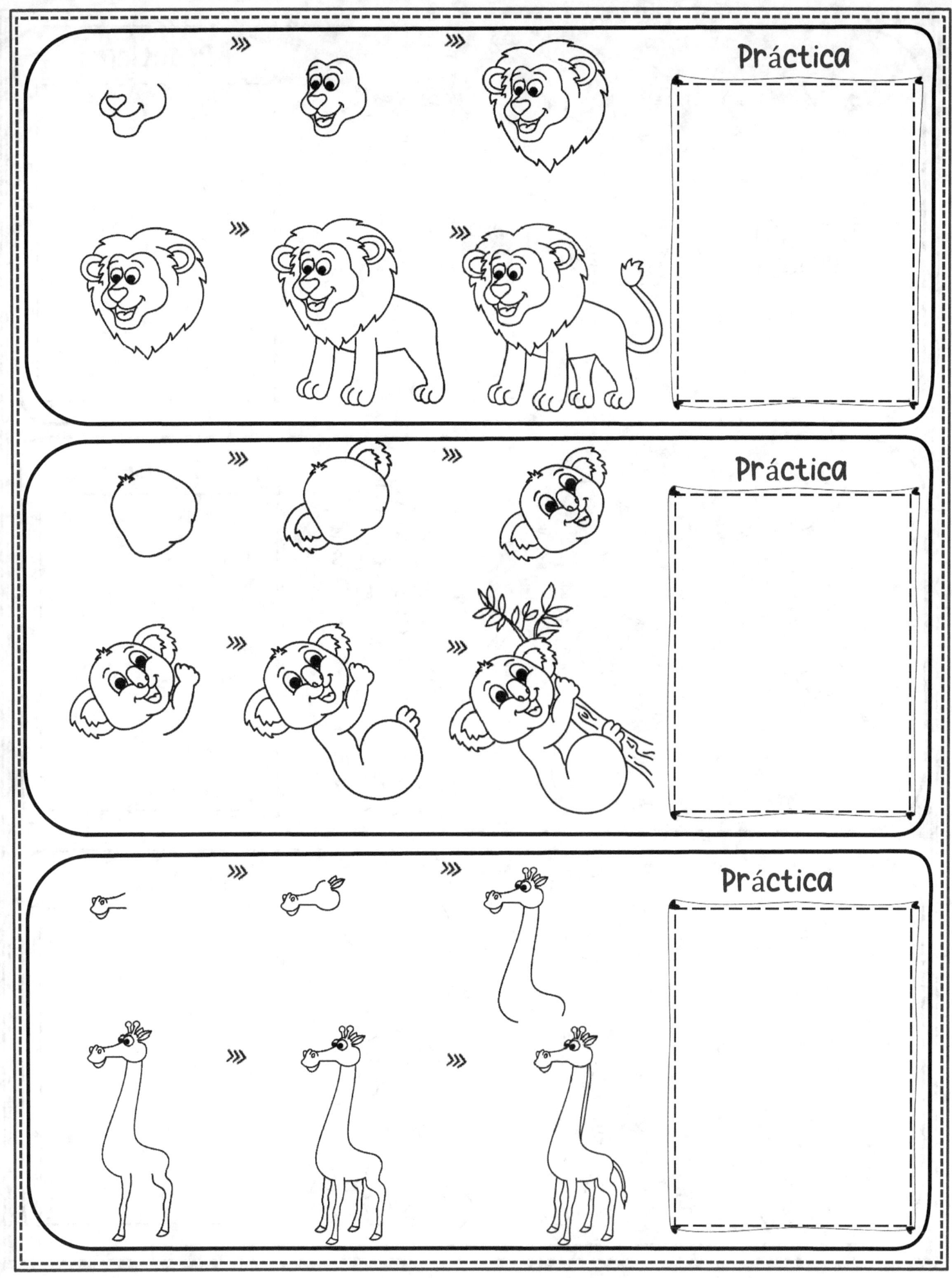

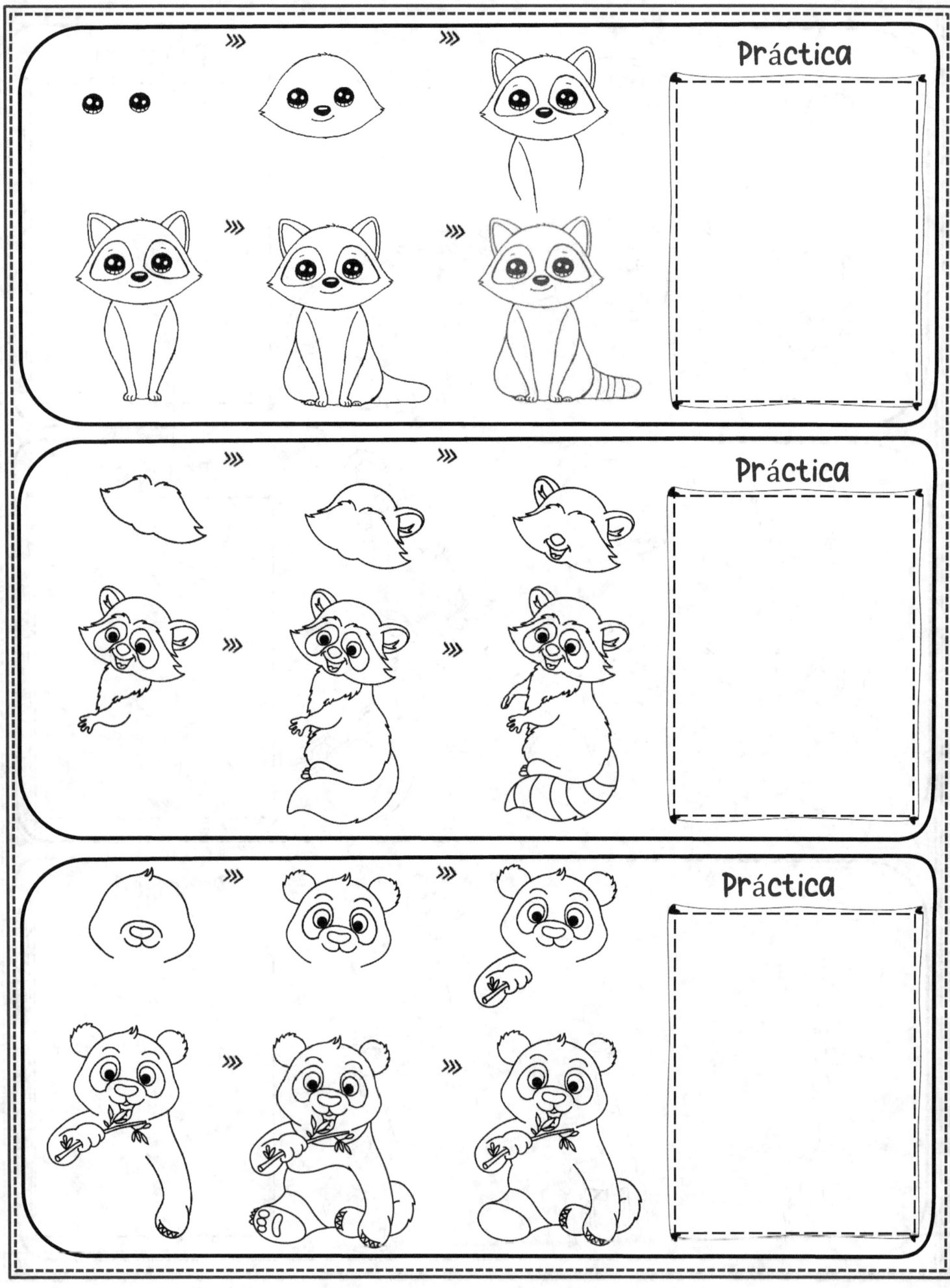

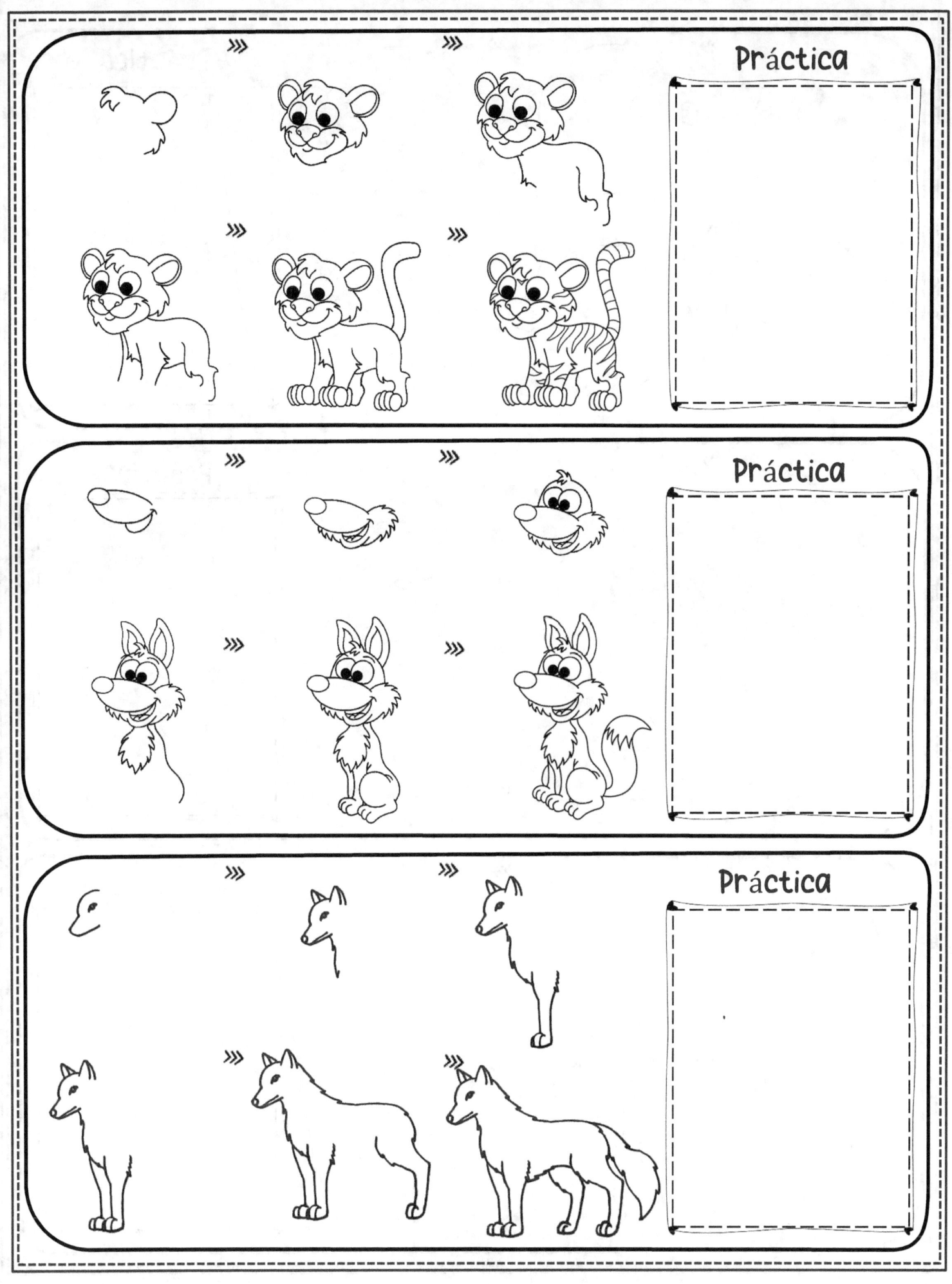

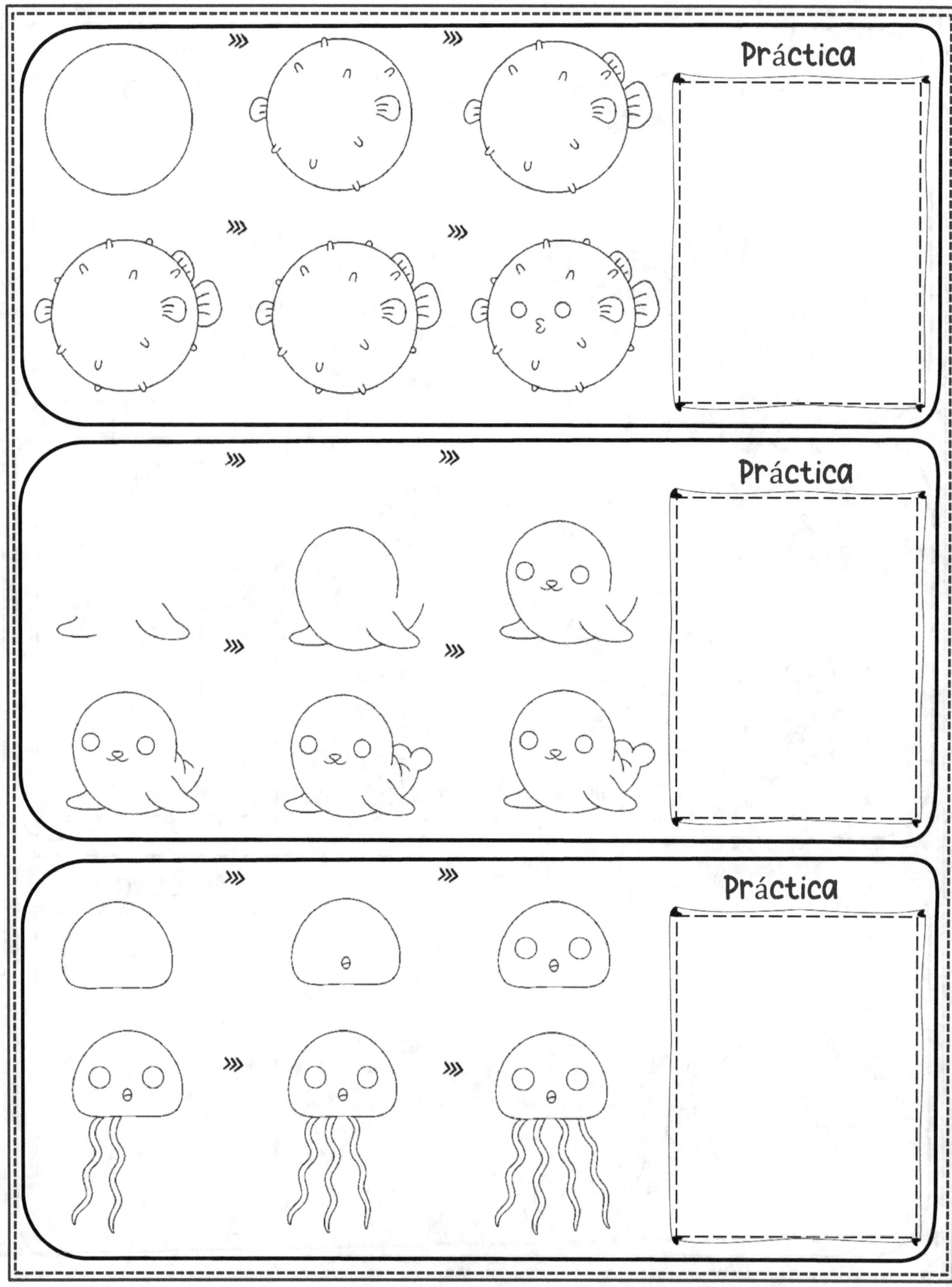

Práctica

Práctica

Práctica

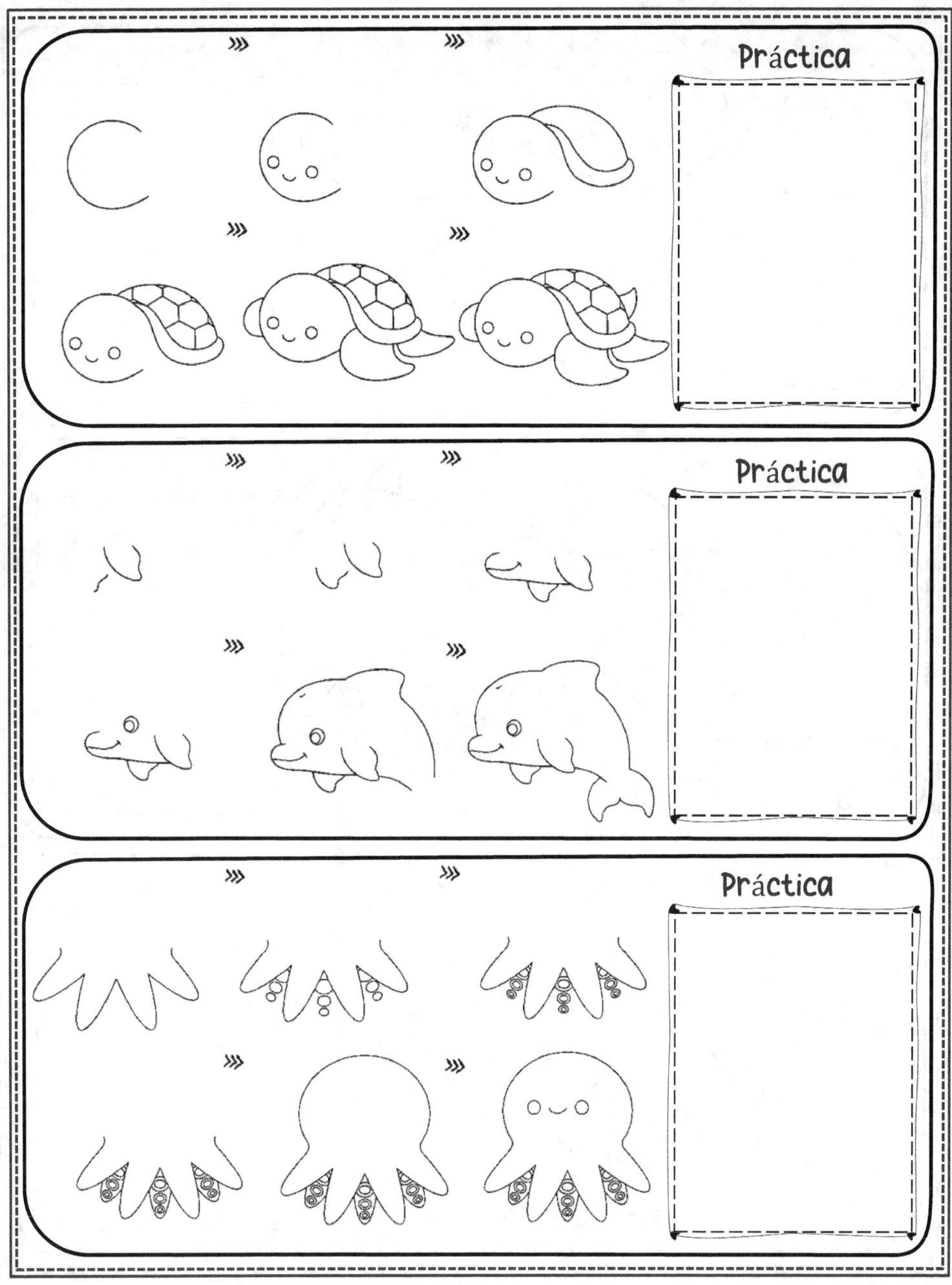

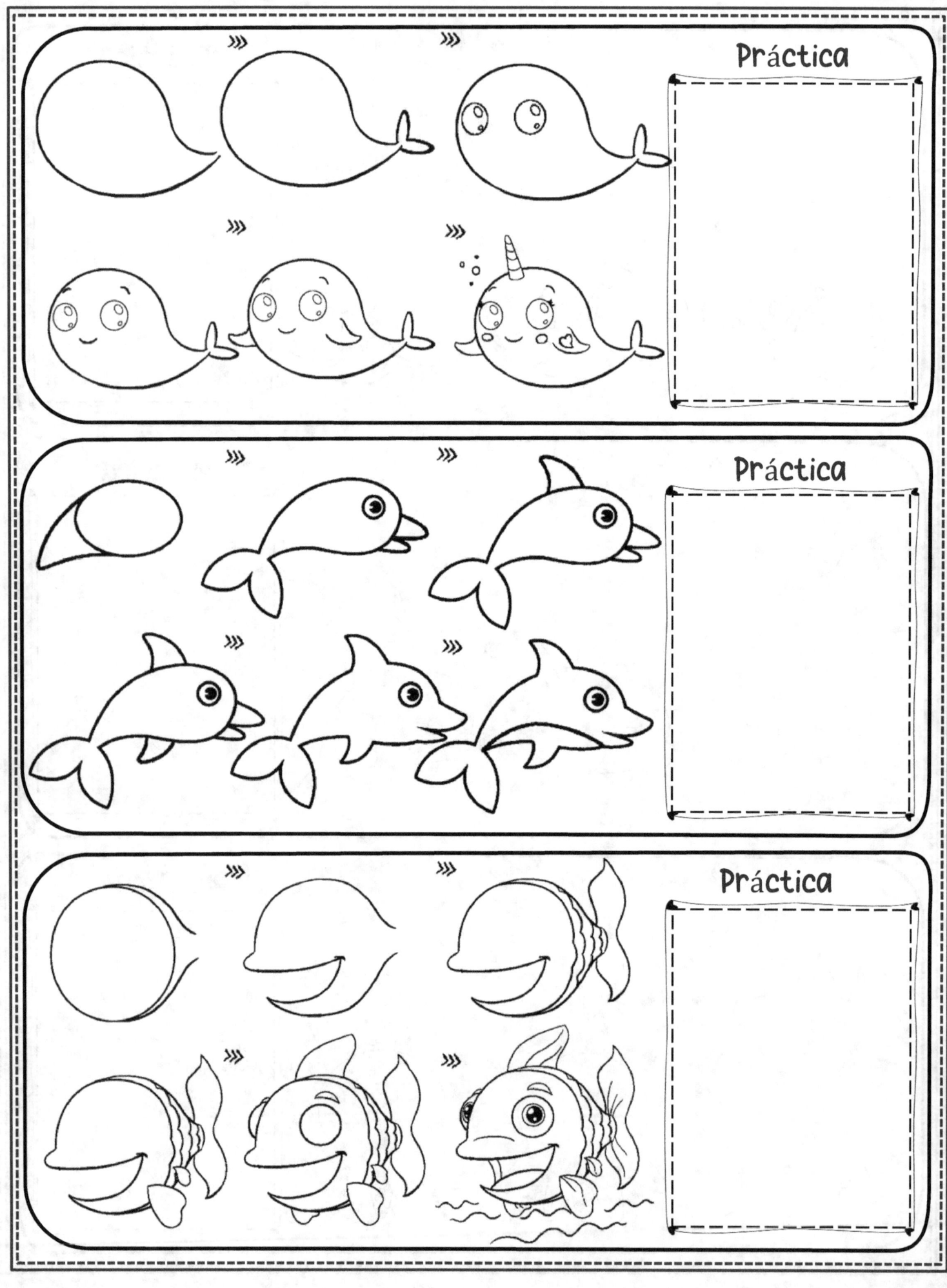

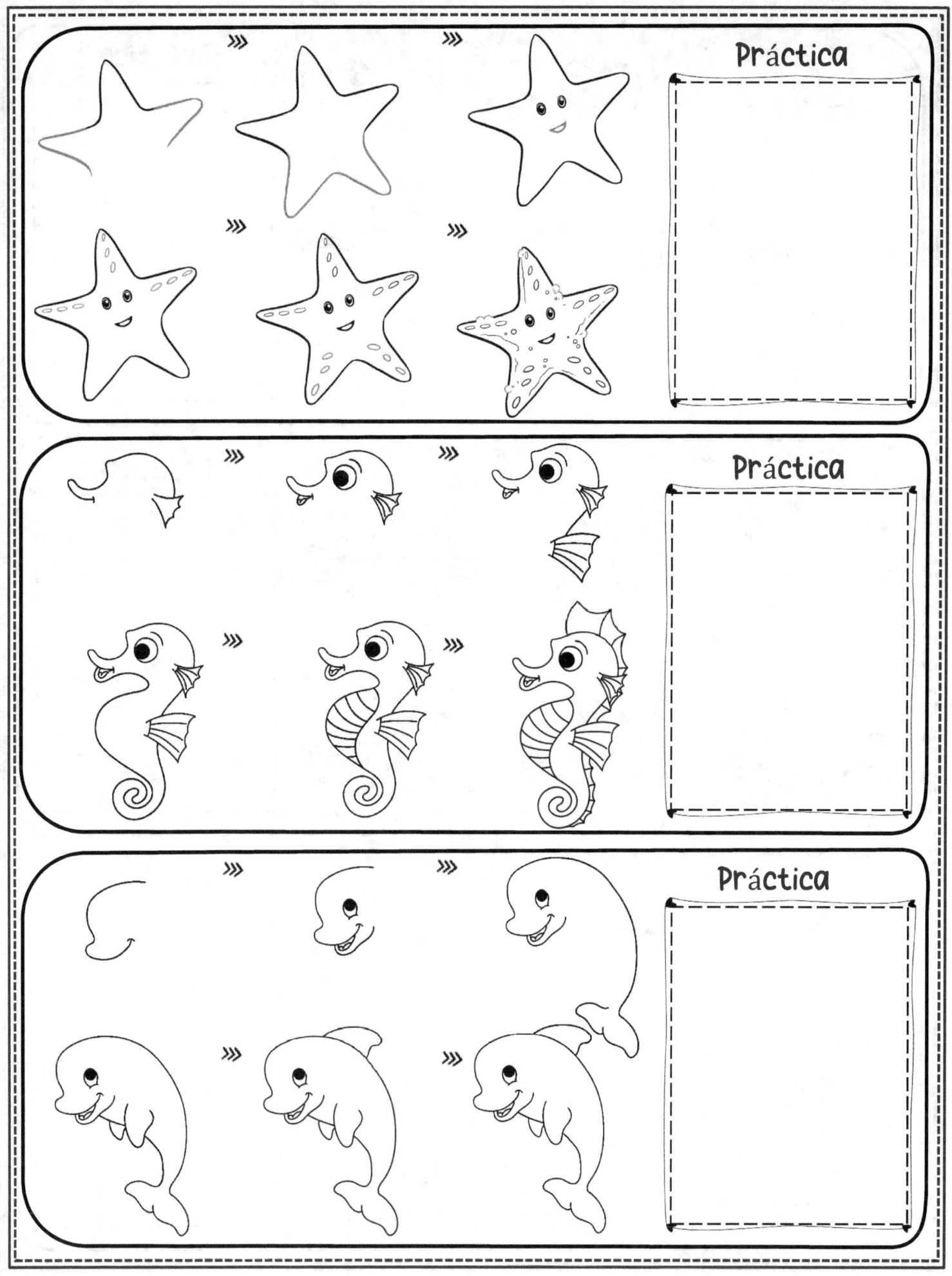

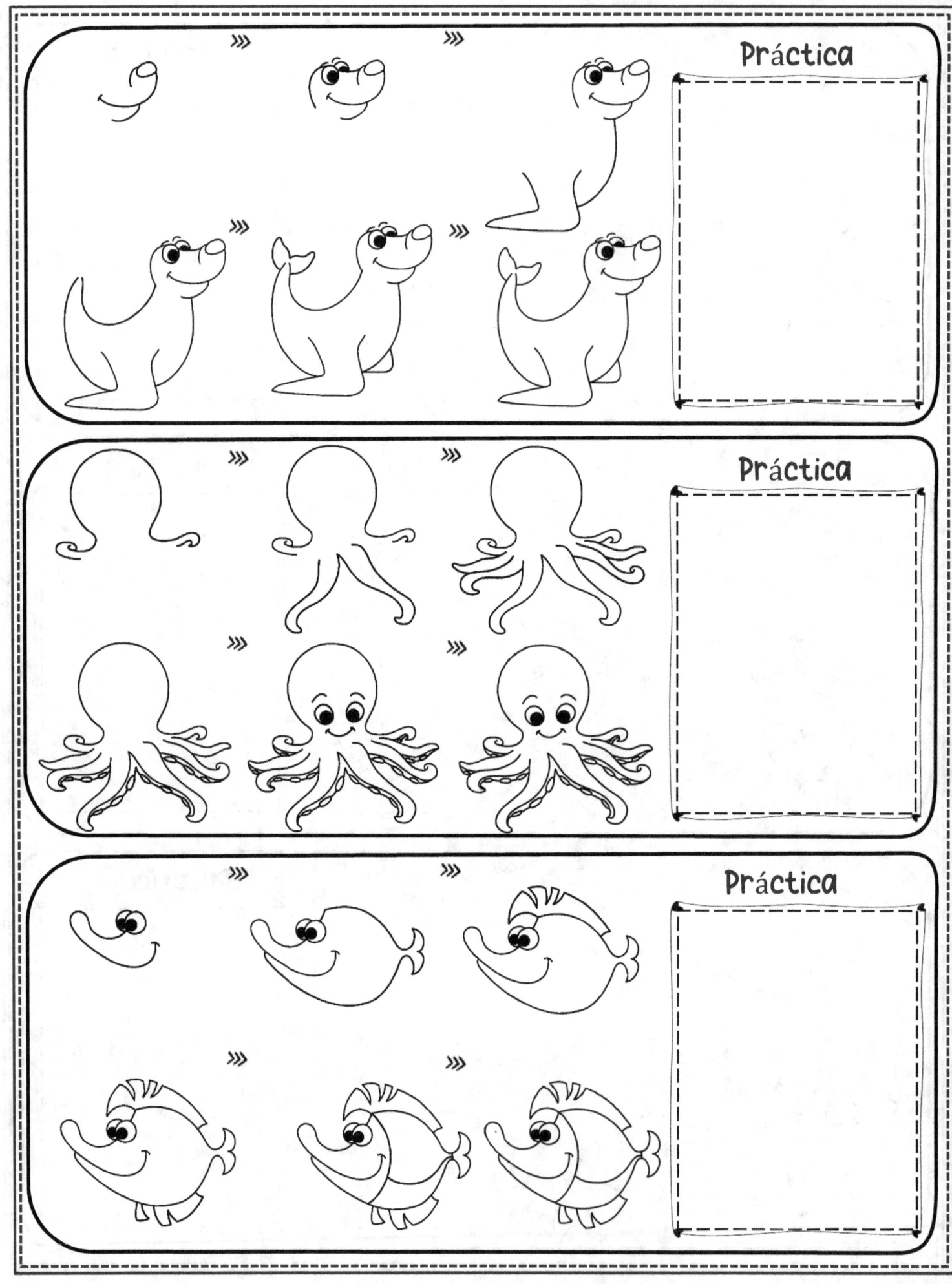

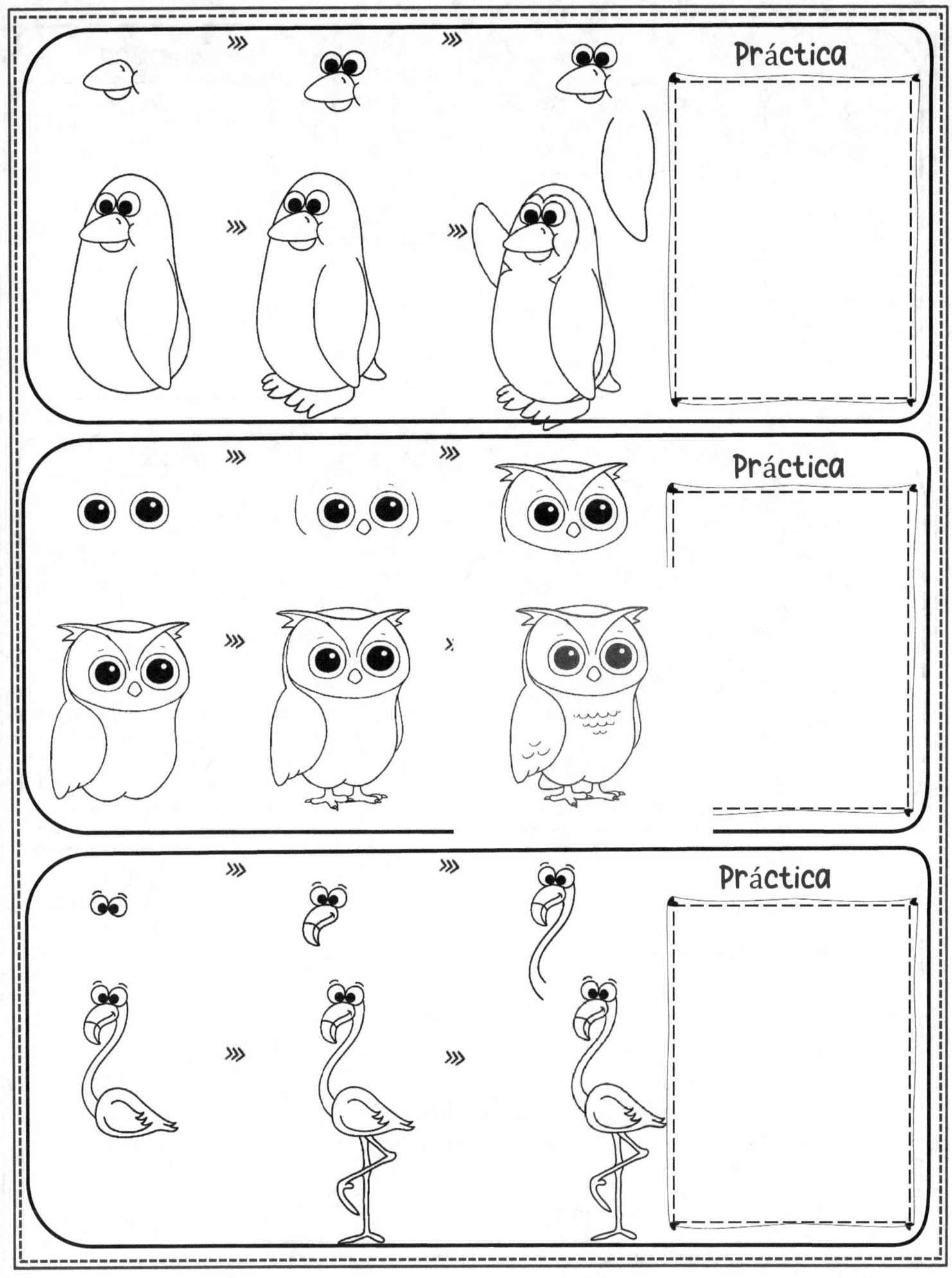

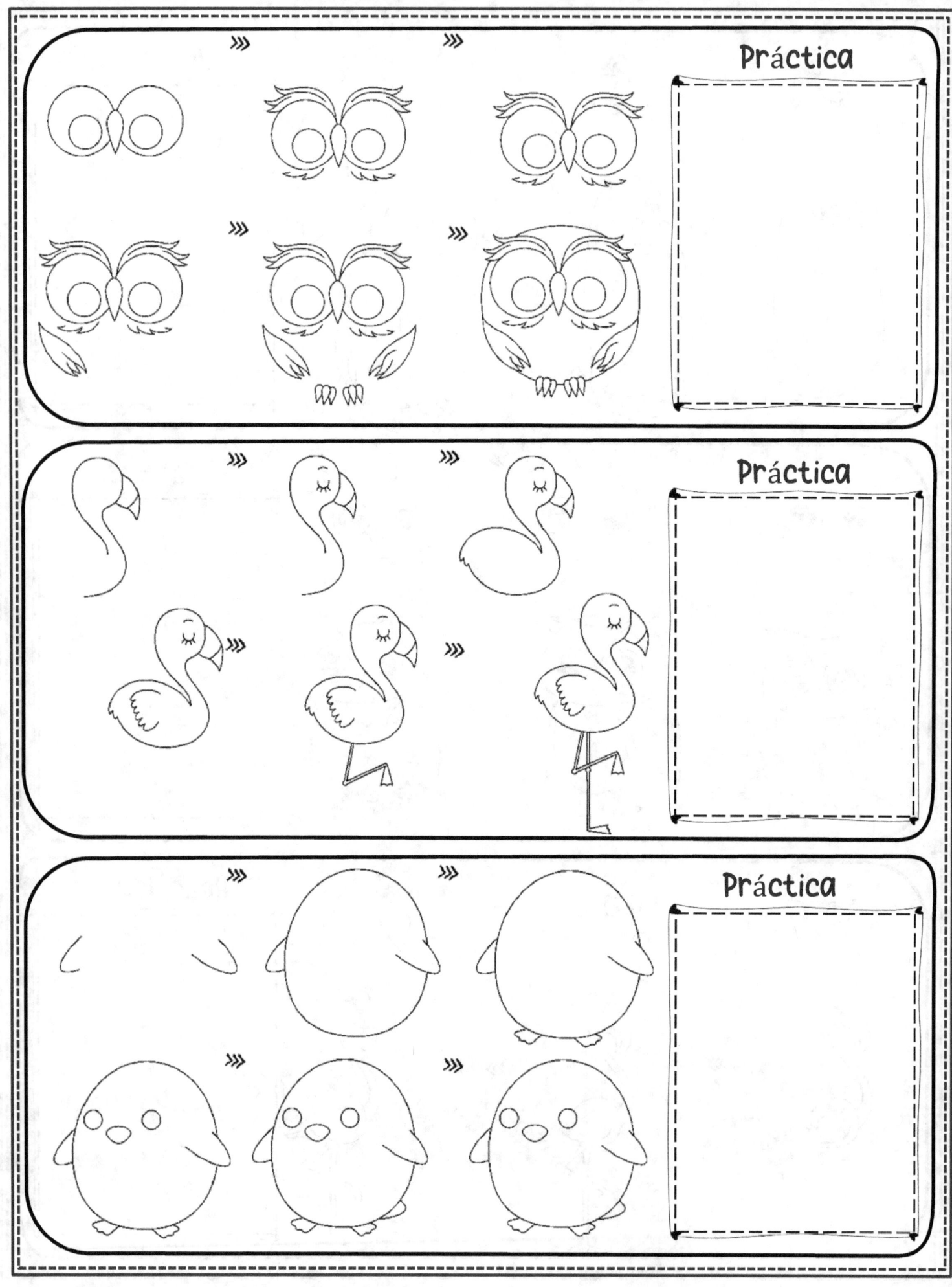

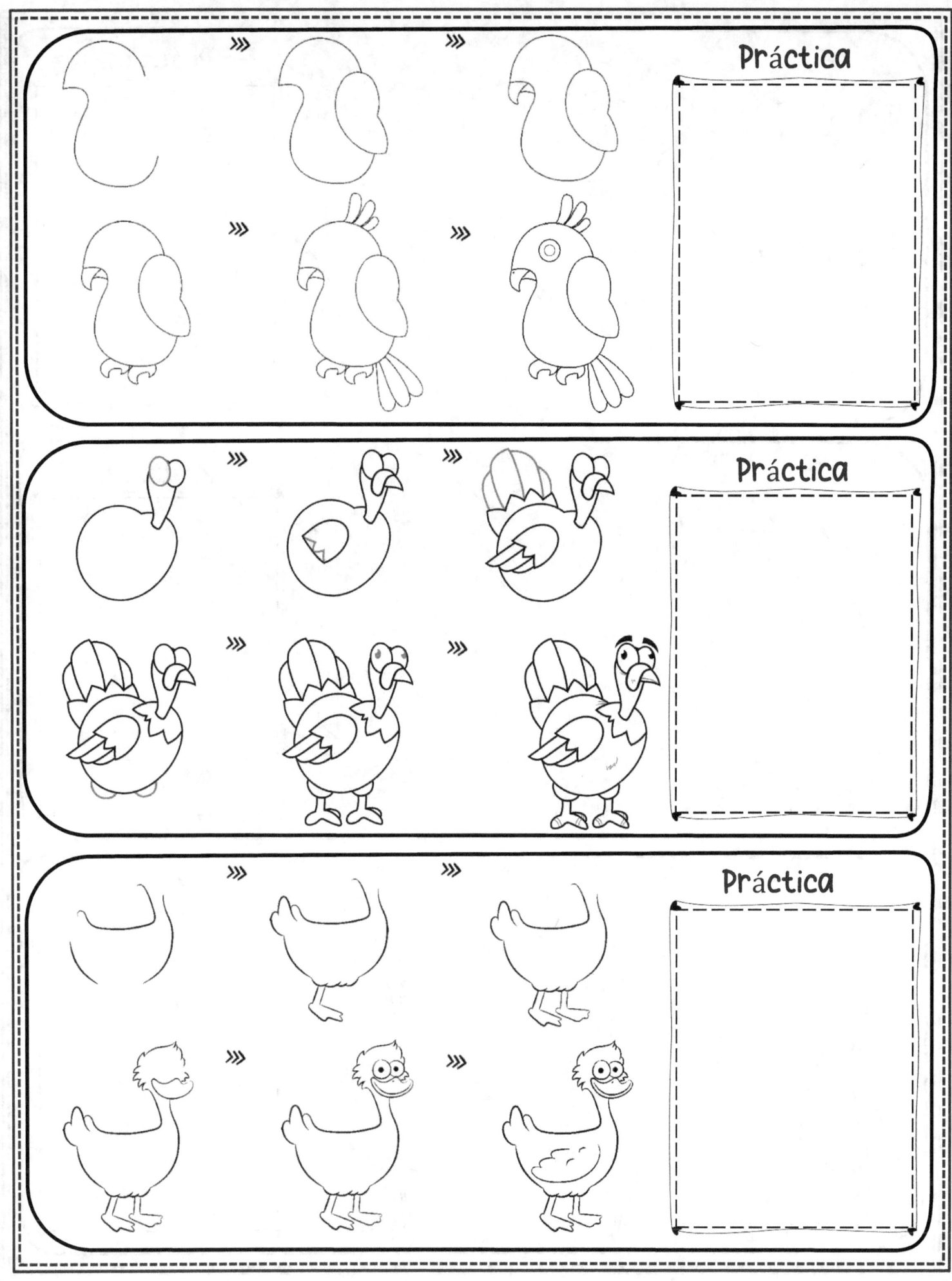

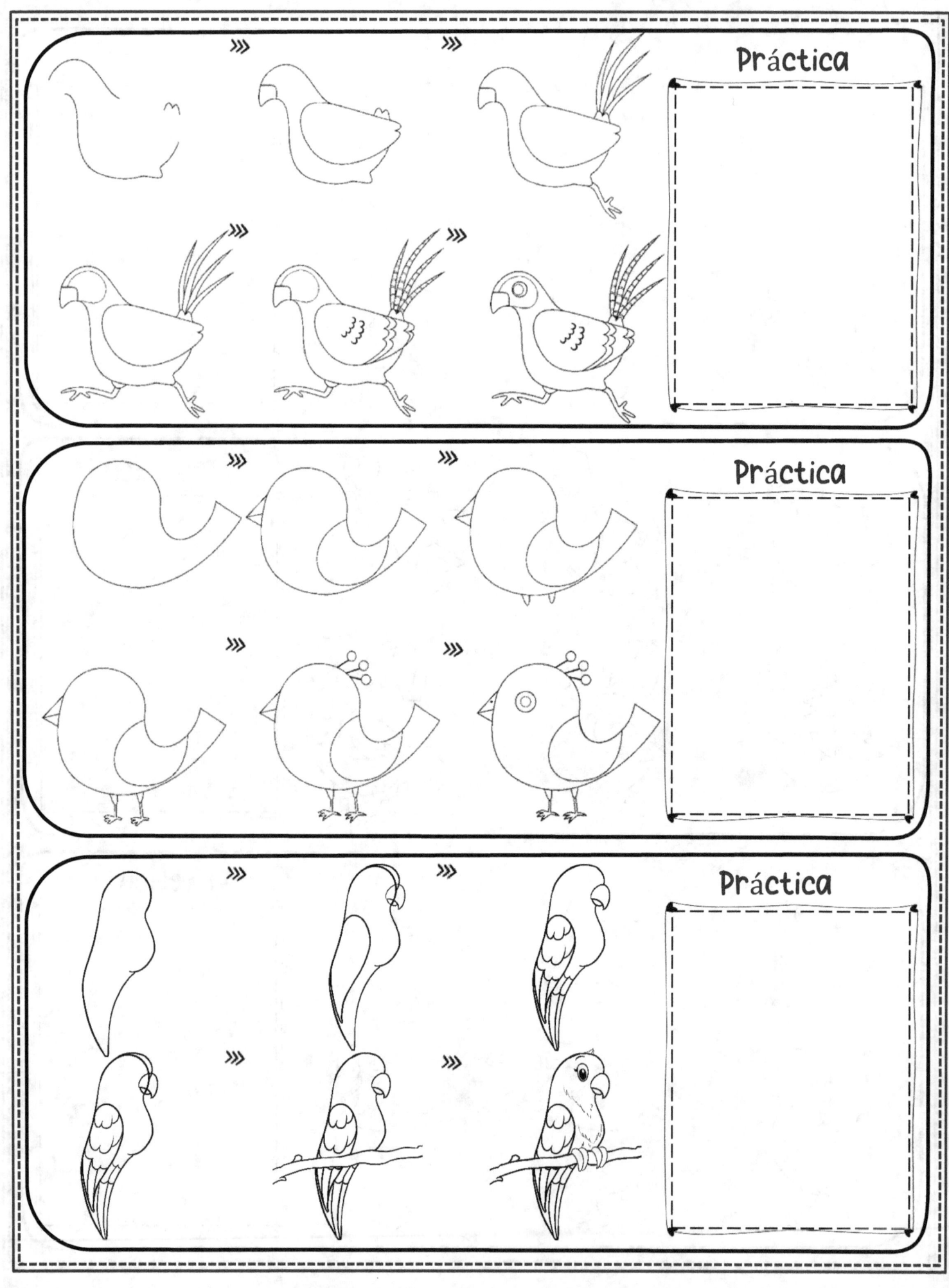

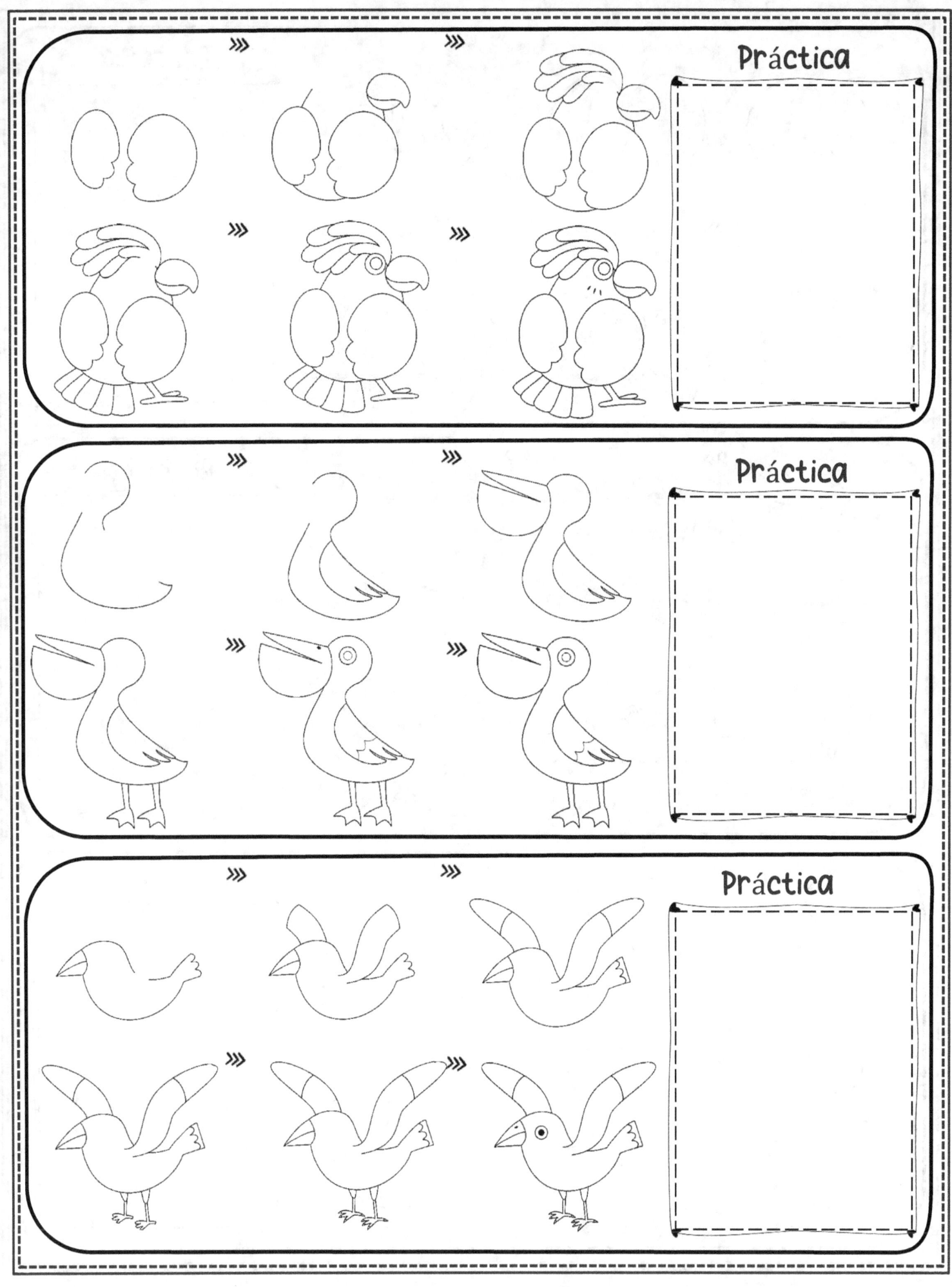

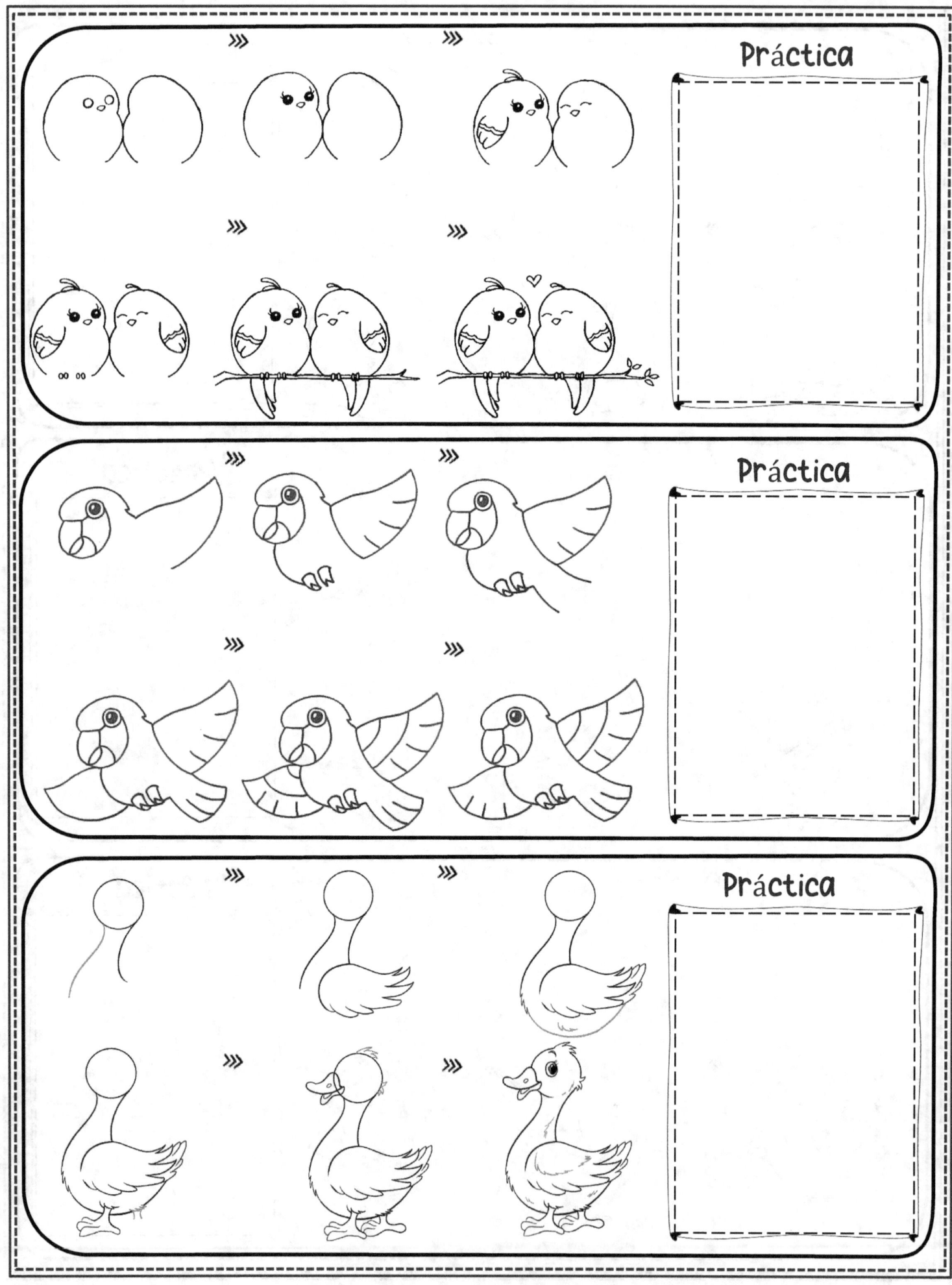

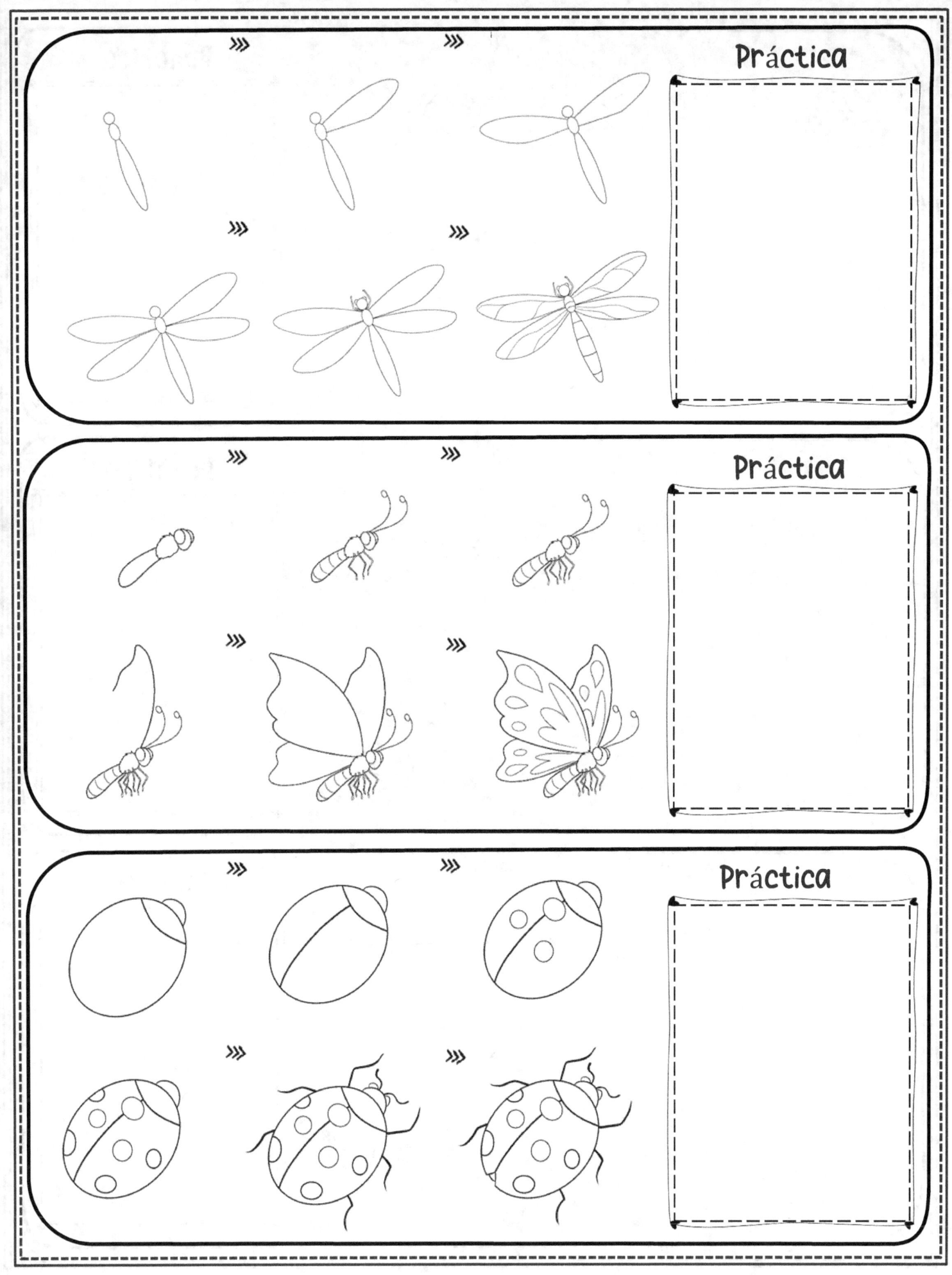

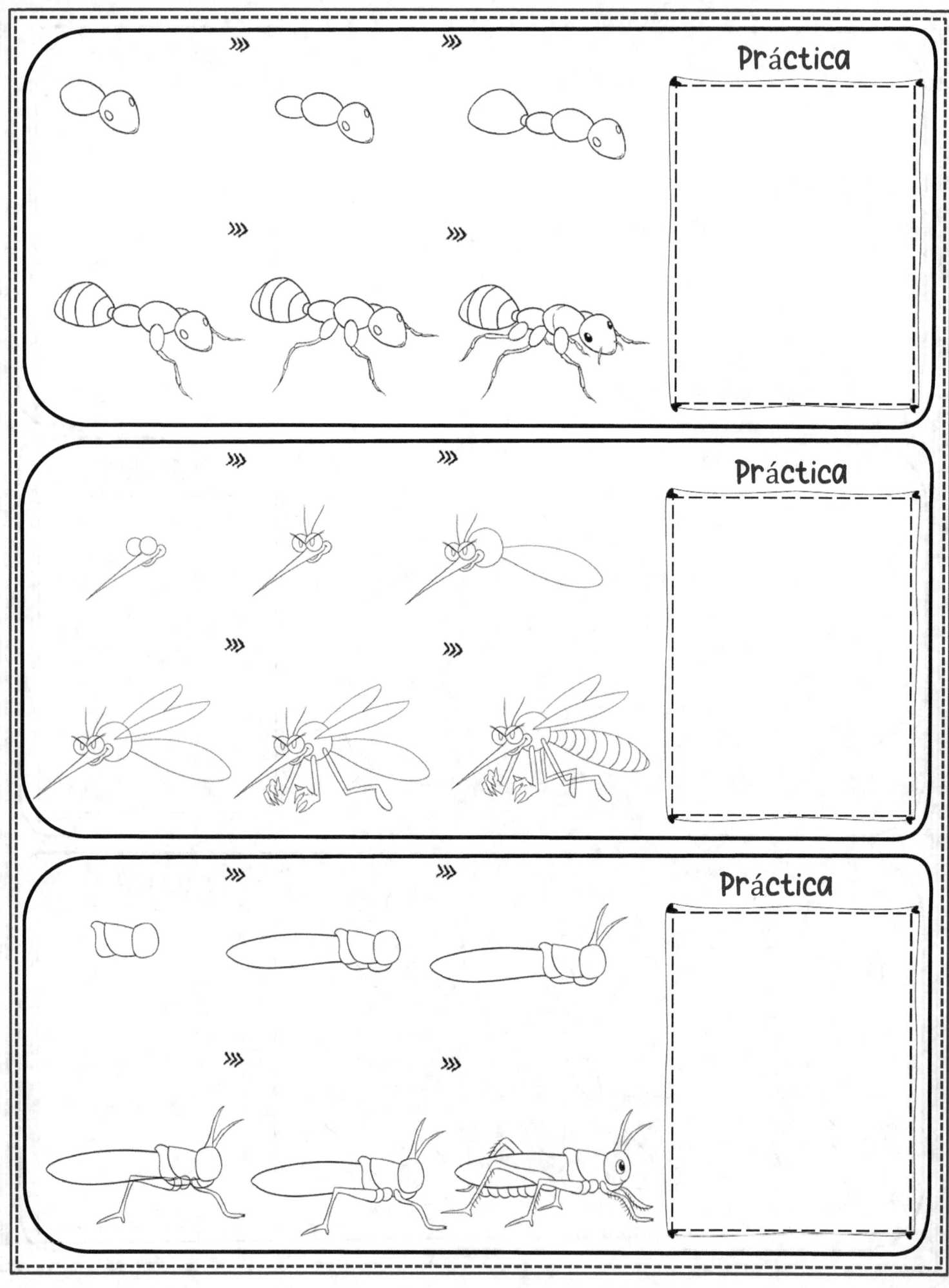

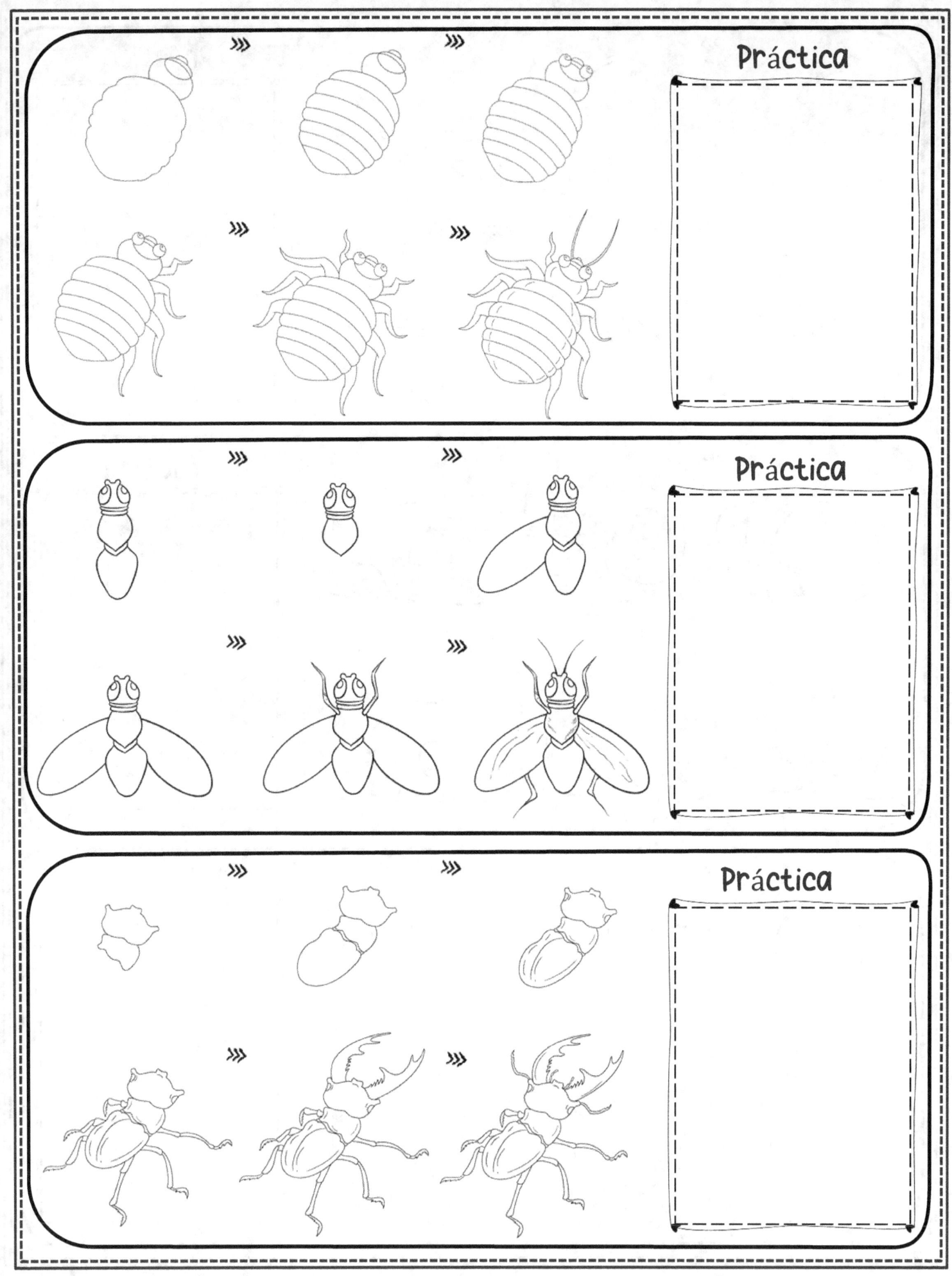

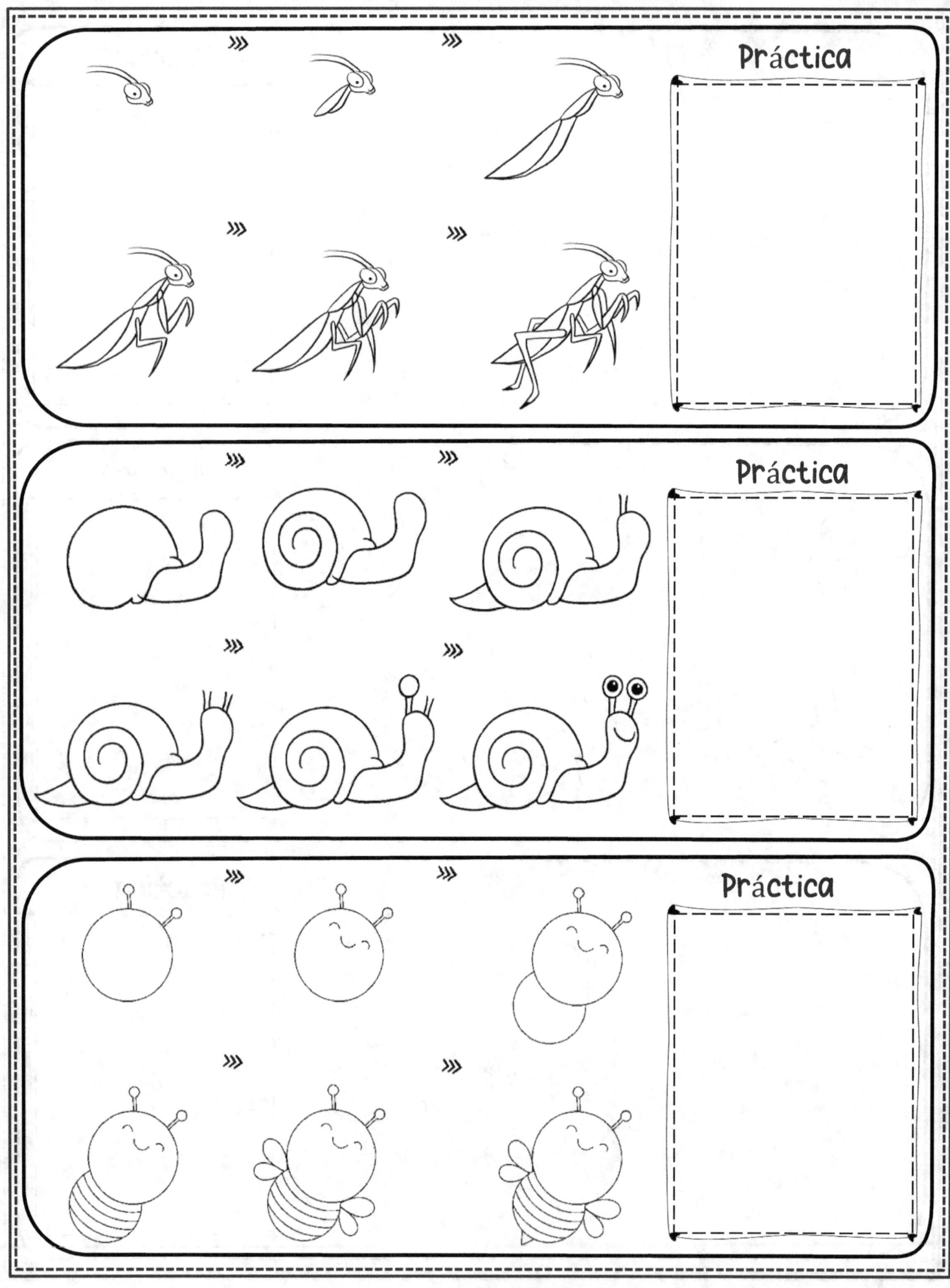

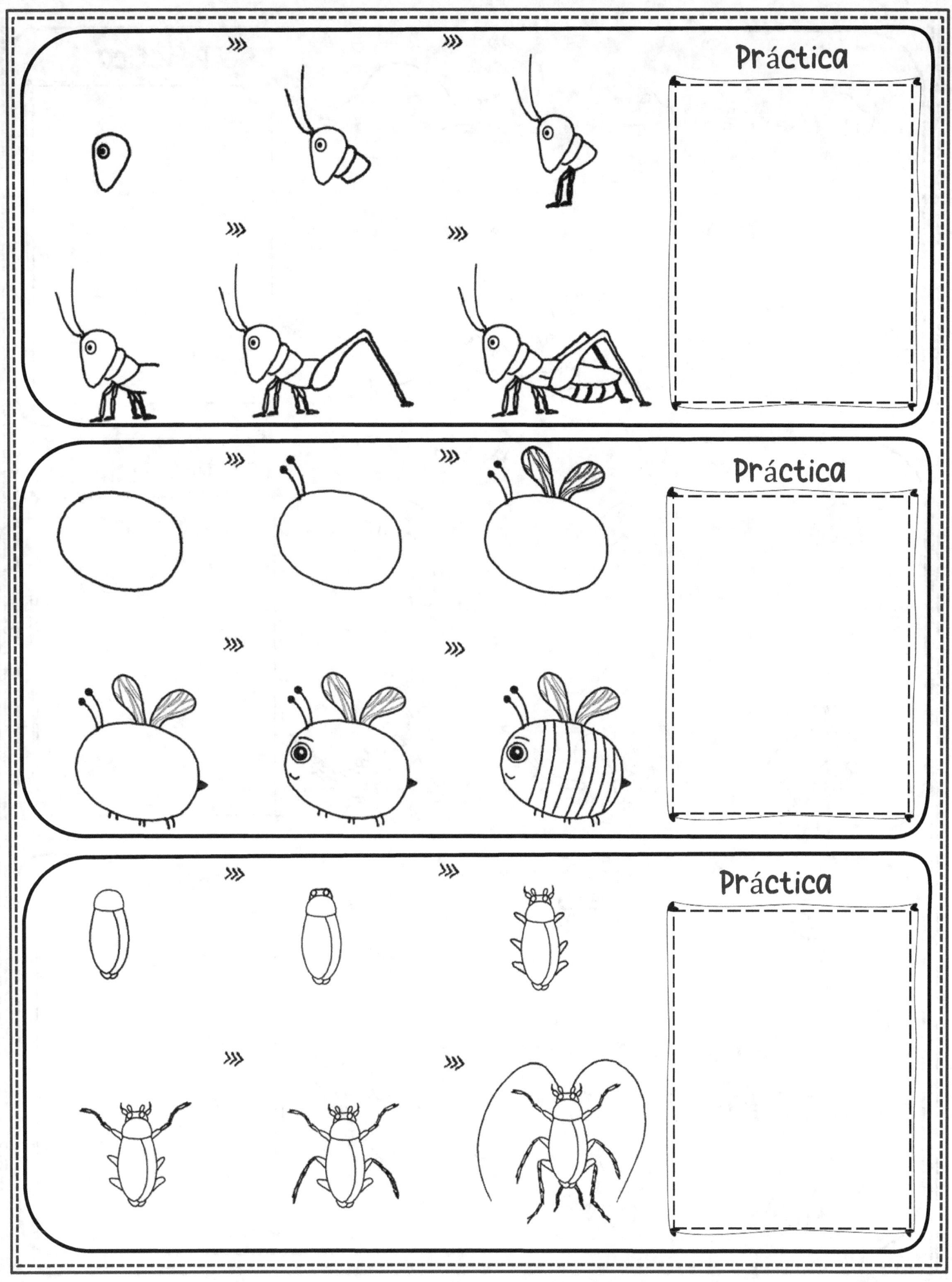

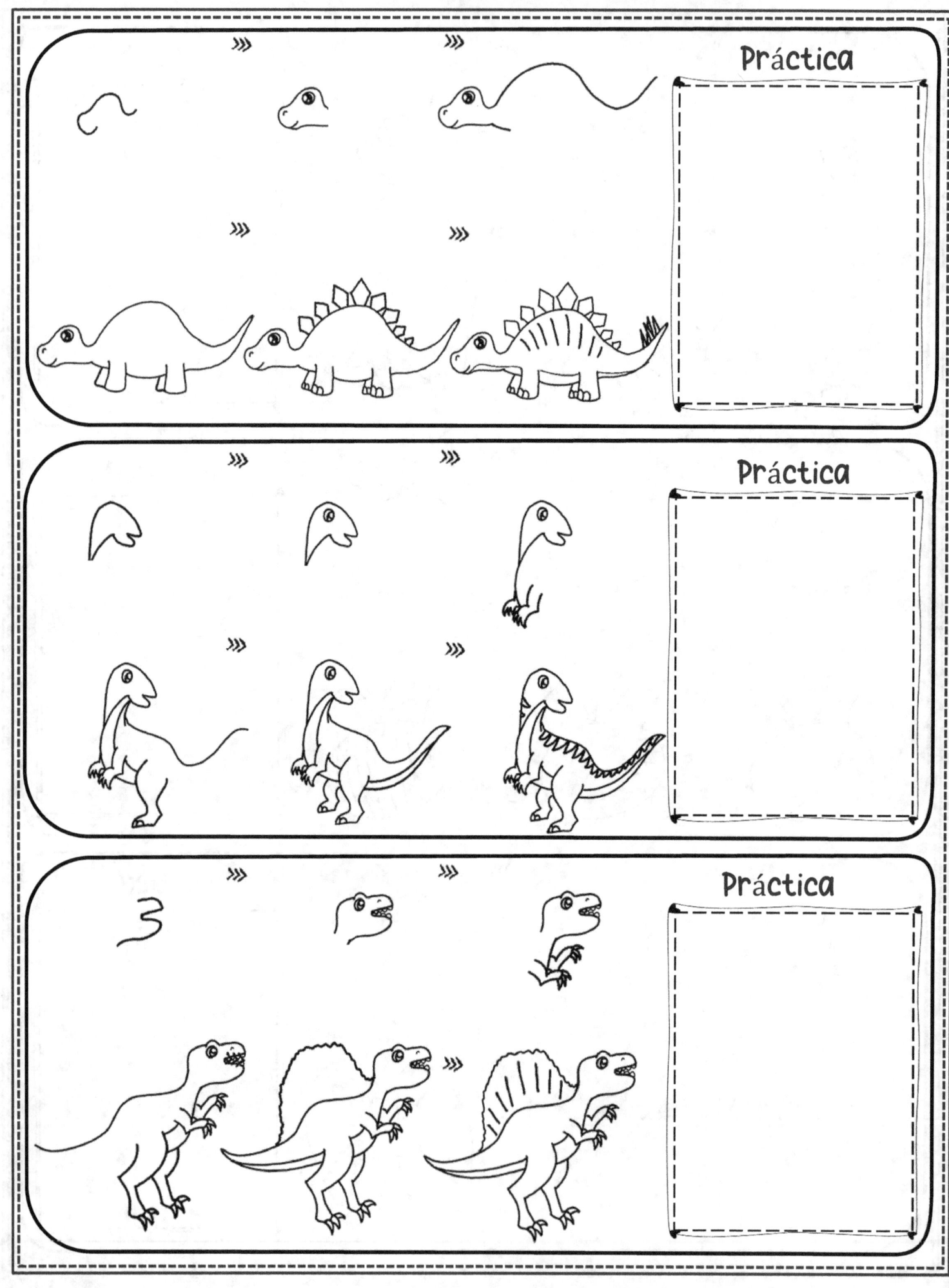

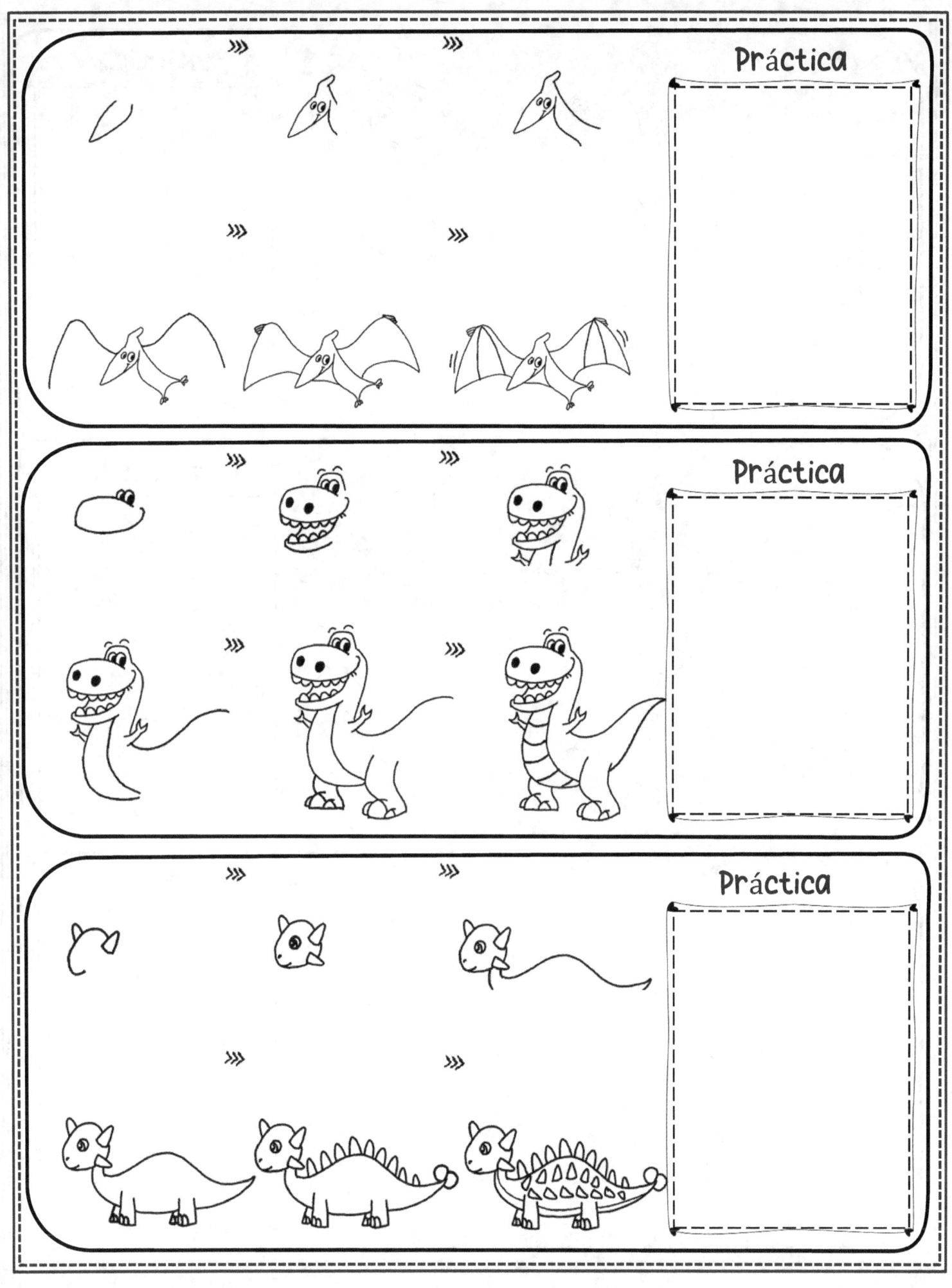

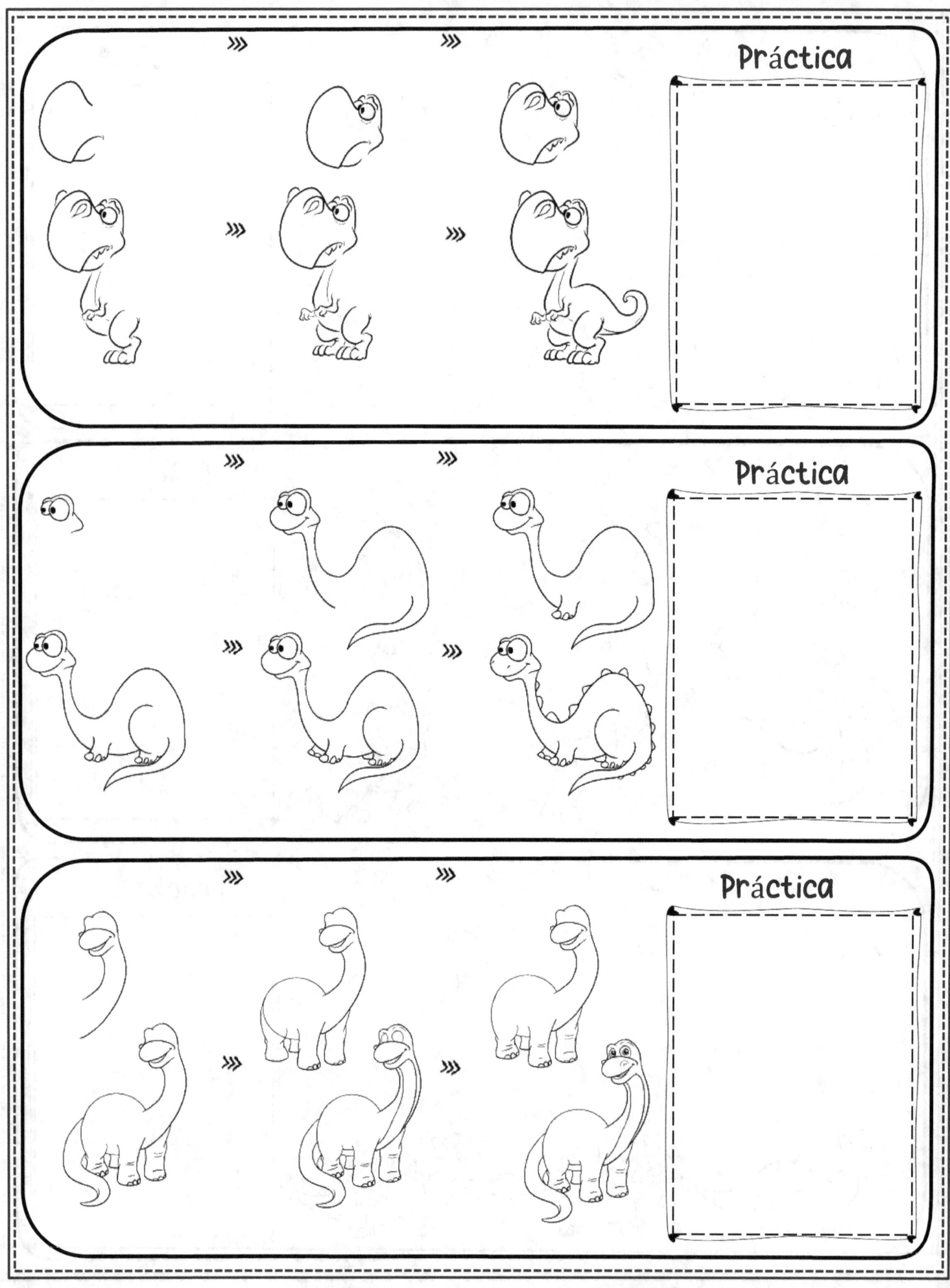

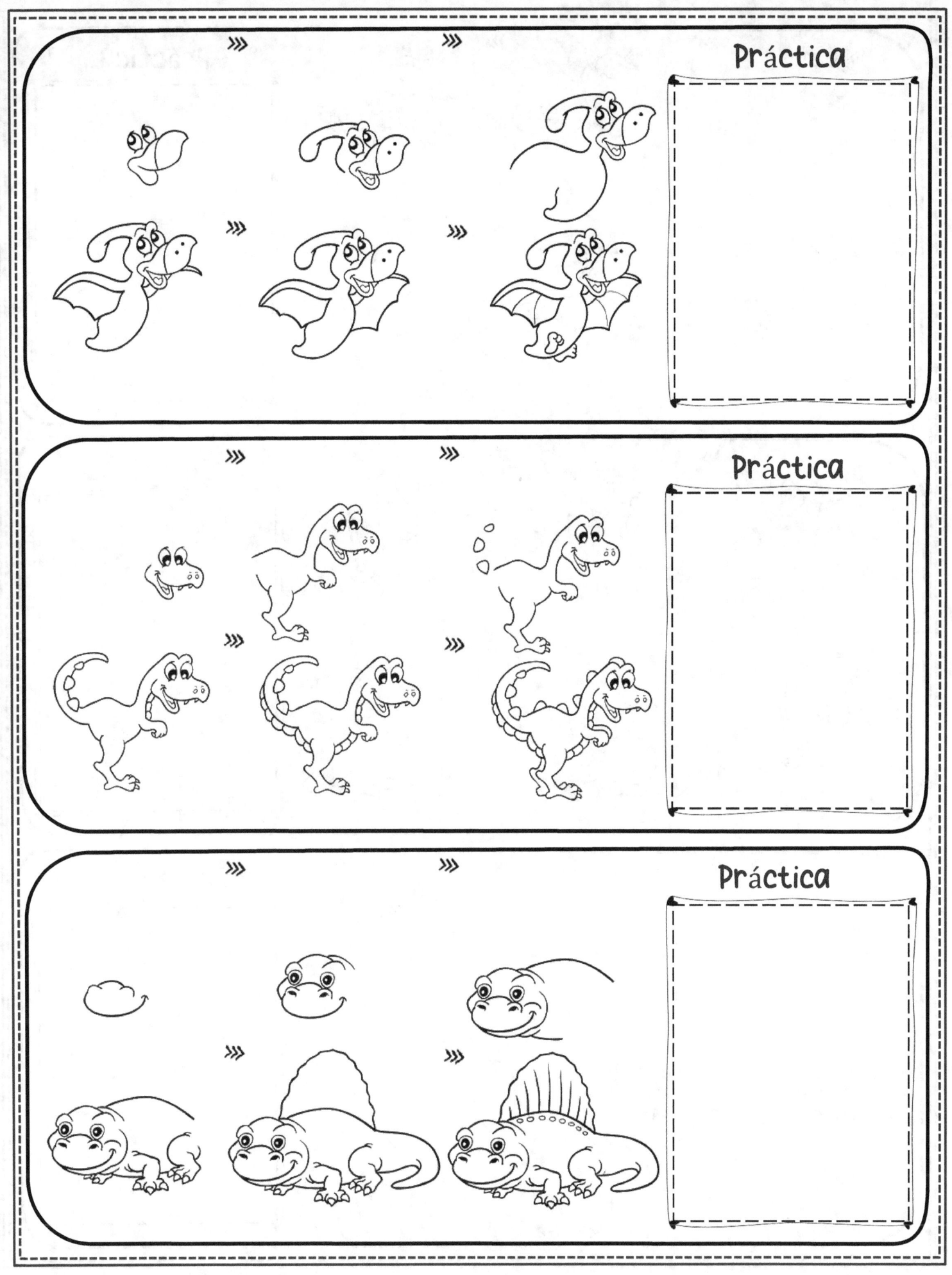

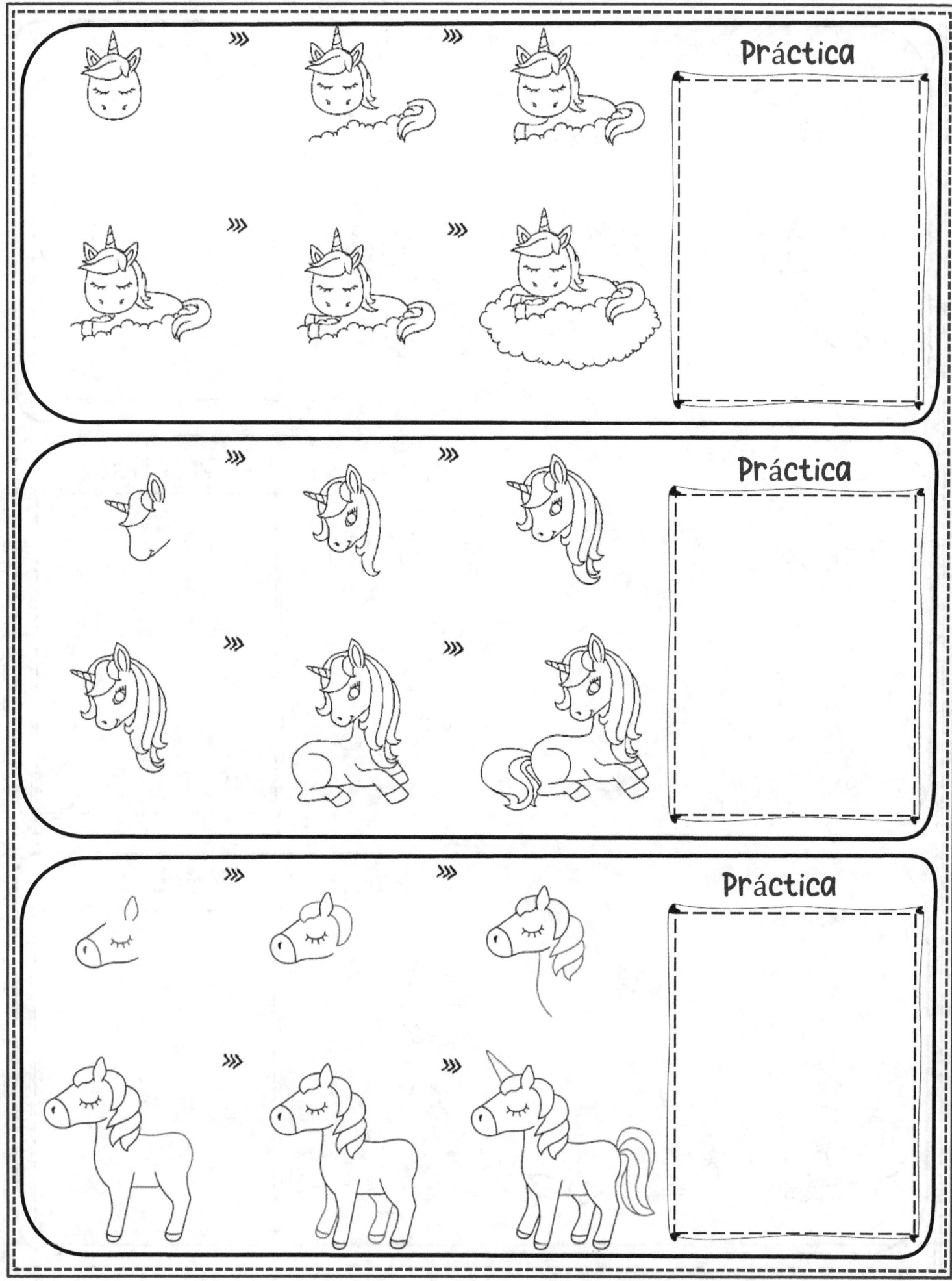

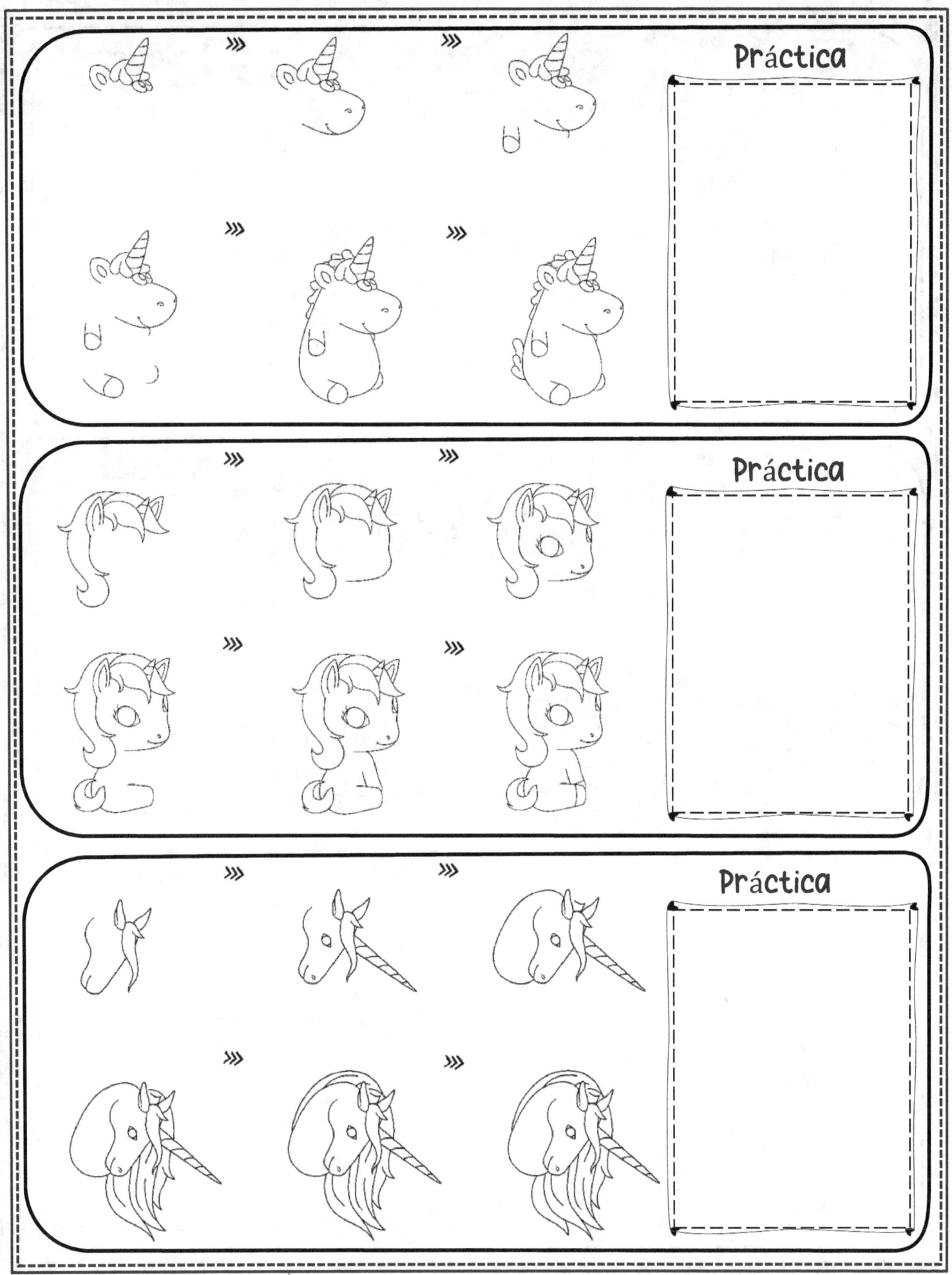

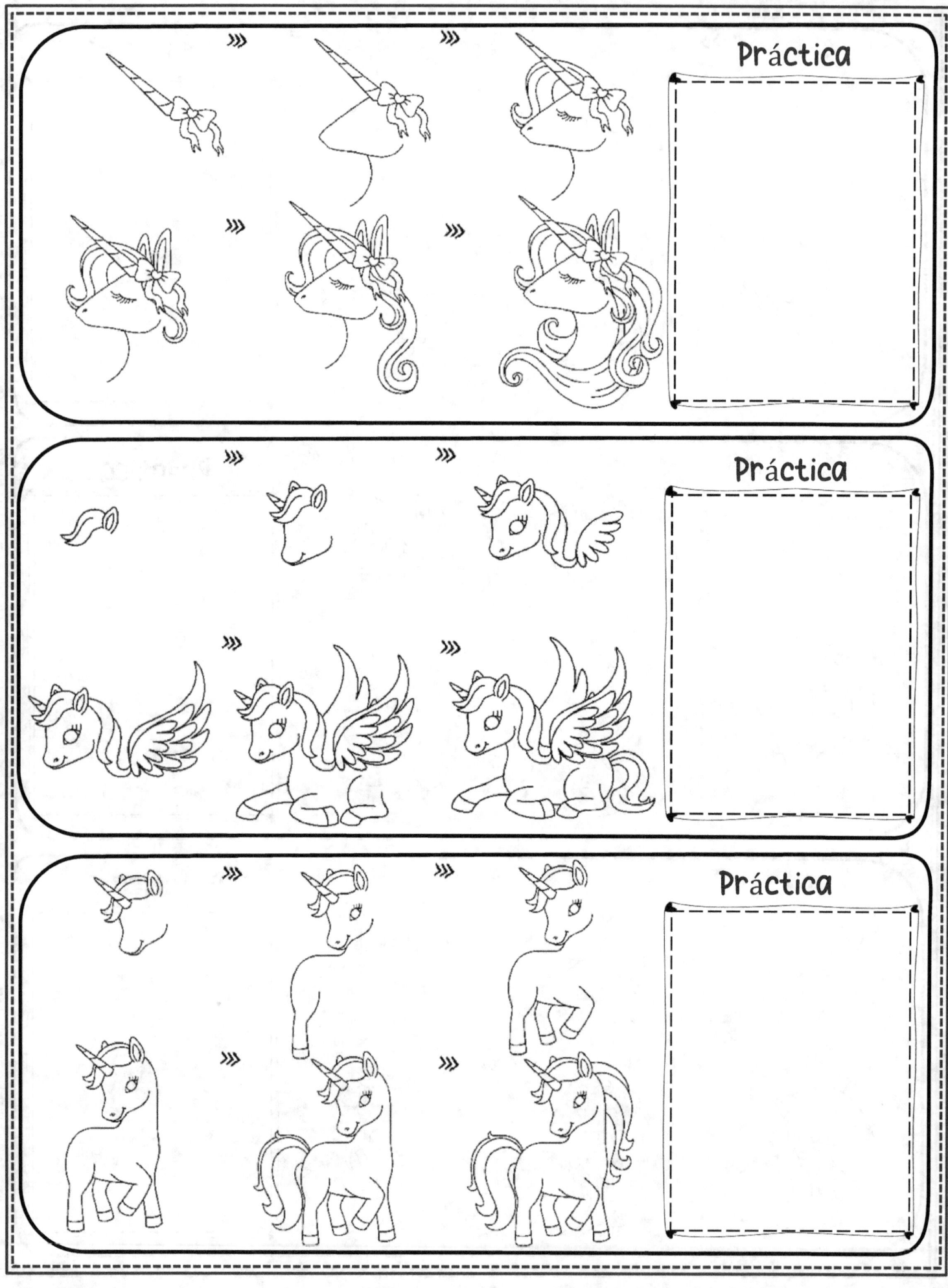

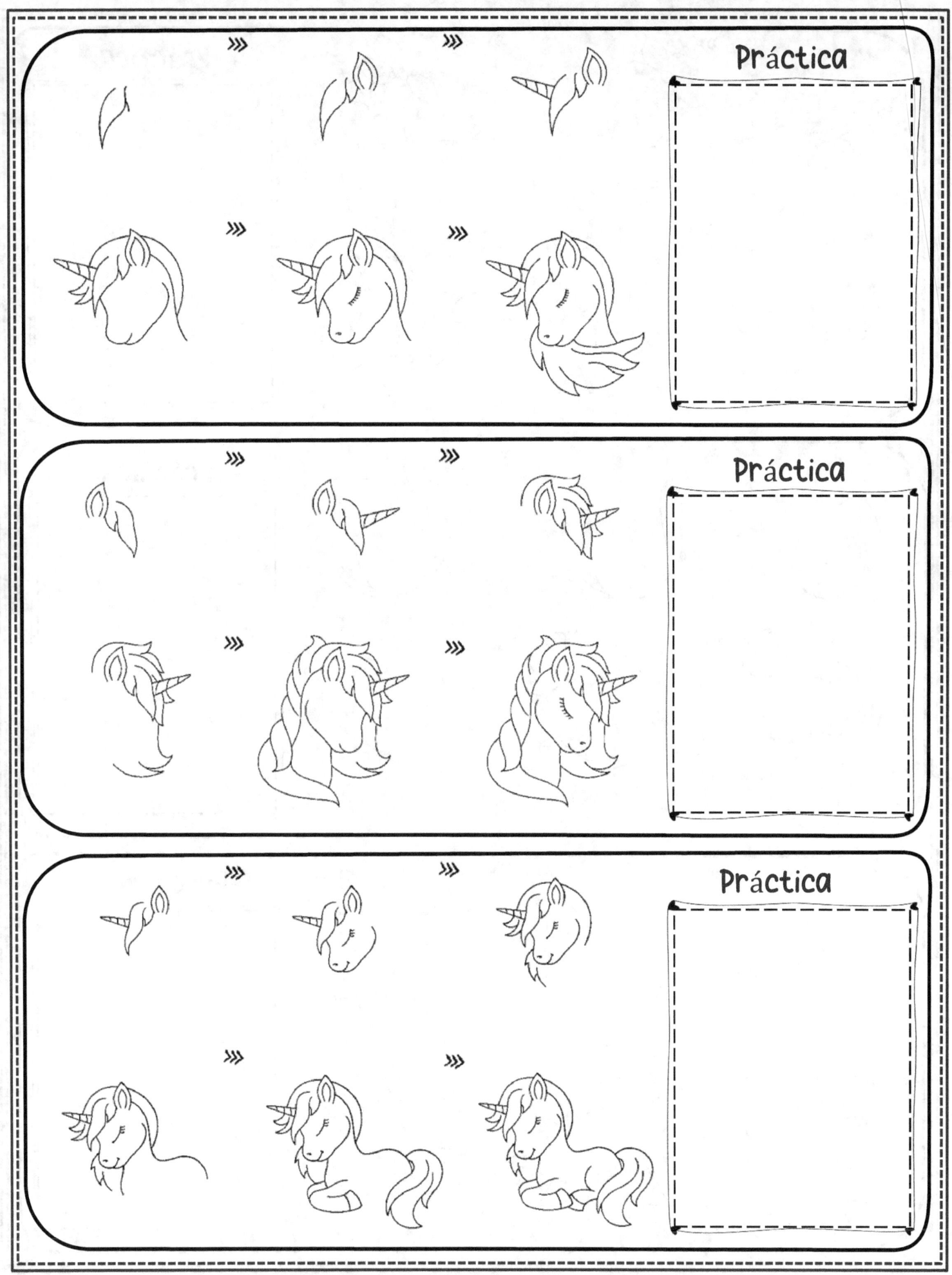

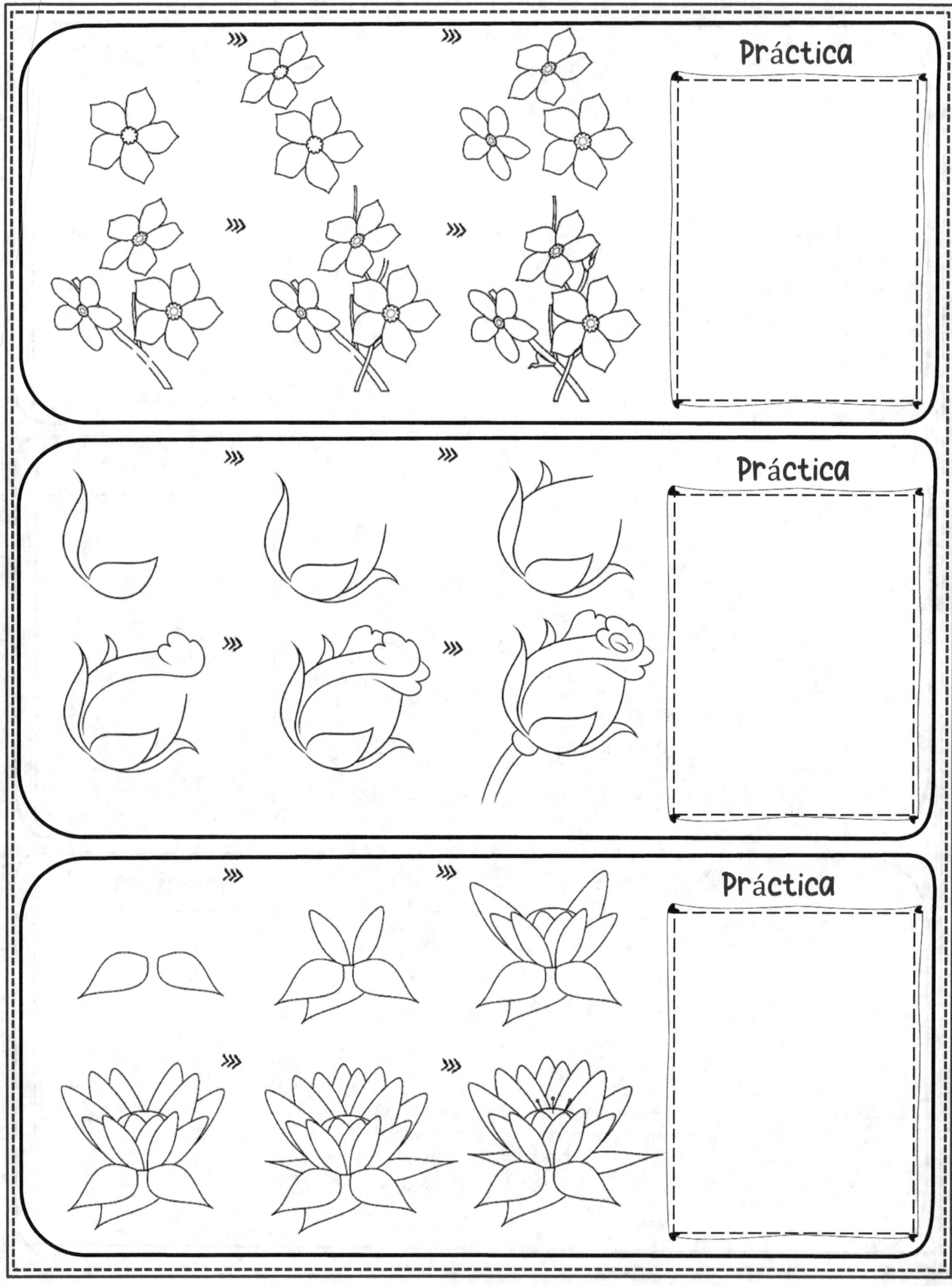

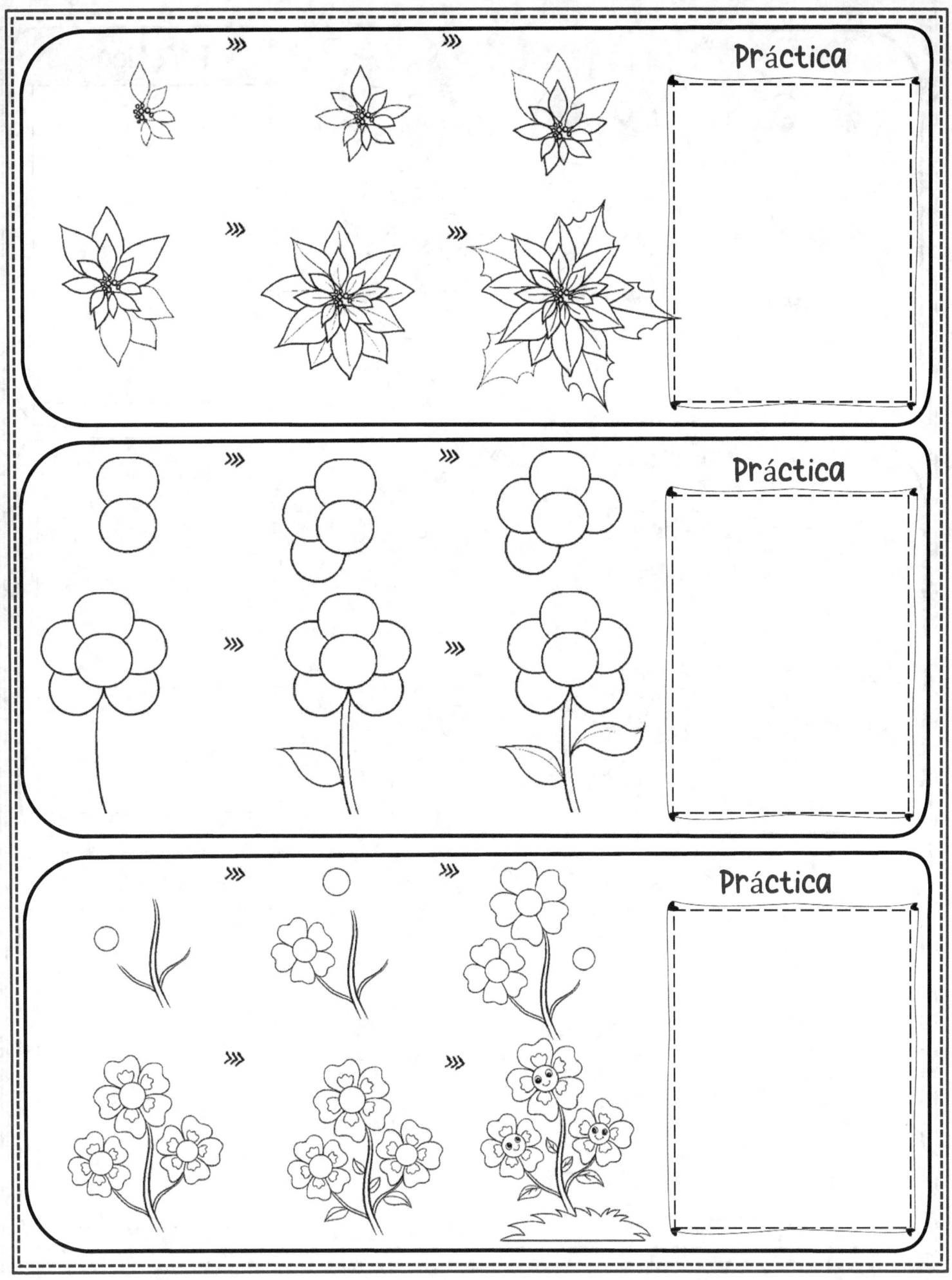

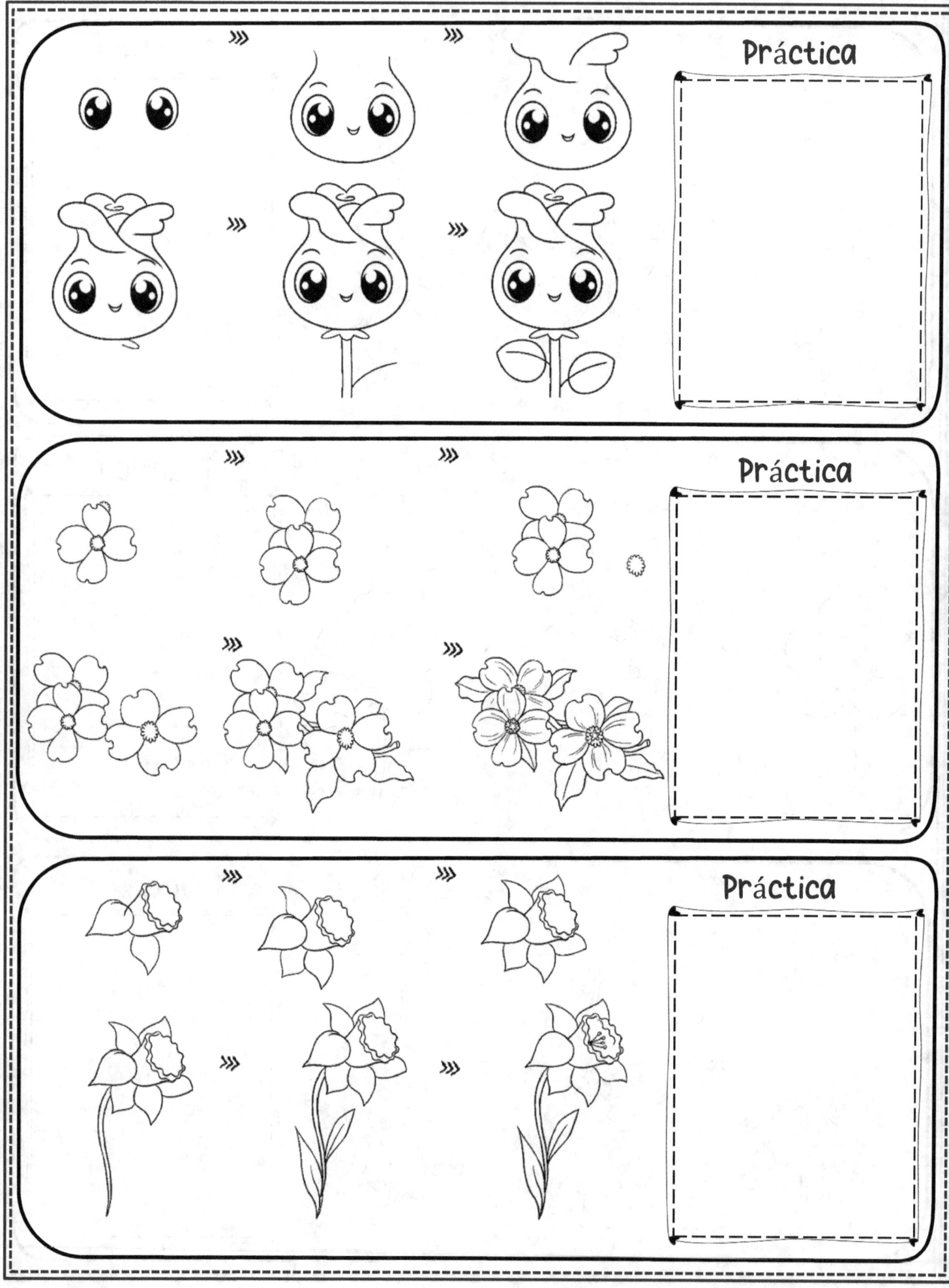

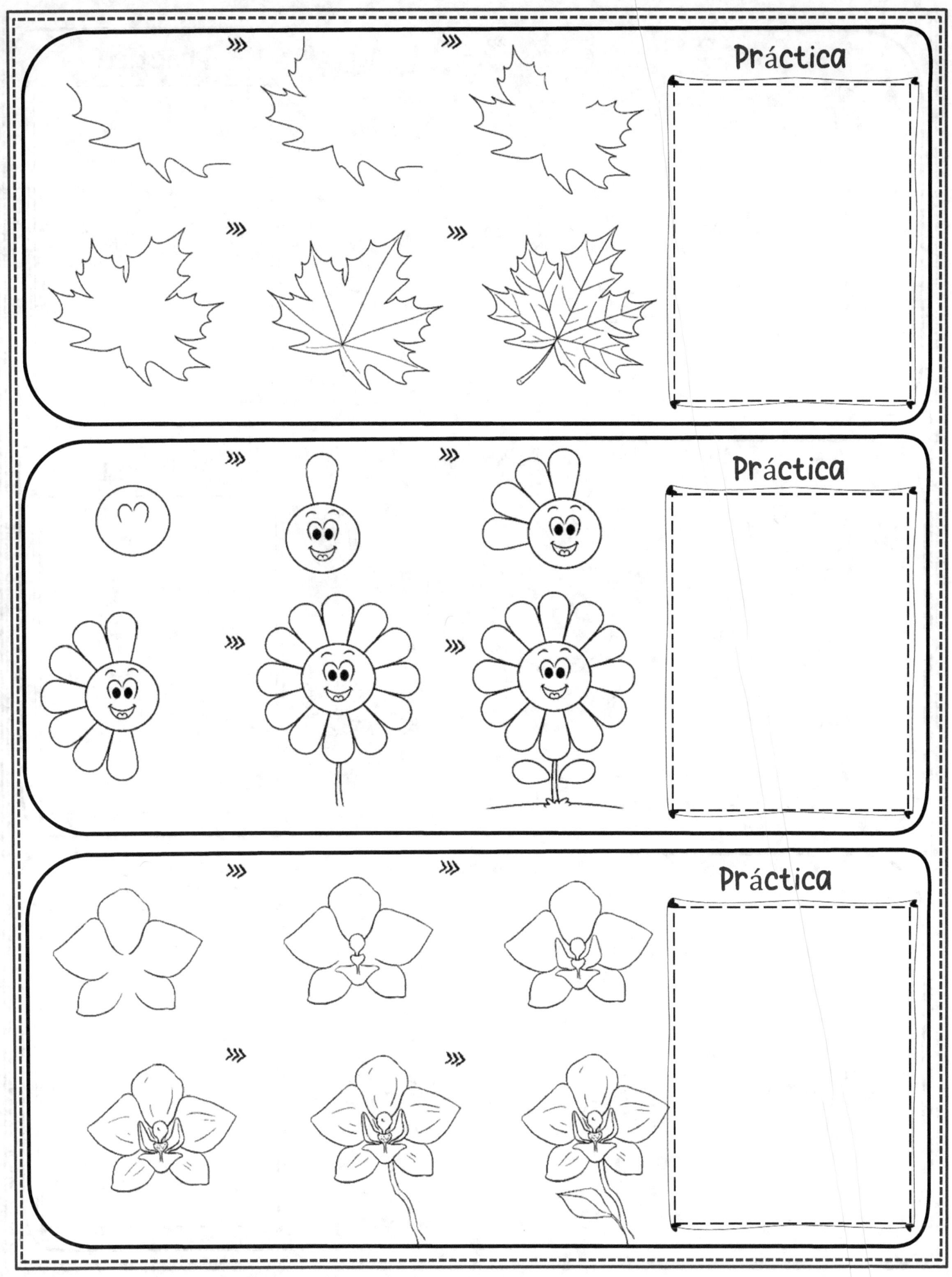

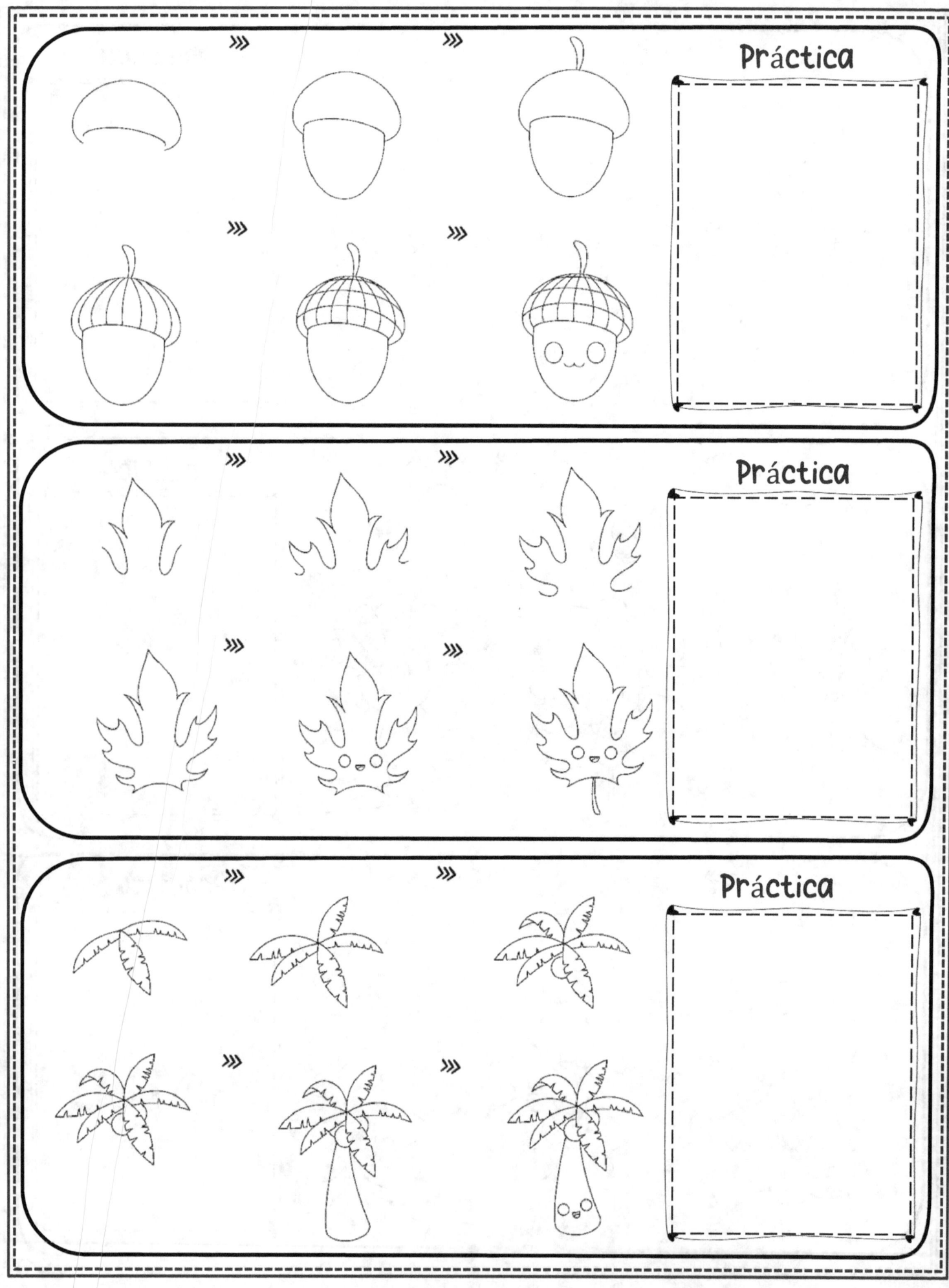

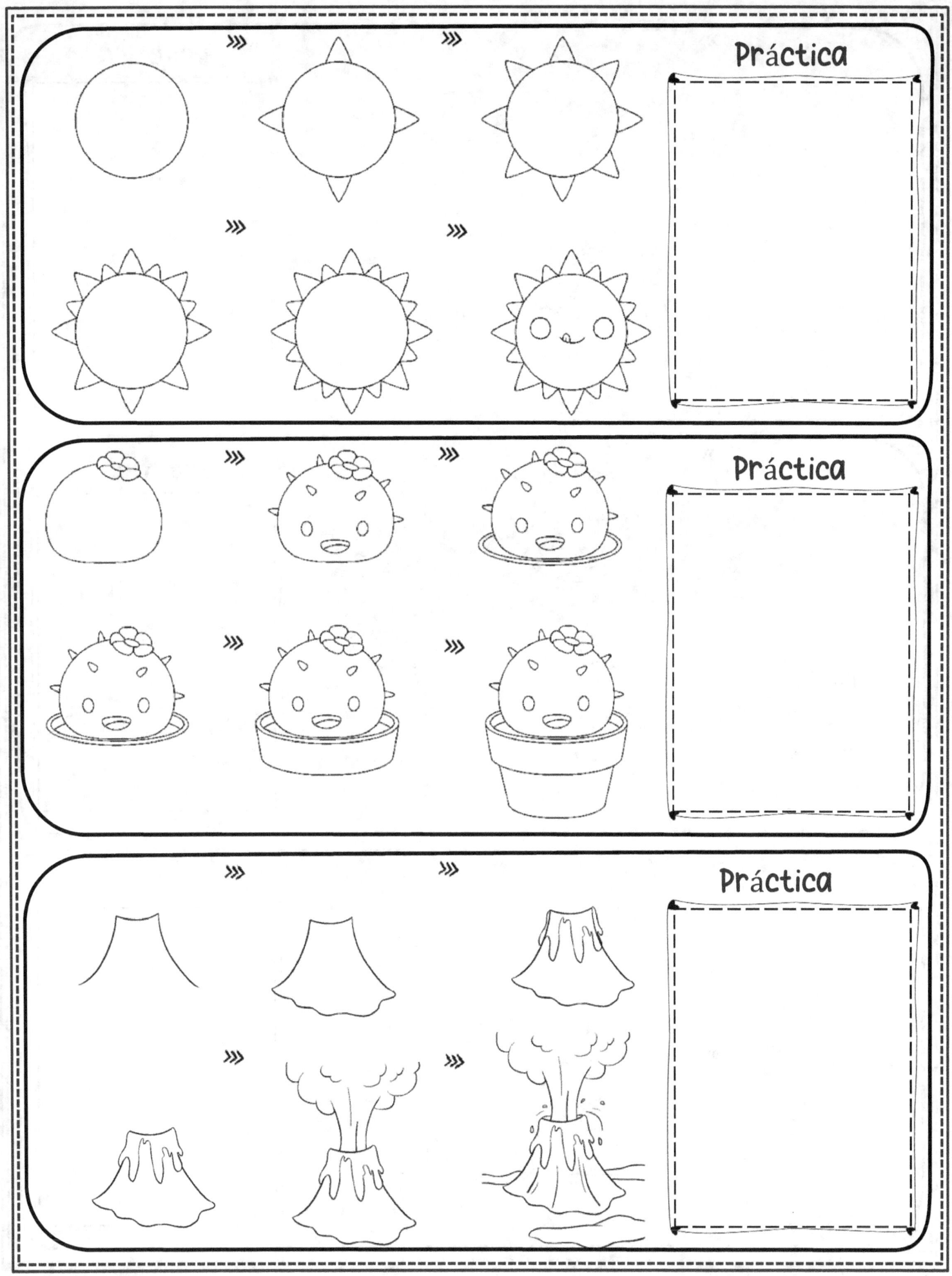

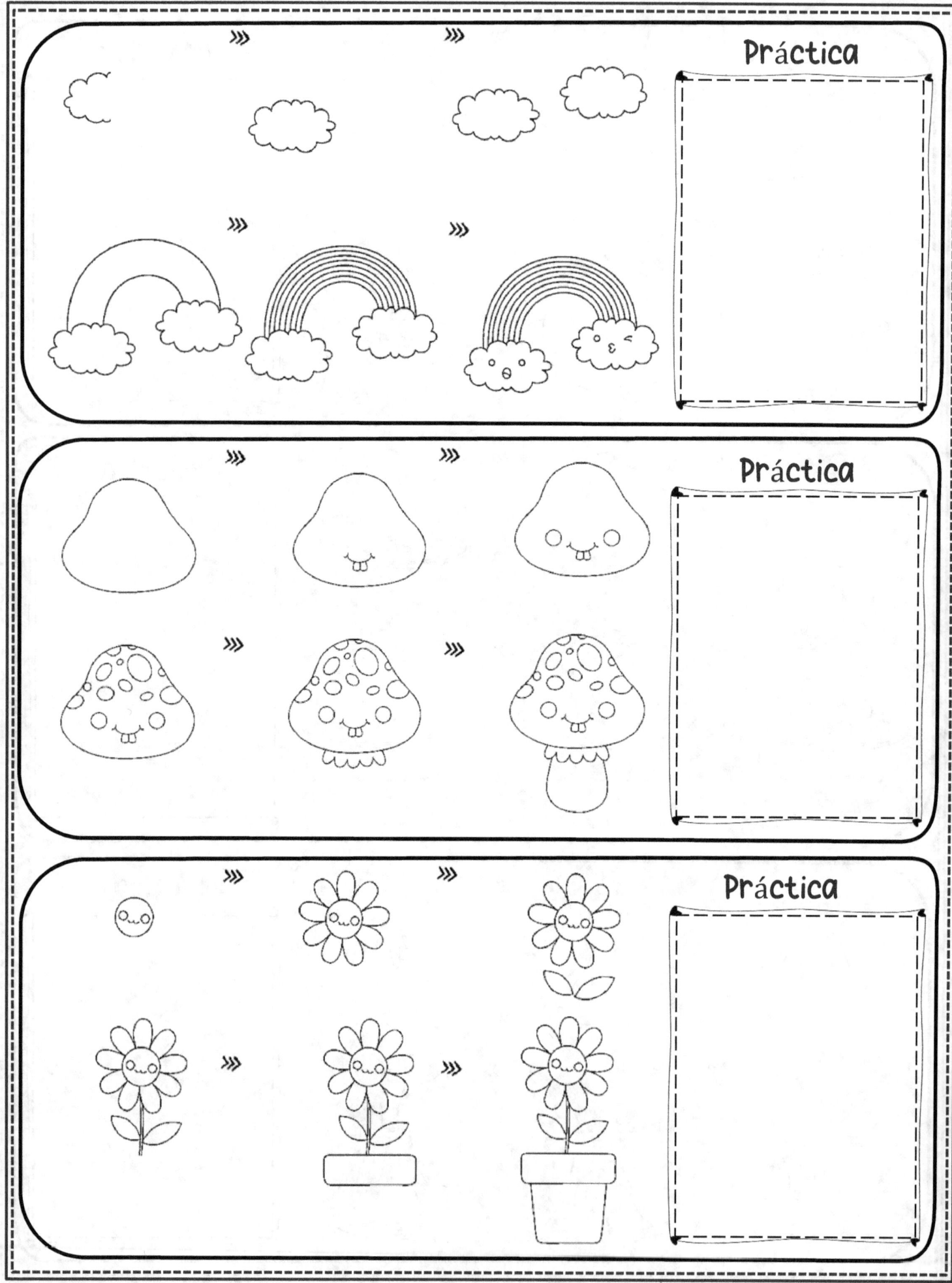

Práctica

Práctica

Práctica

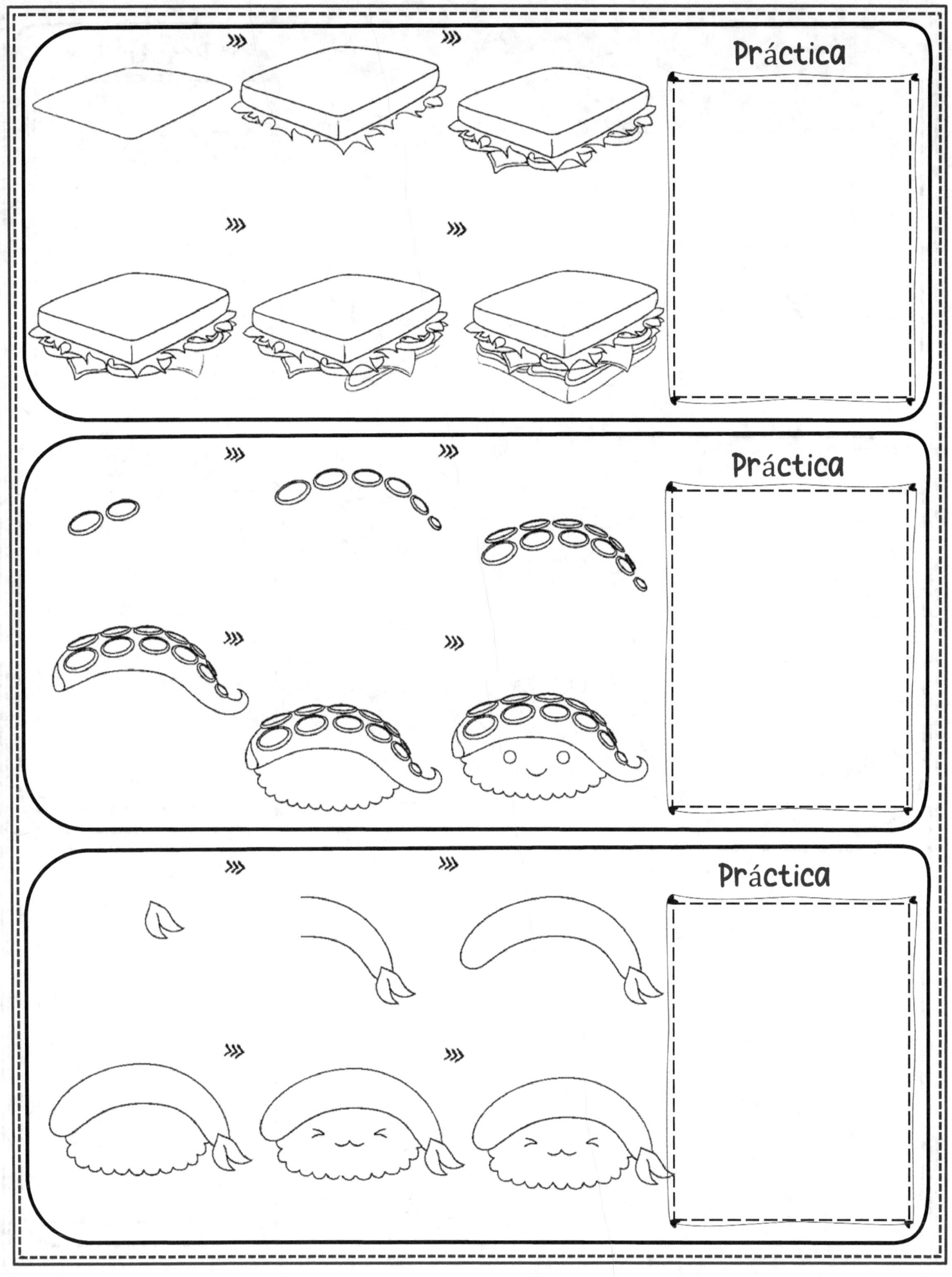

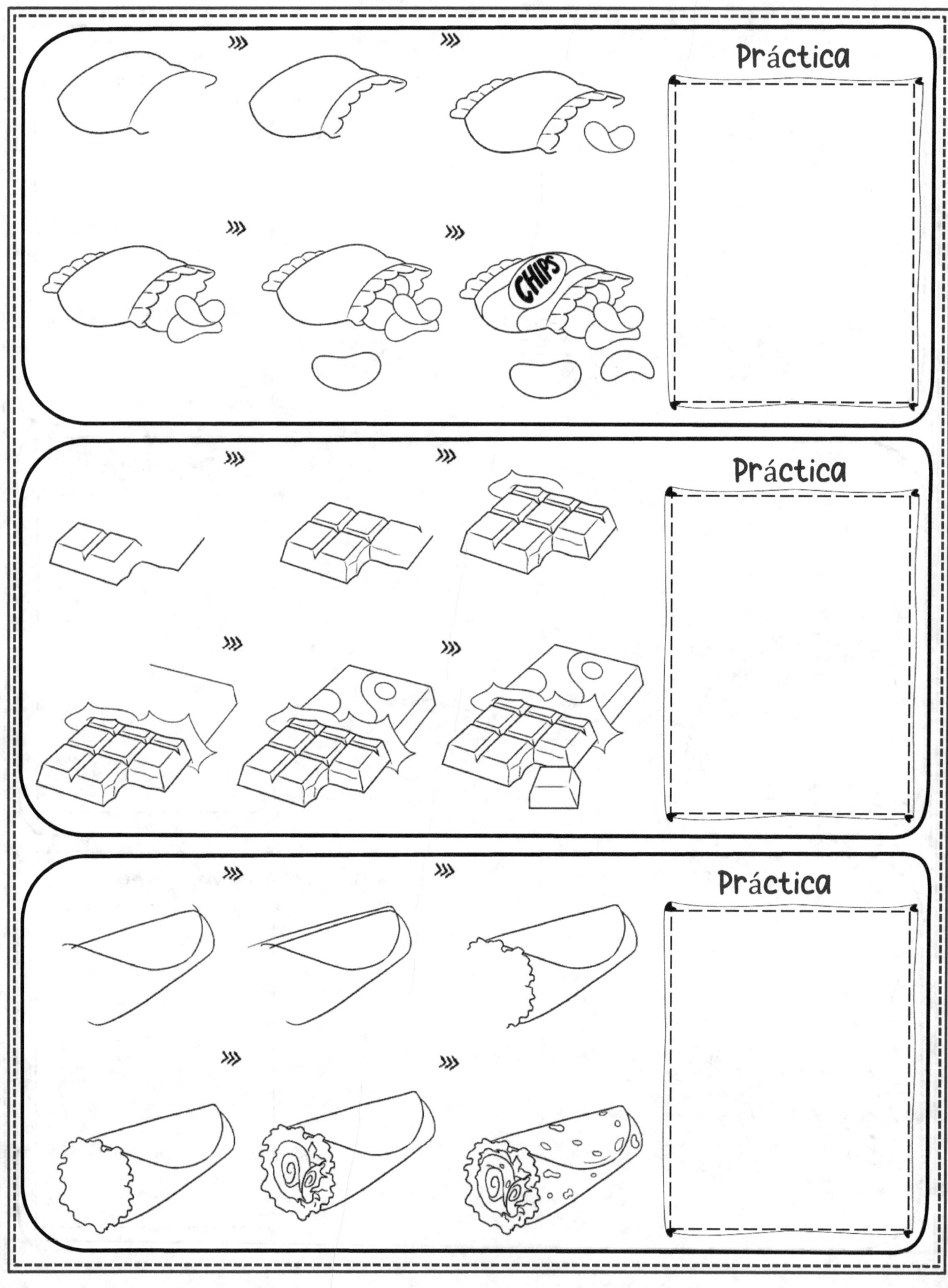

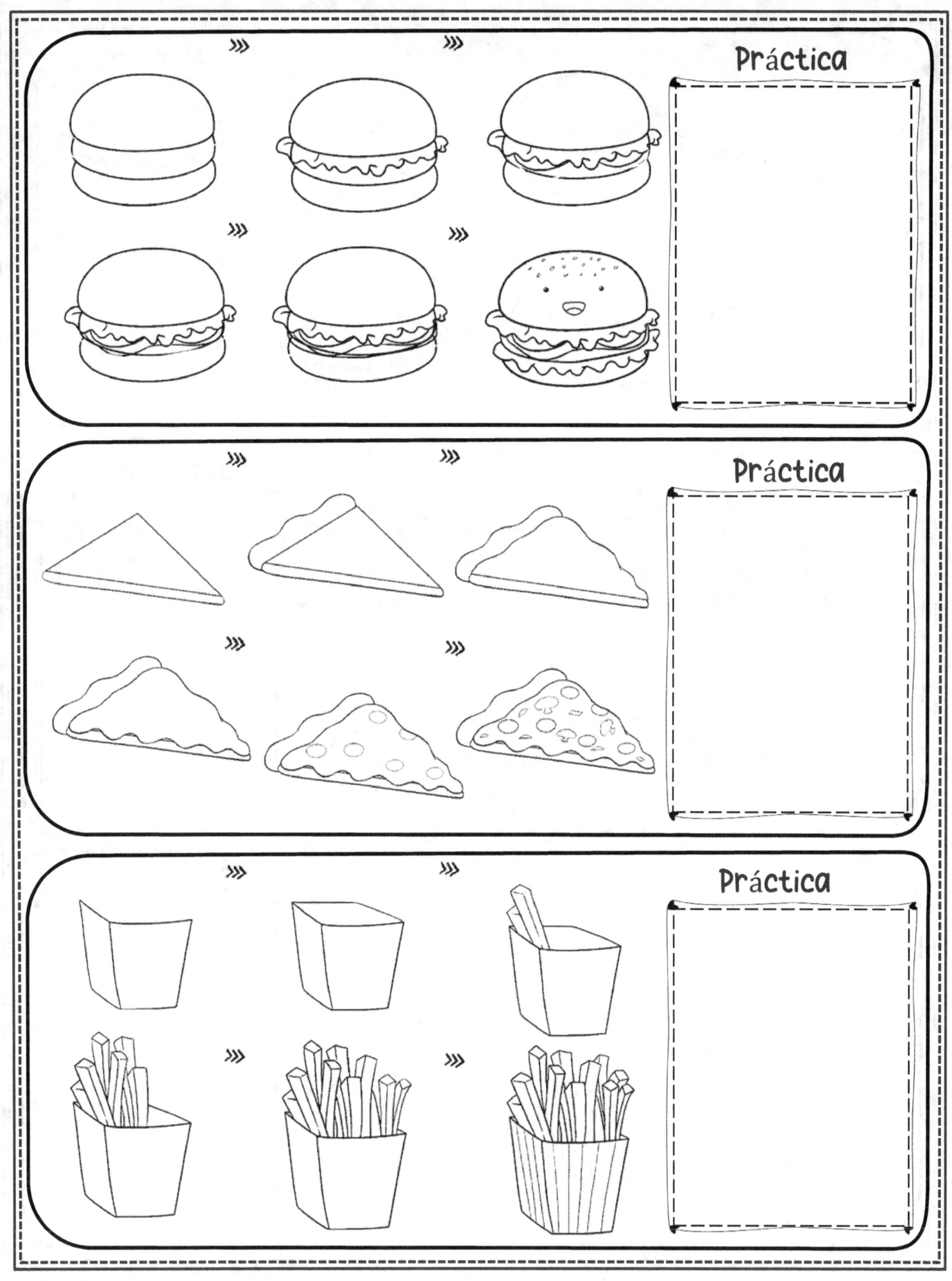

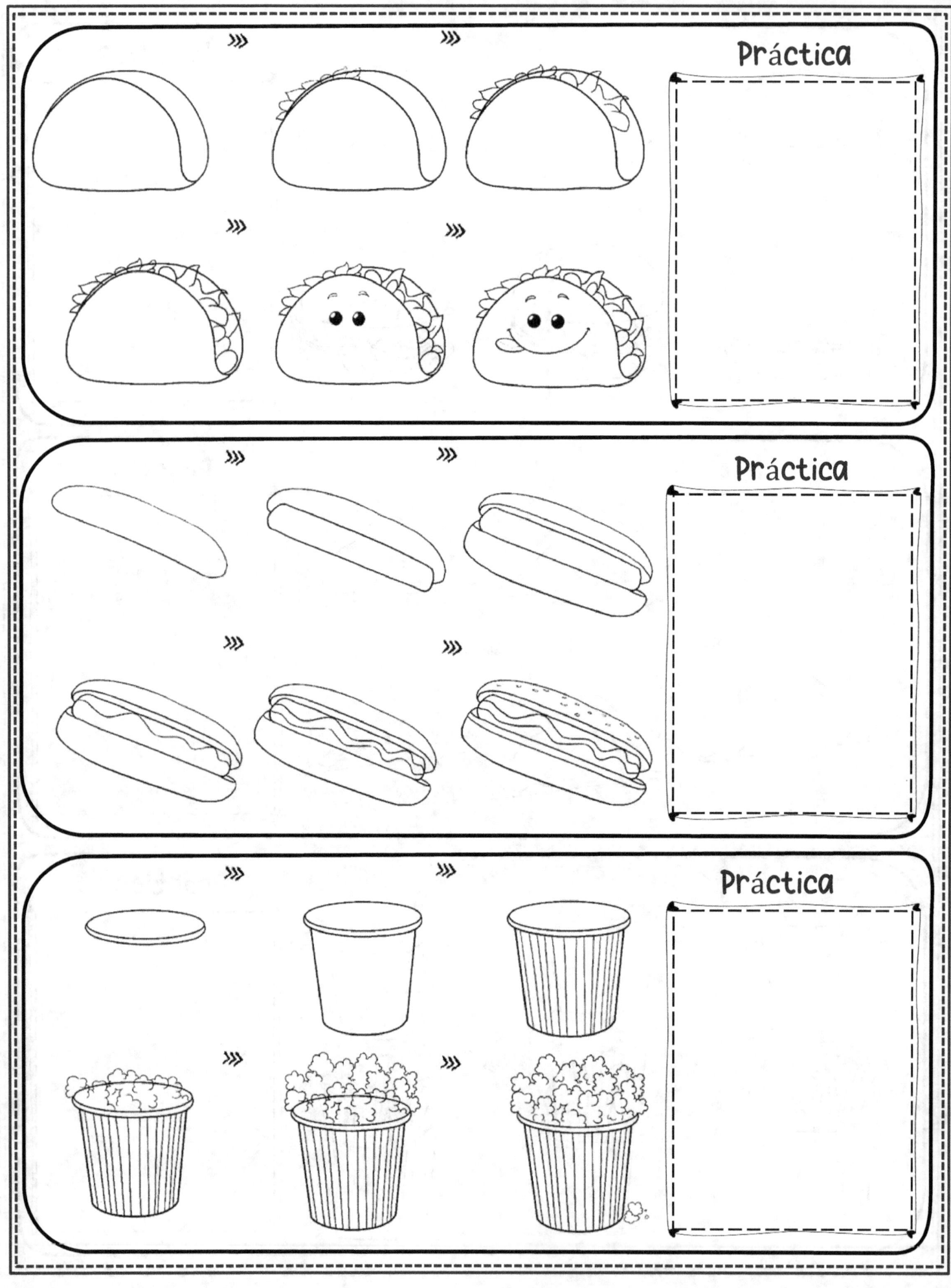

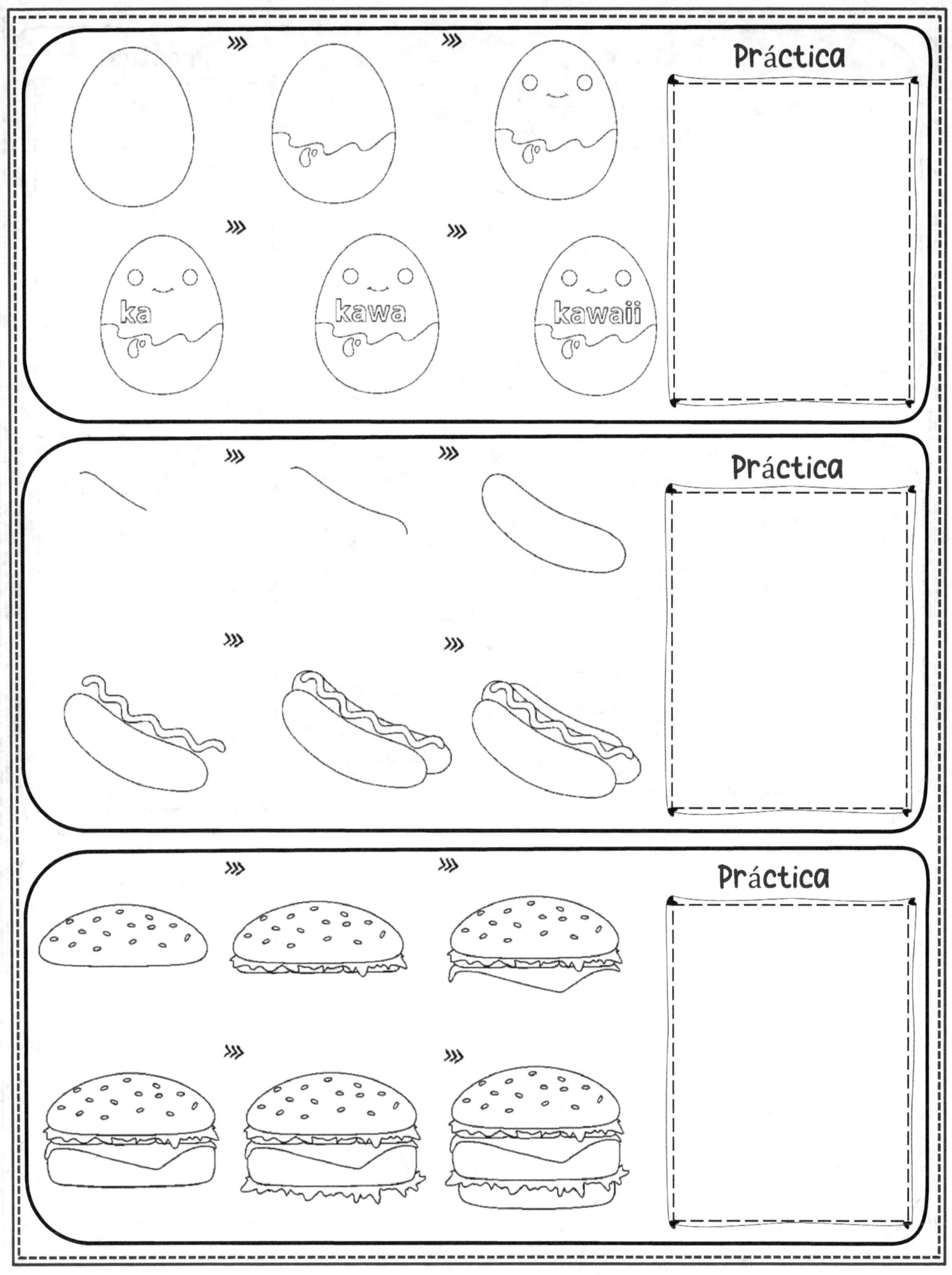

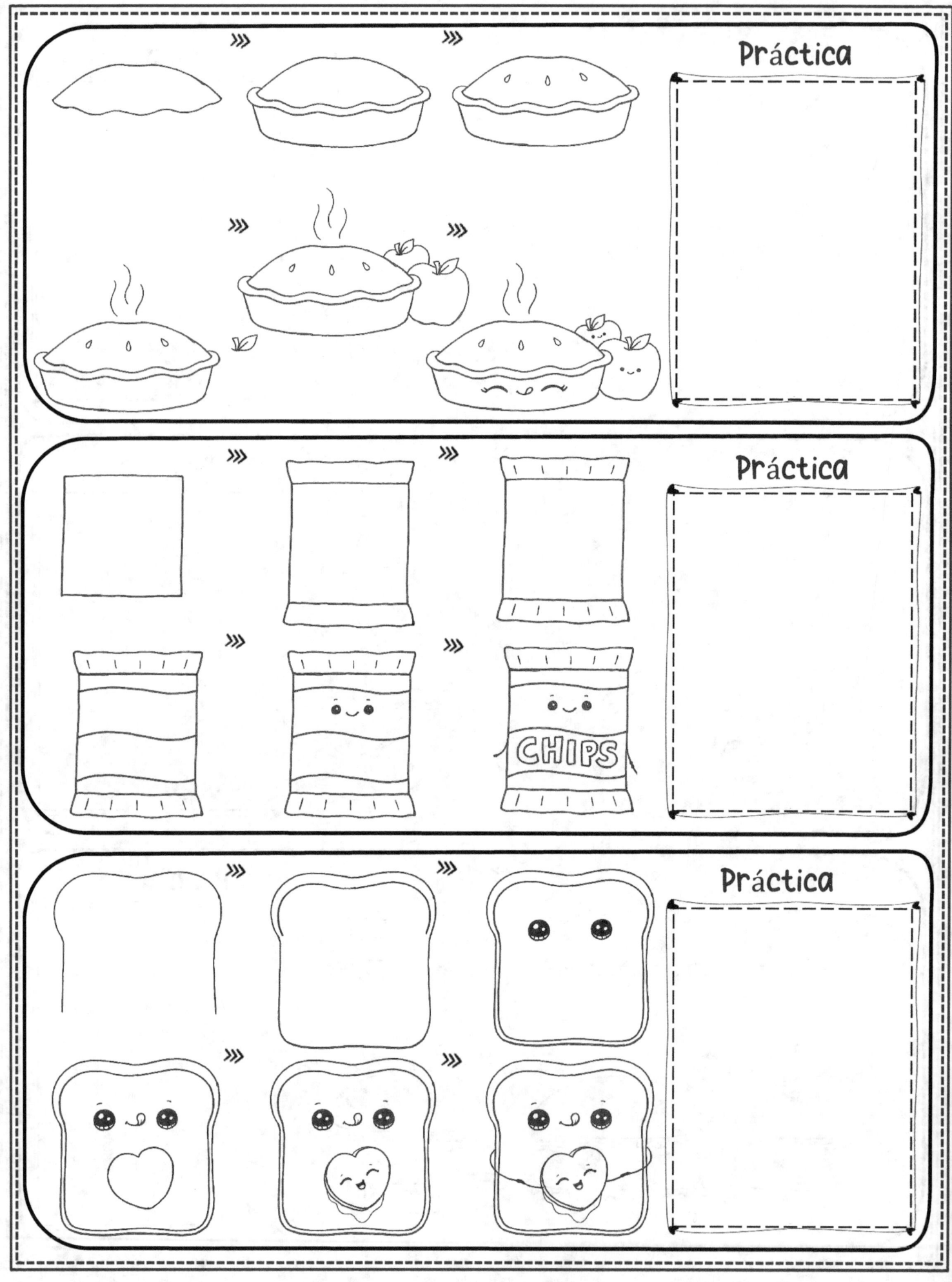

Práctica

Práctica

Práctica

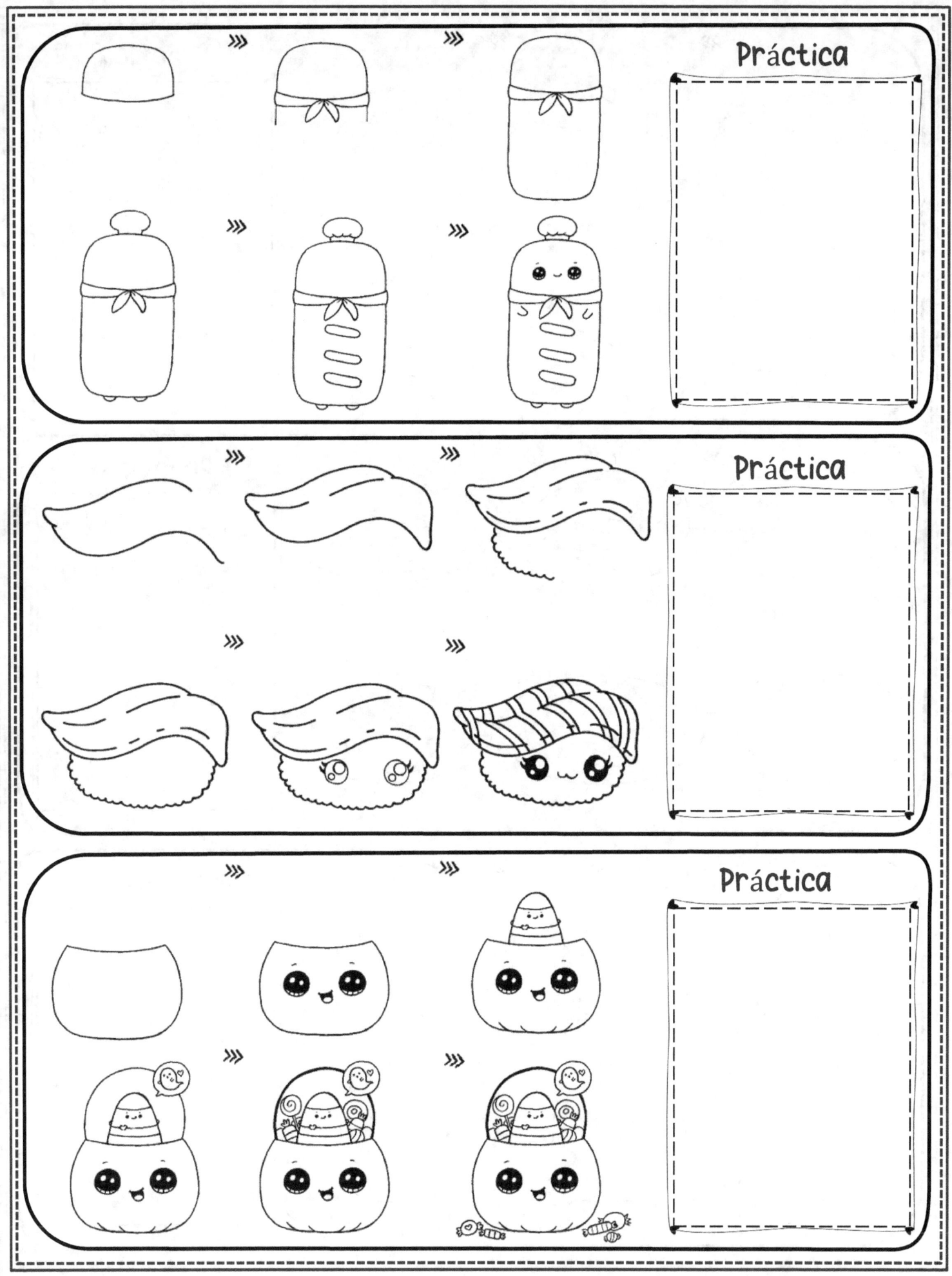

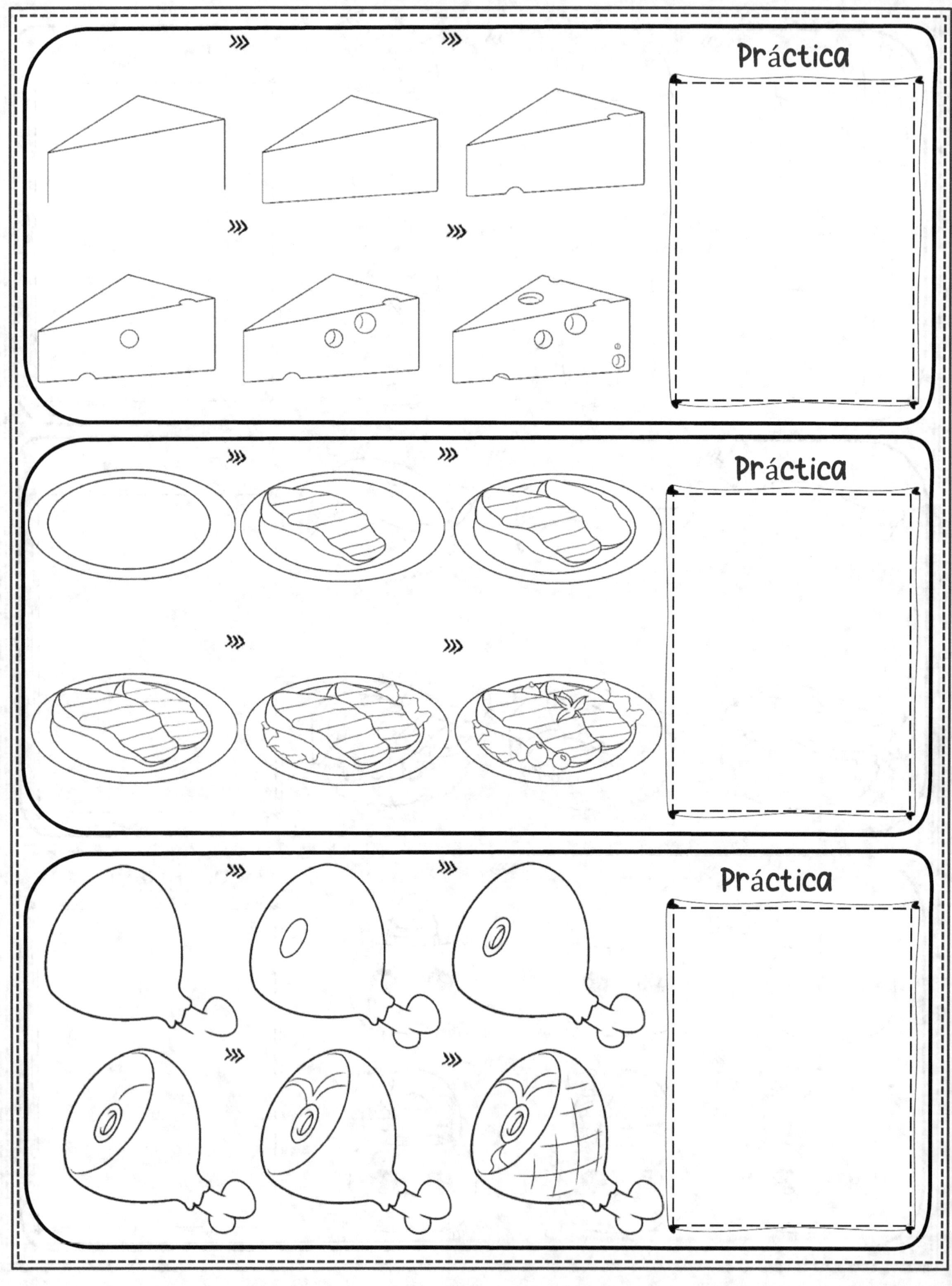

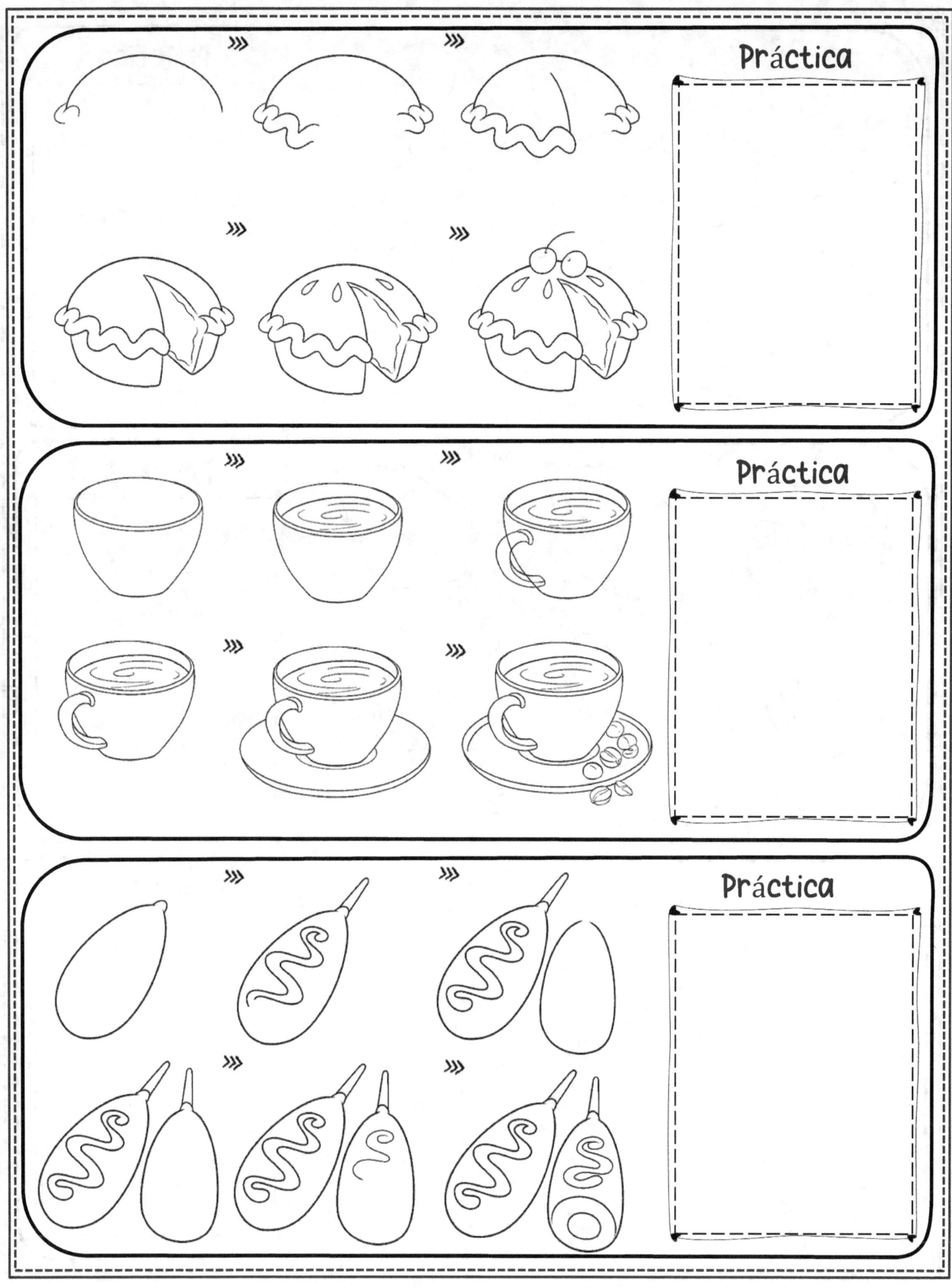

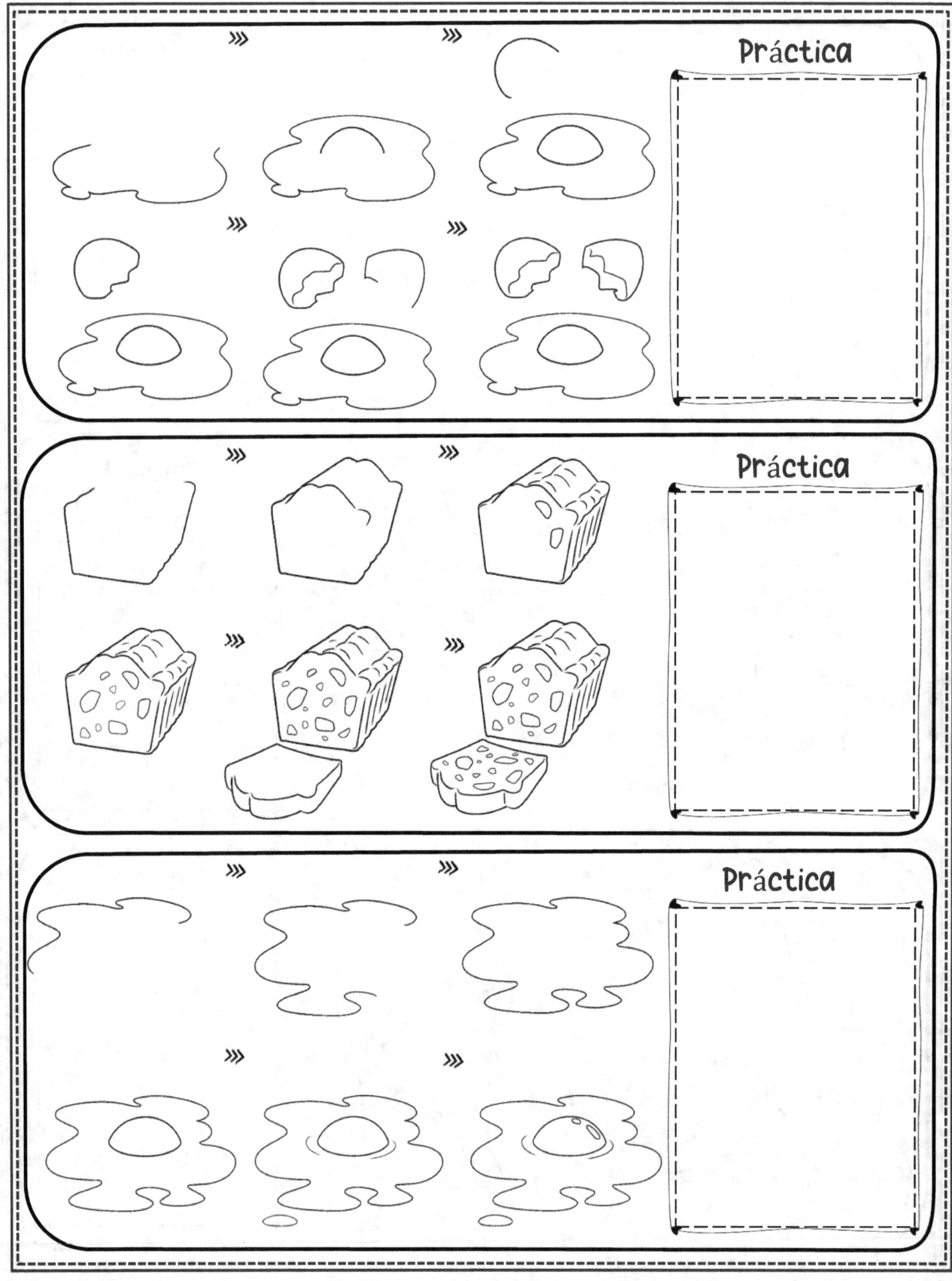

Práctica

Práctica

Práctica

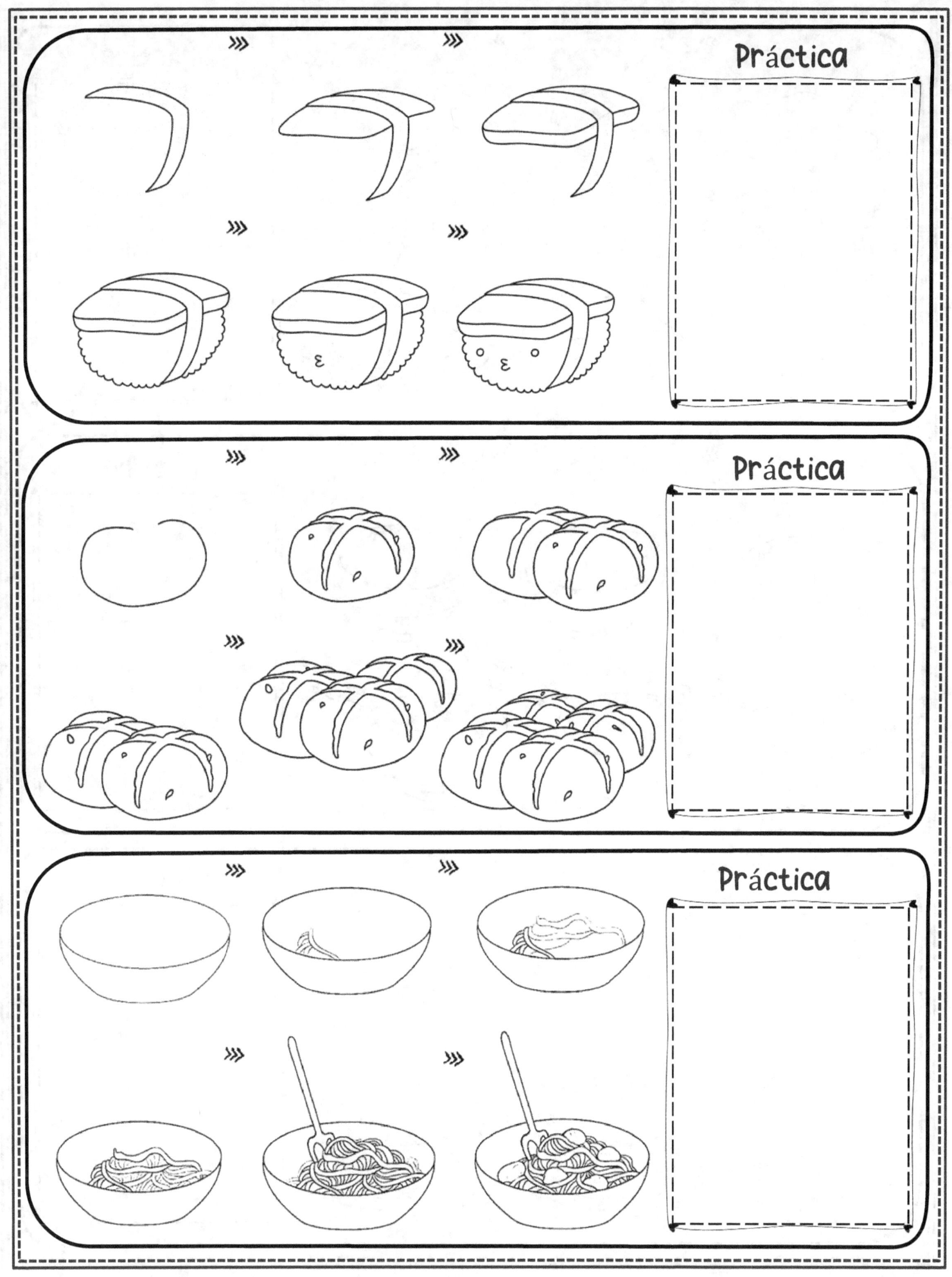

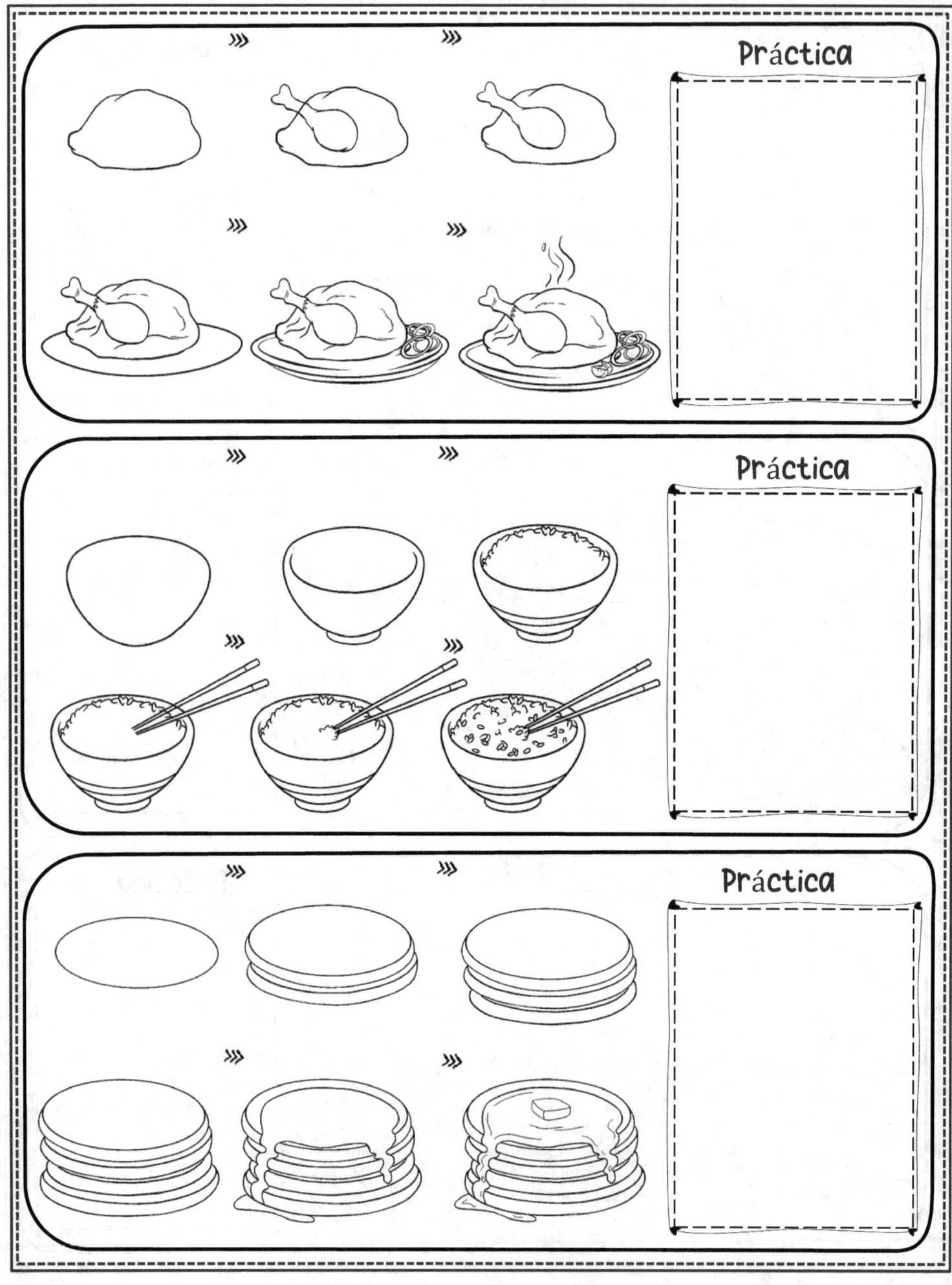

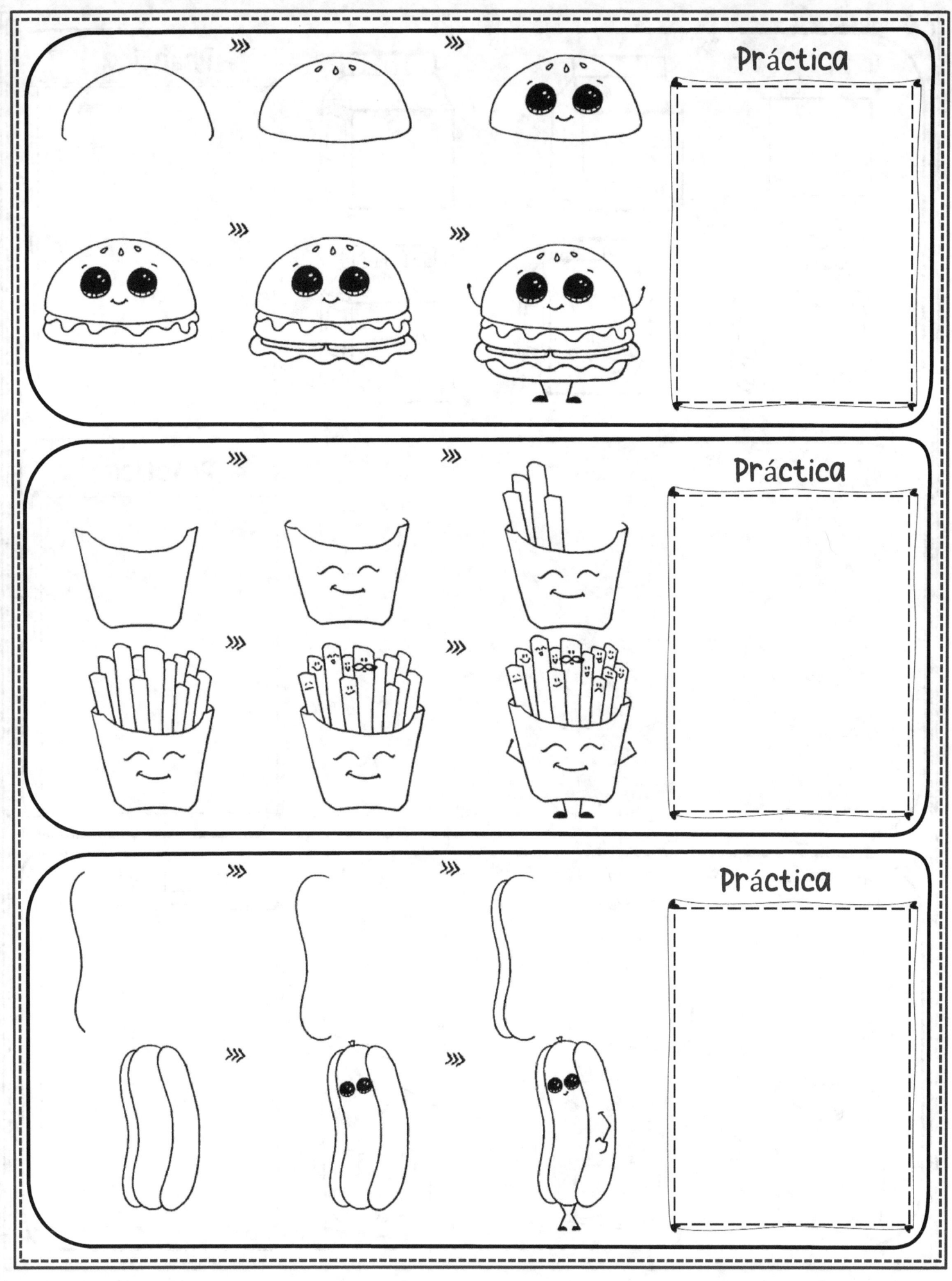
Práctica

Práctica

Práctica

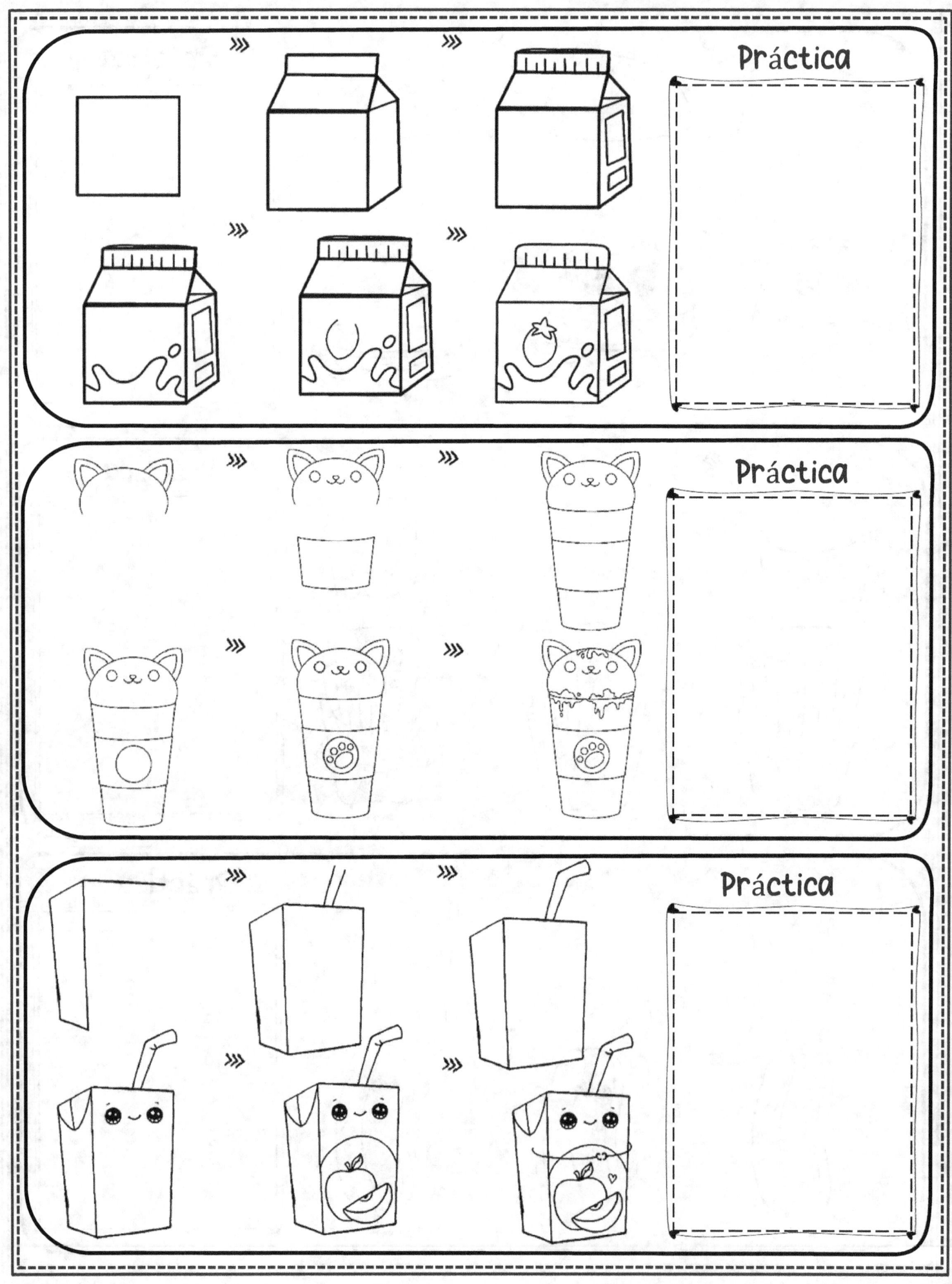

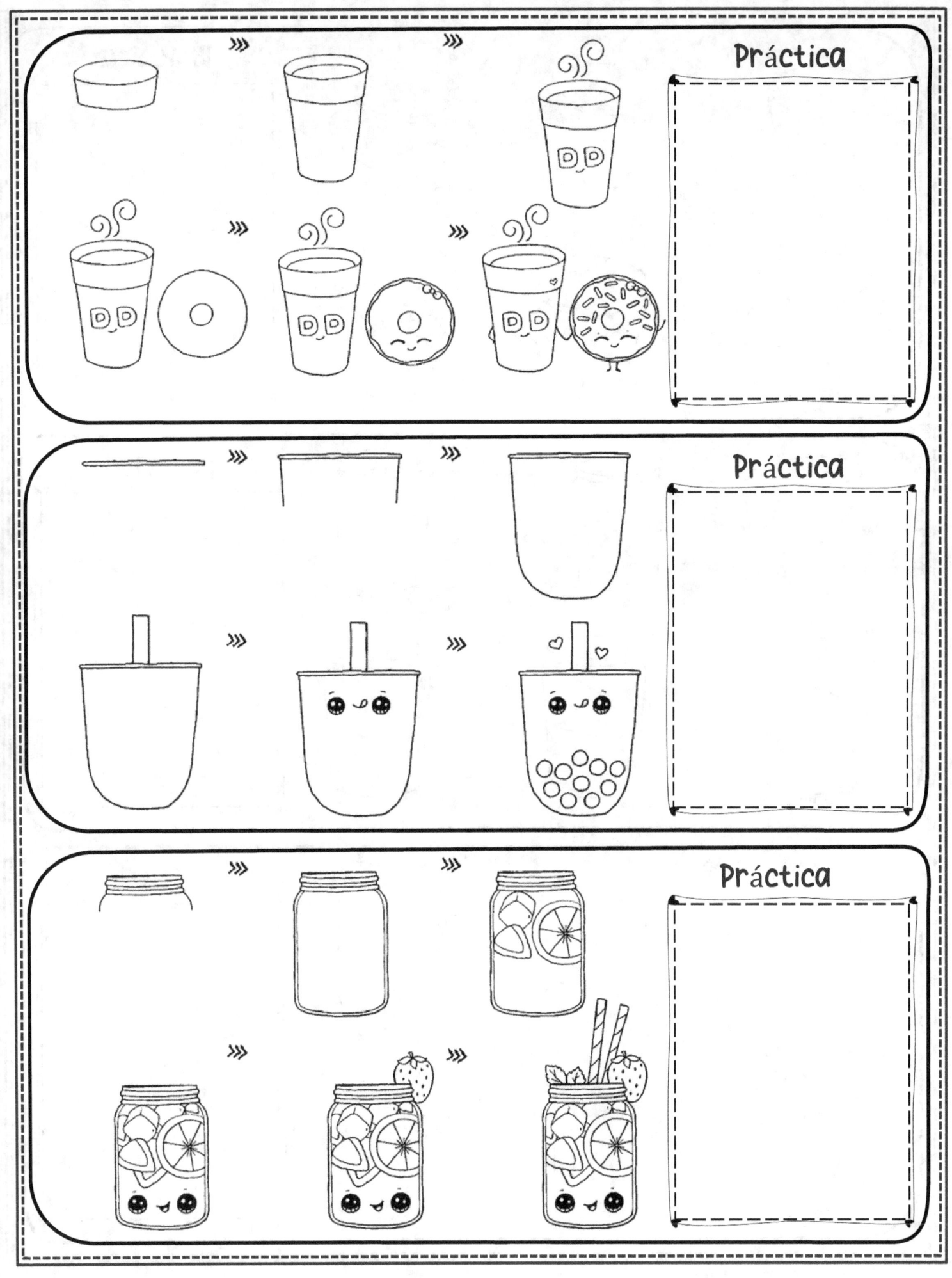

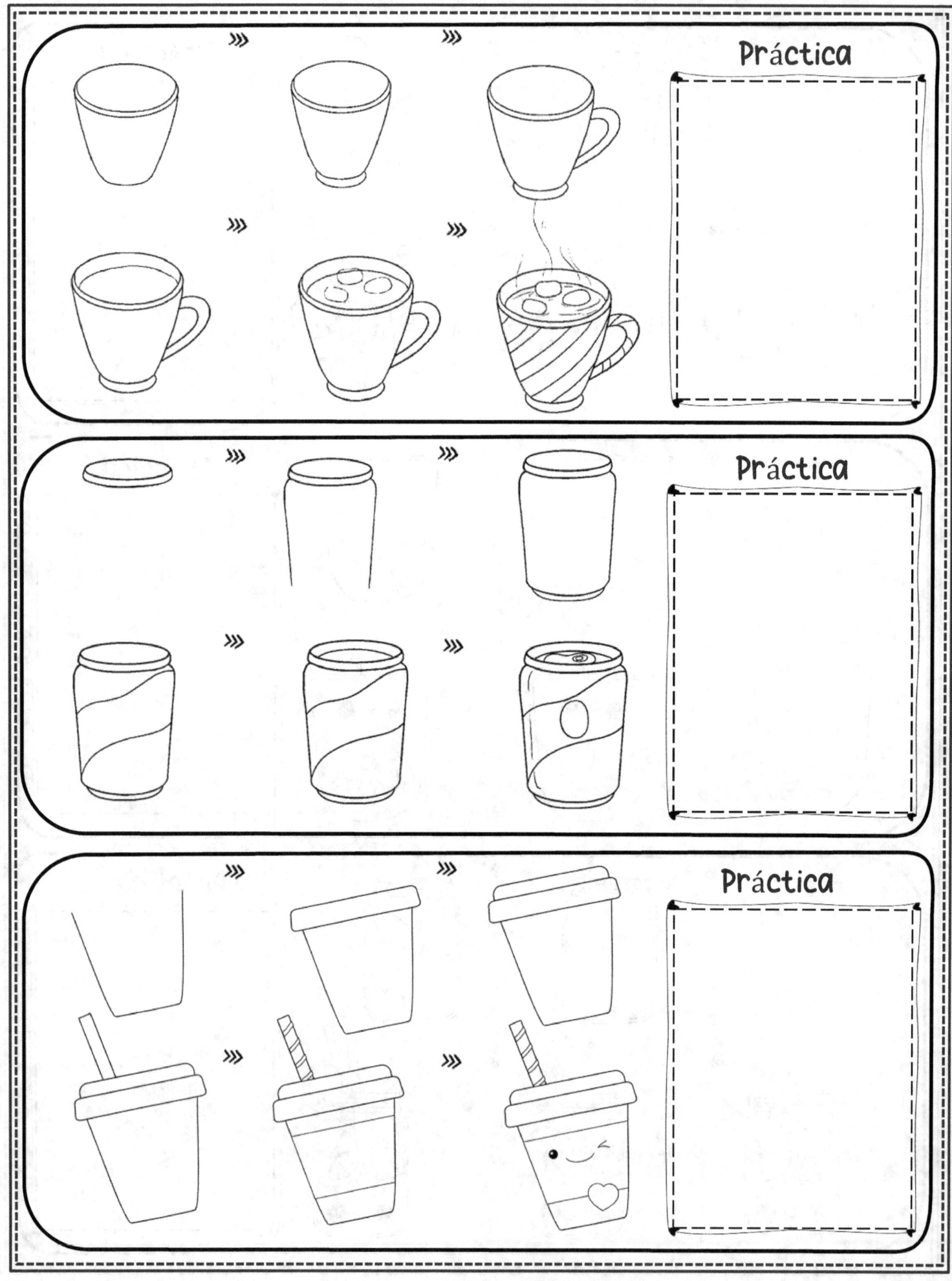

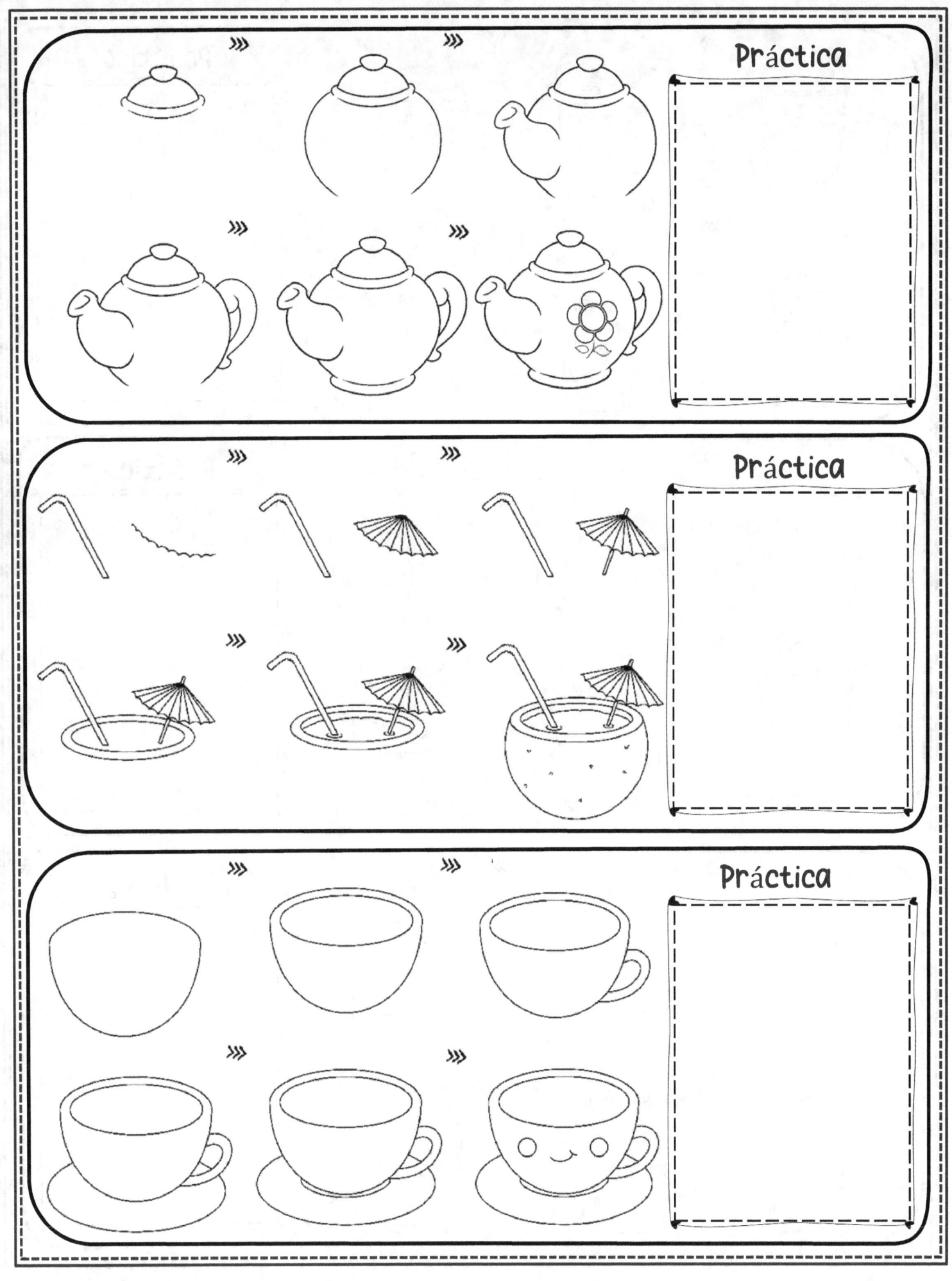

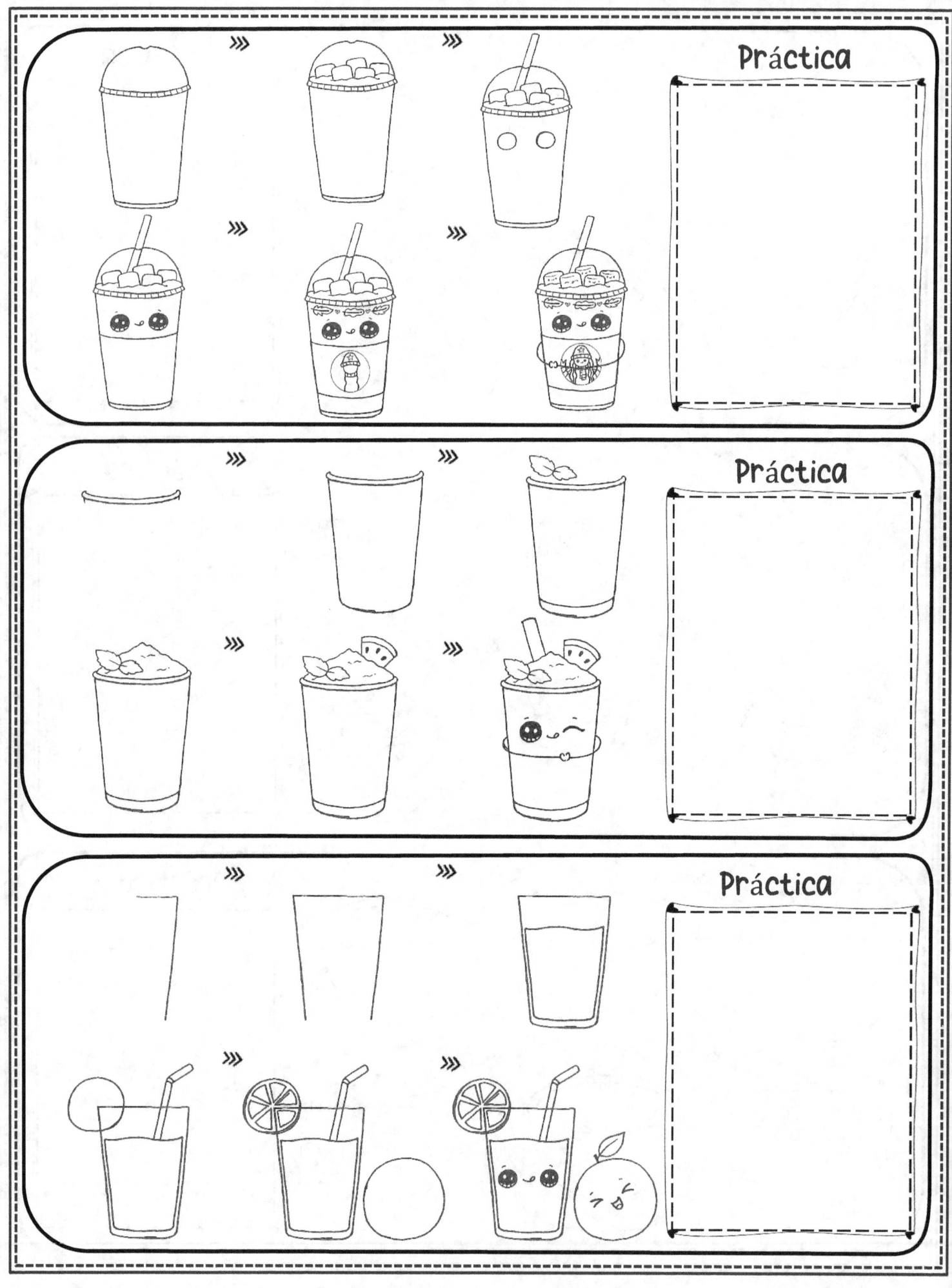

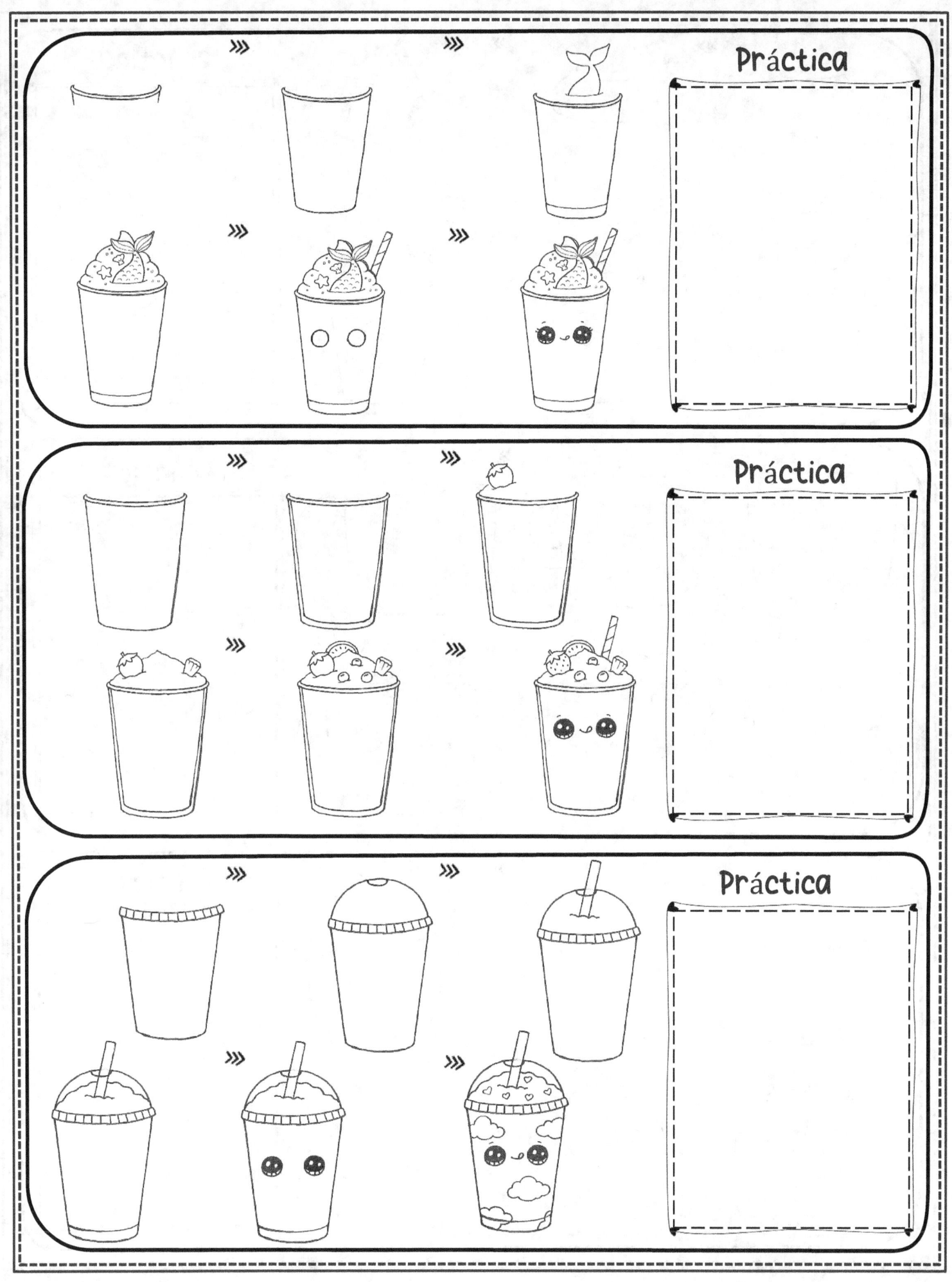

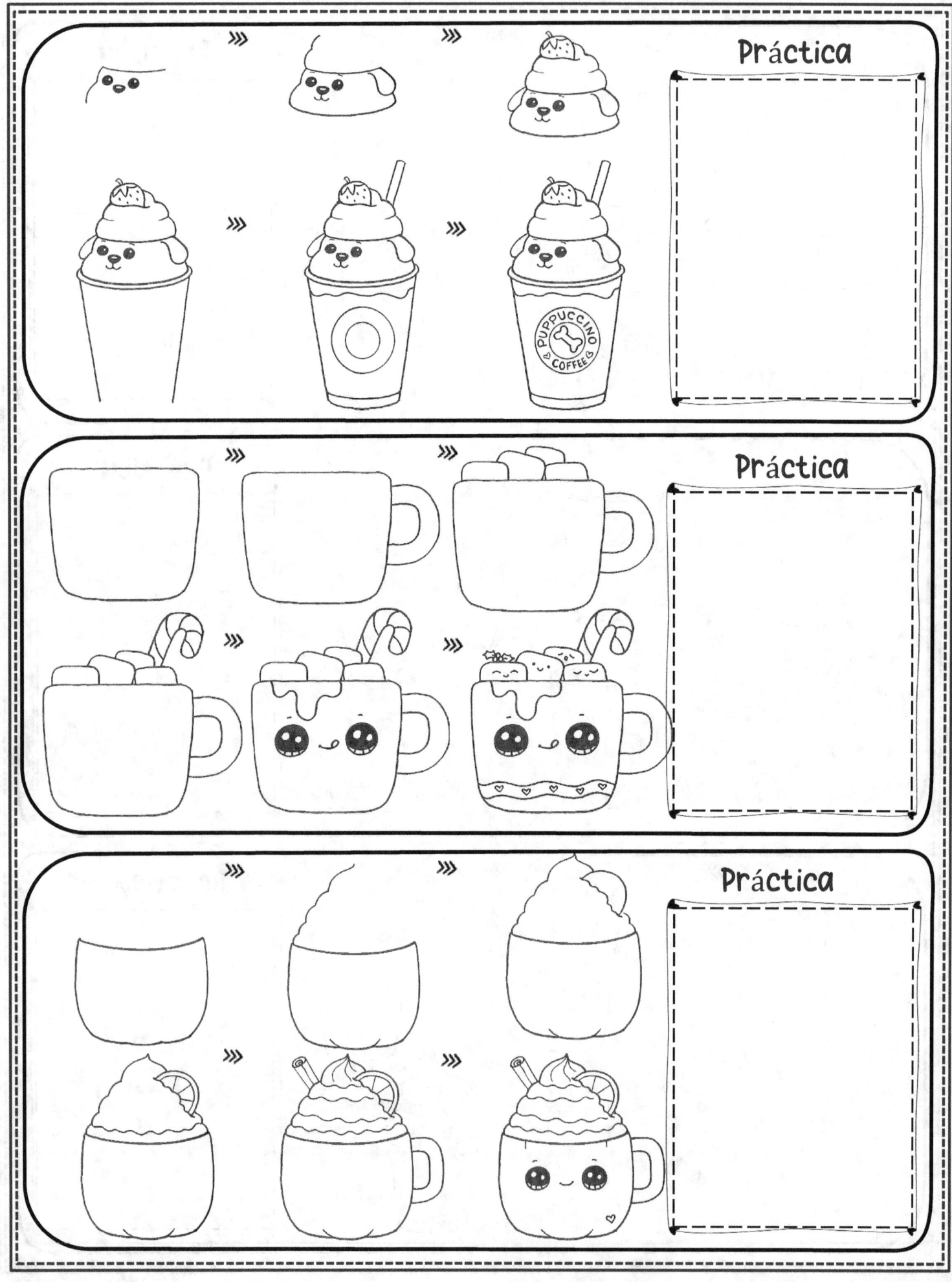

Práctica

Práctica

Práctica

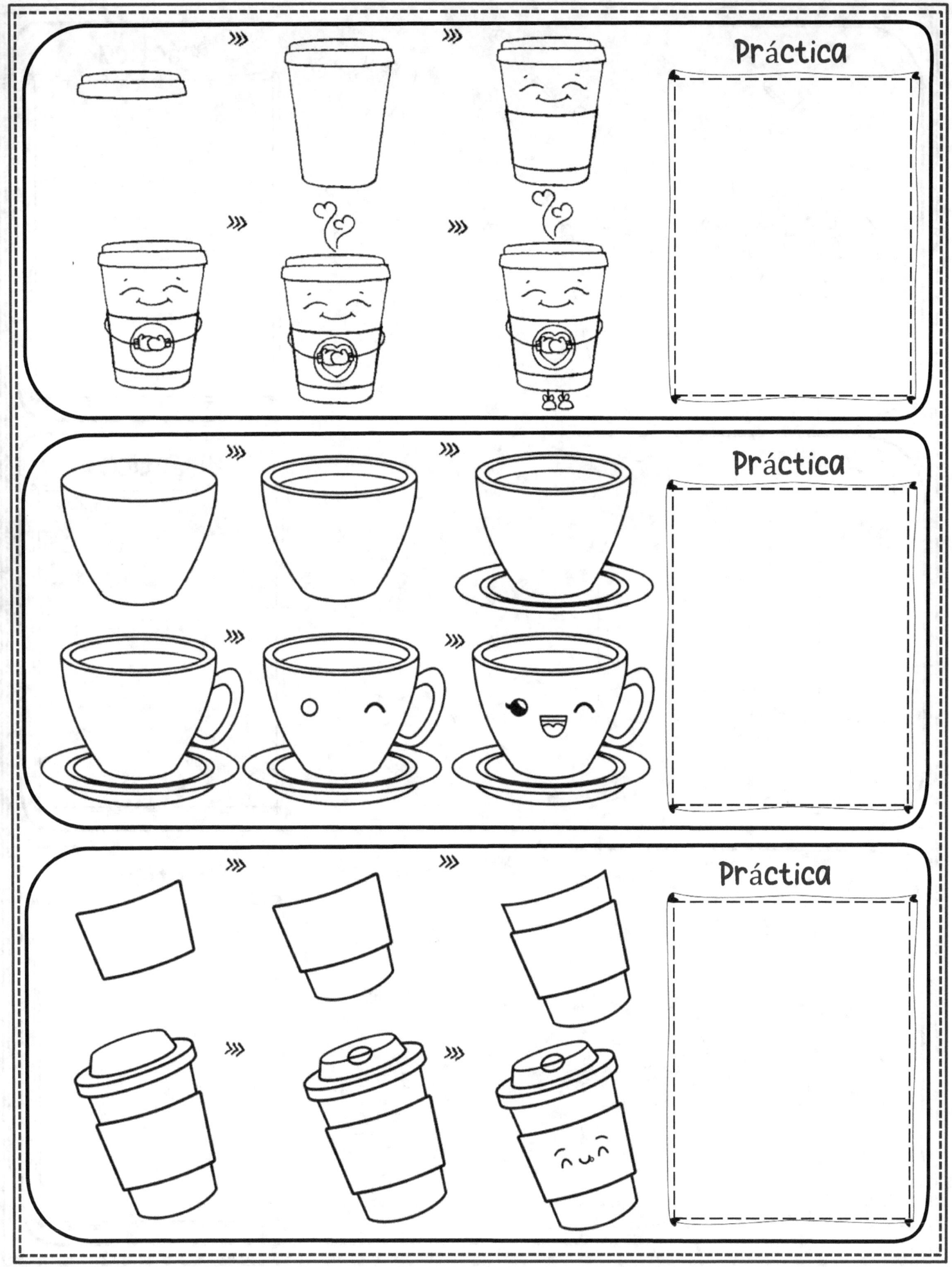

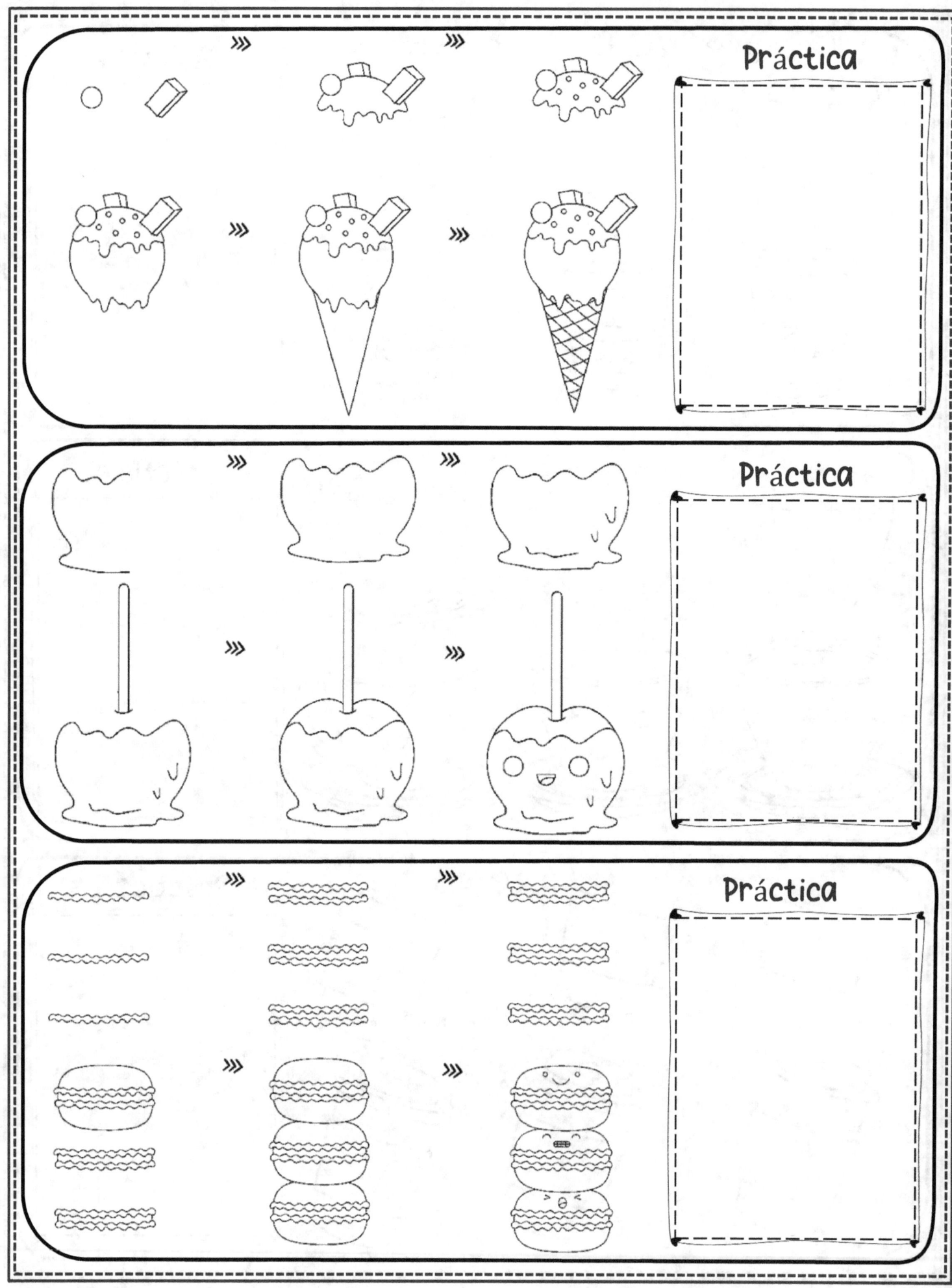

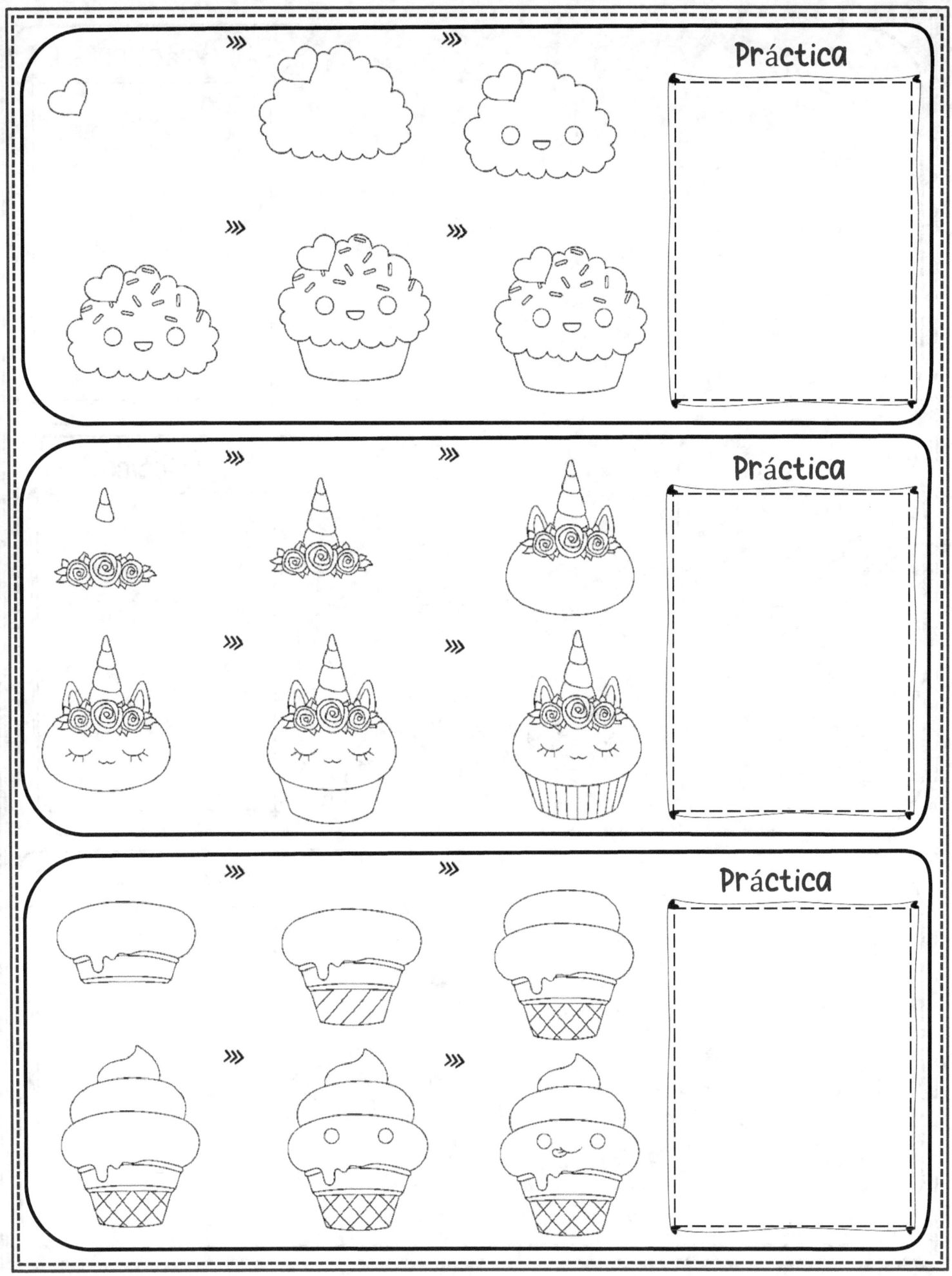

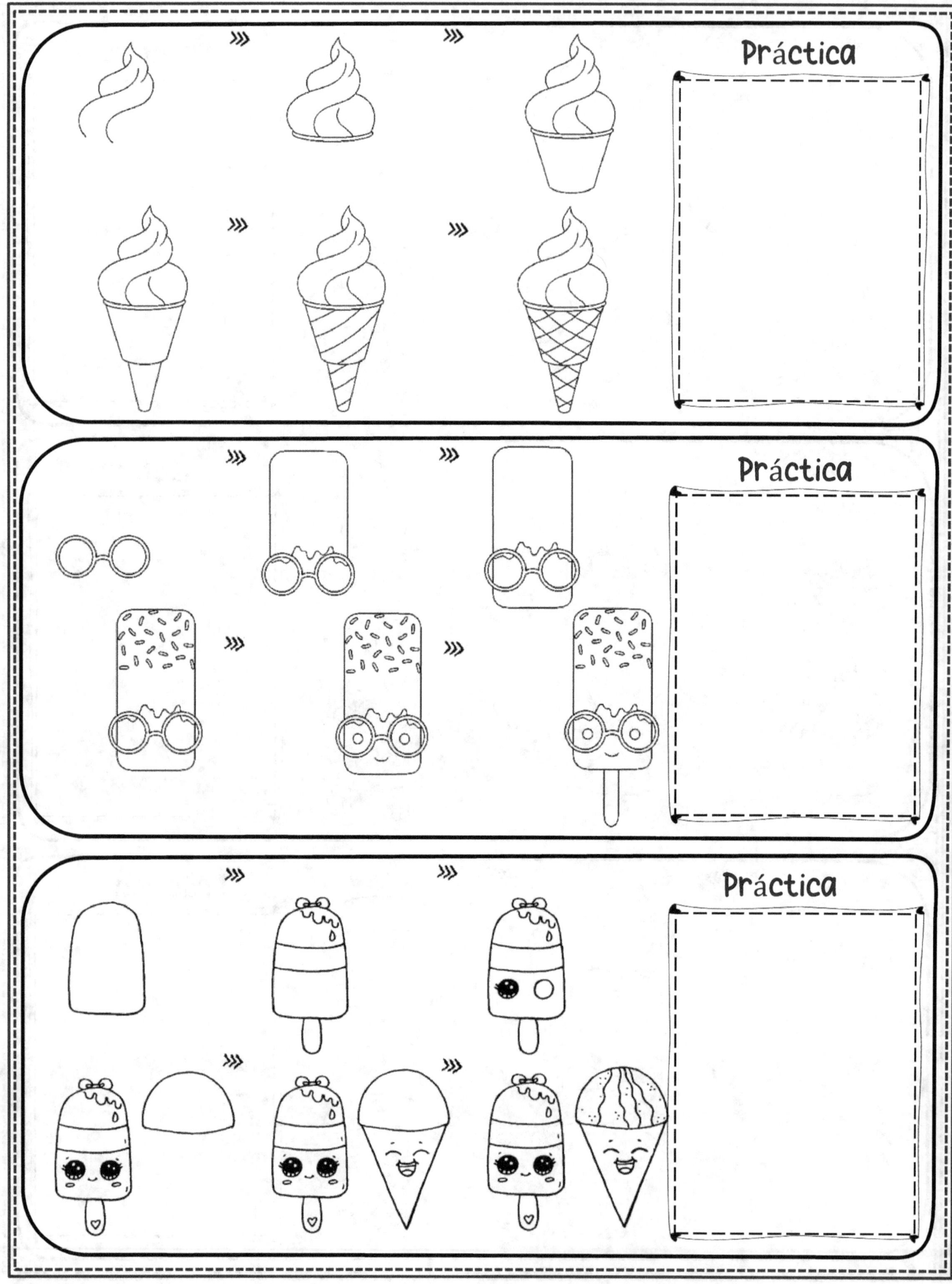

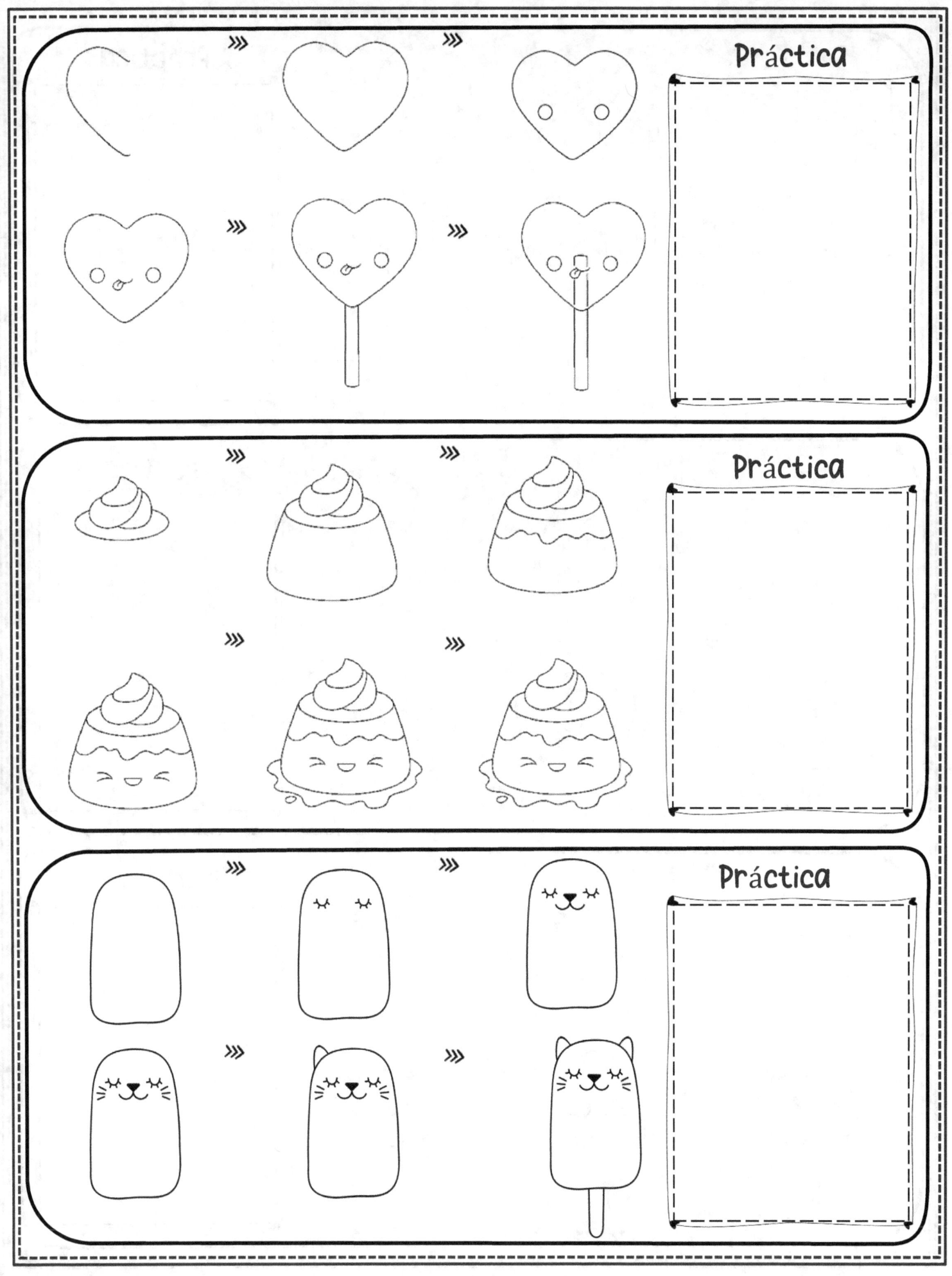

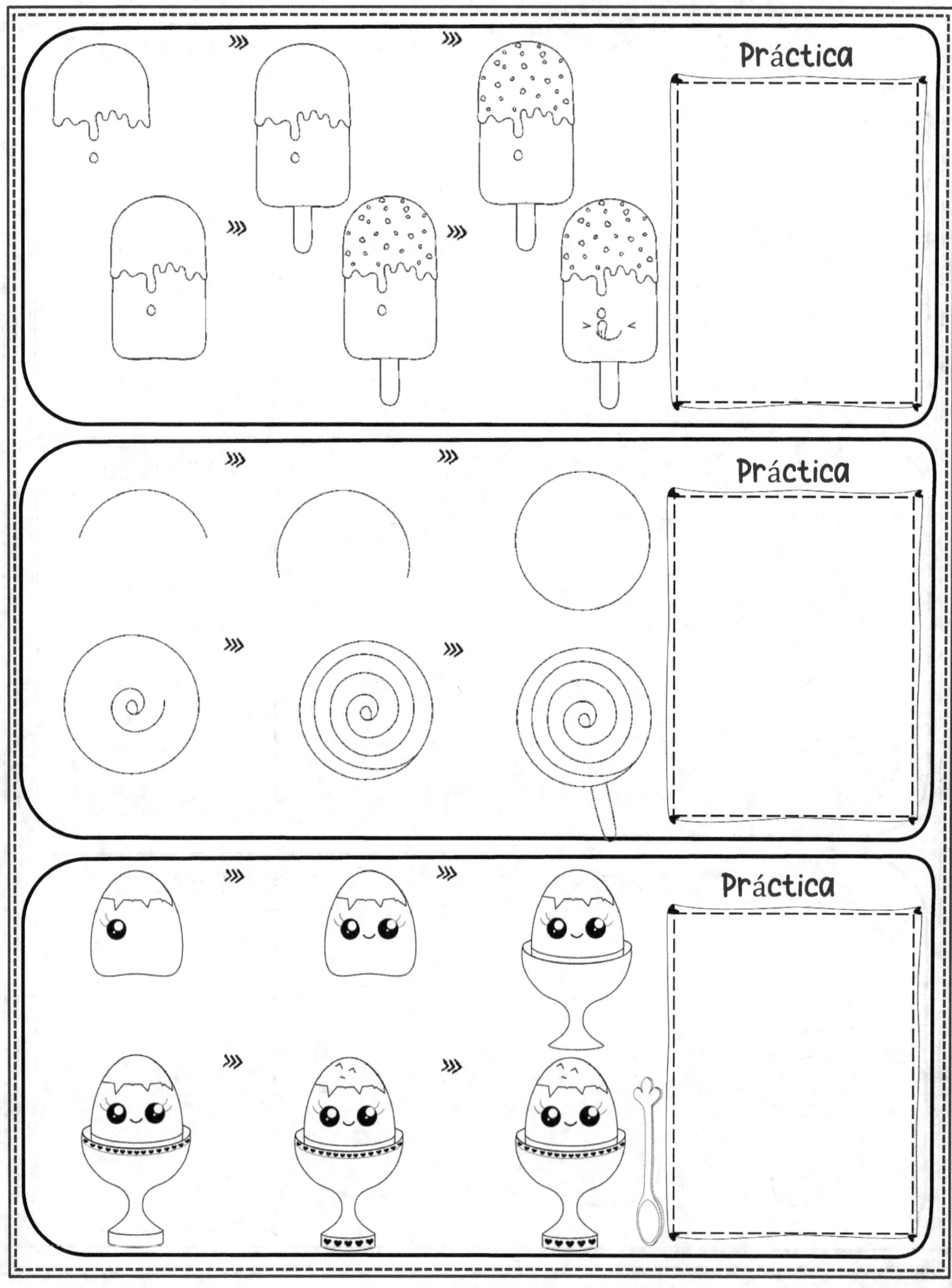

Práctica

Práctica

Práctica

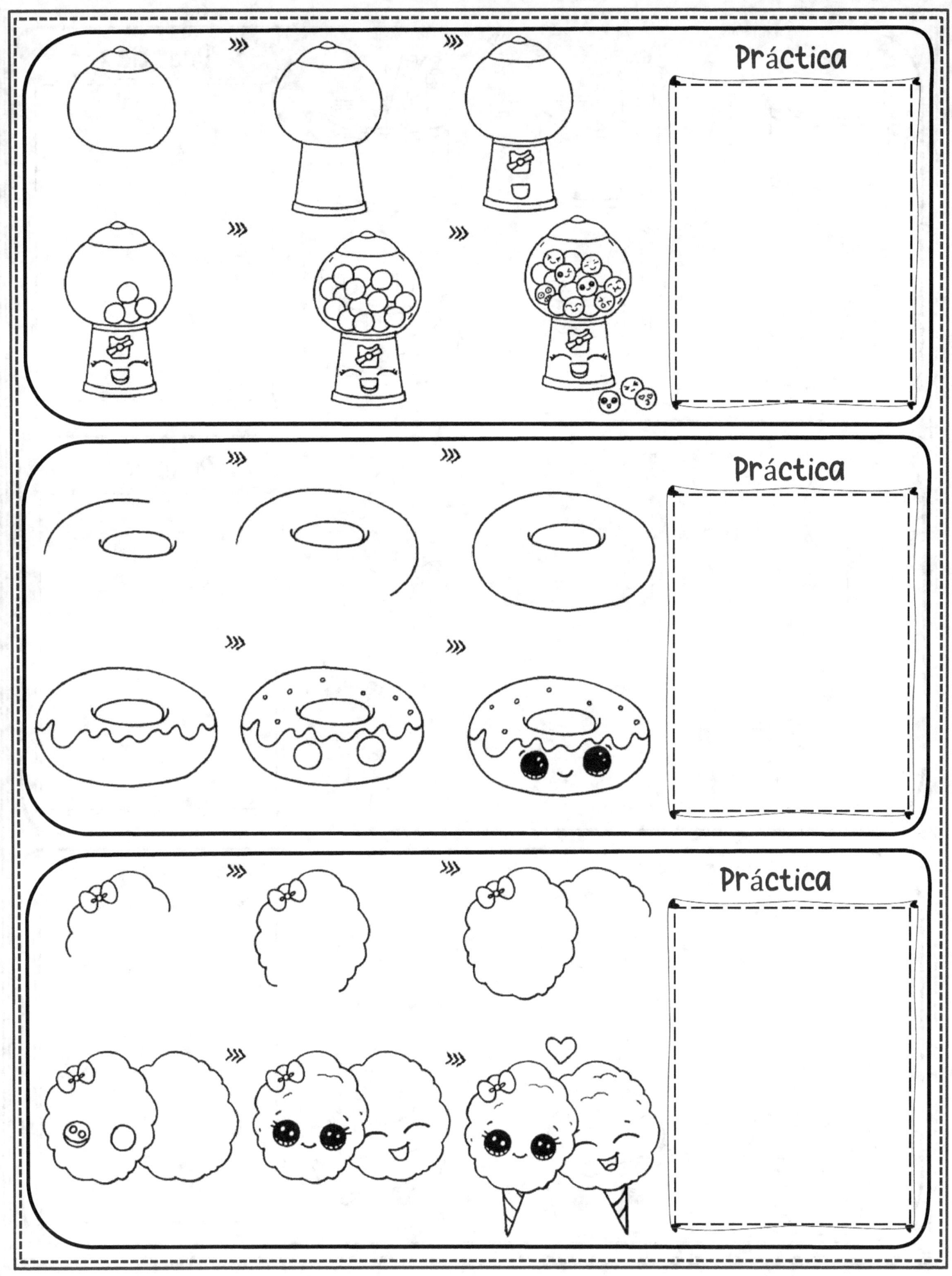

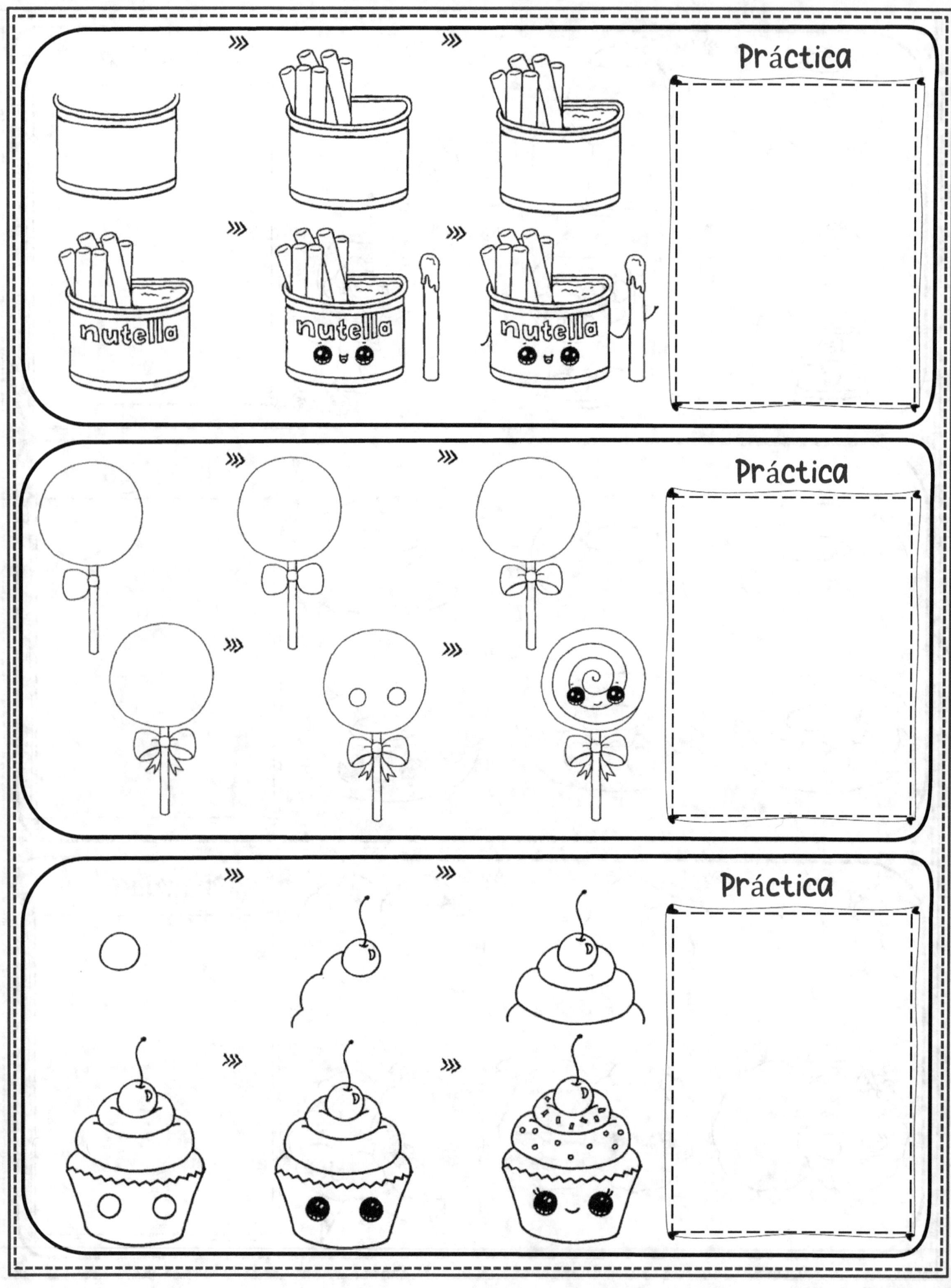

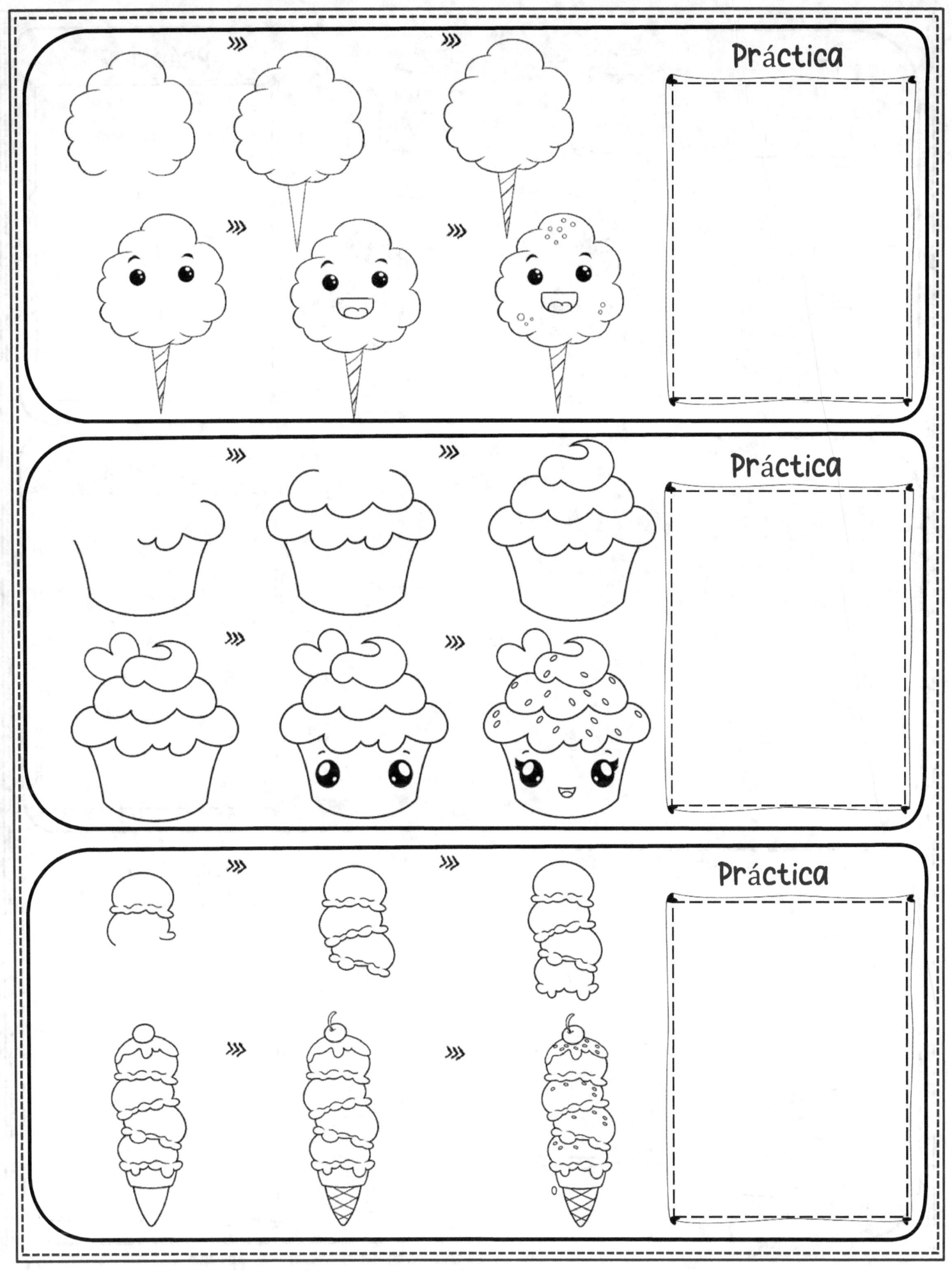

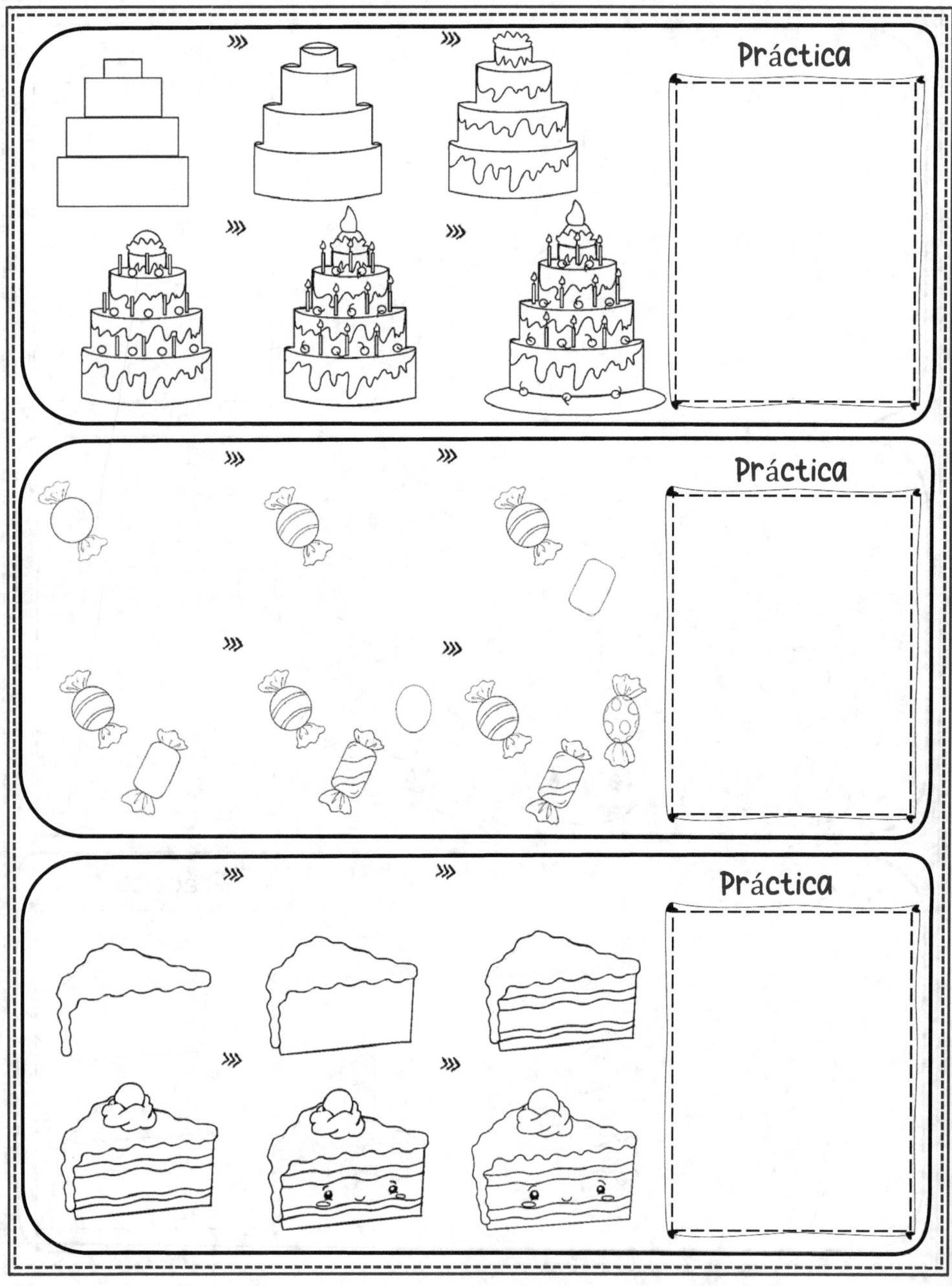

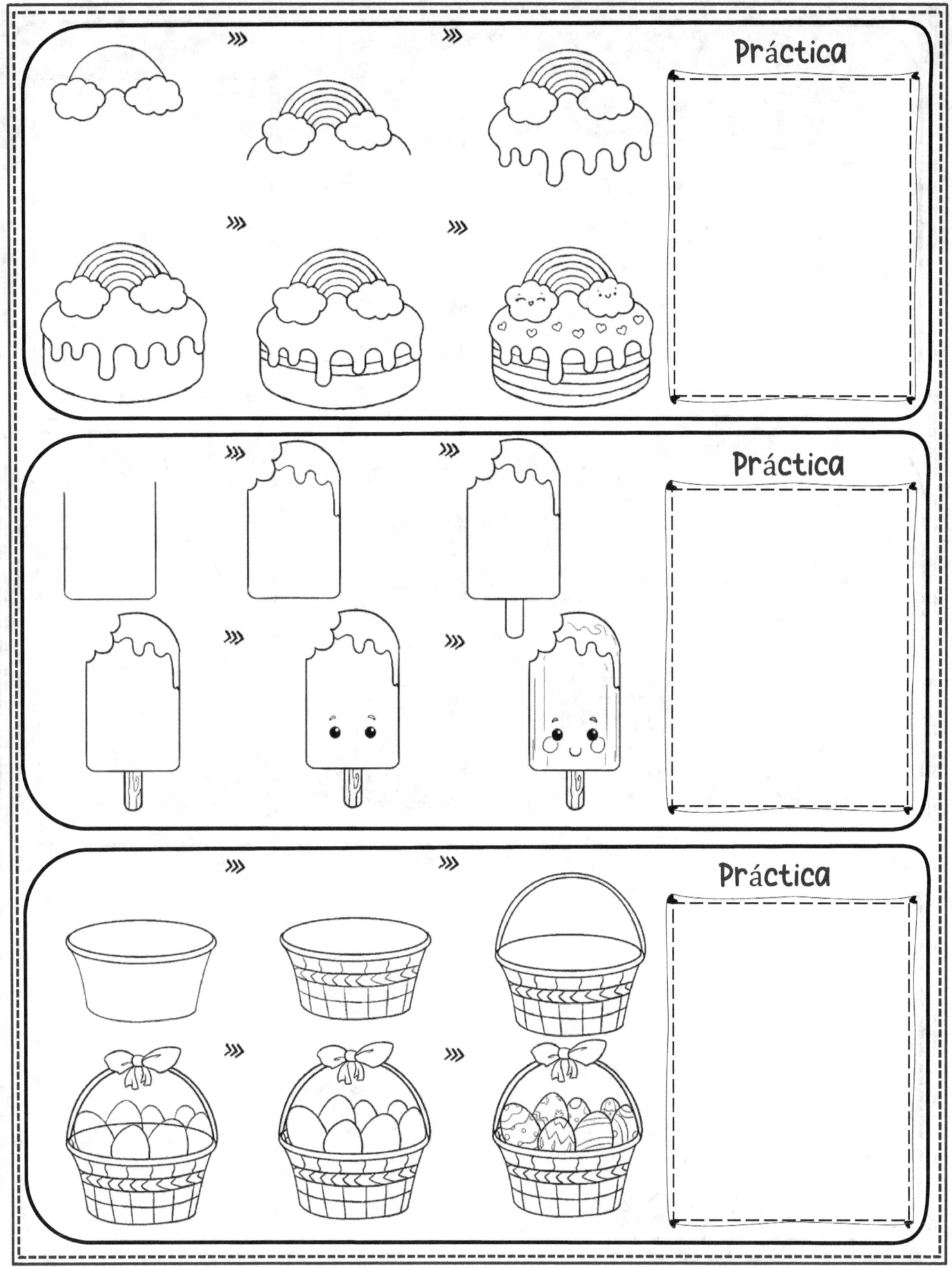

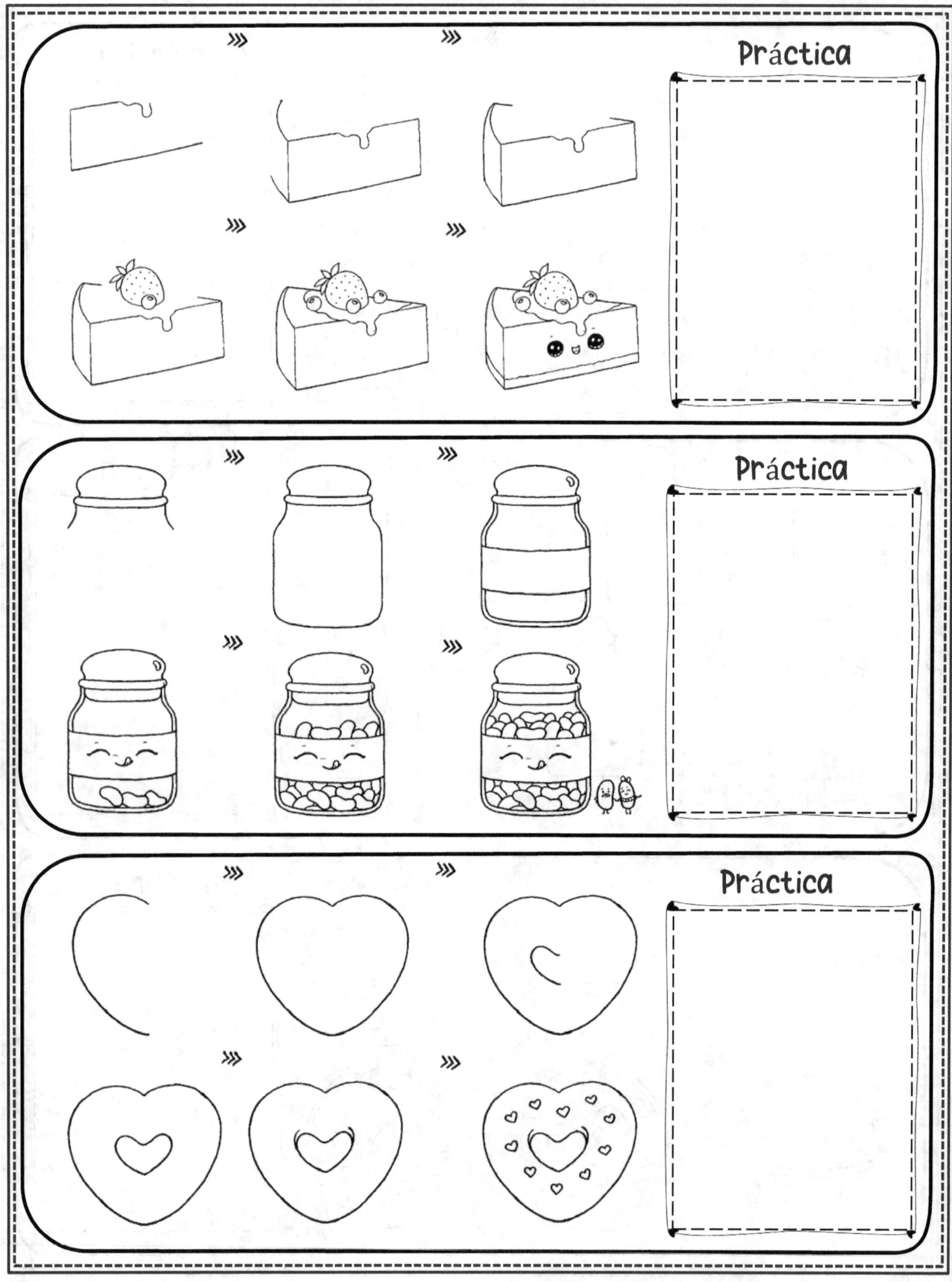

Práctica

Práctica

Práctica

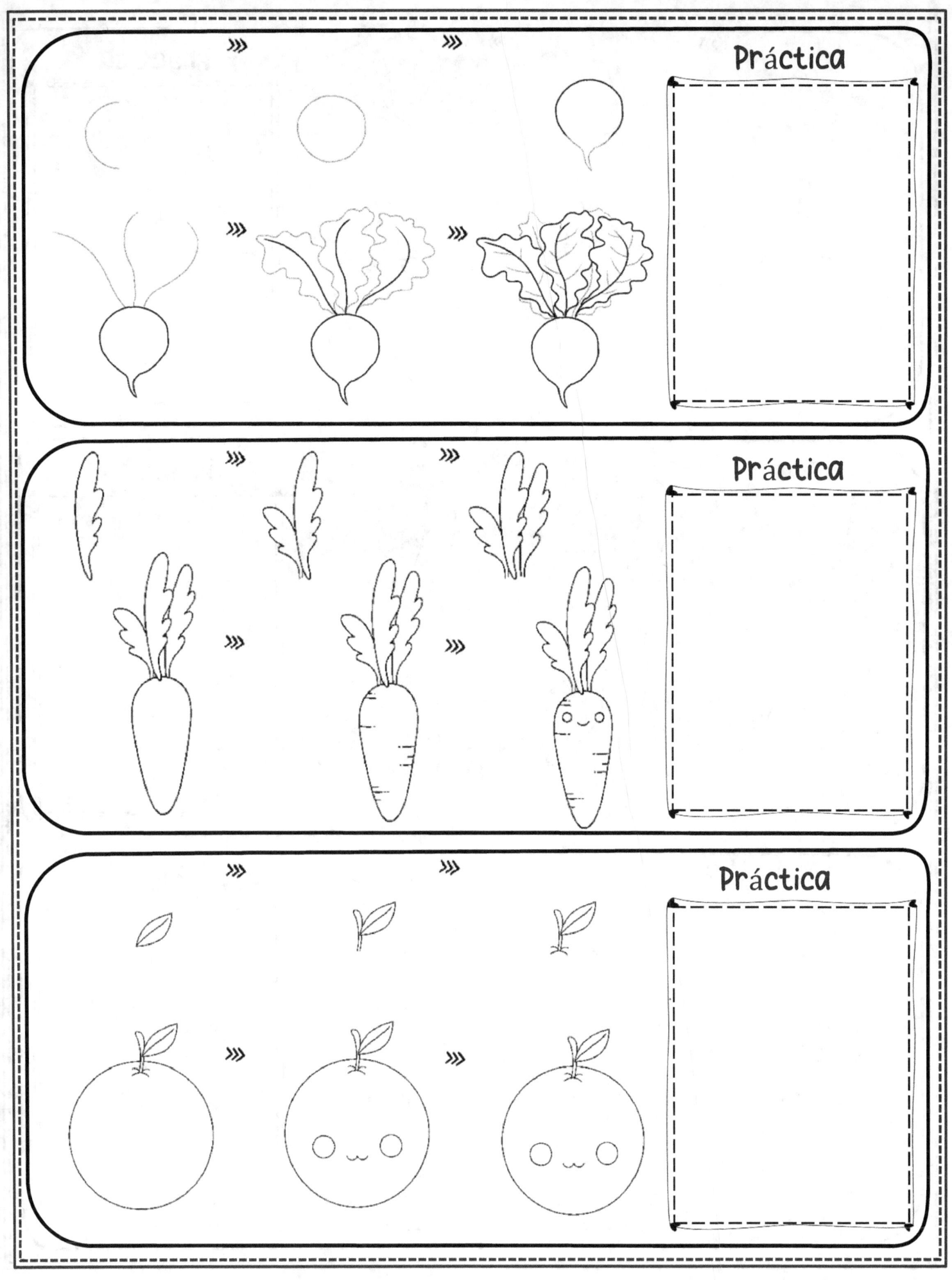

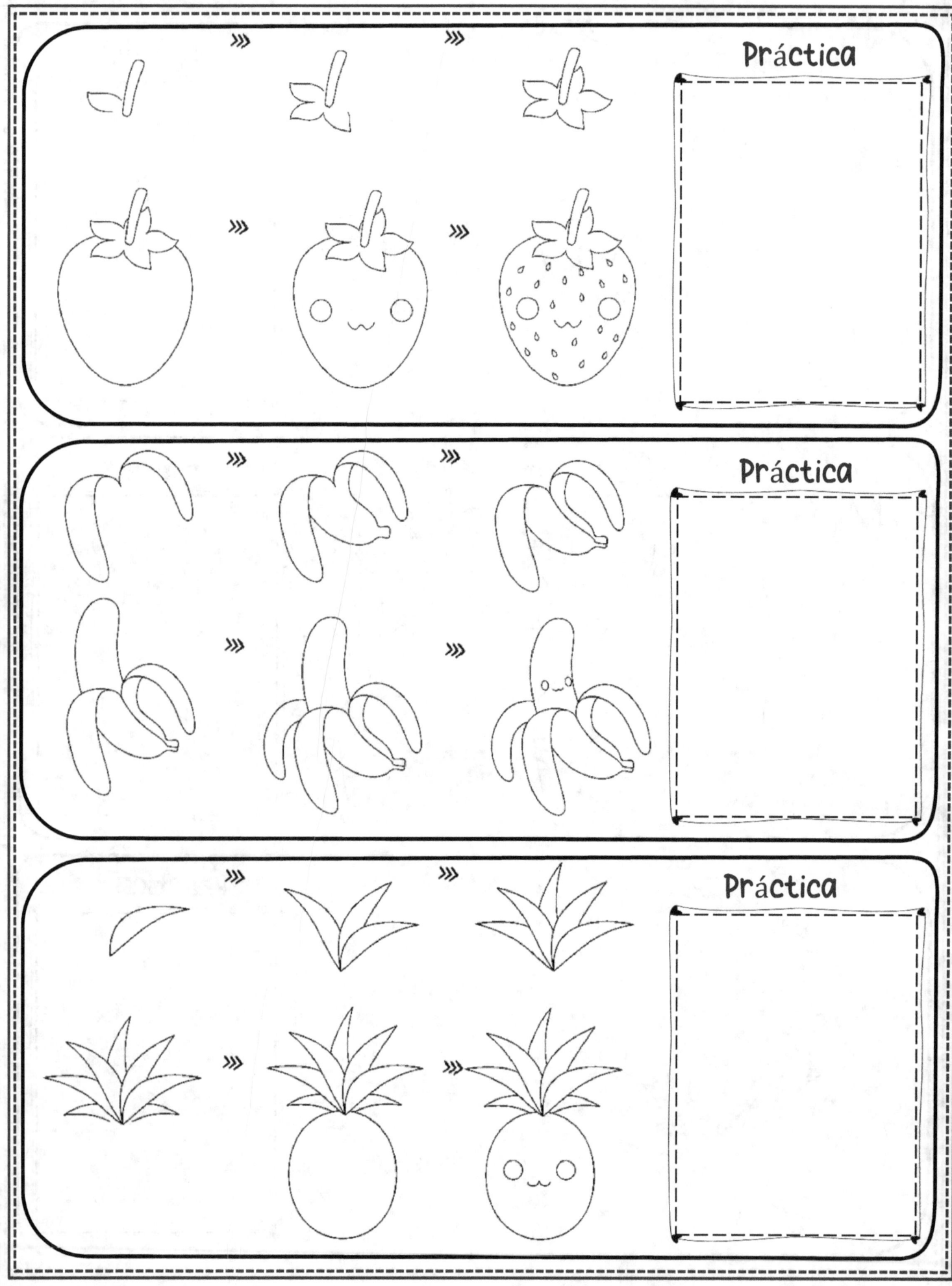

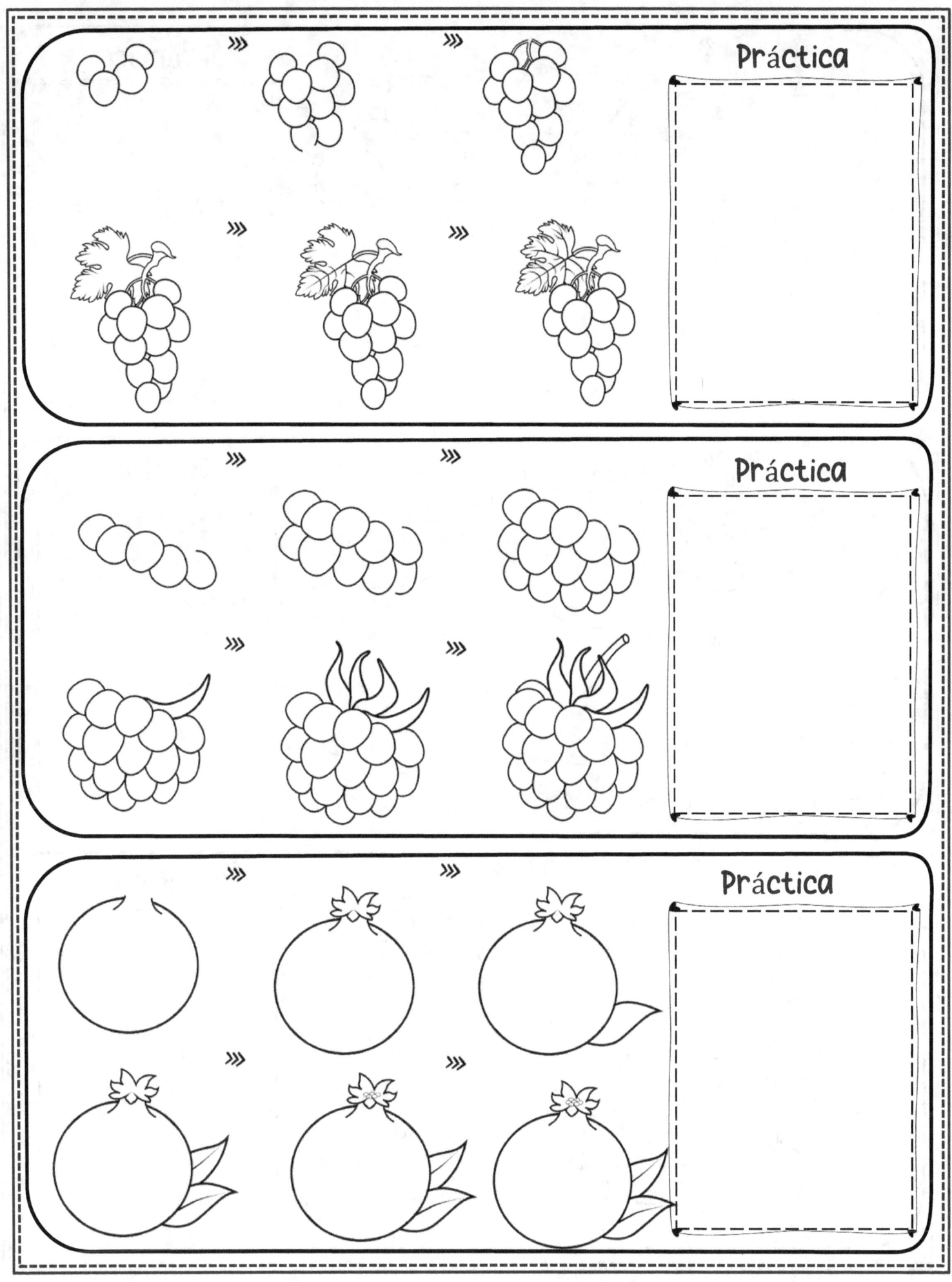

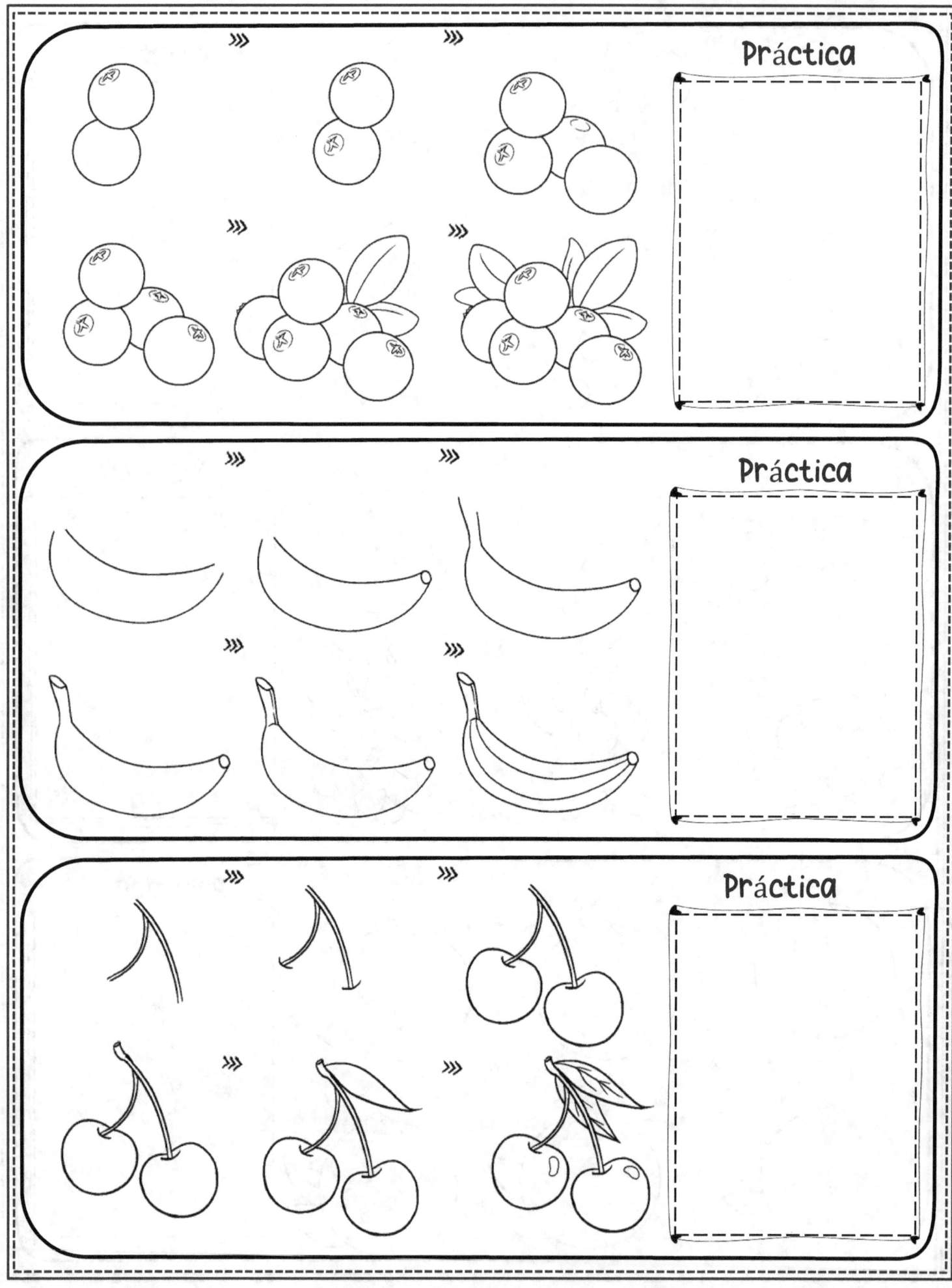

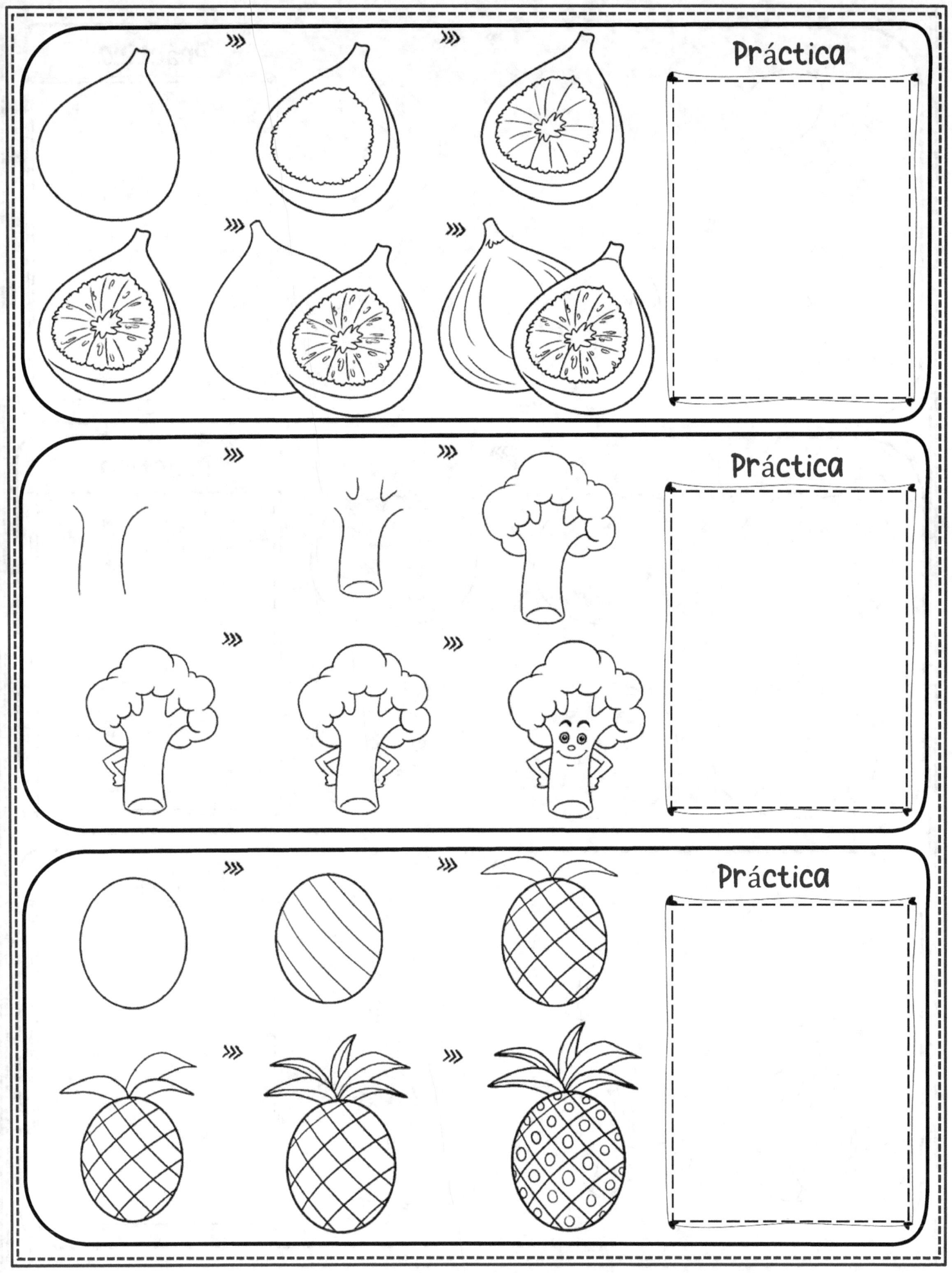

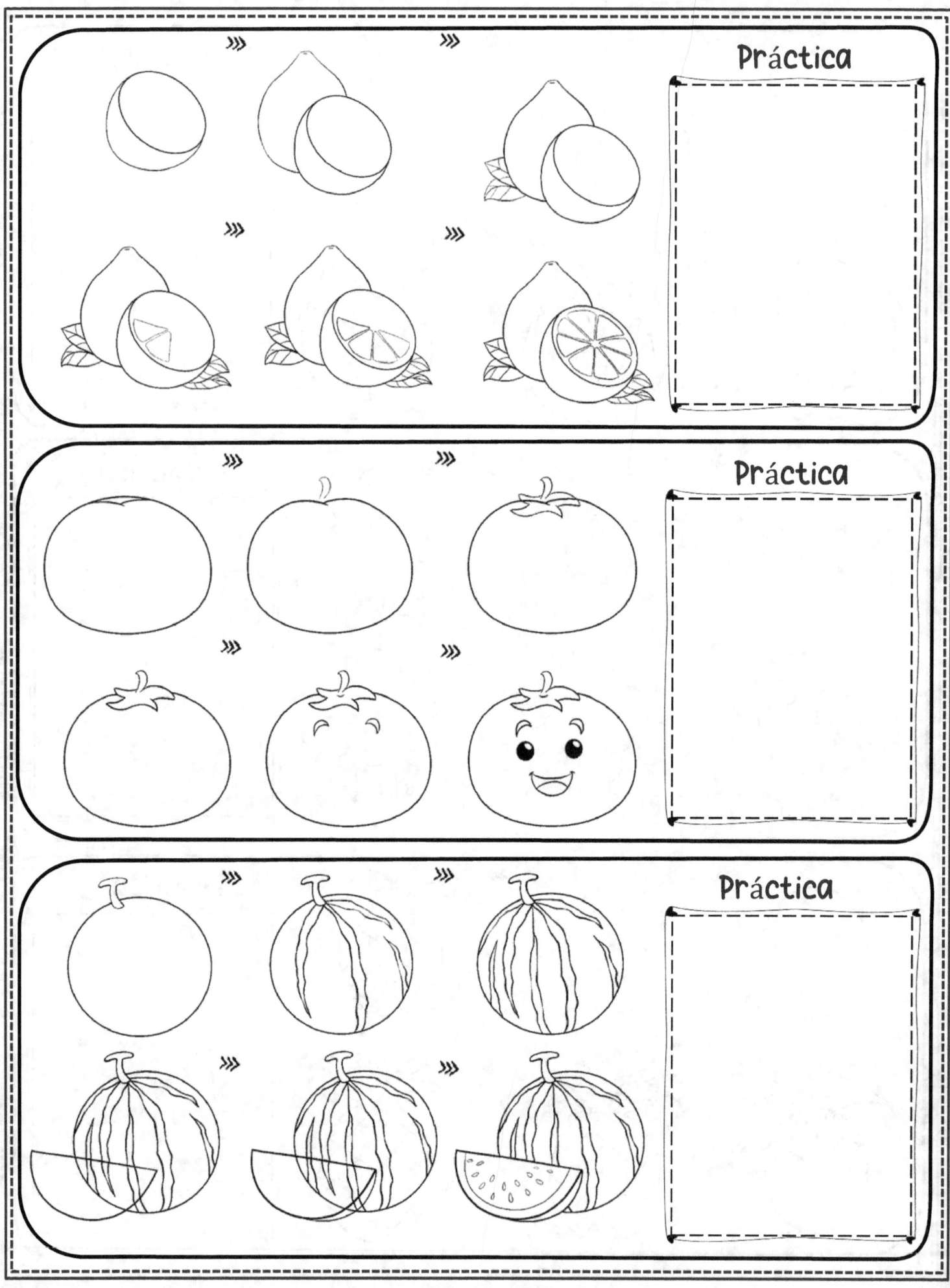

Práctica

Práctica

Práctica

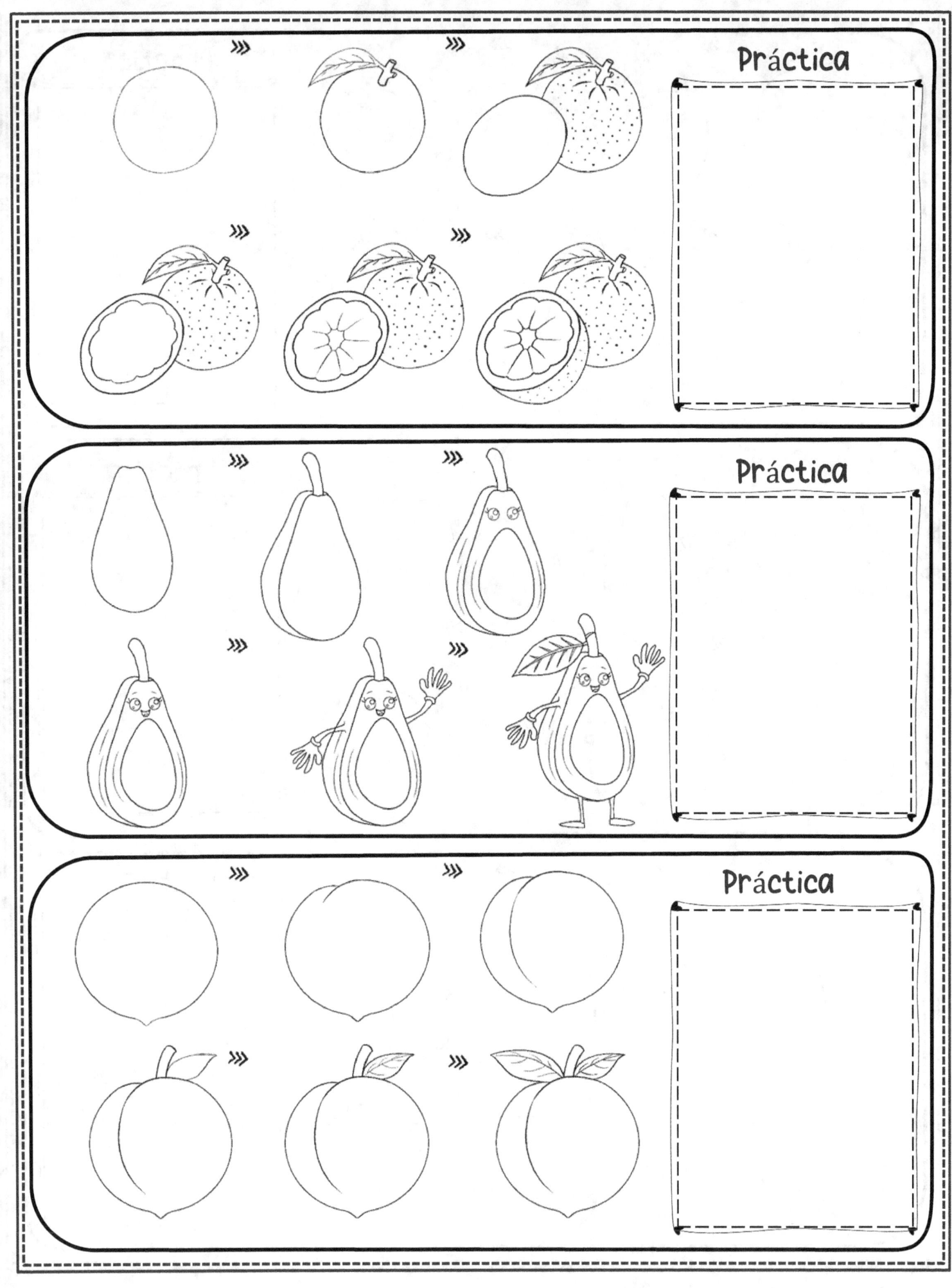

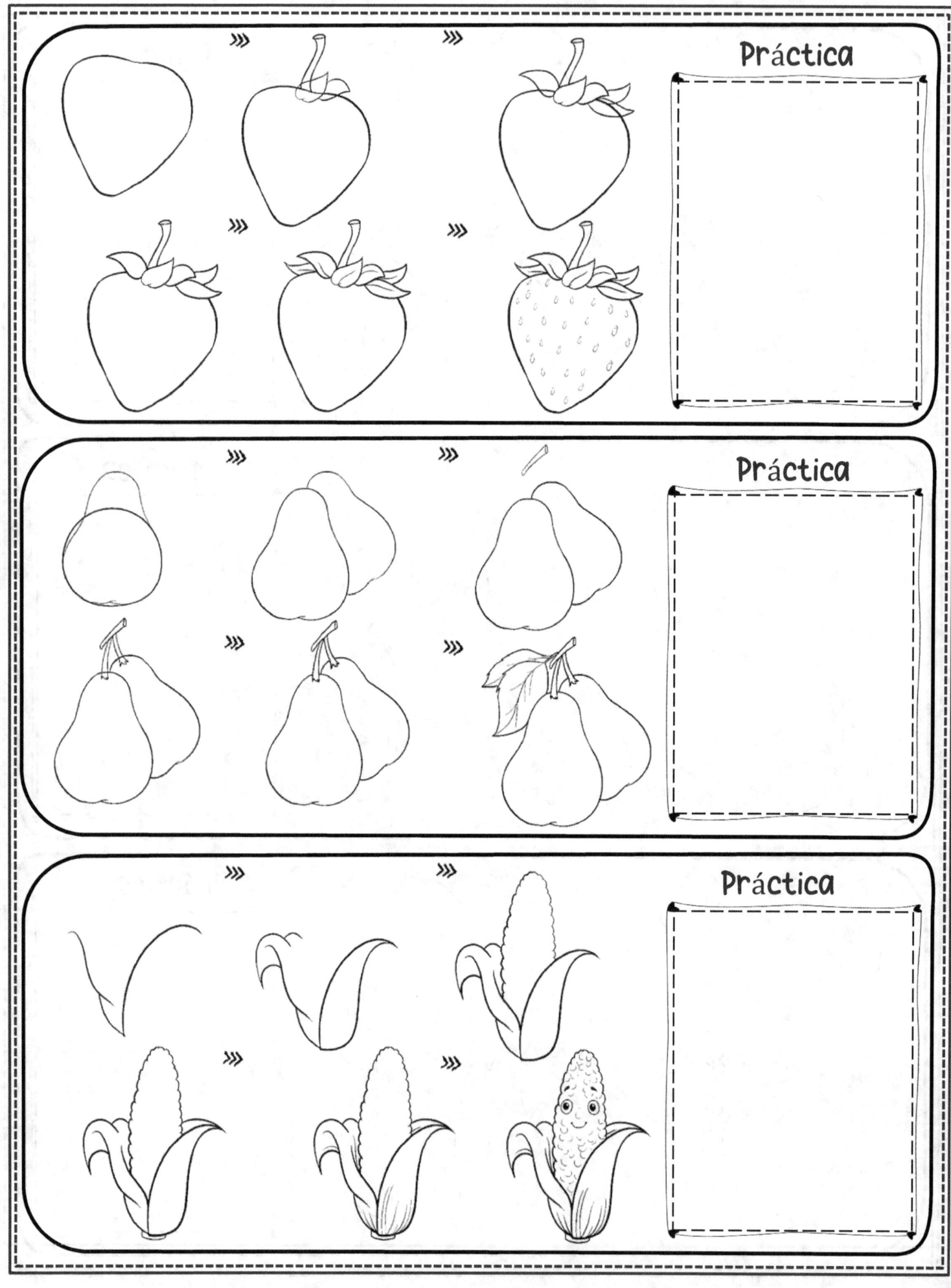

Práctica

Práctica

Práctica

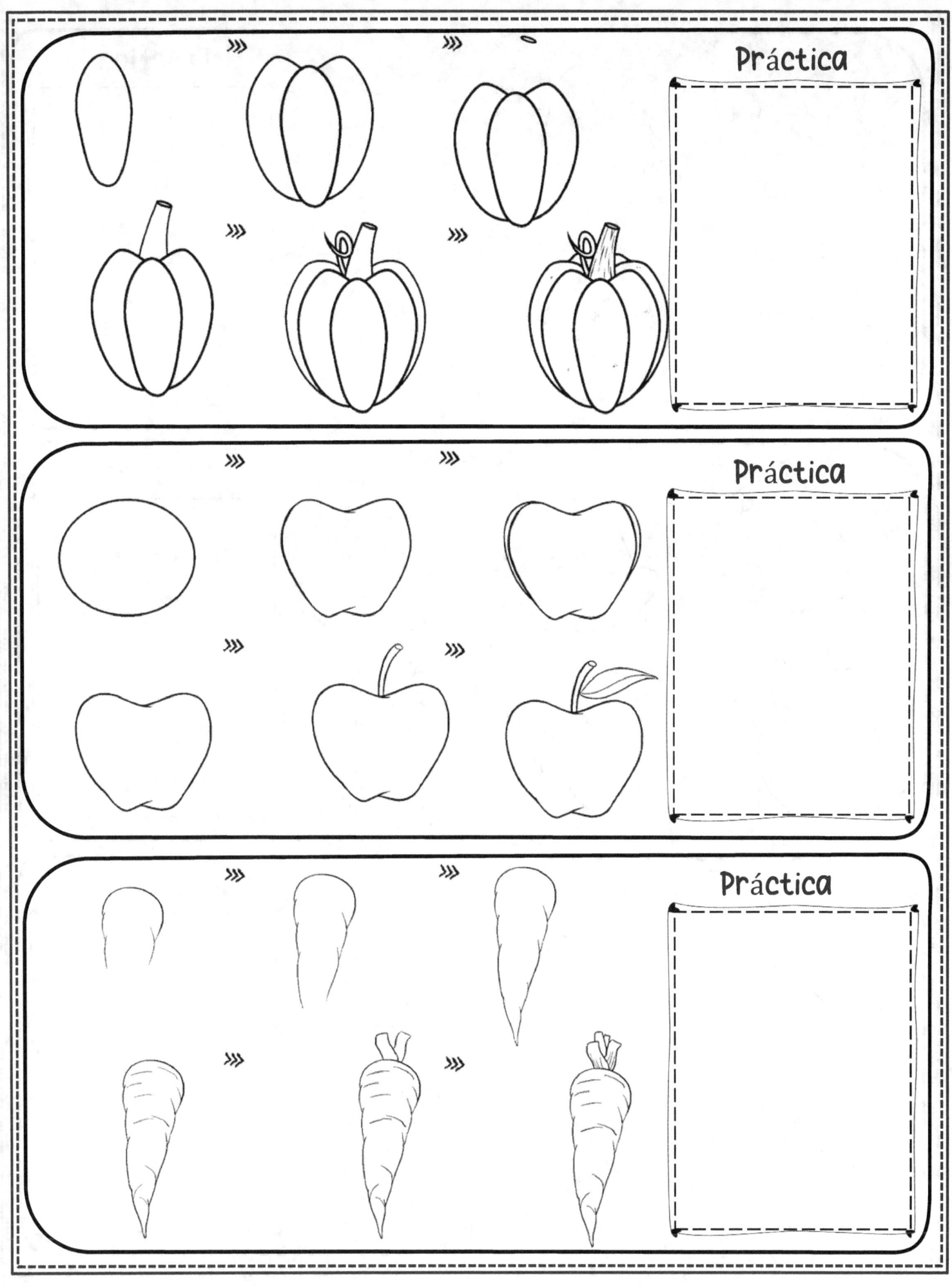

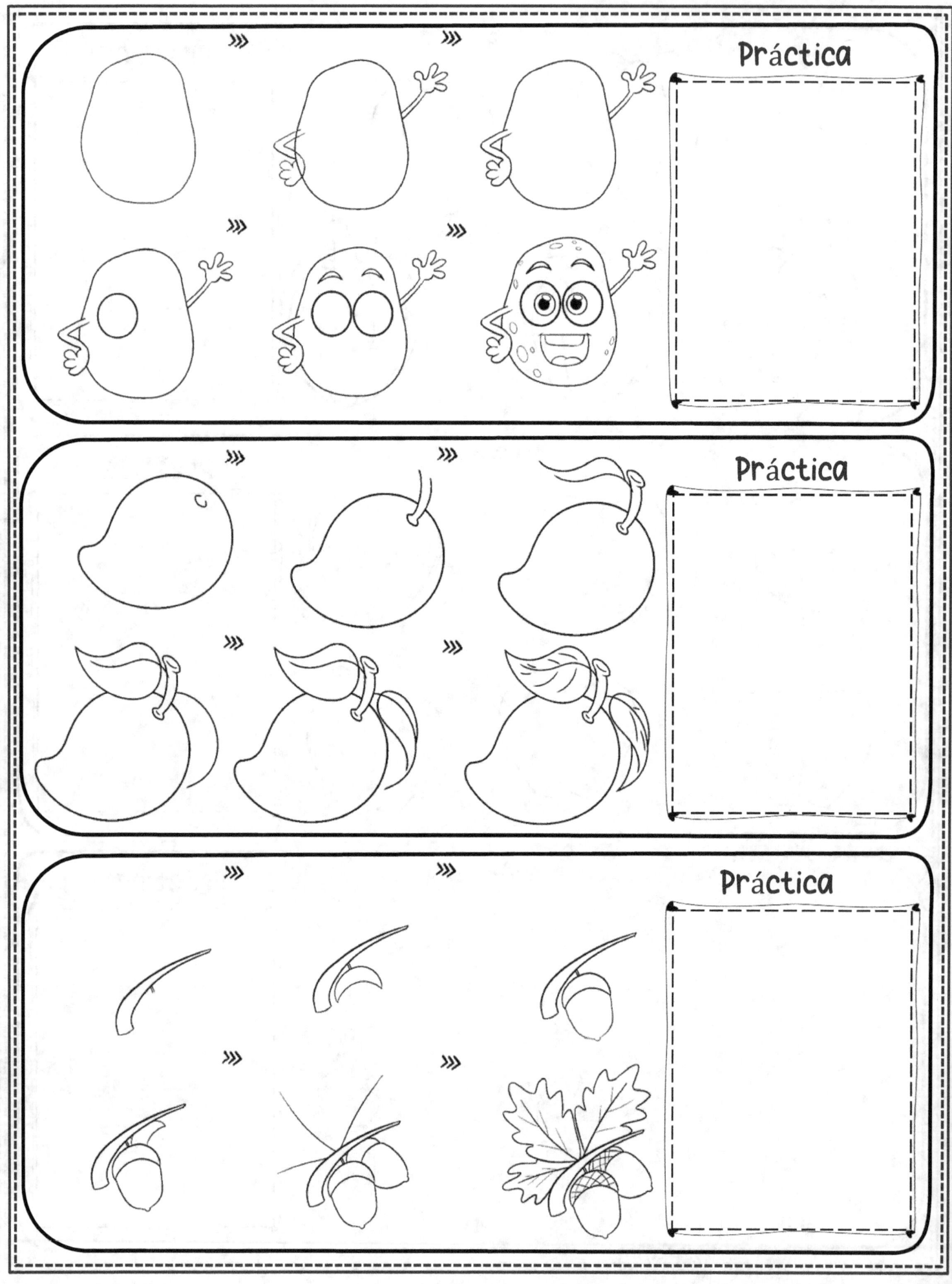

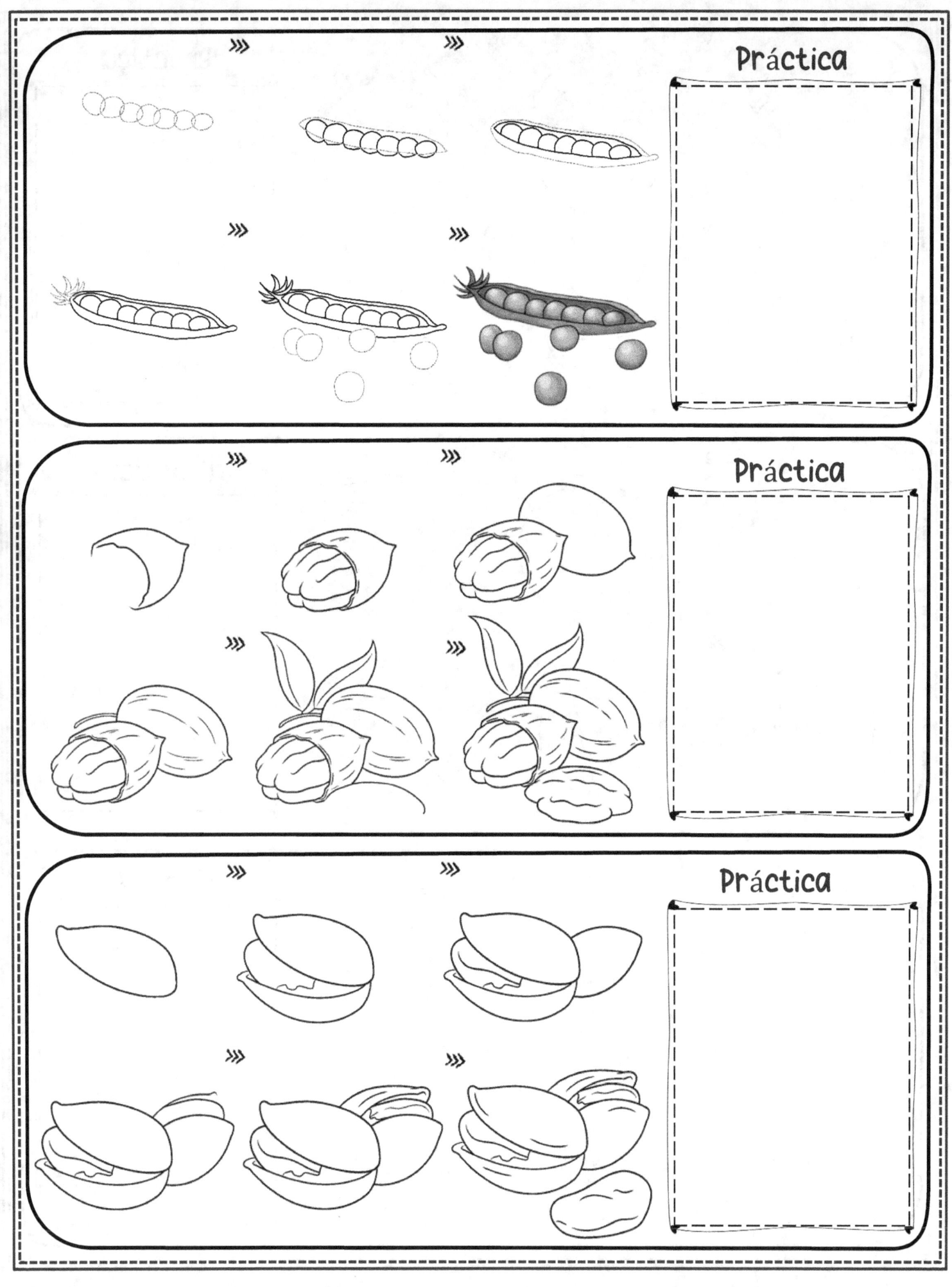

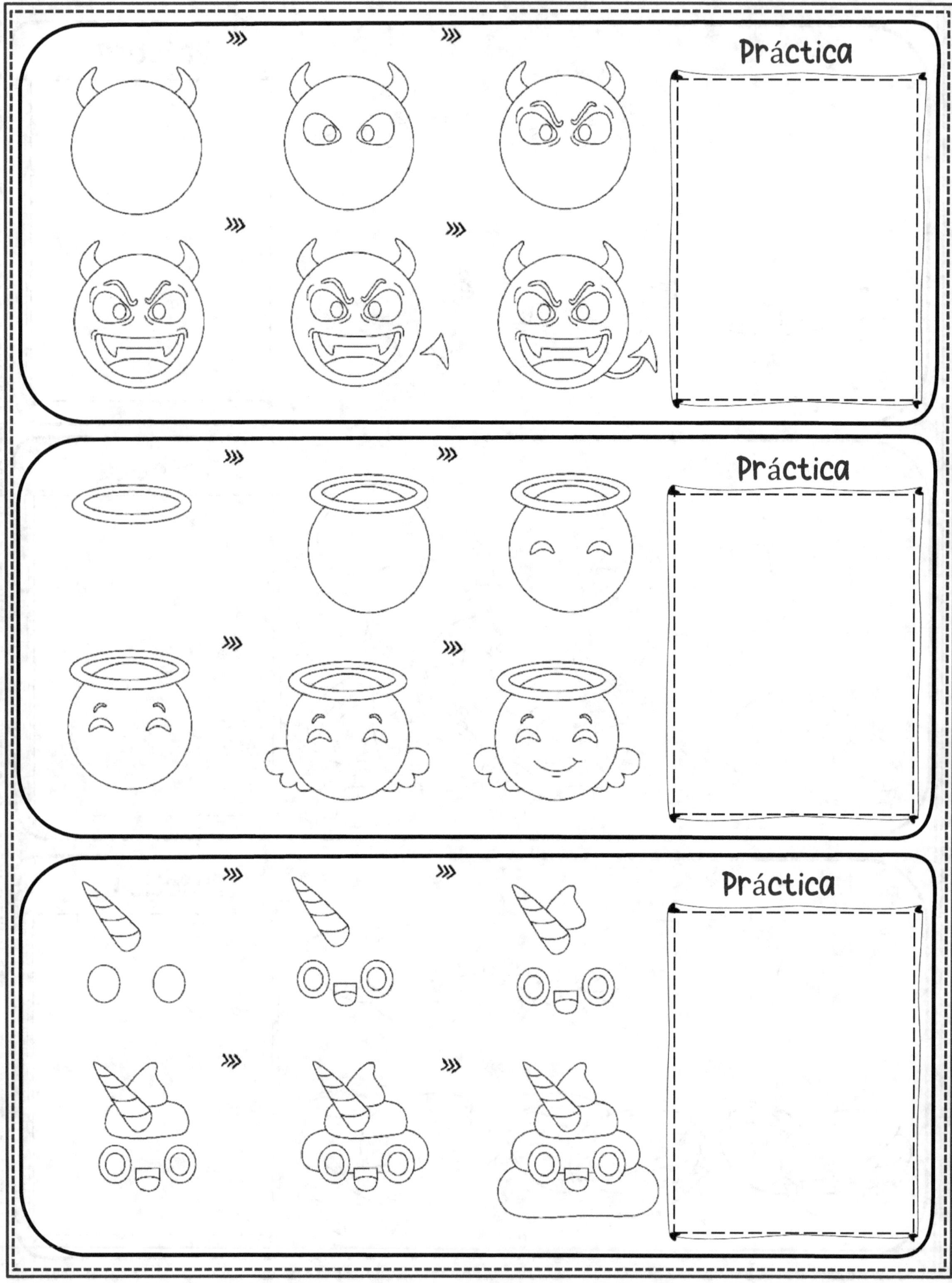

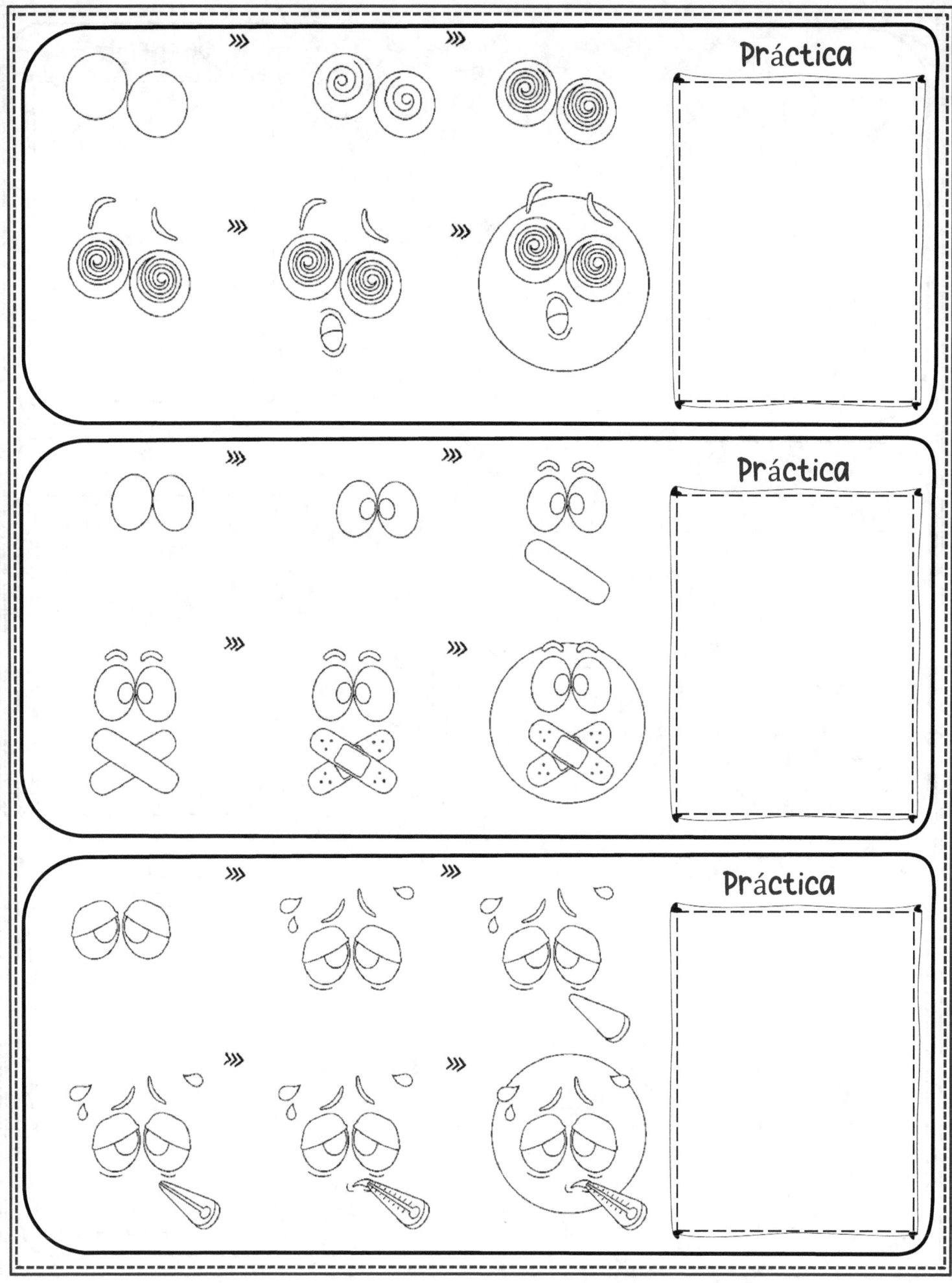

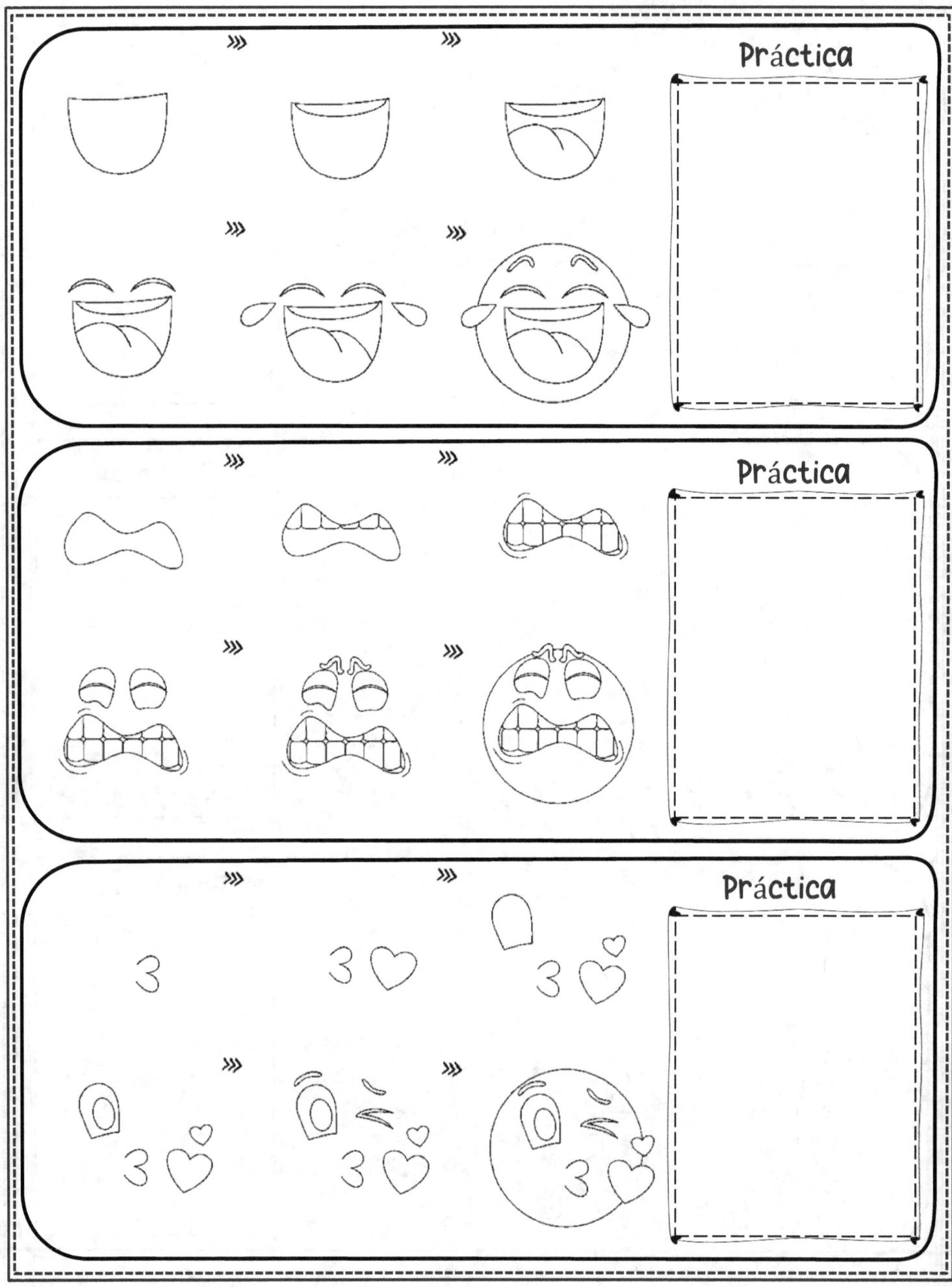

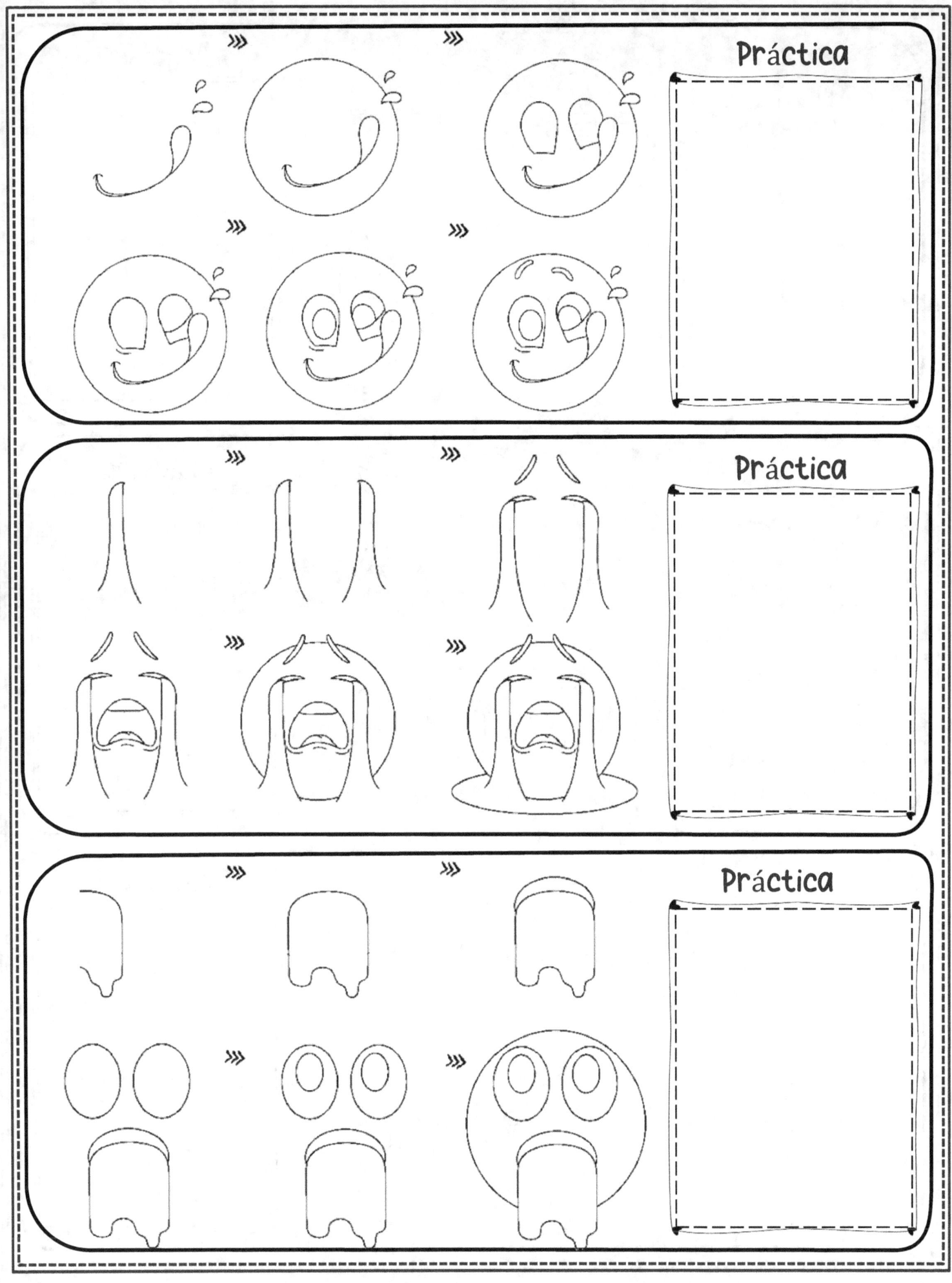

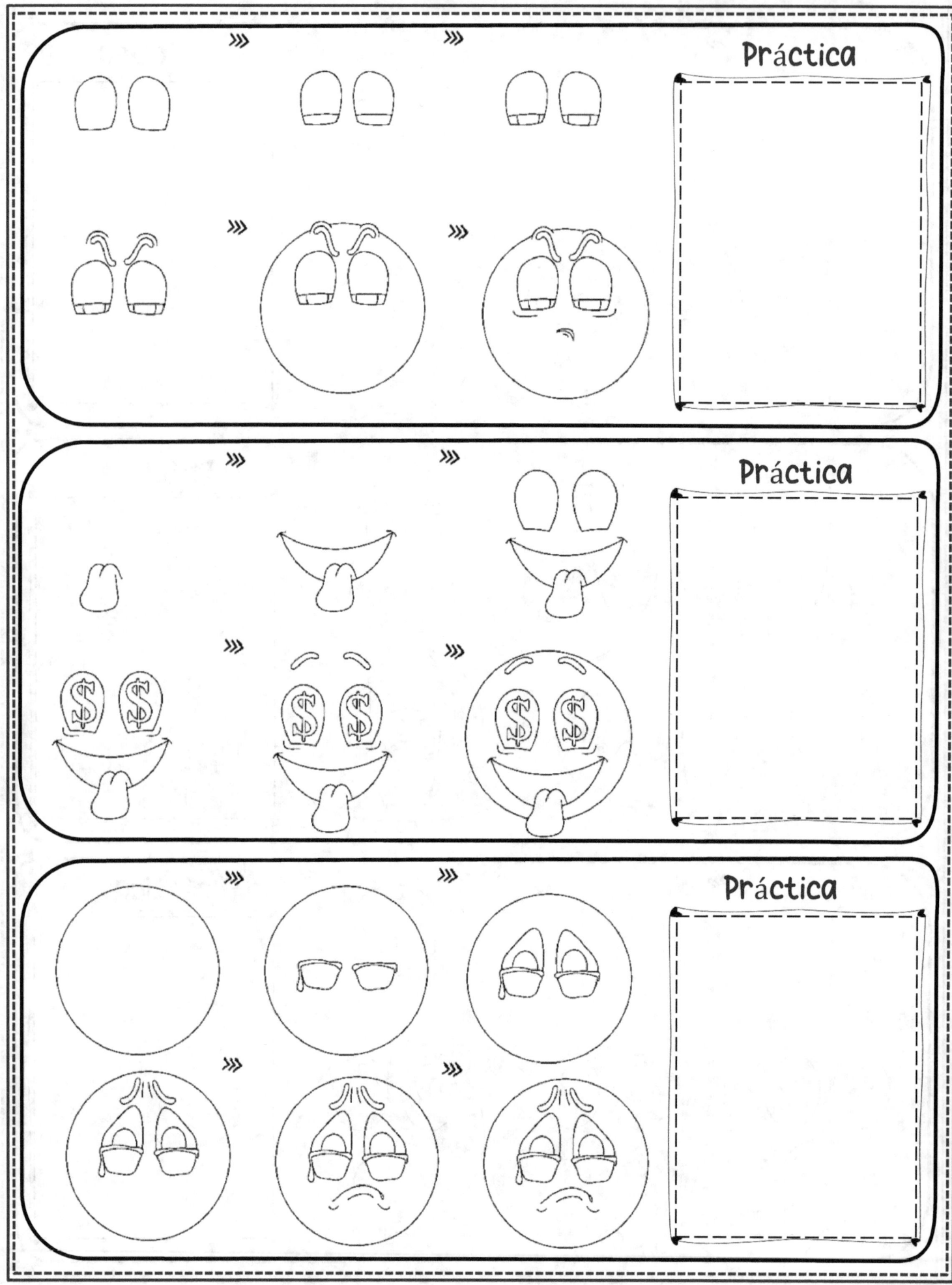

Práctica

Práctica

Práctica

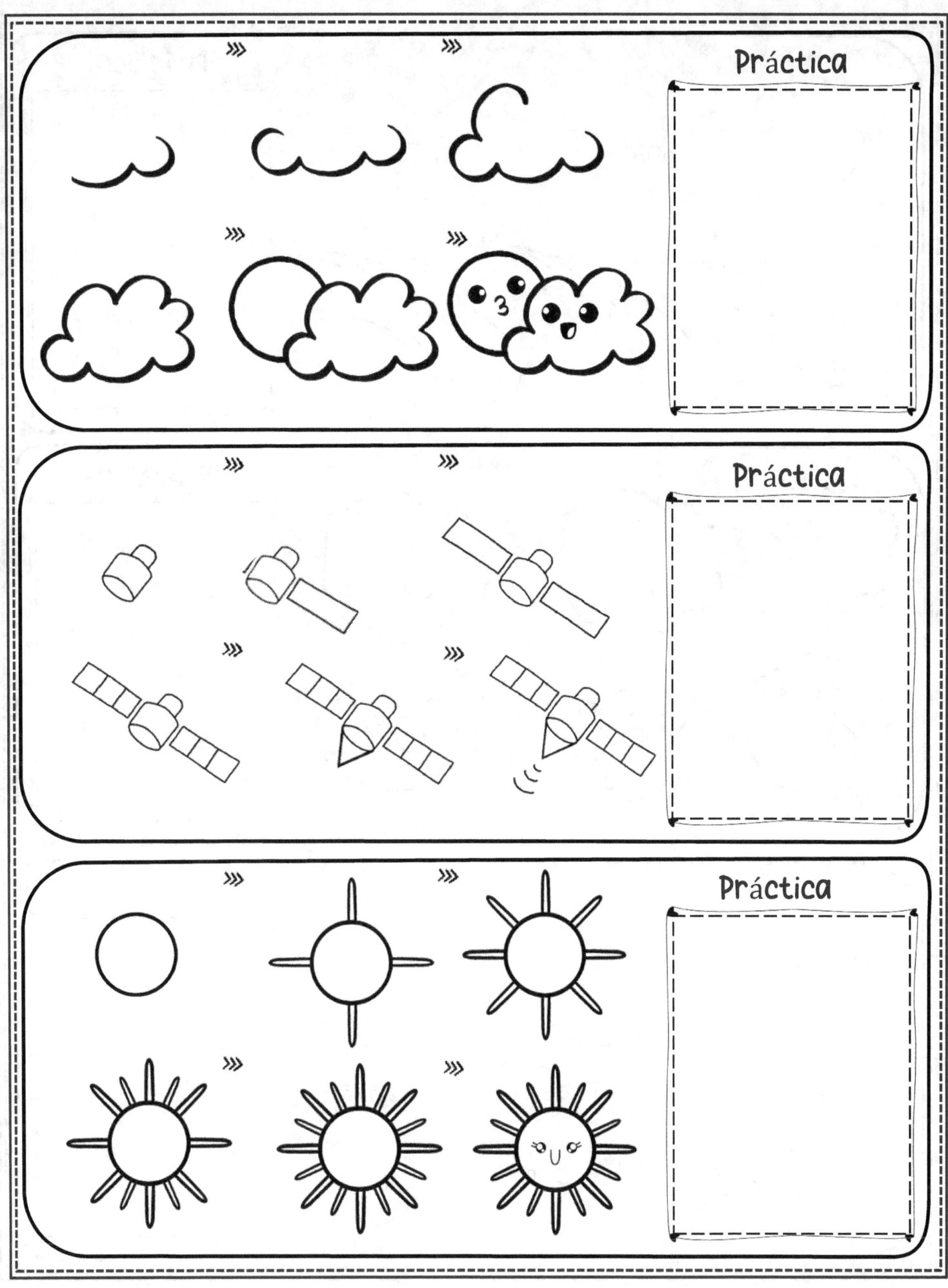

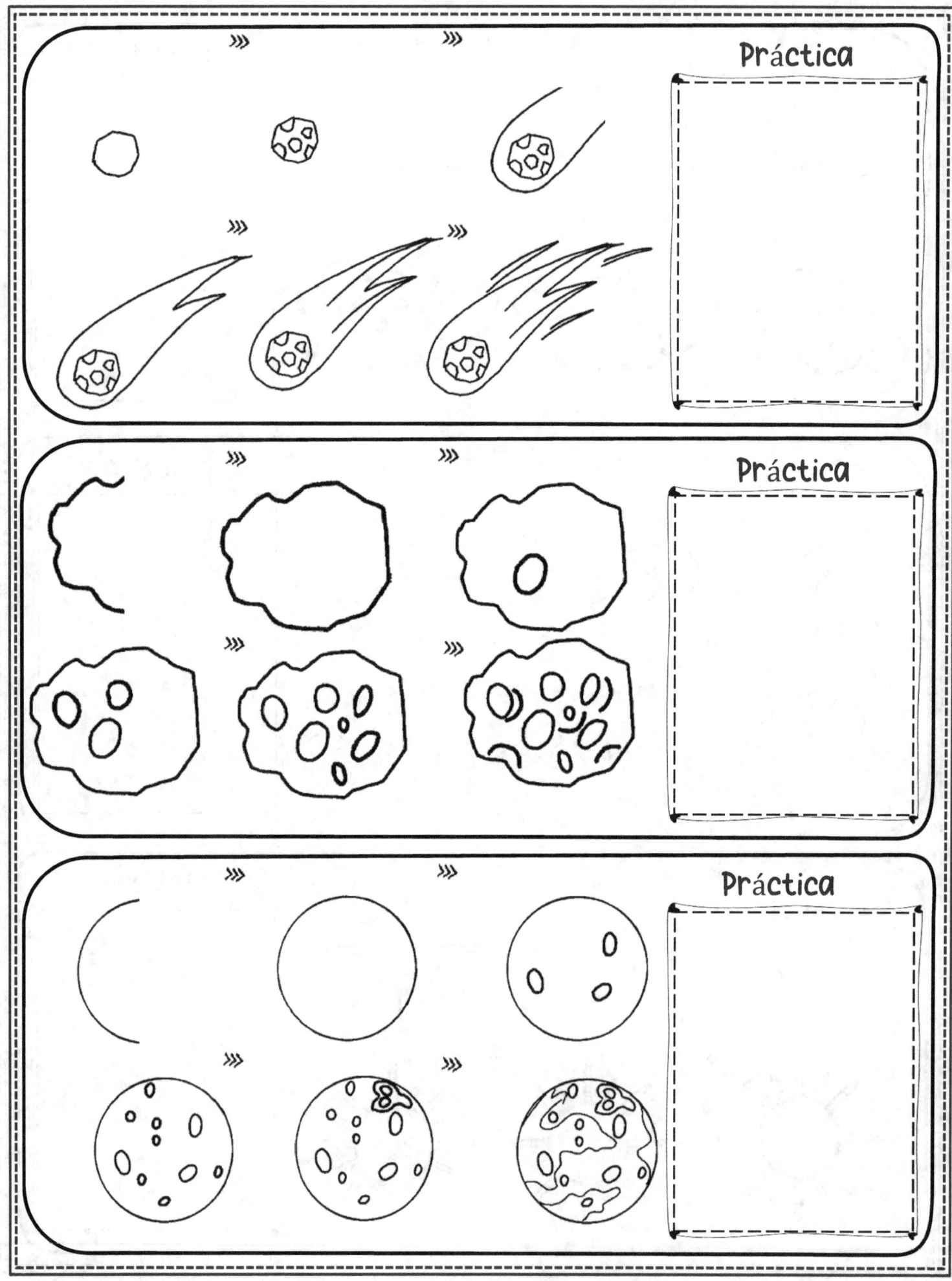

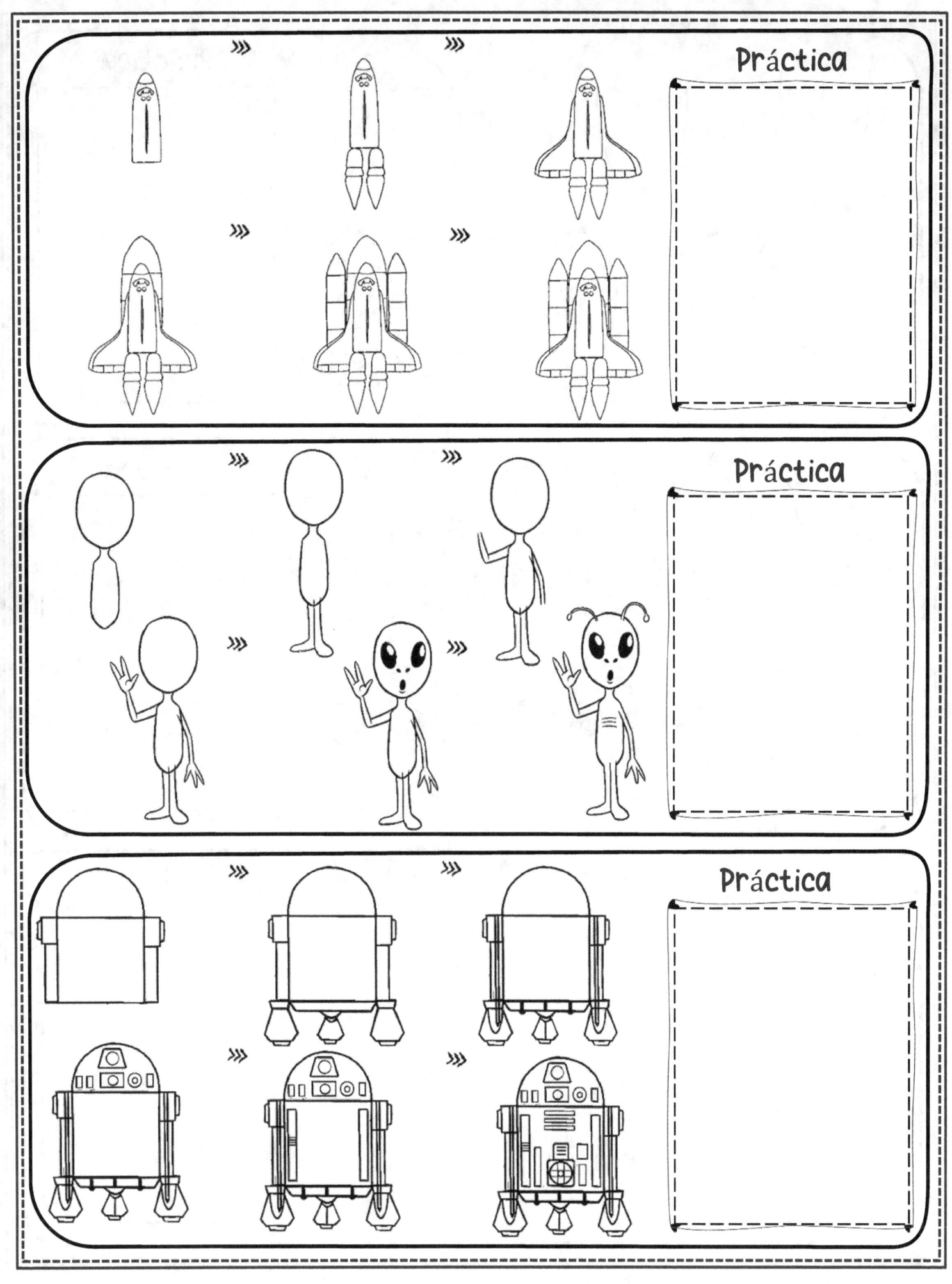

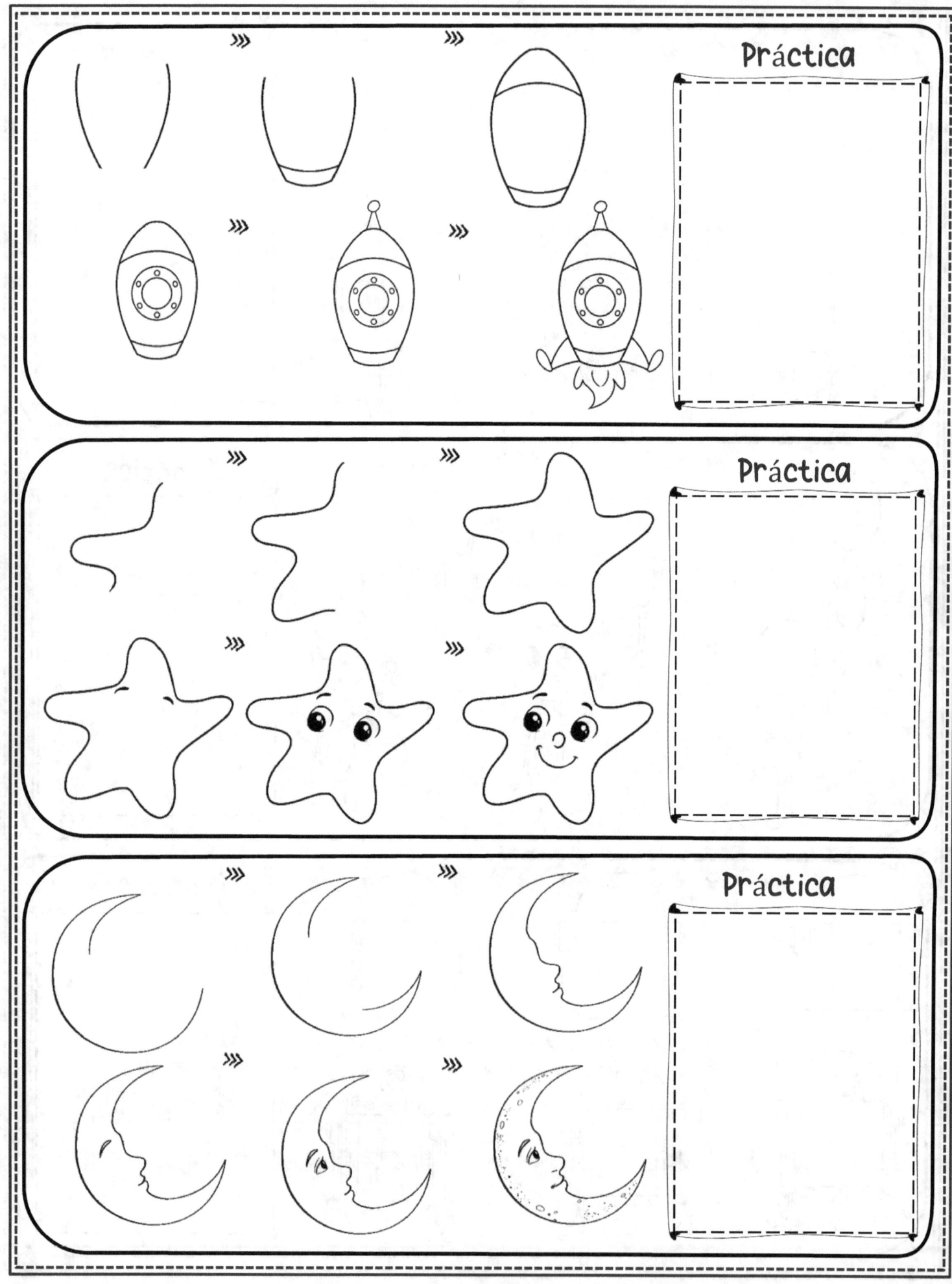

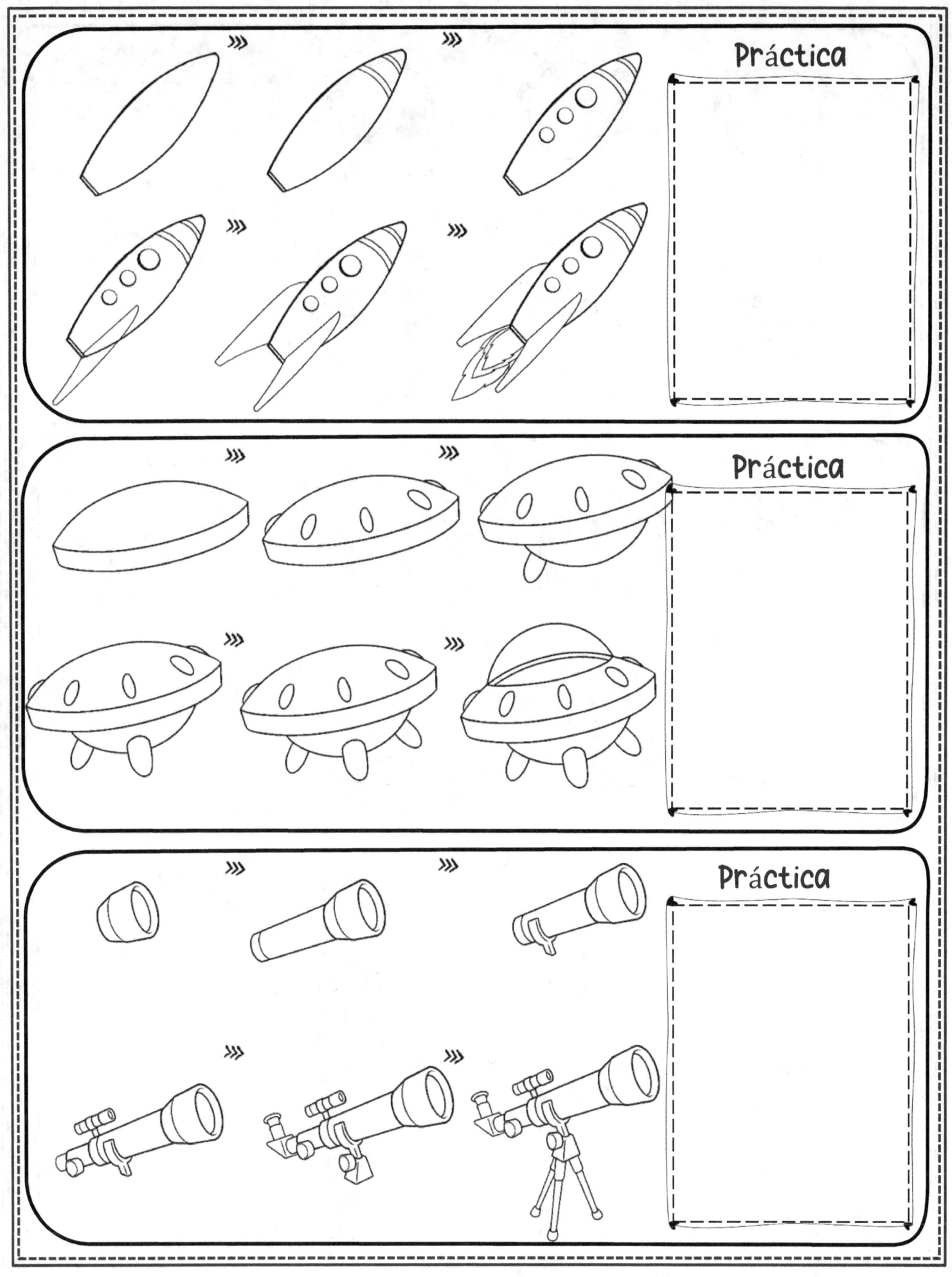

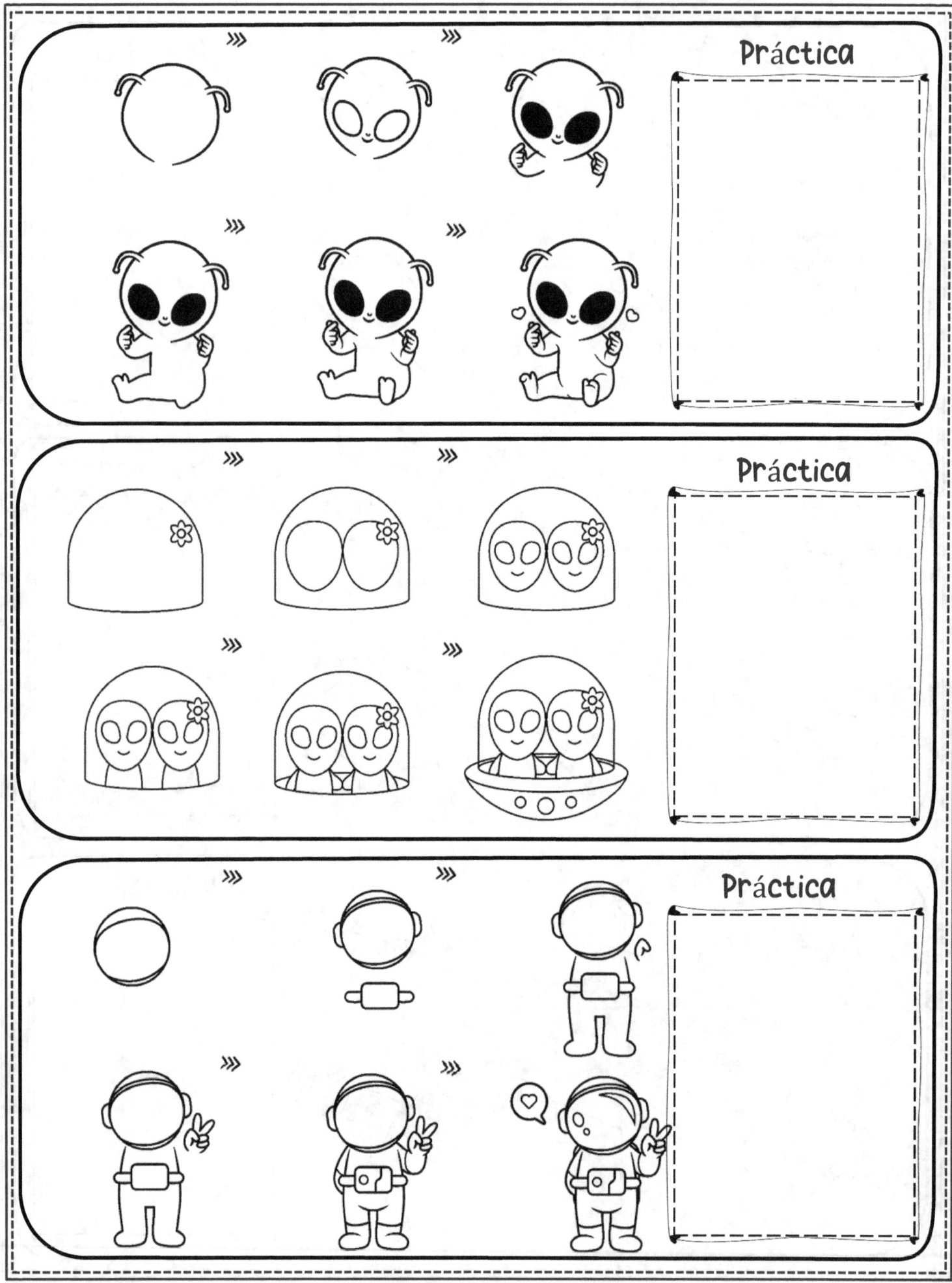

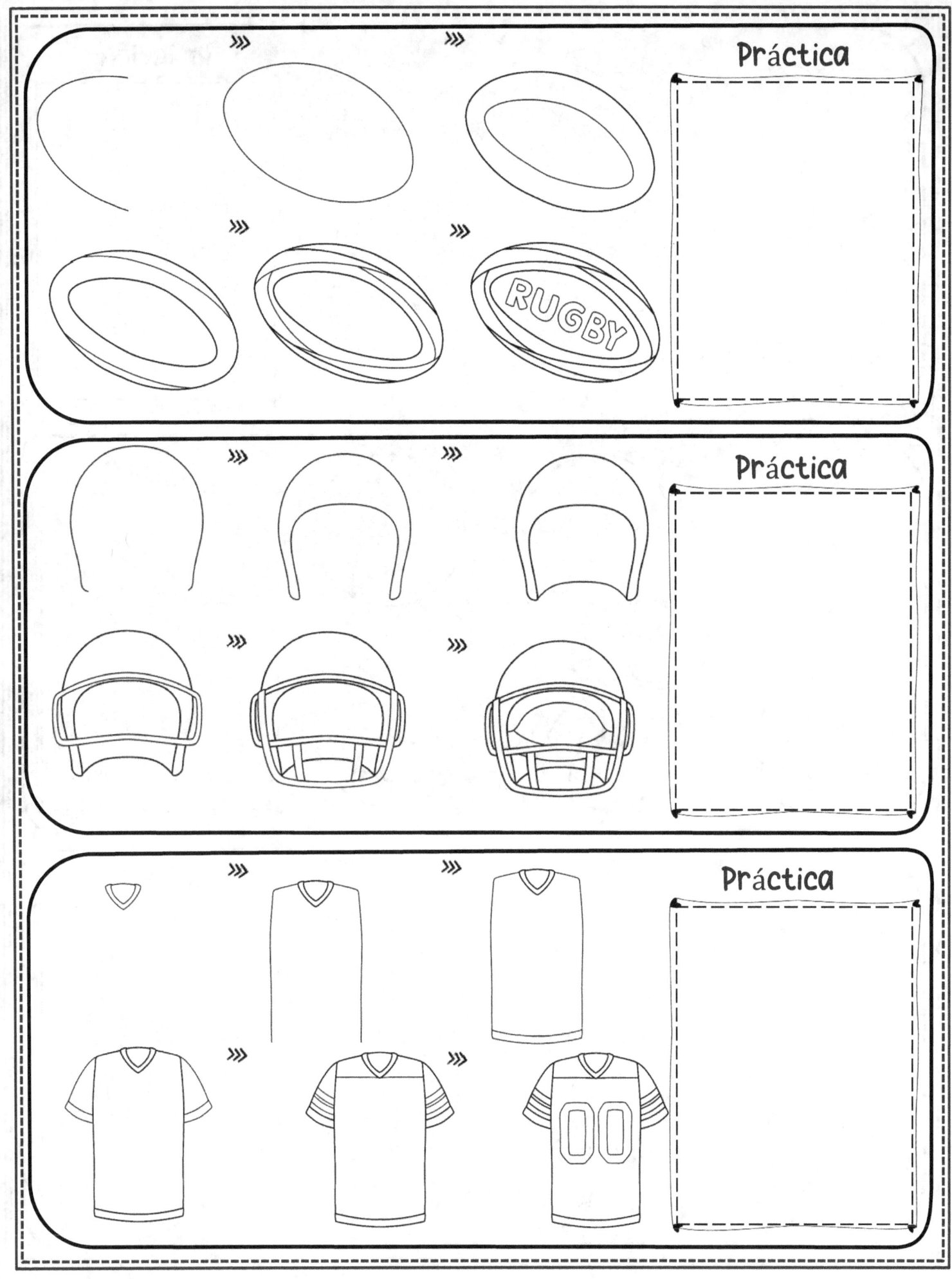

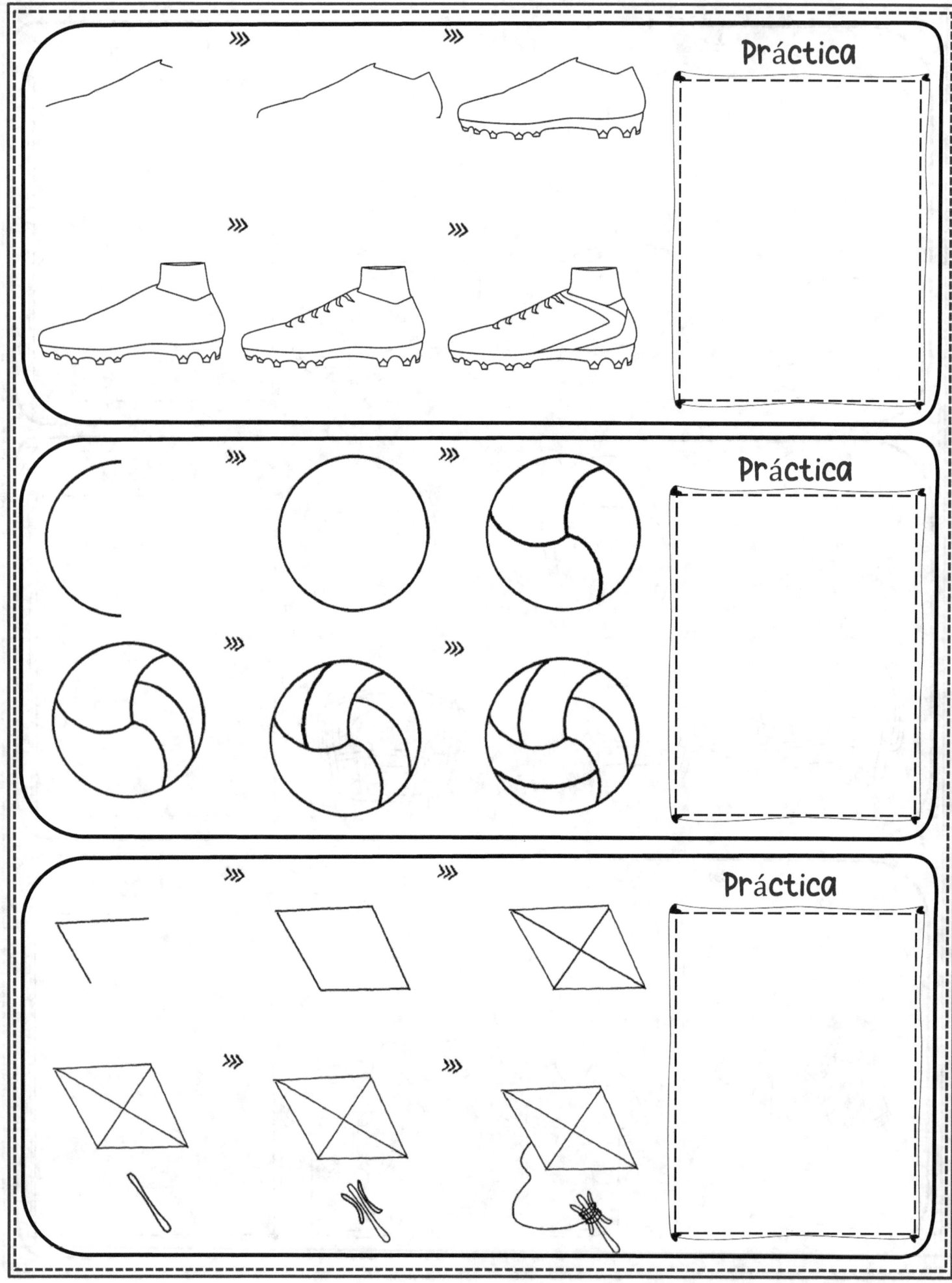

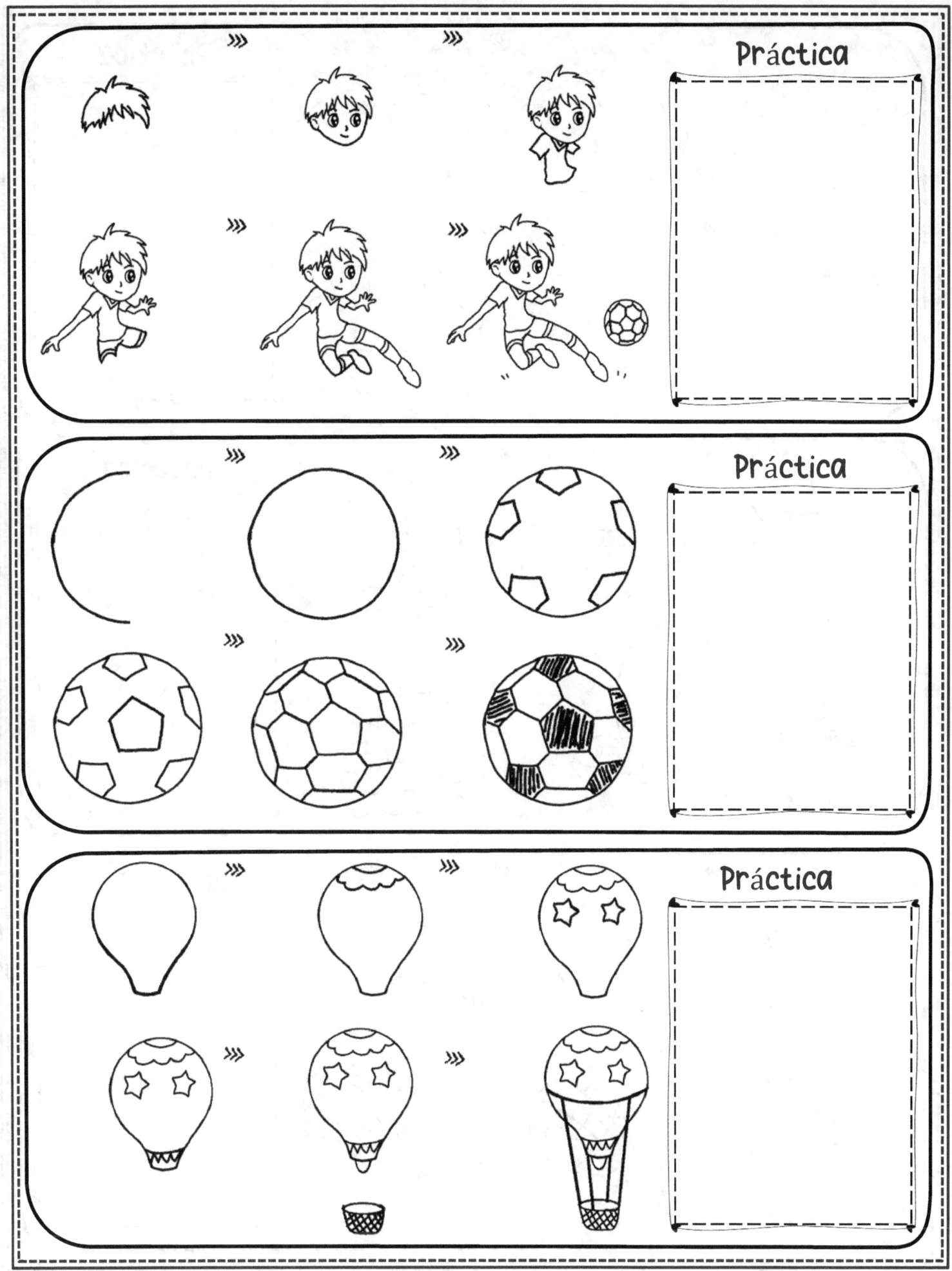

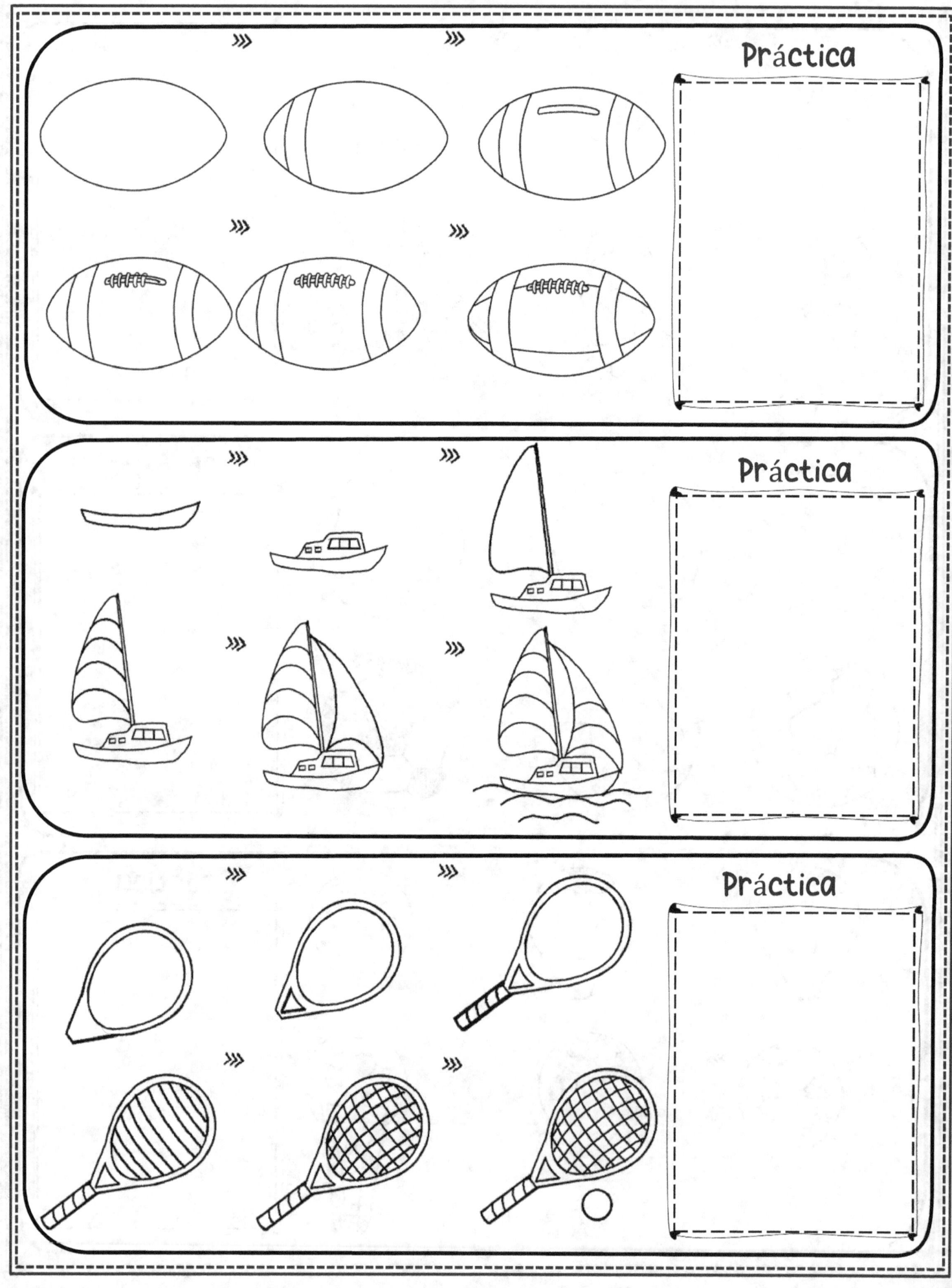

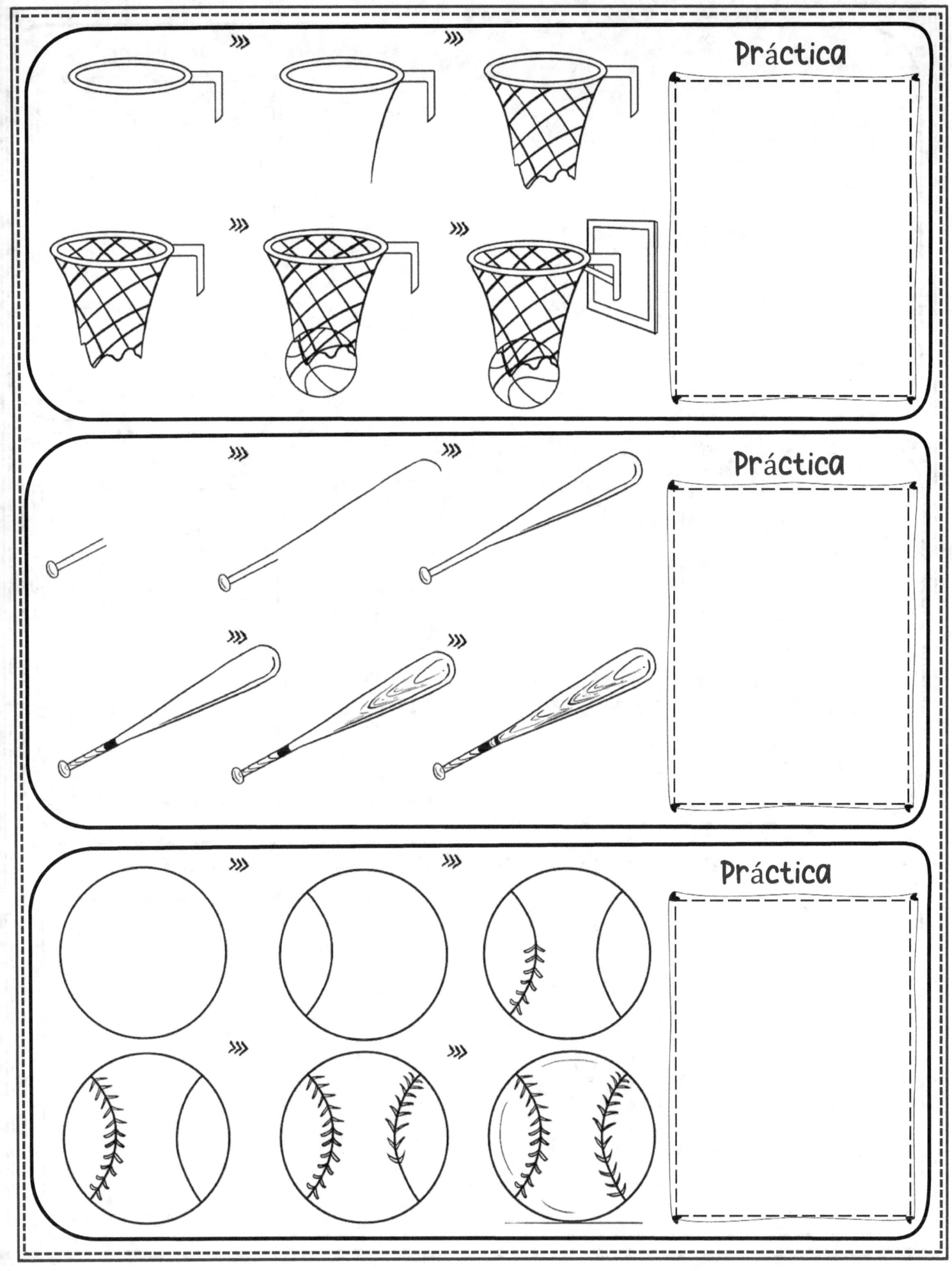

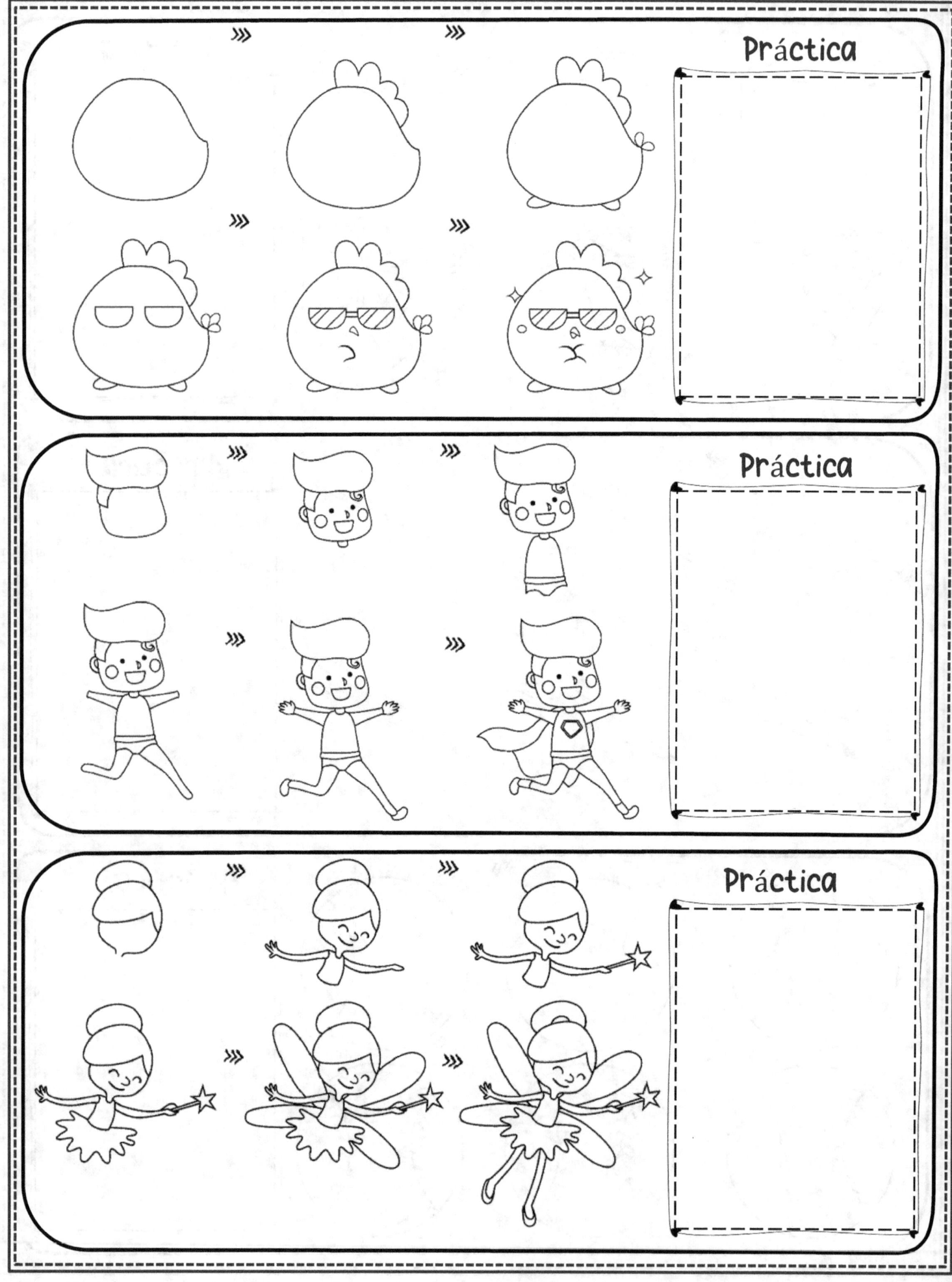

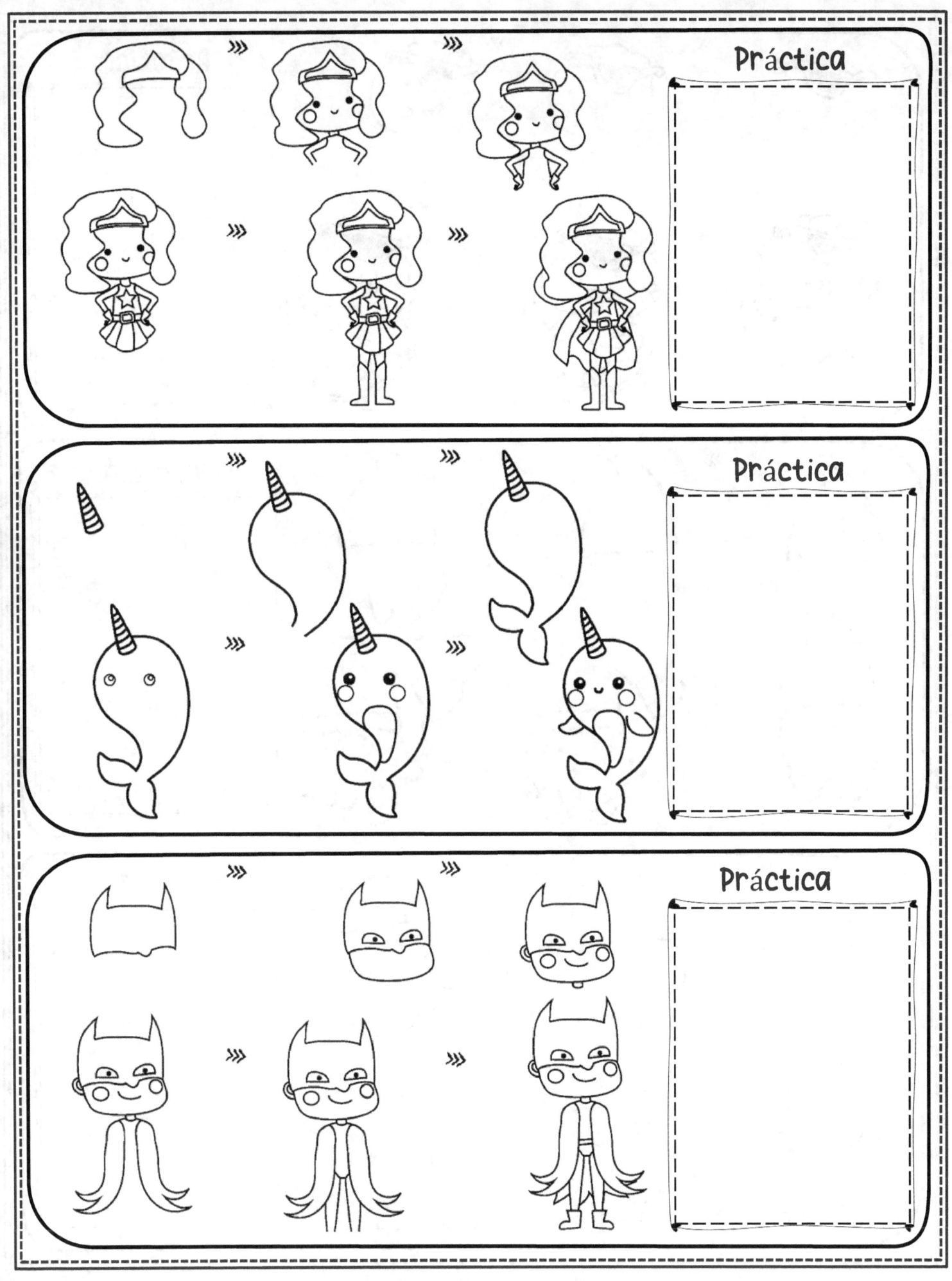

Práctica

Práctica

Práctica

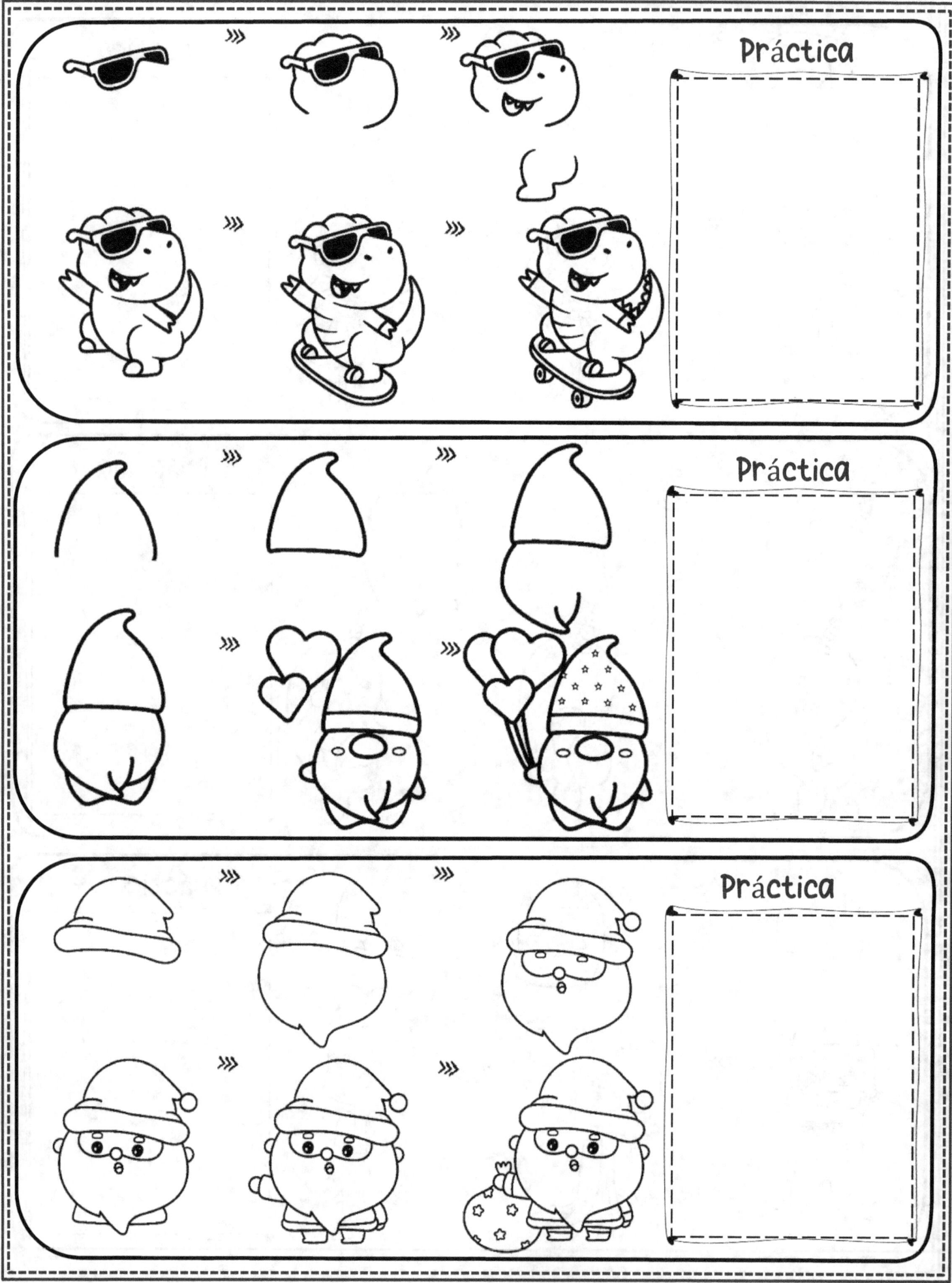

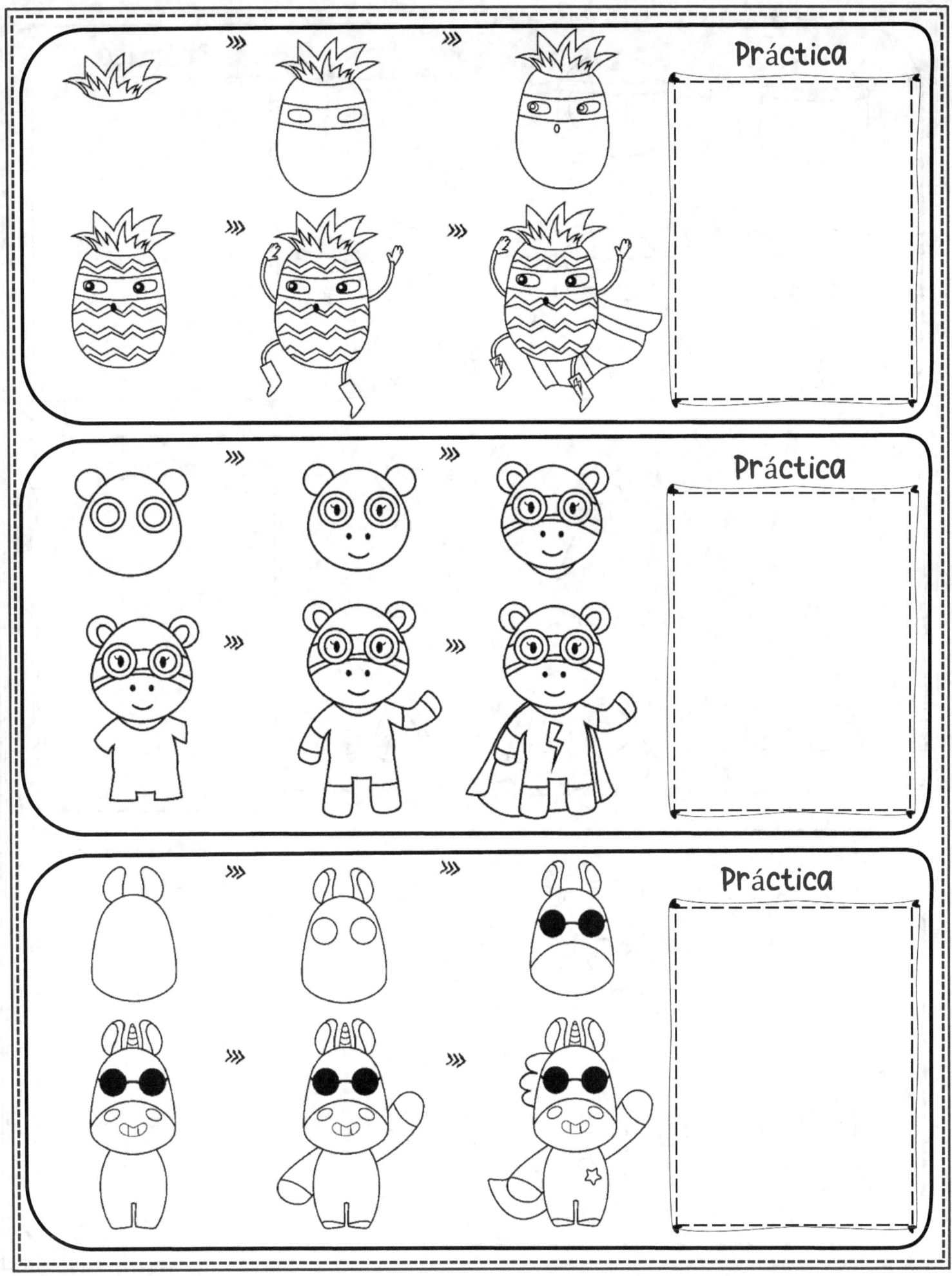

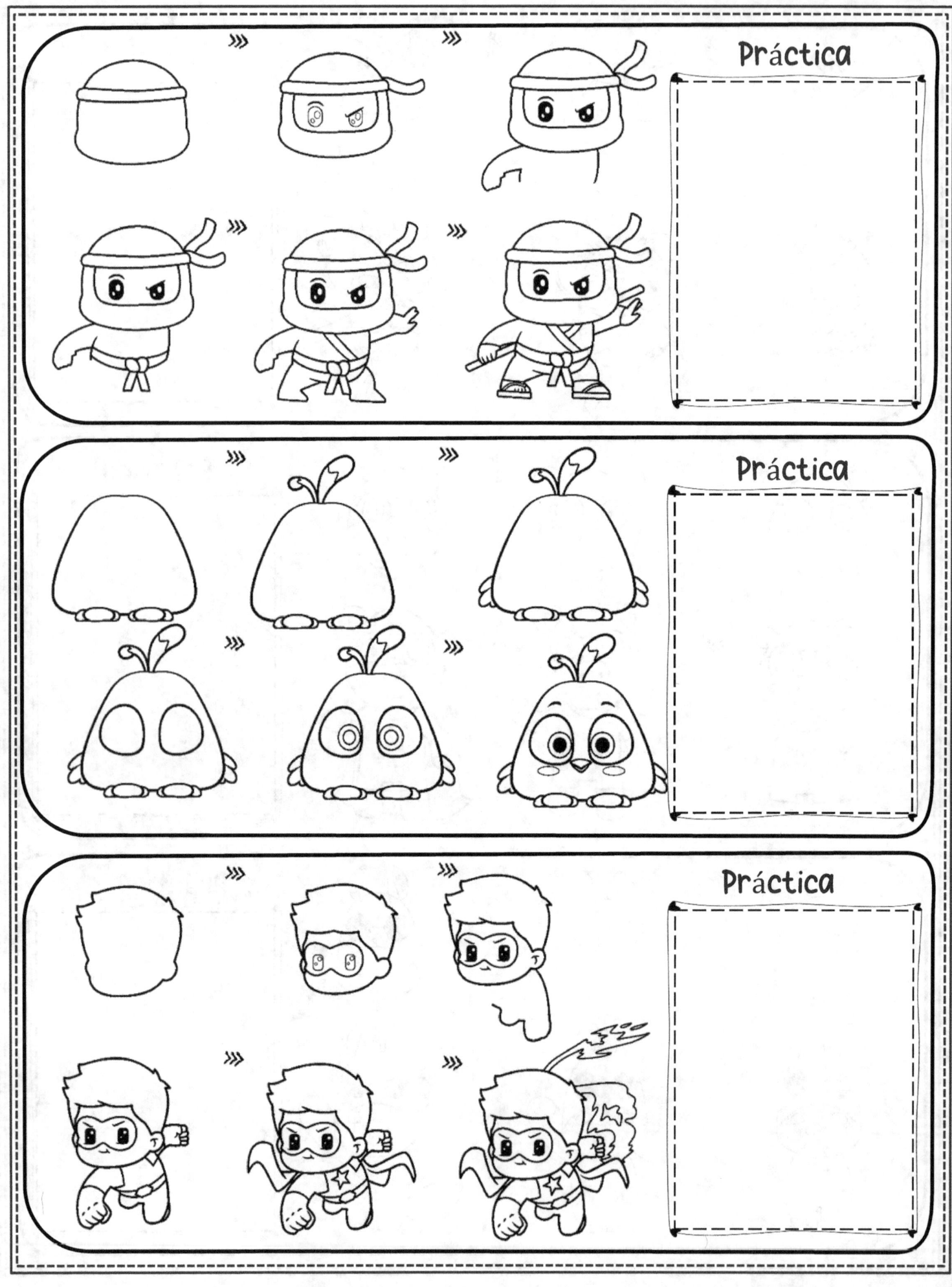

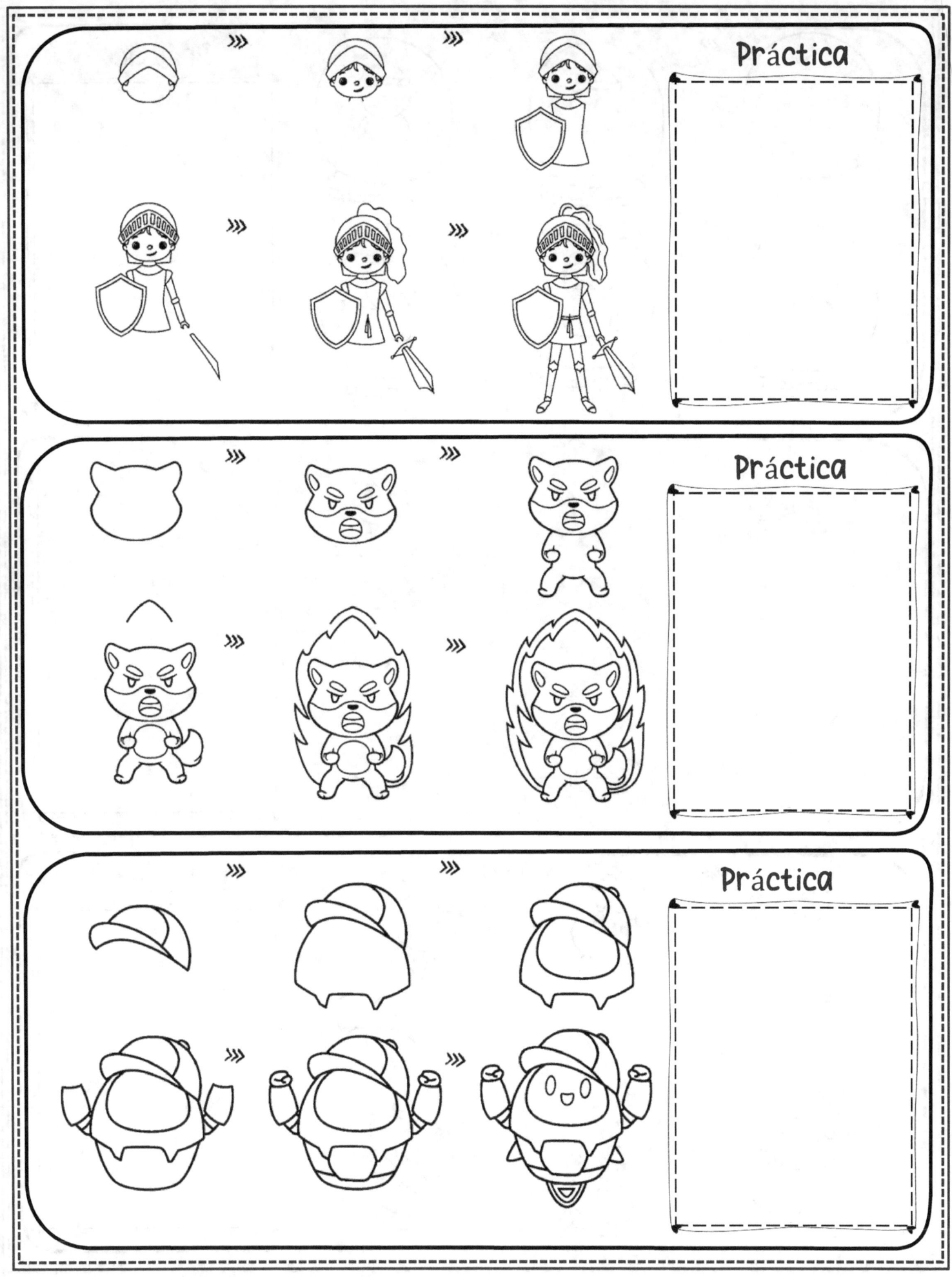

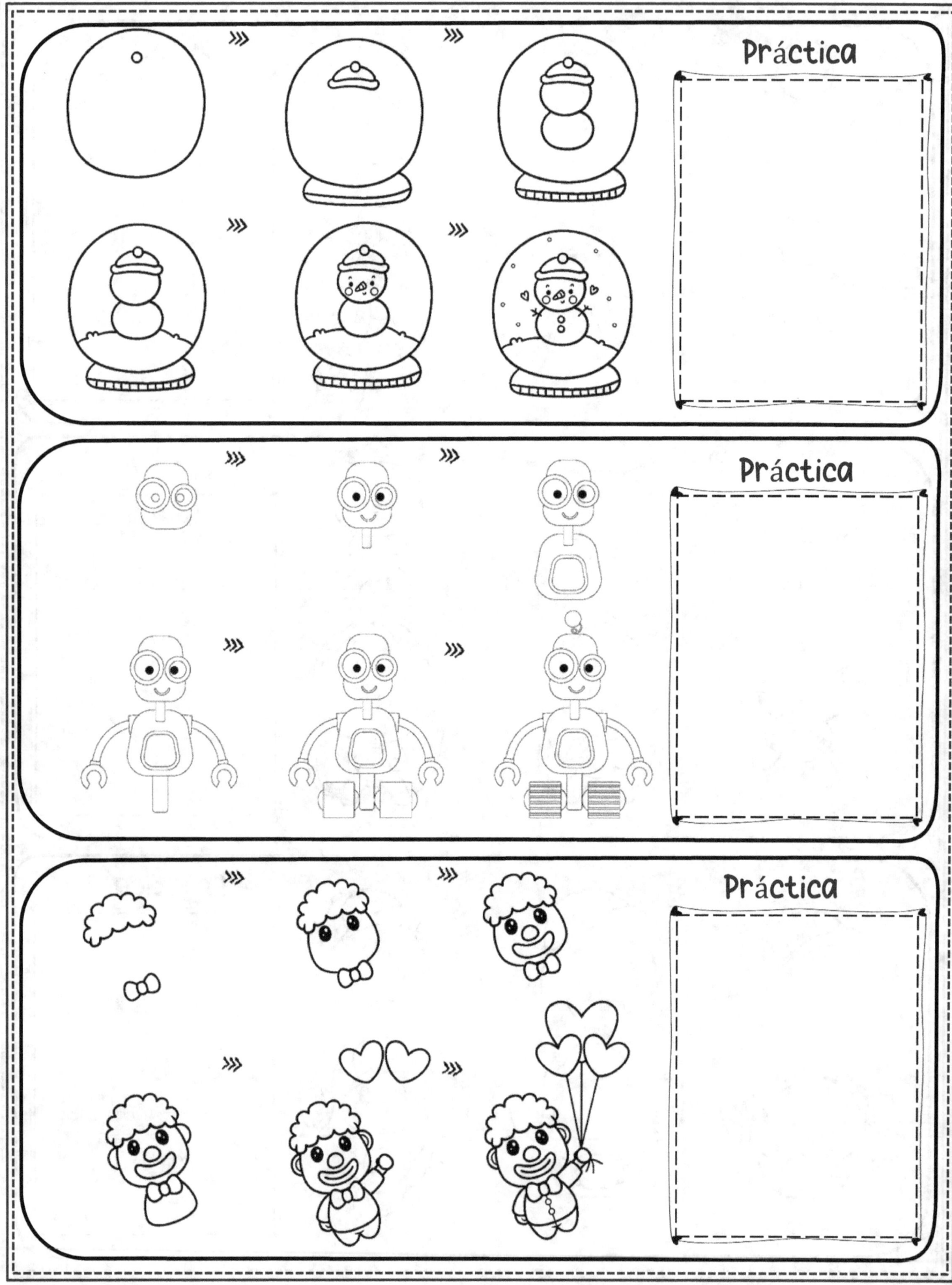

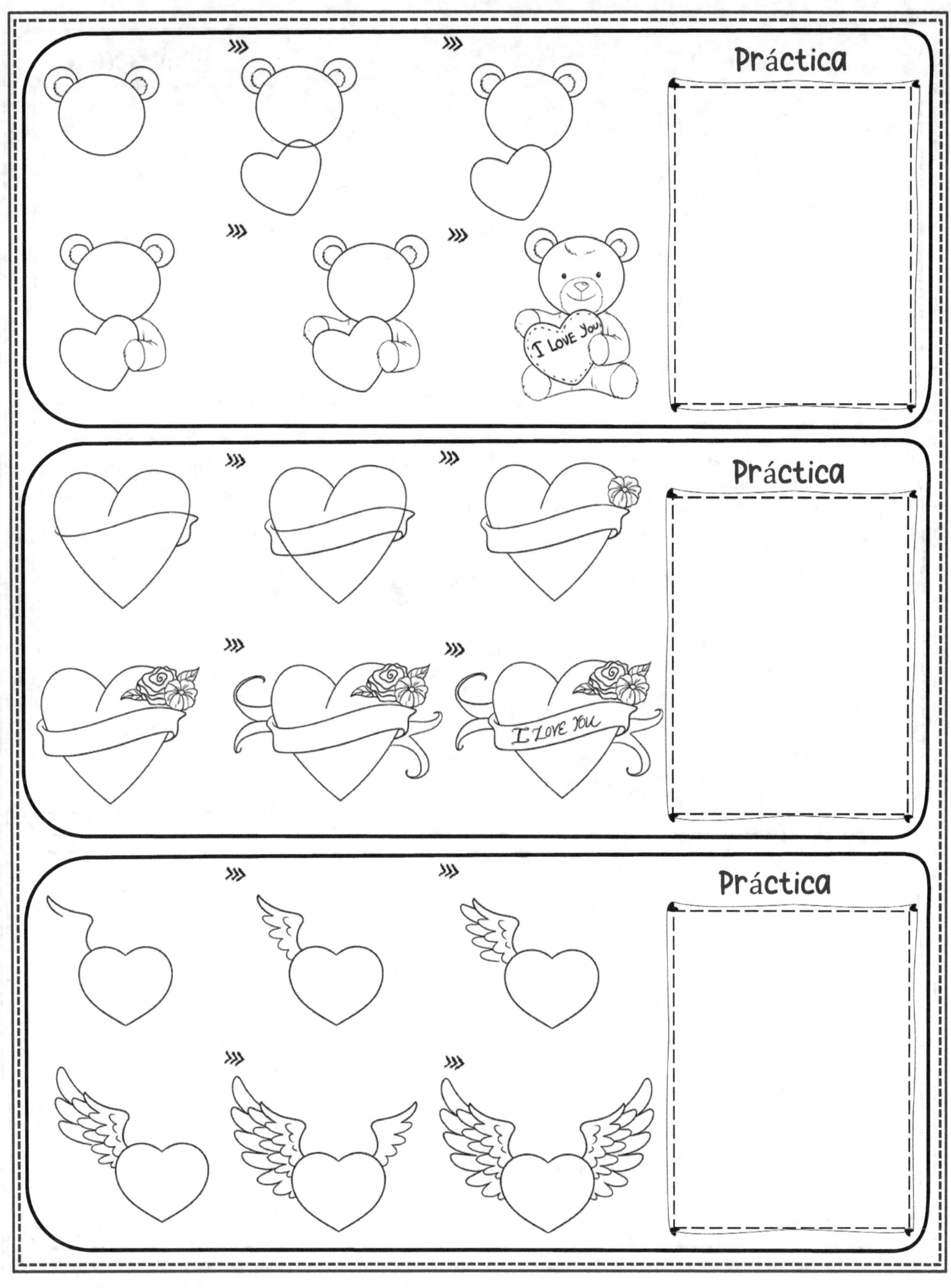
Práctica

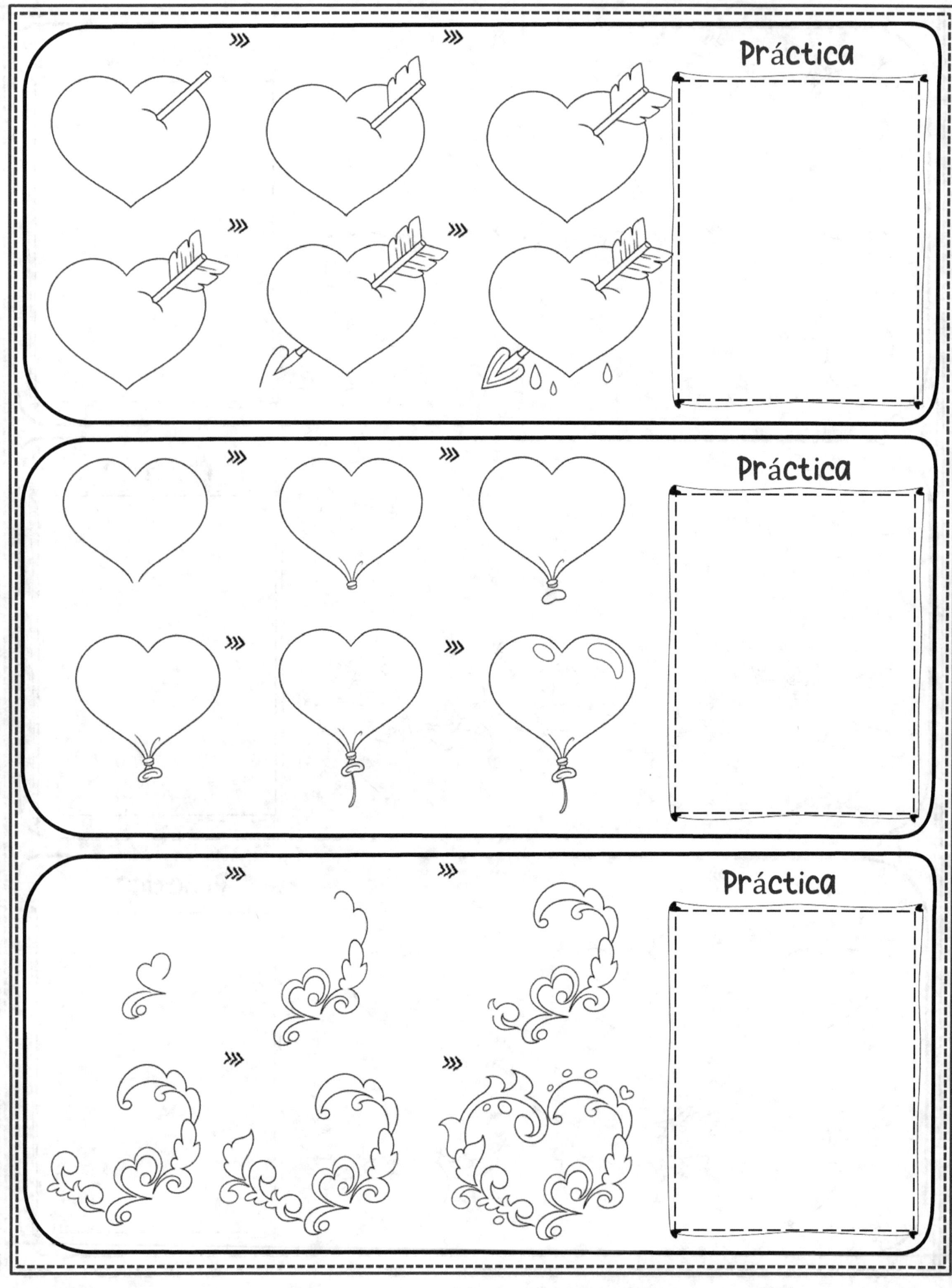

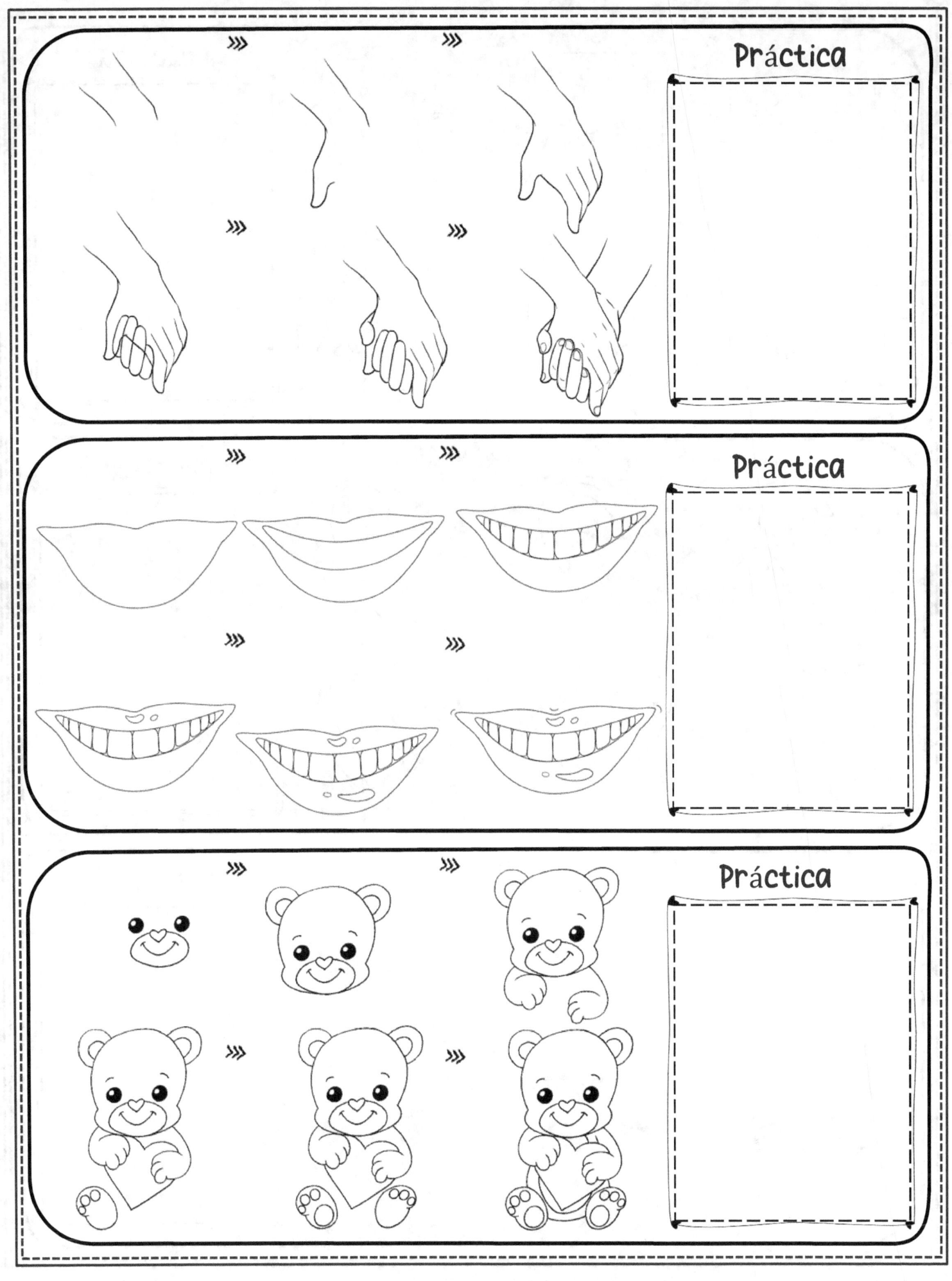

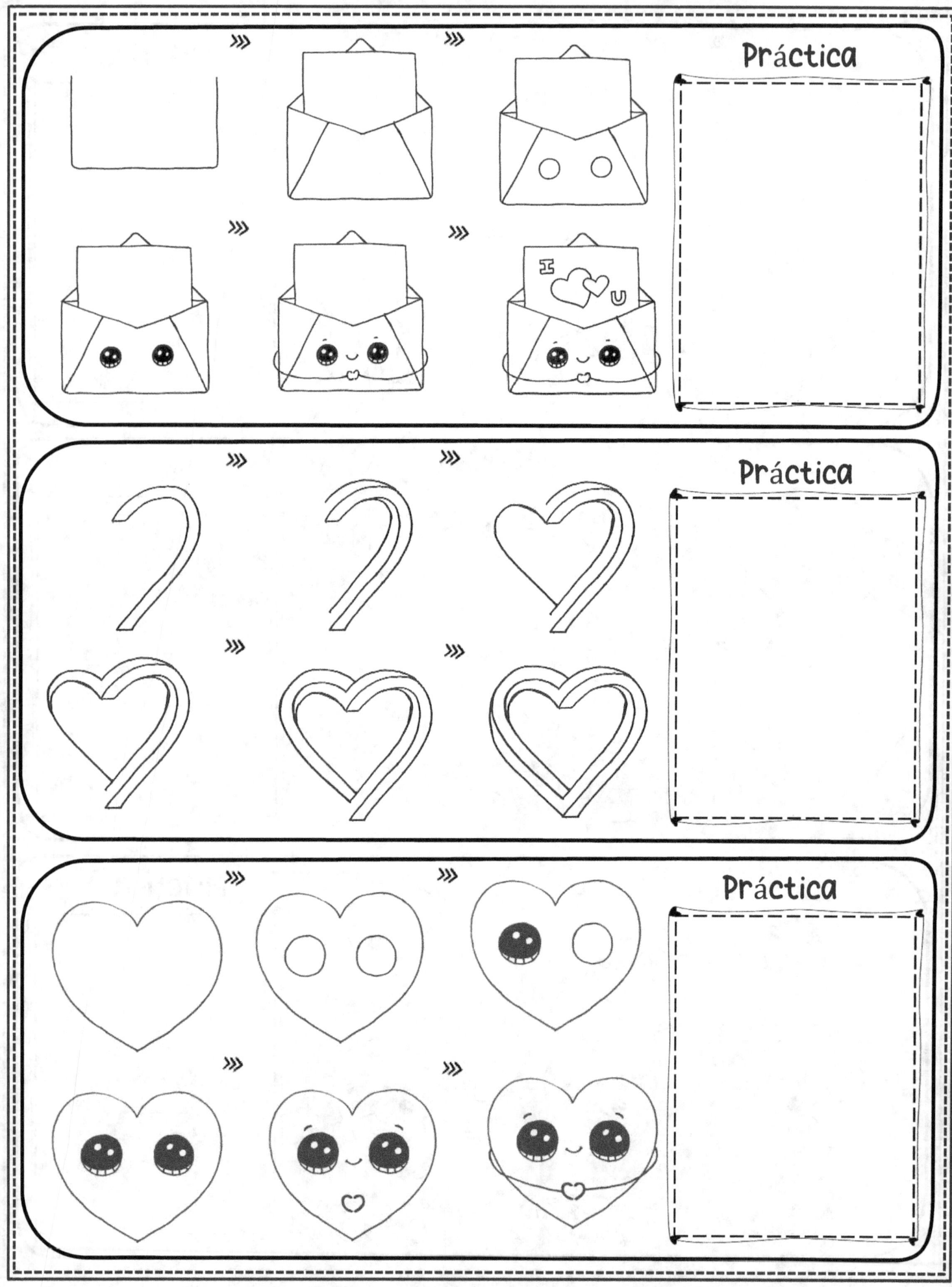

Práctica

Práctica

Práctica

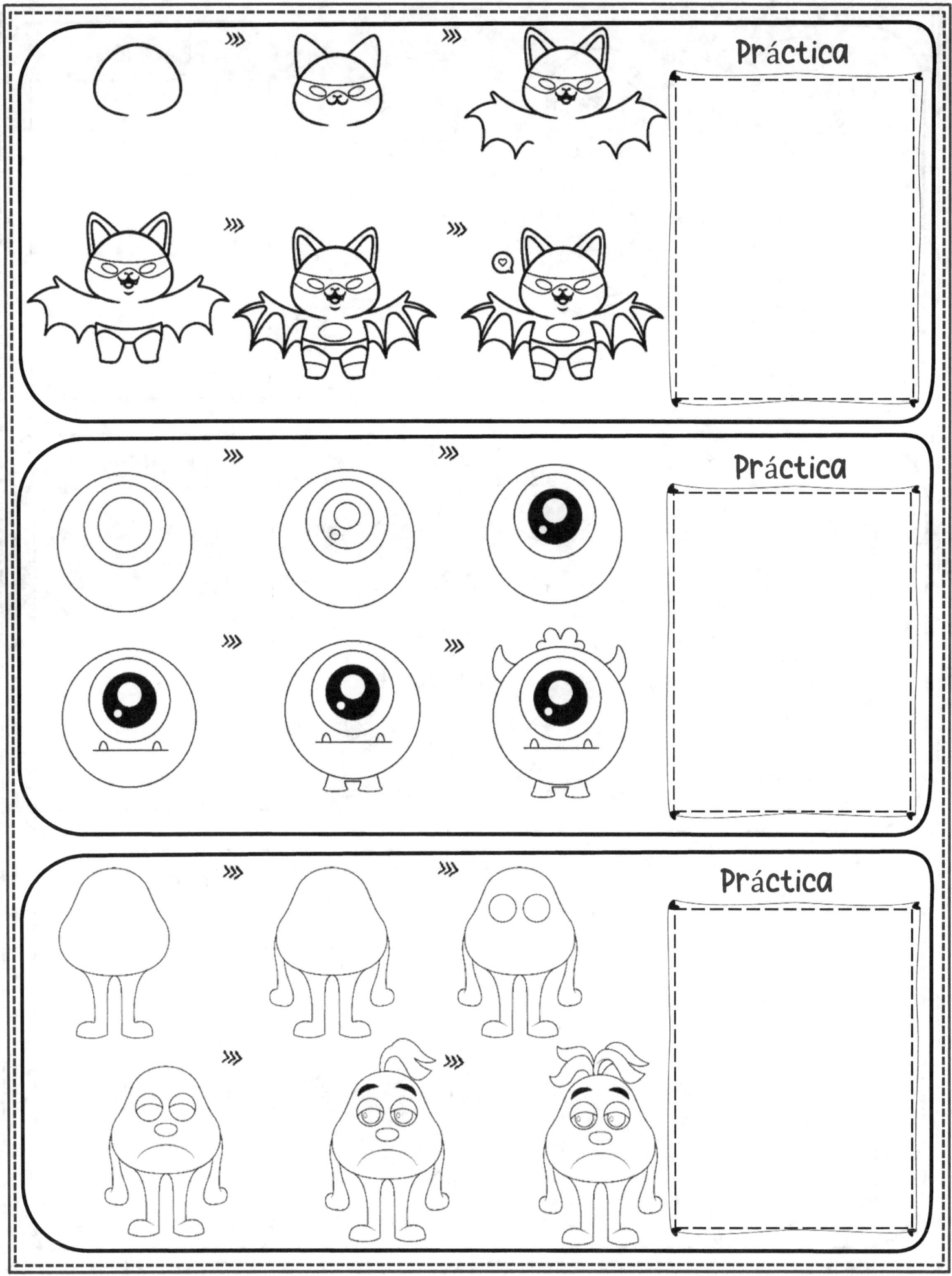

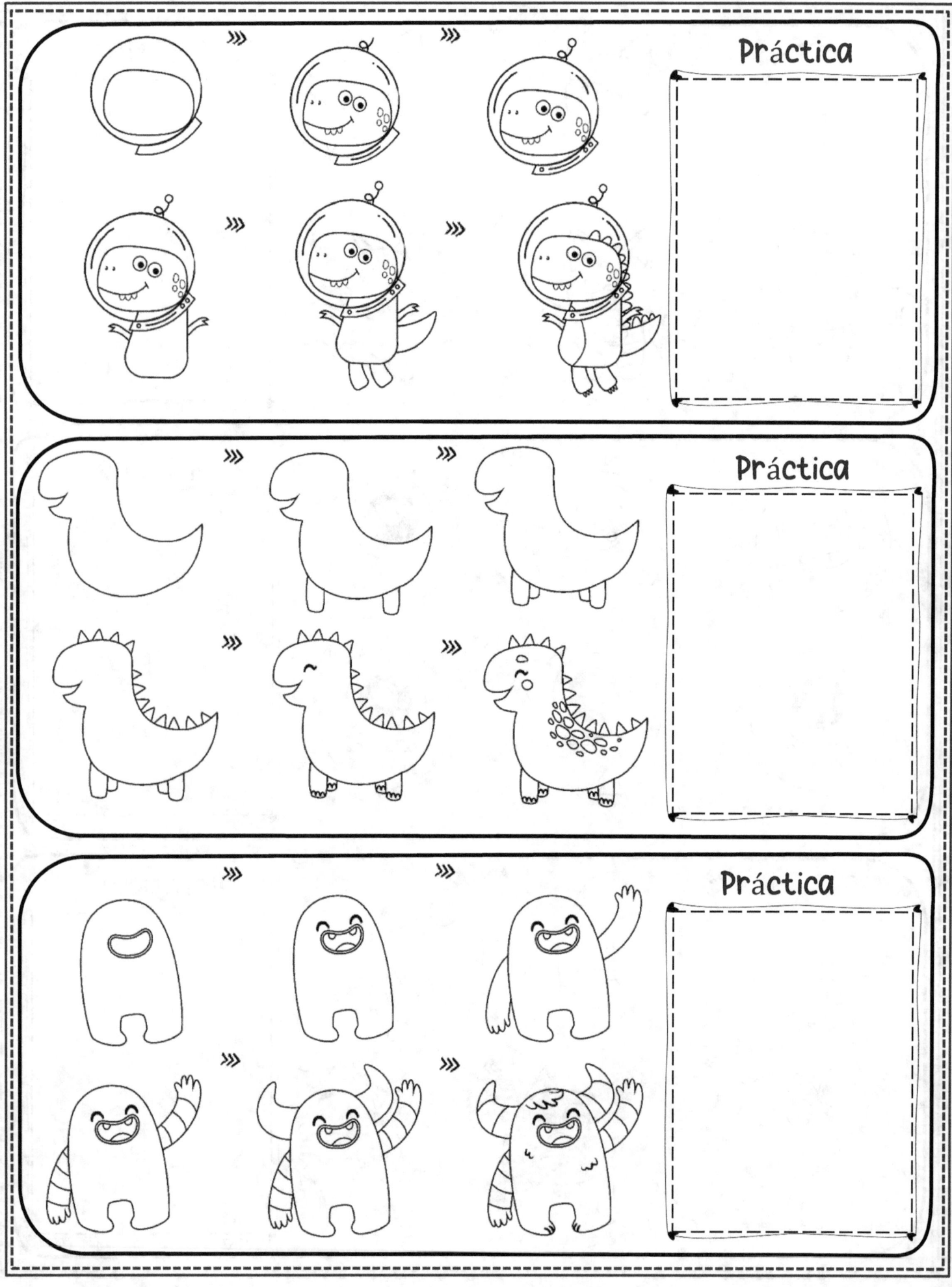

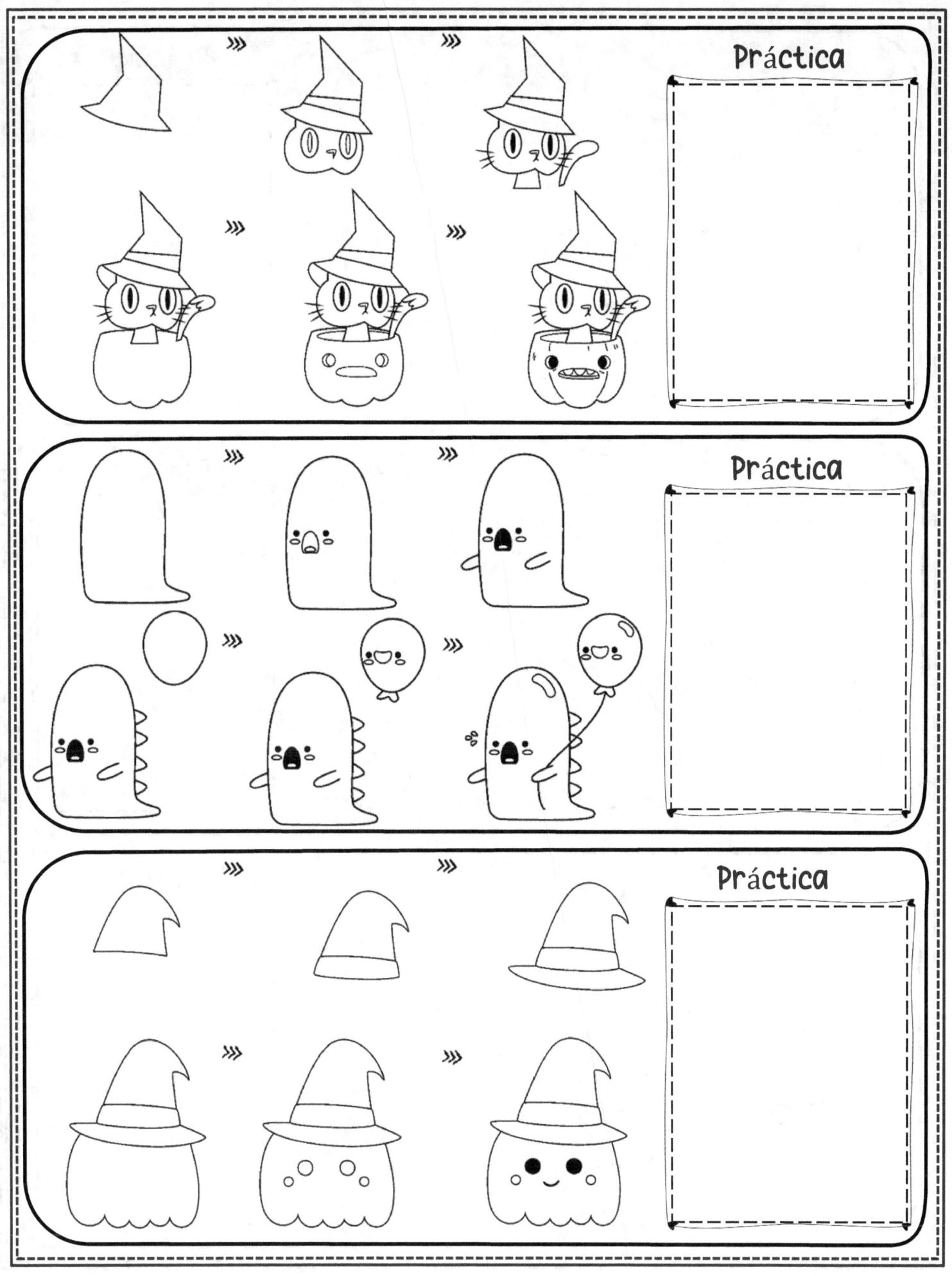

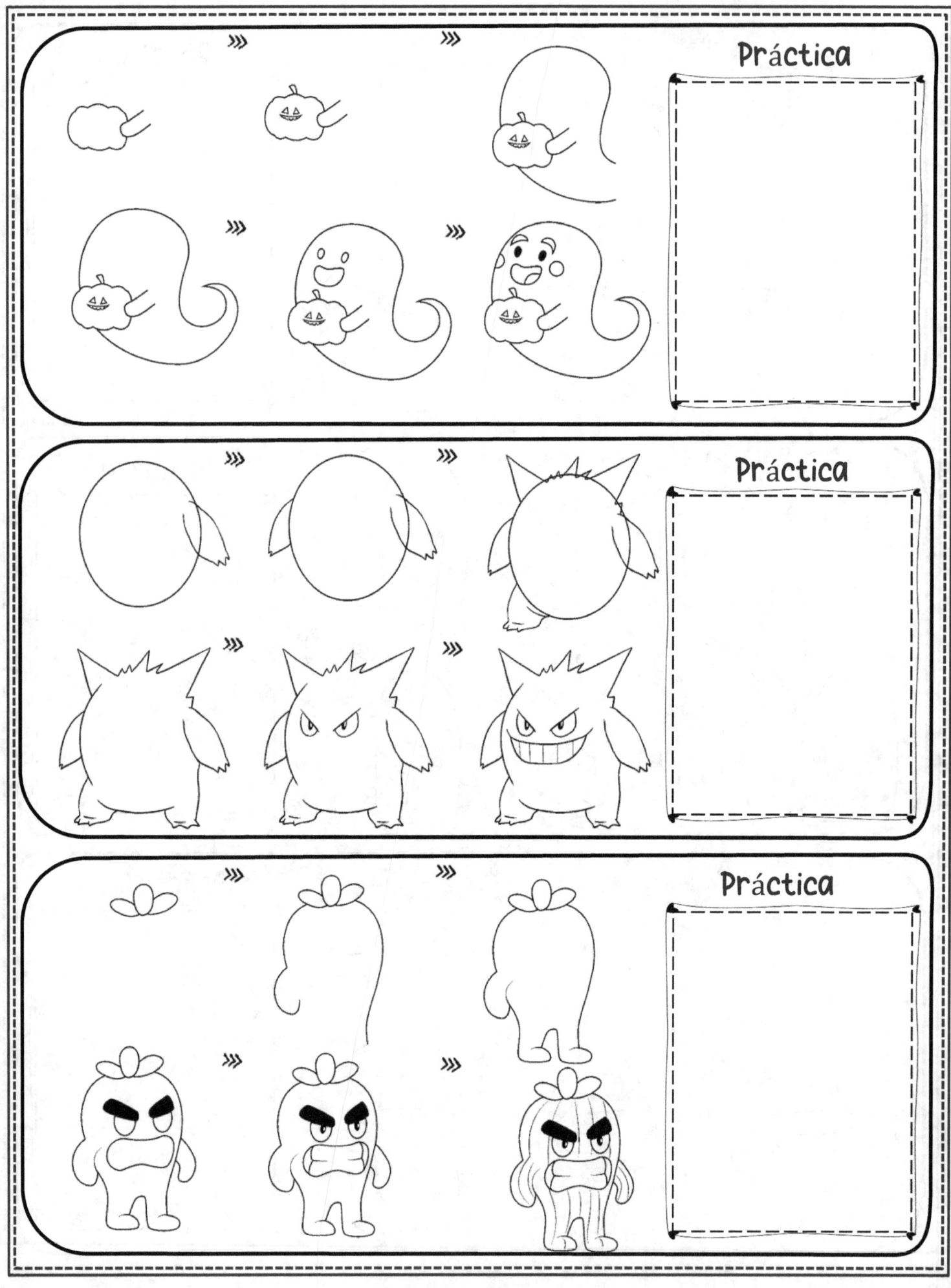

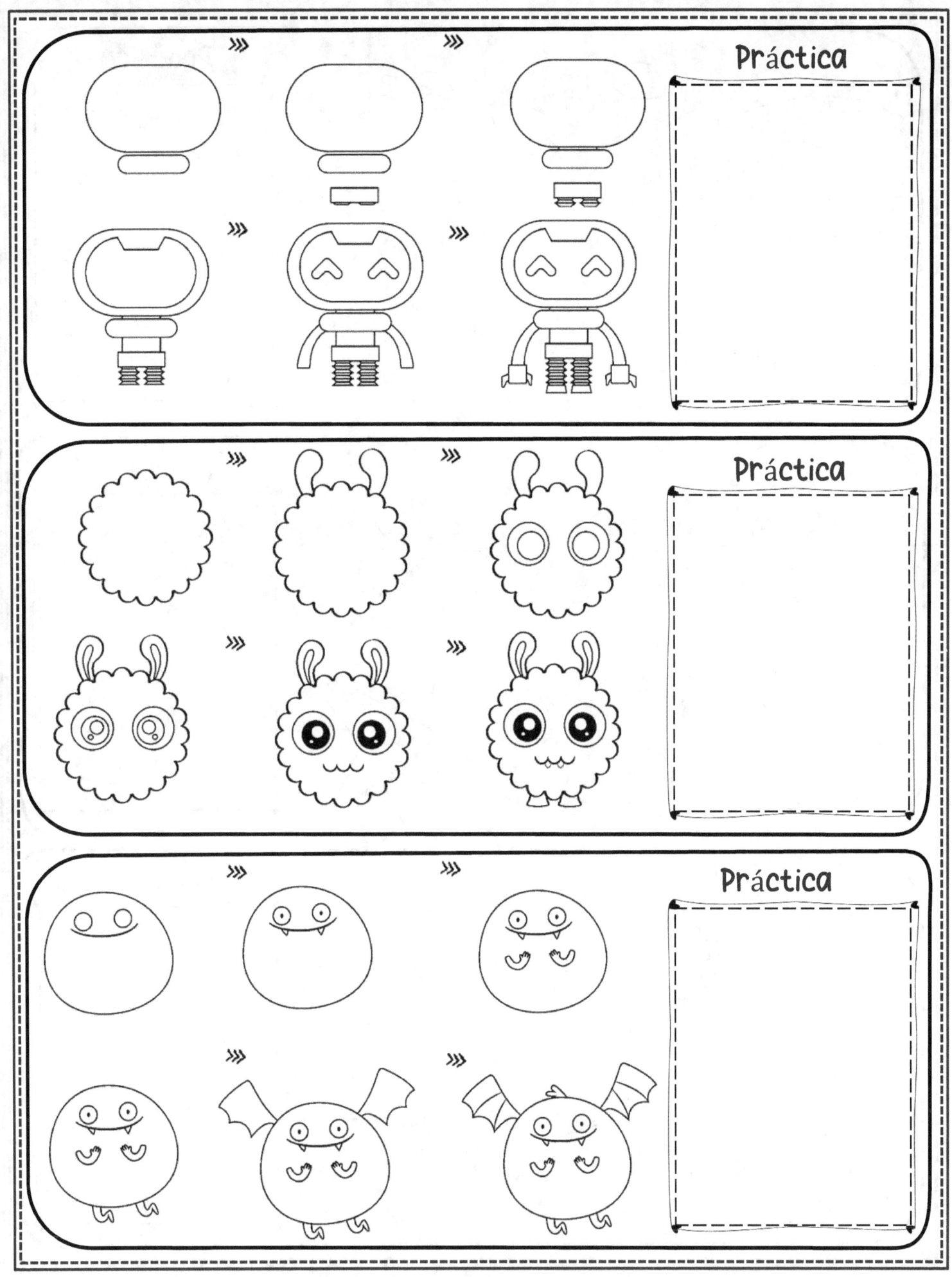

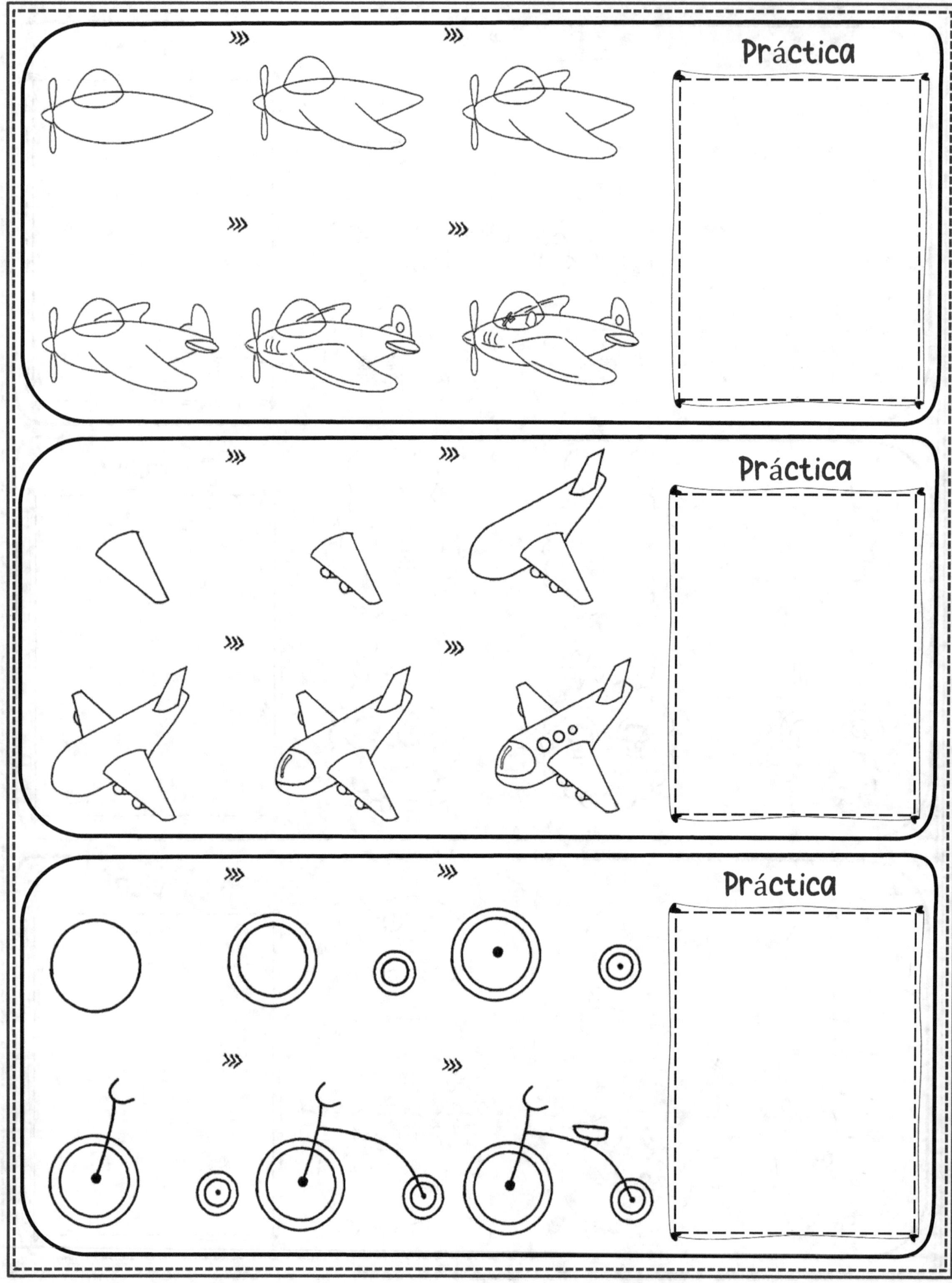

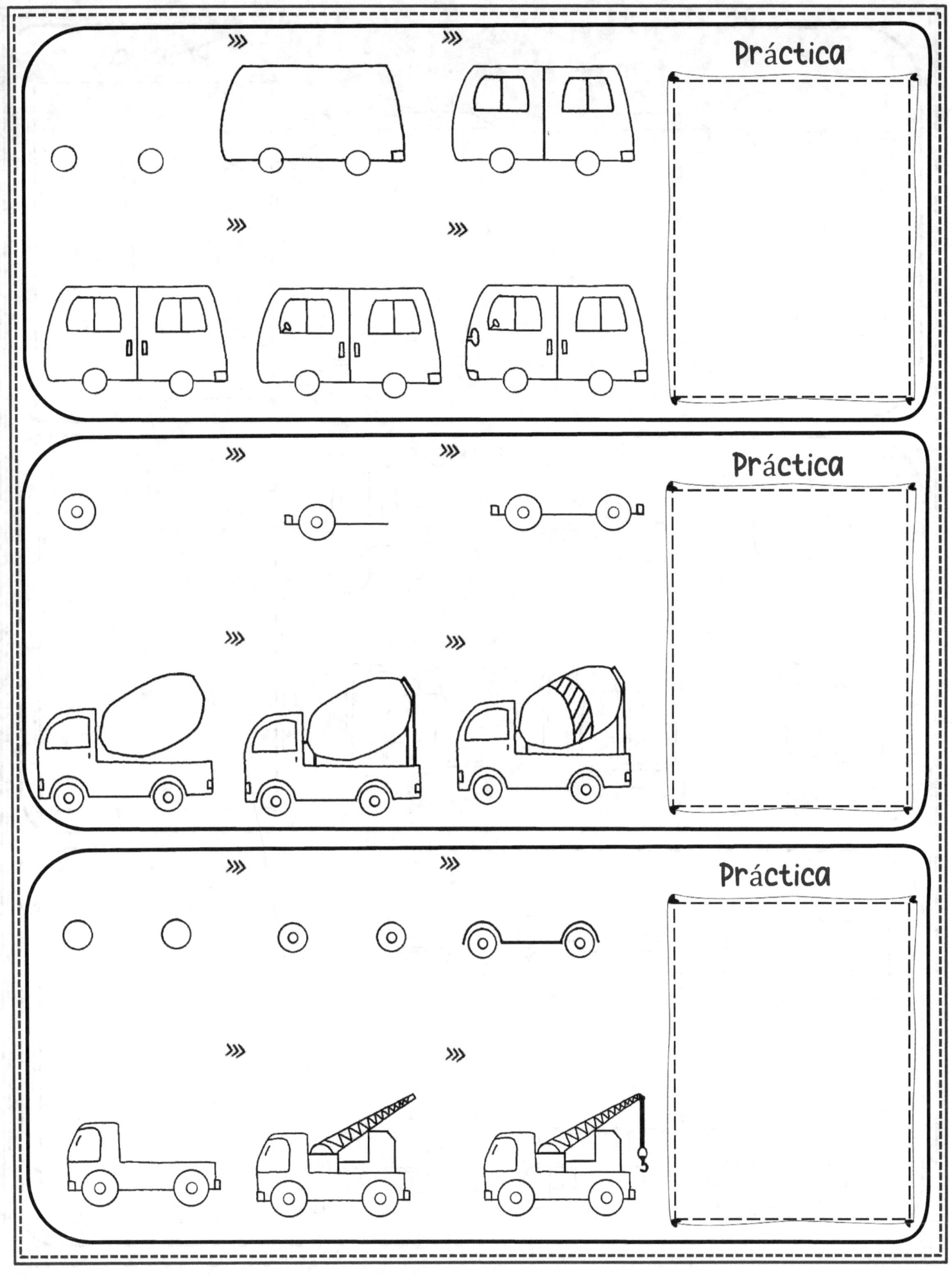

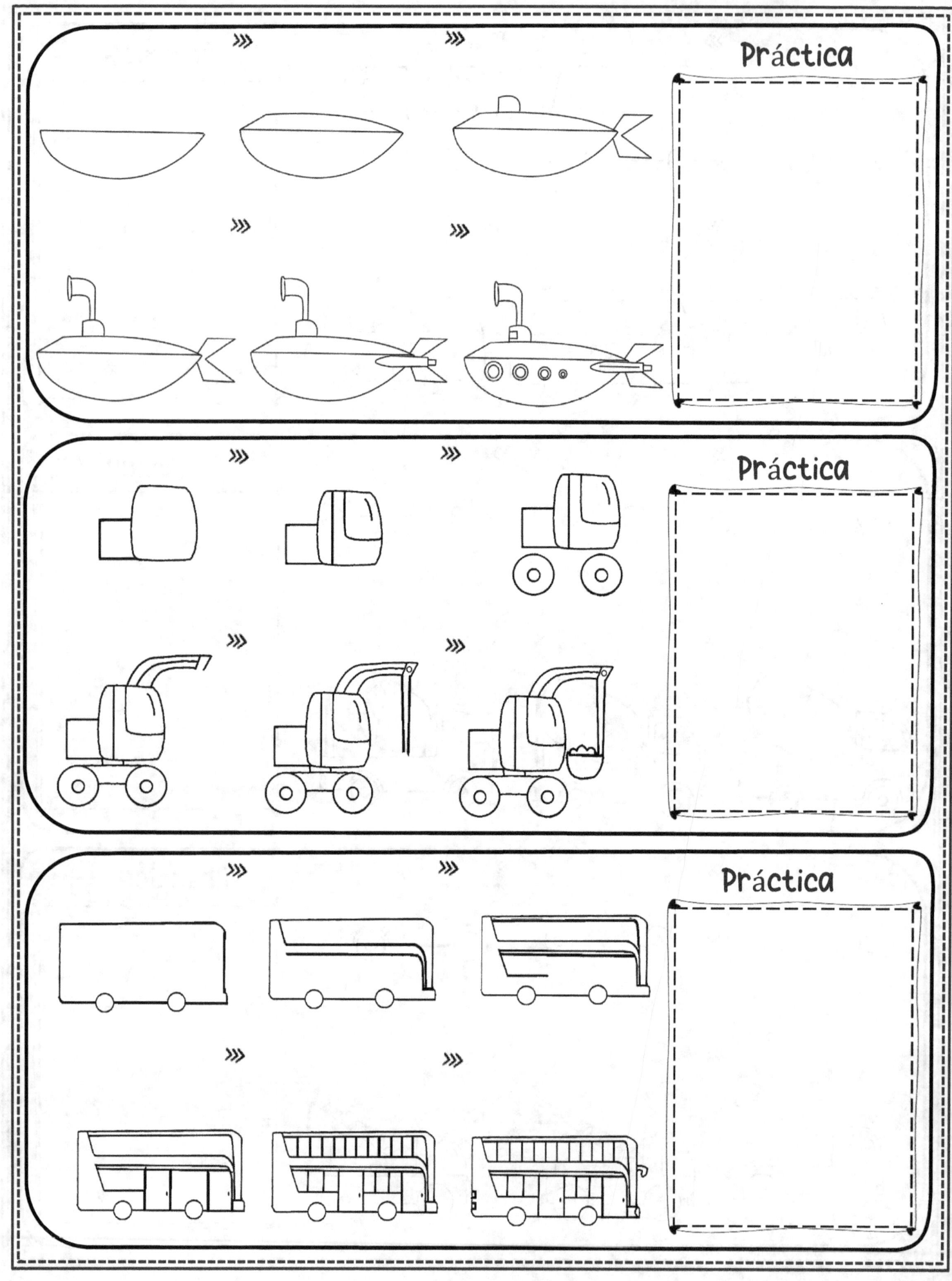

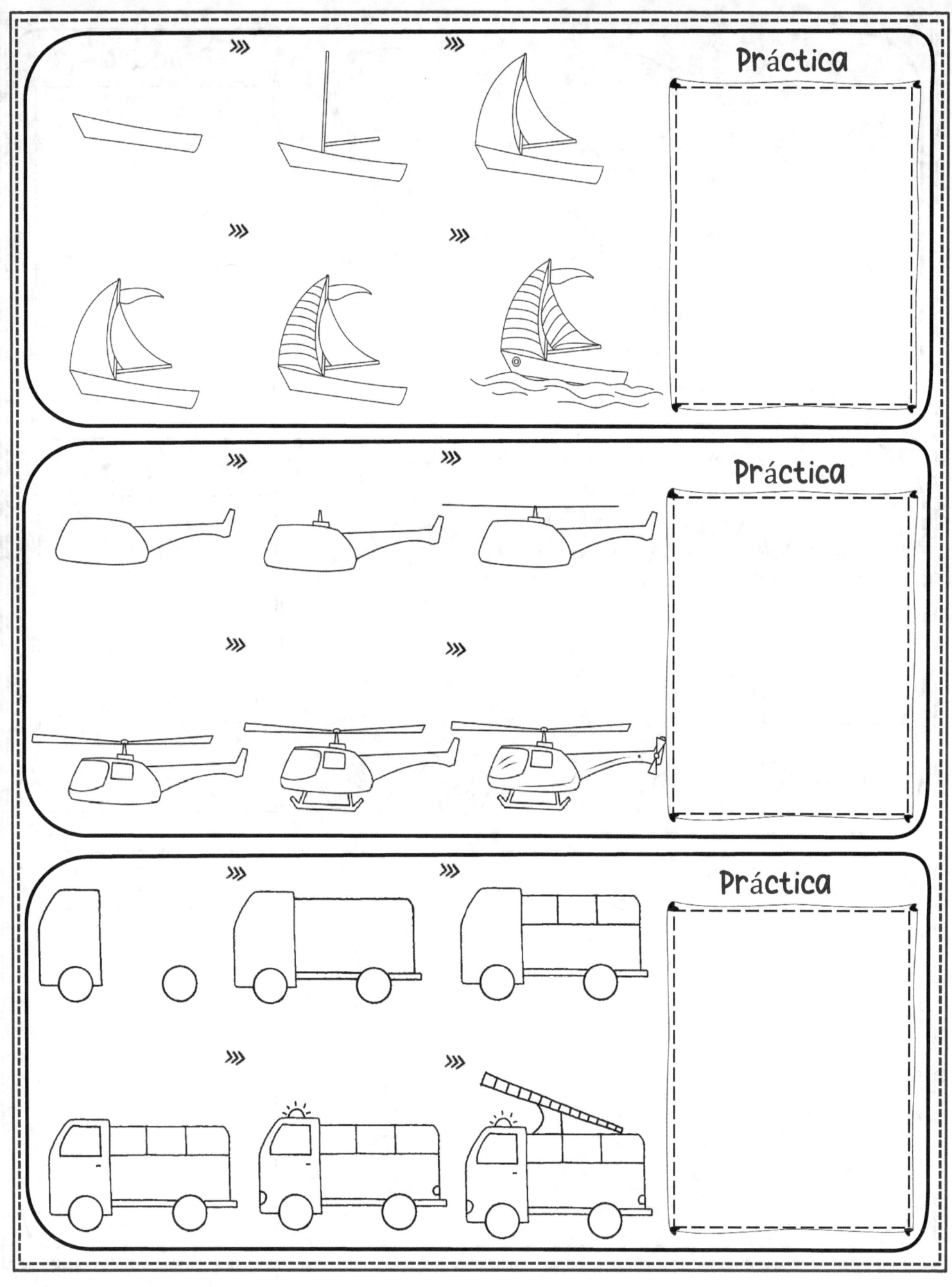

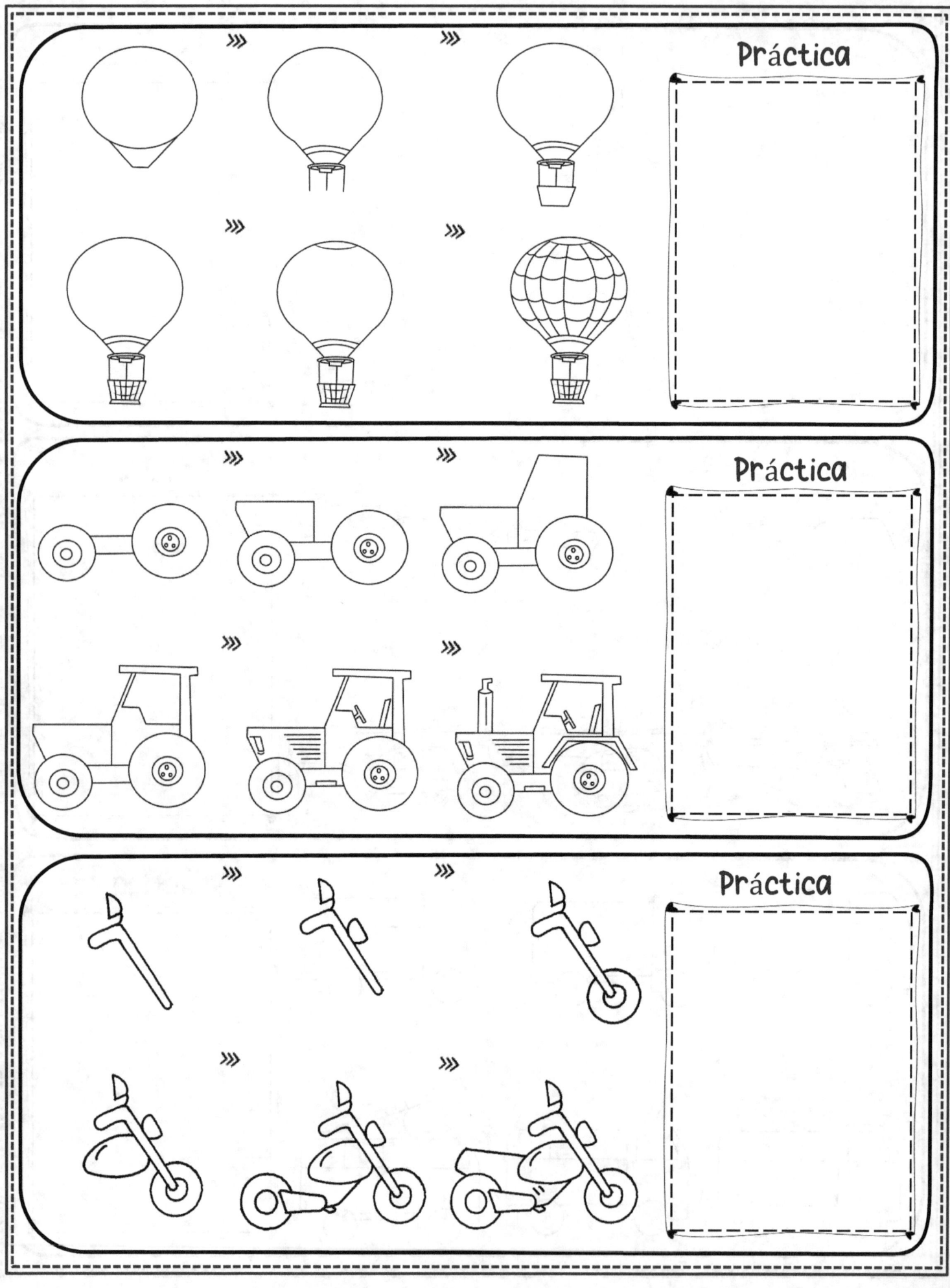

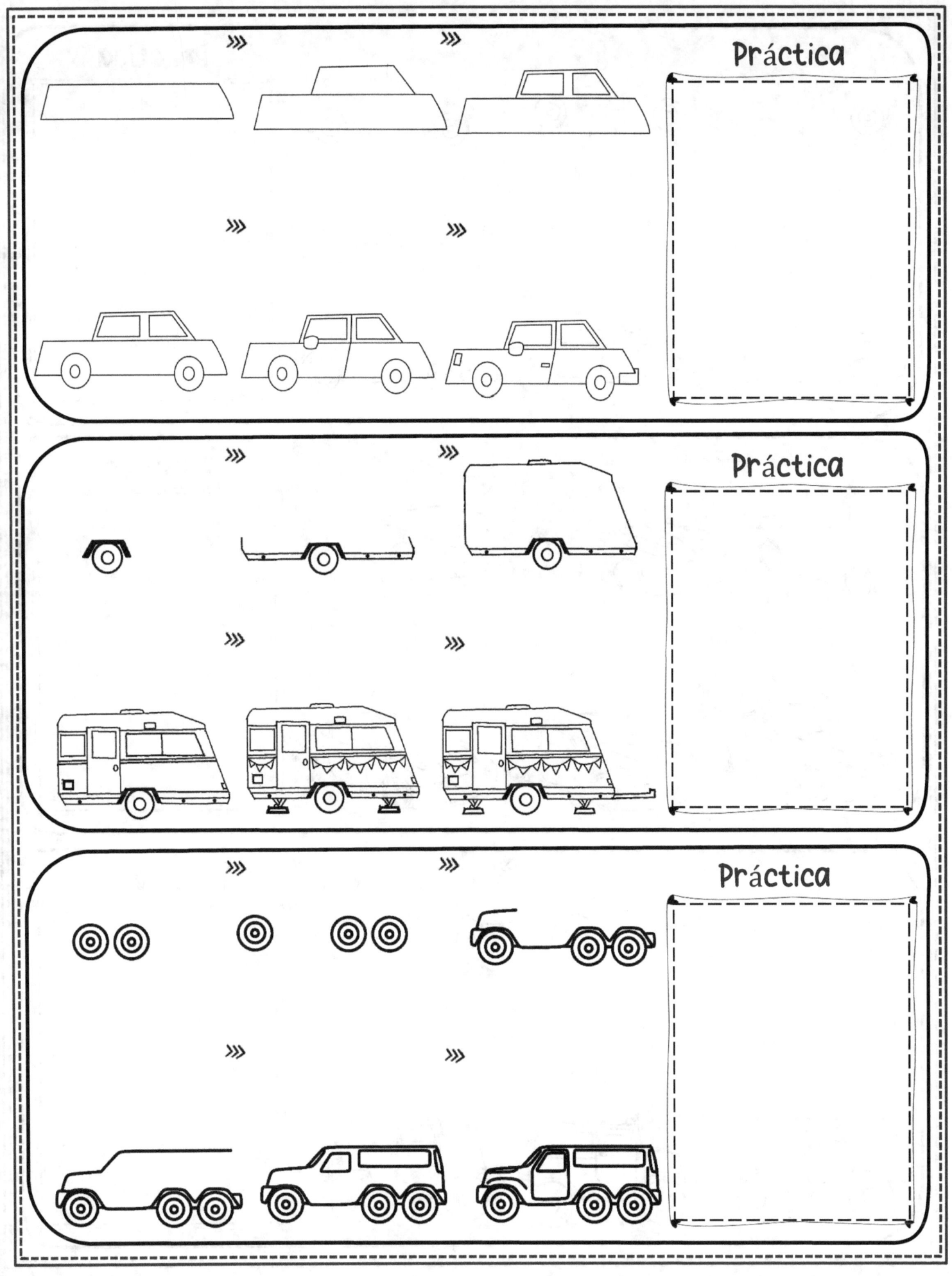

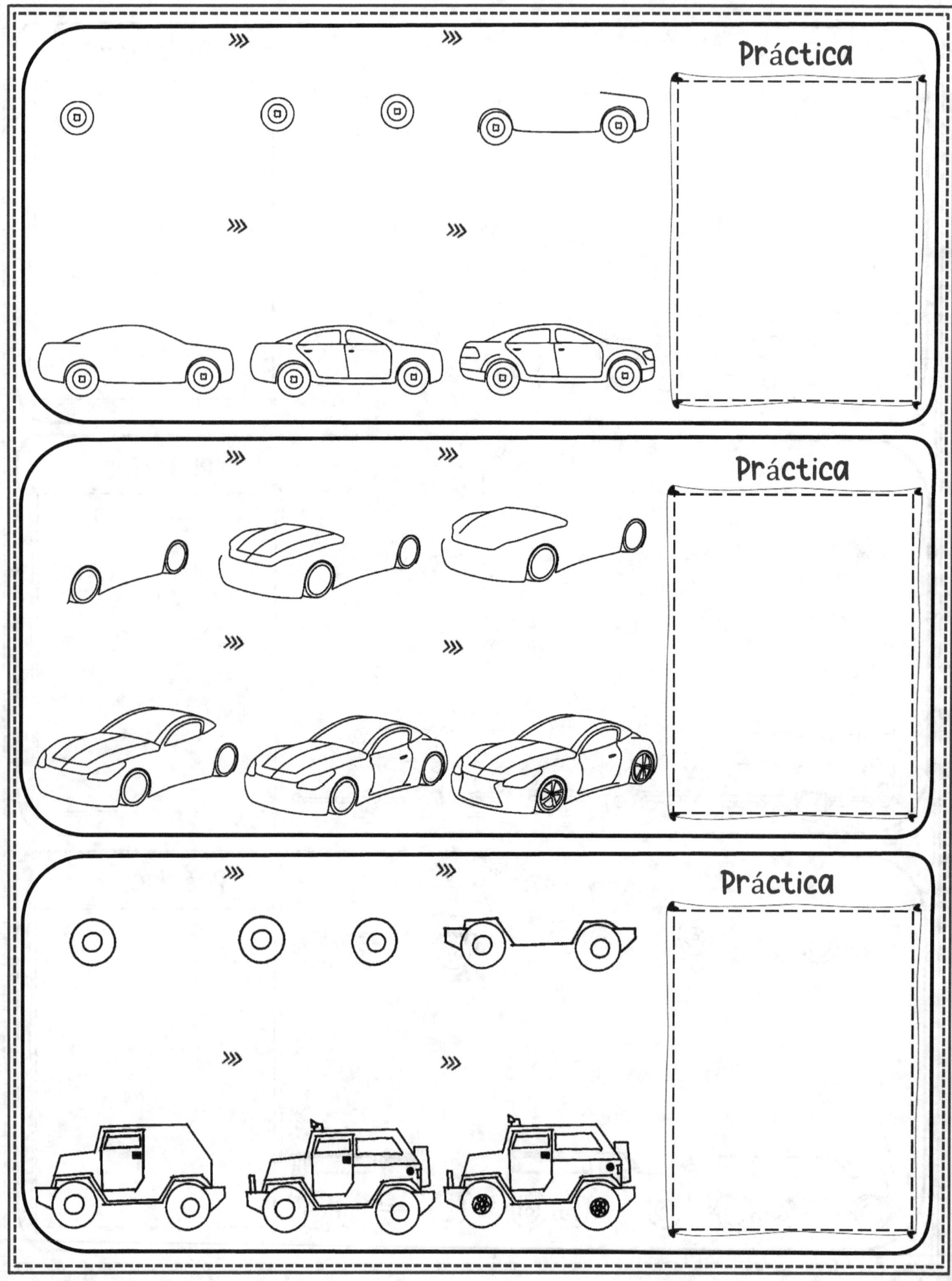

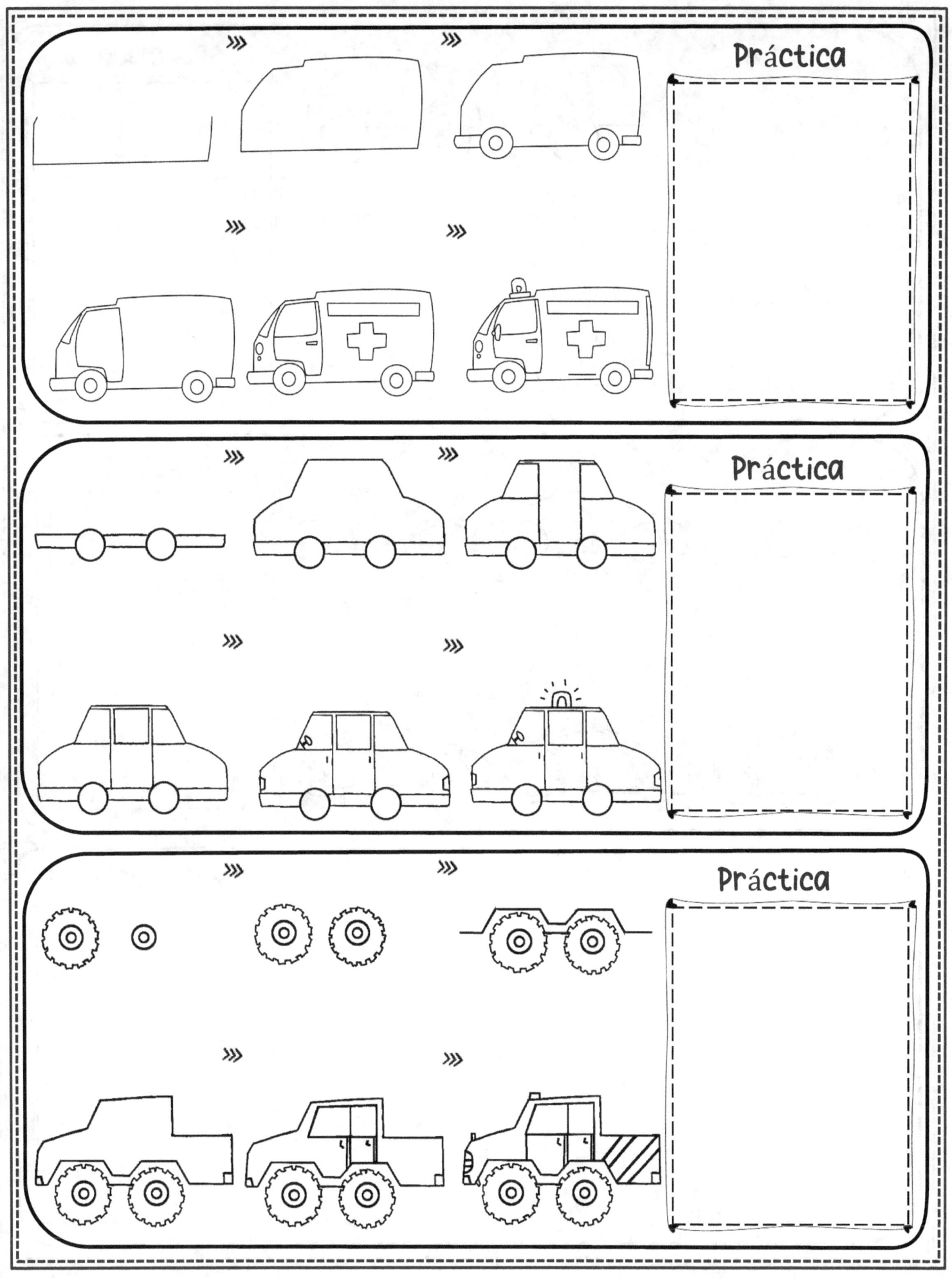

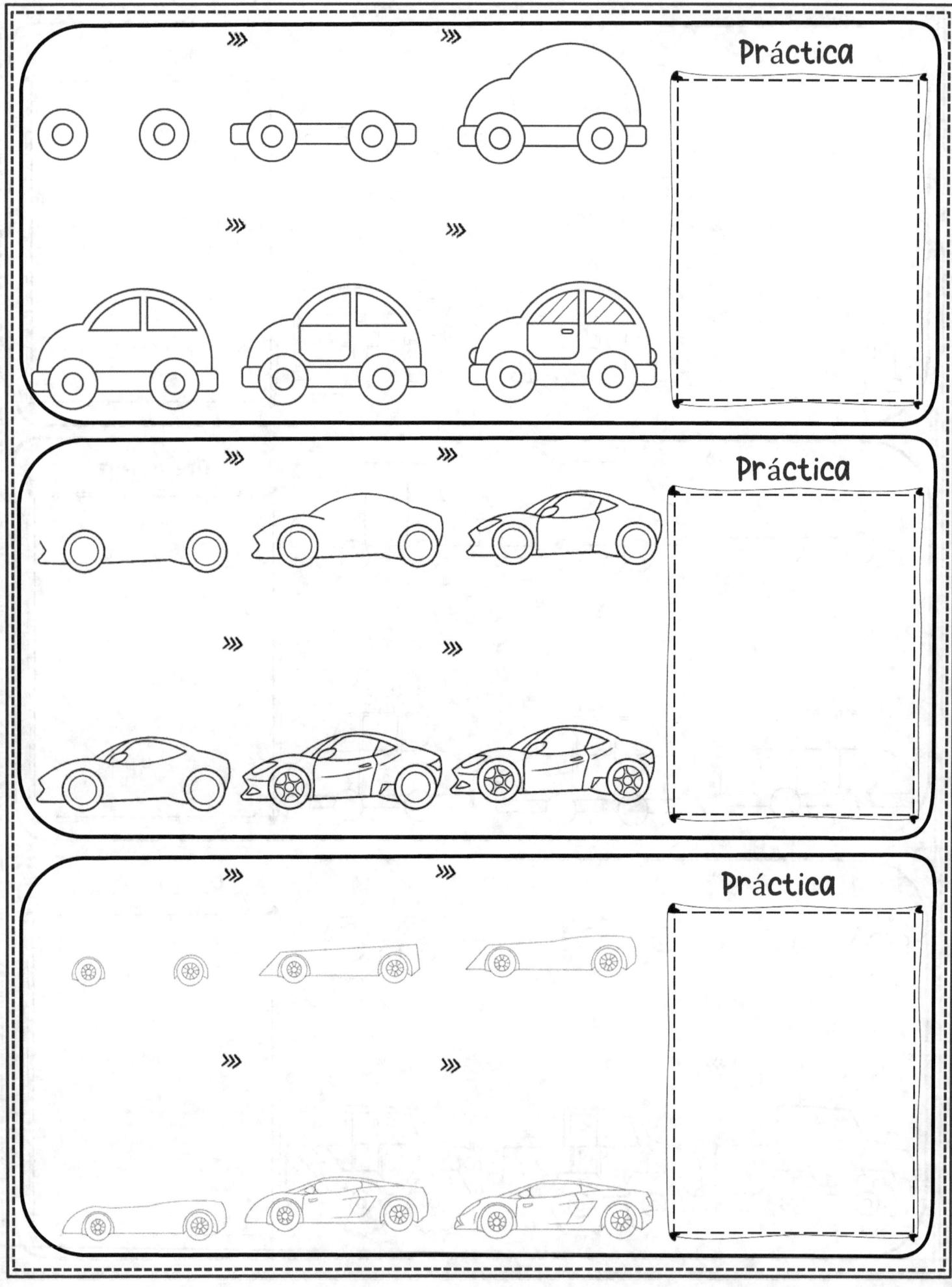

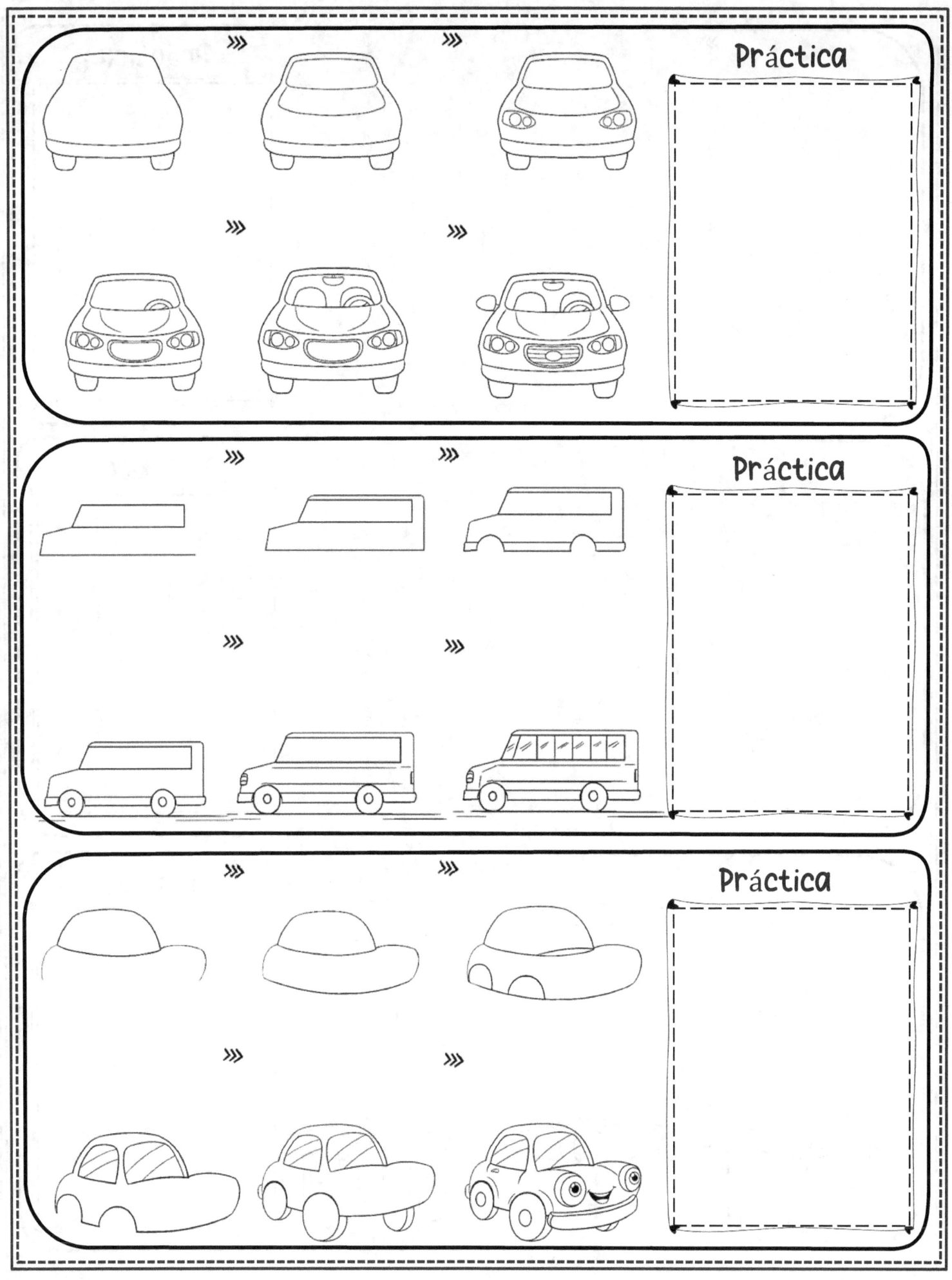

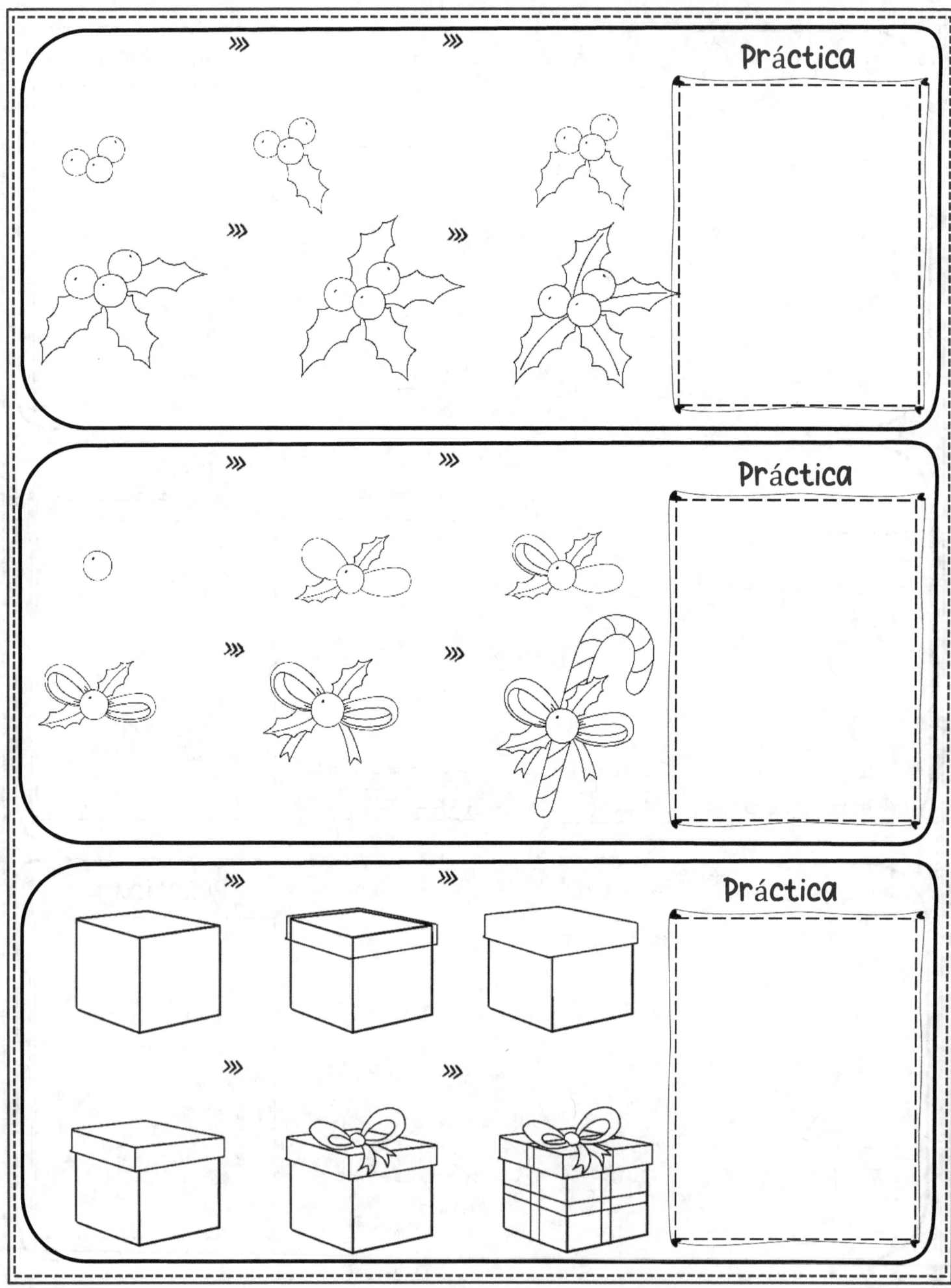

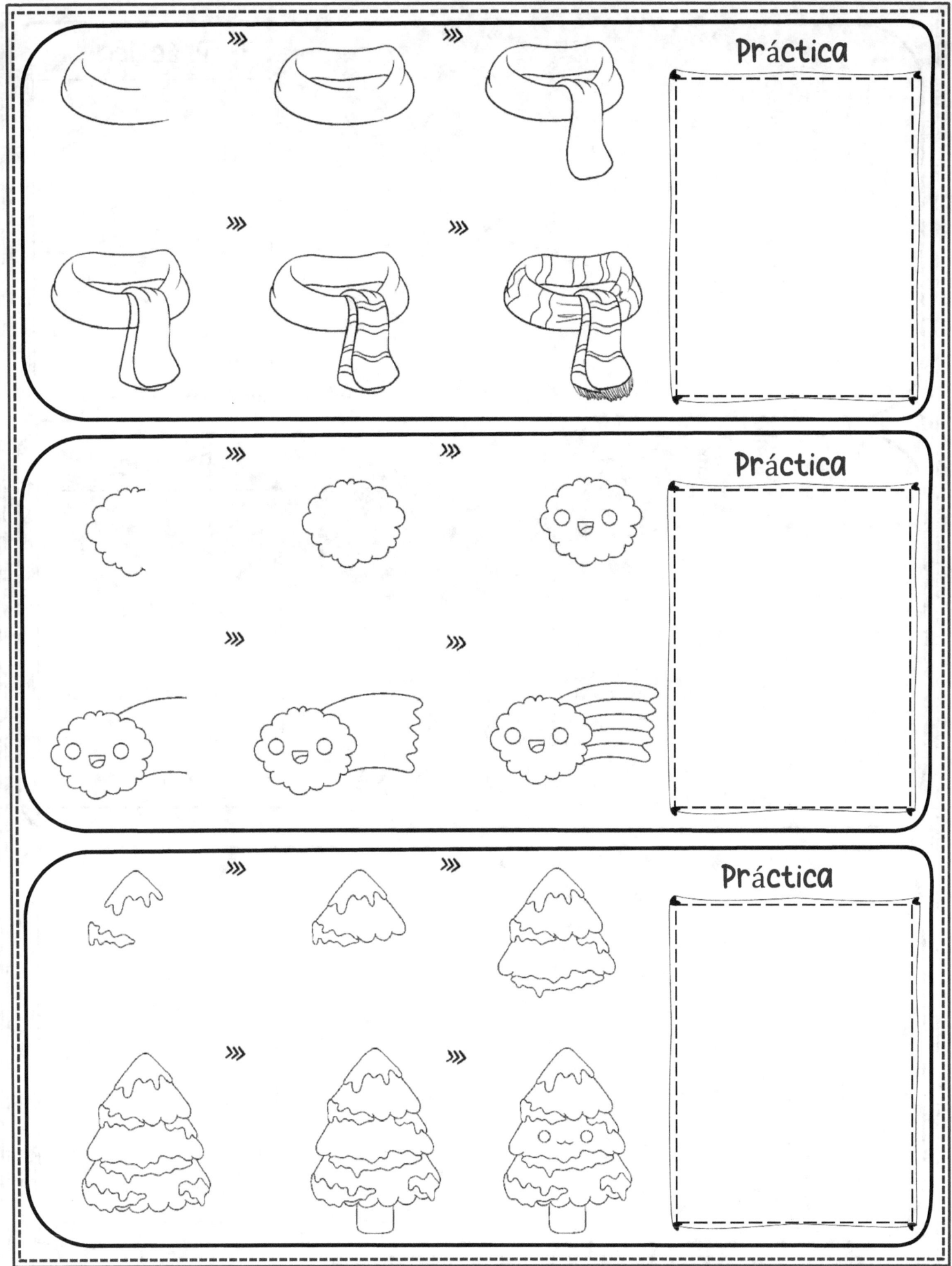

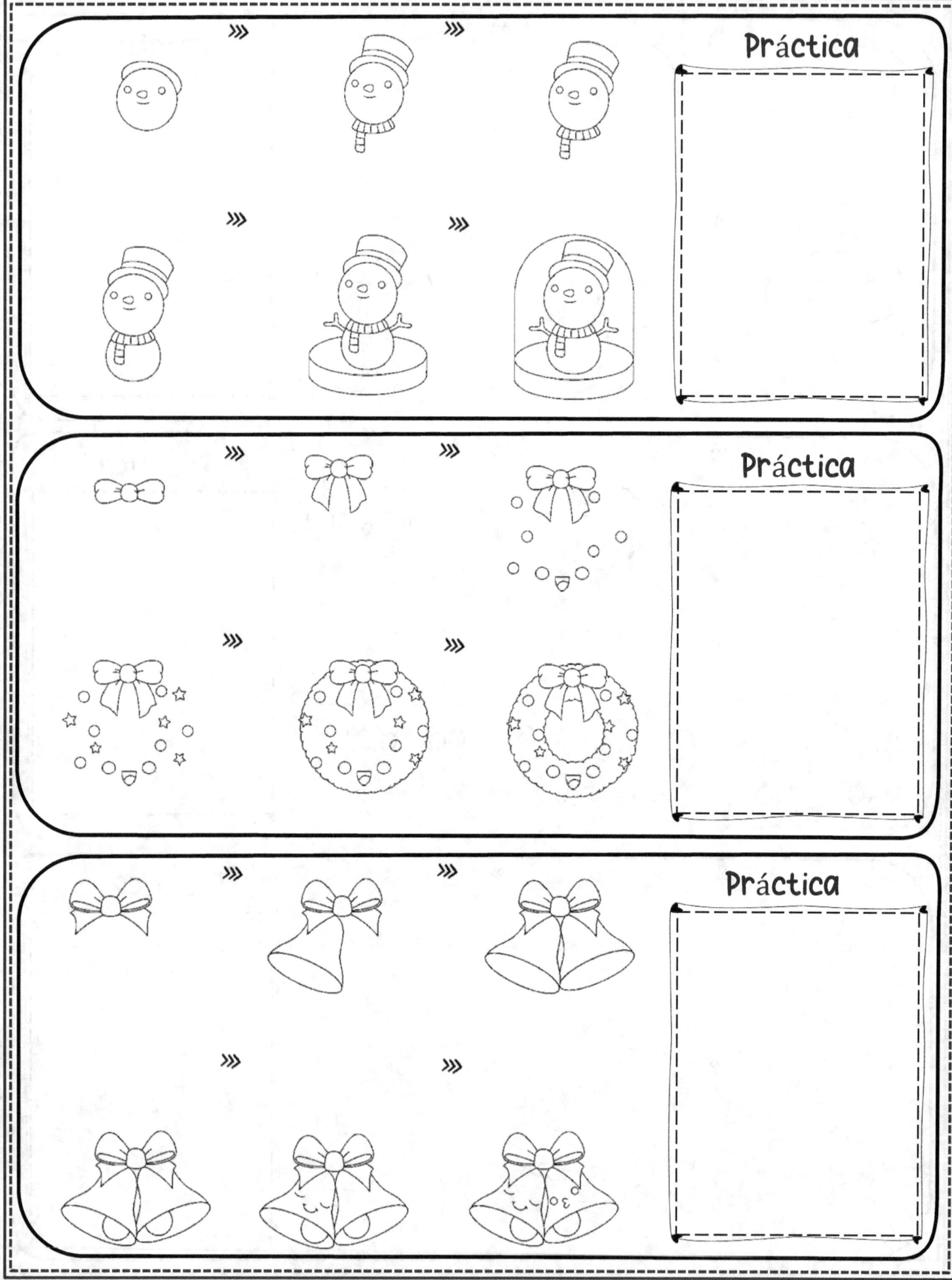

Práctica

Práctica

Práctica

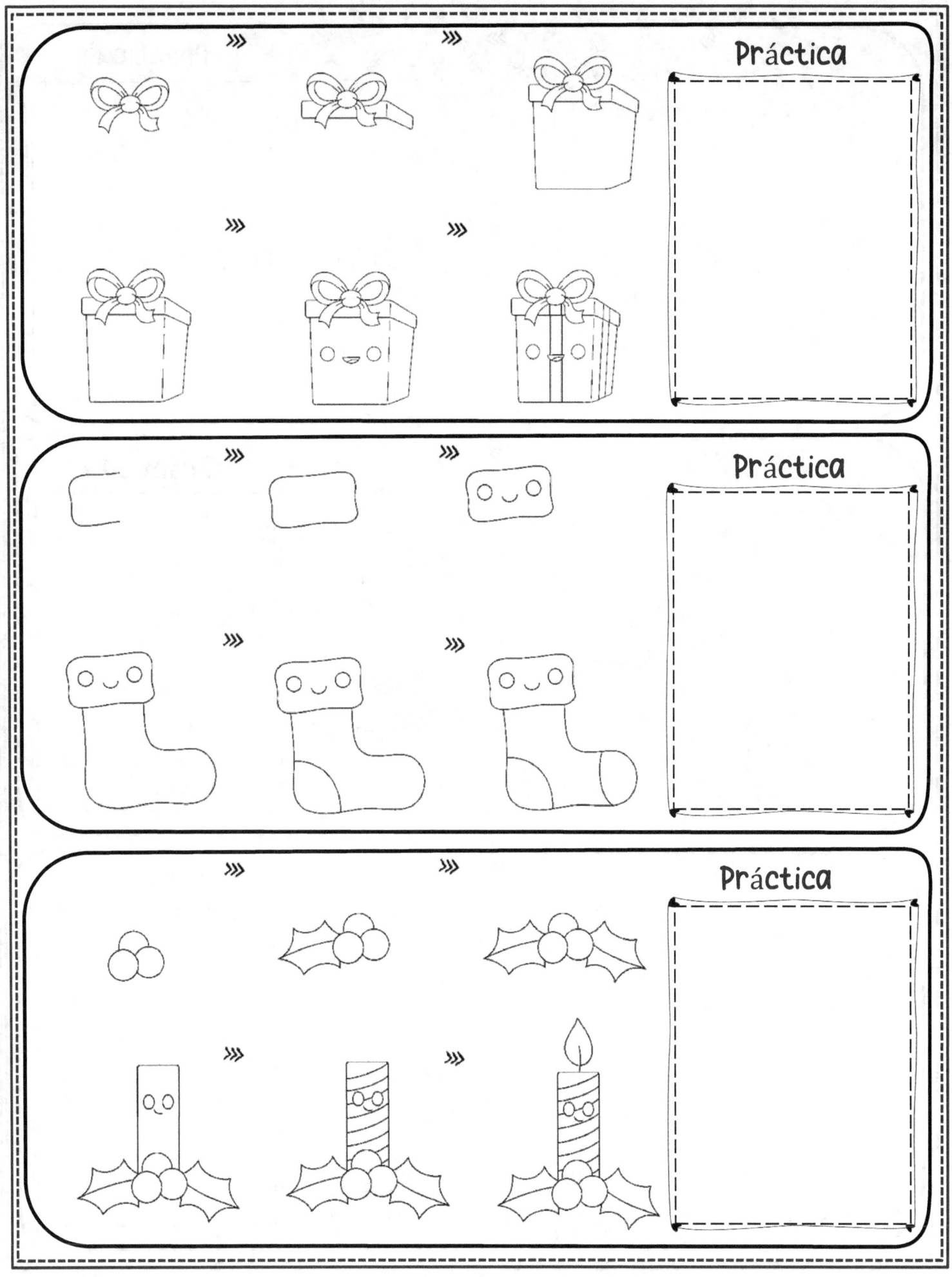

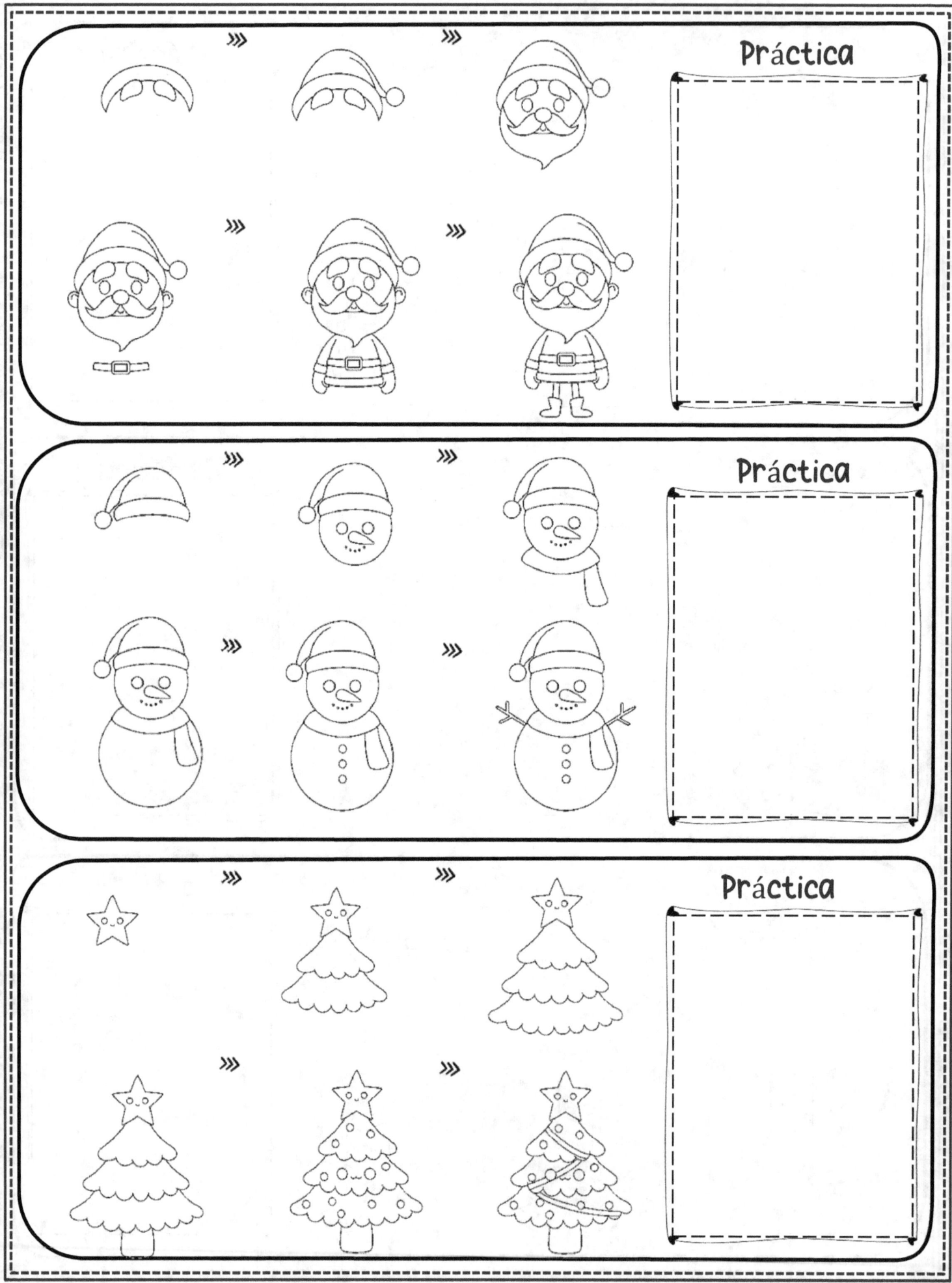

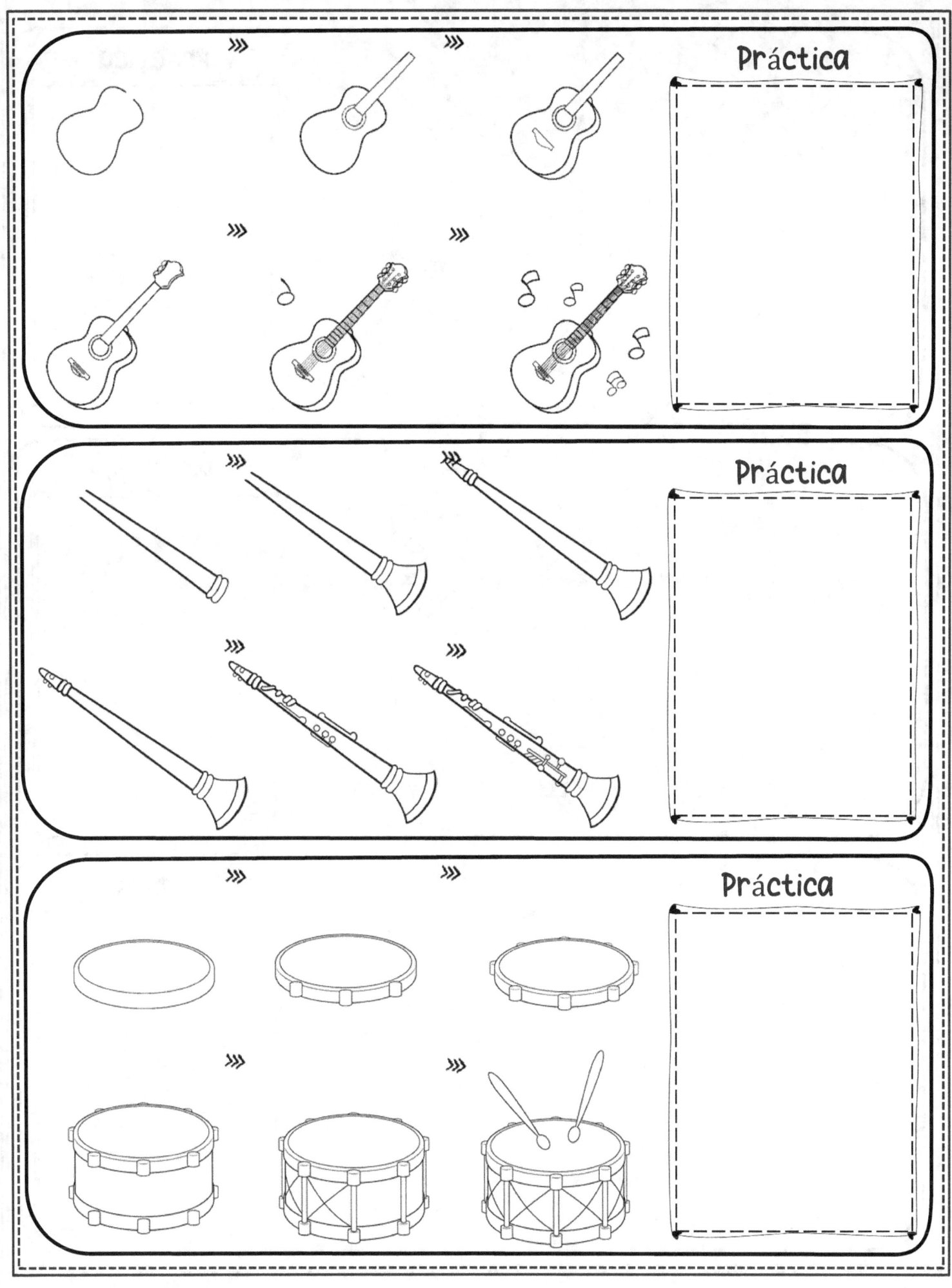

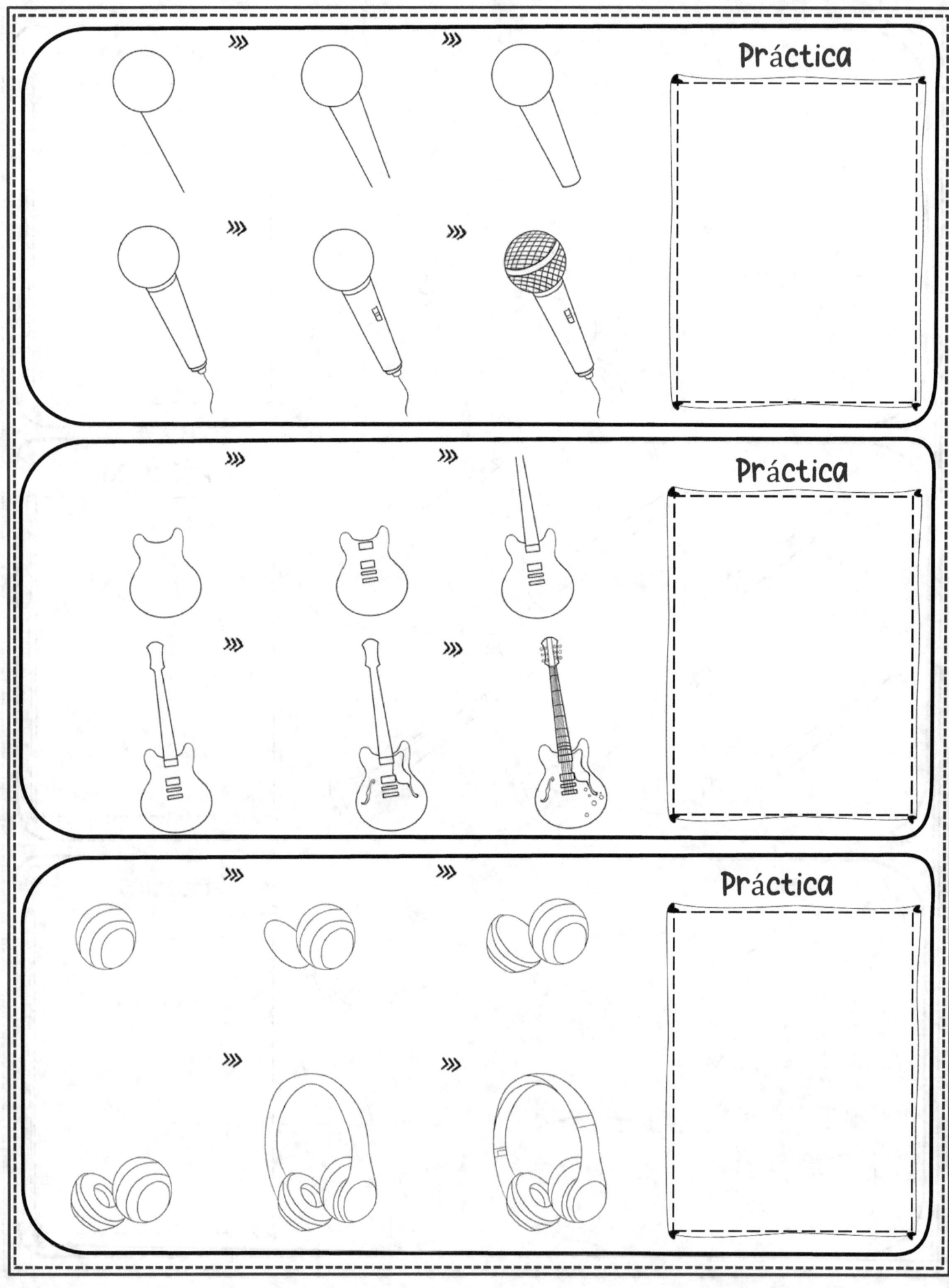

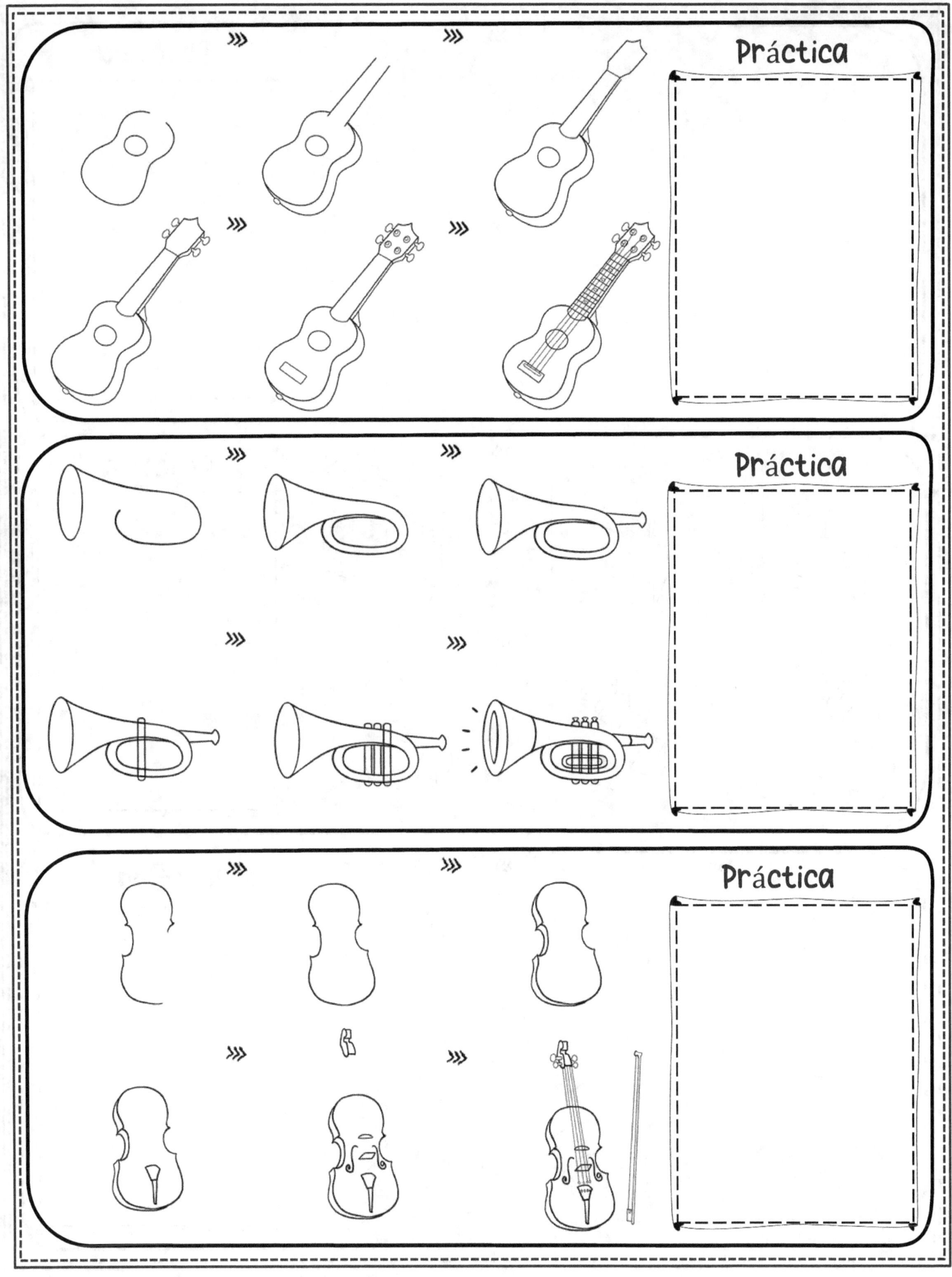

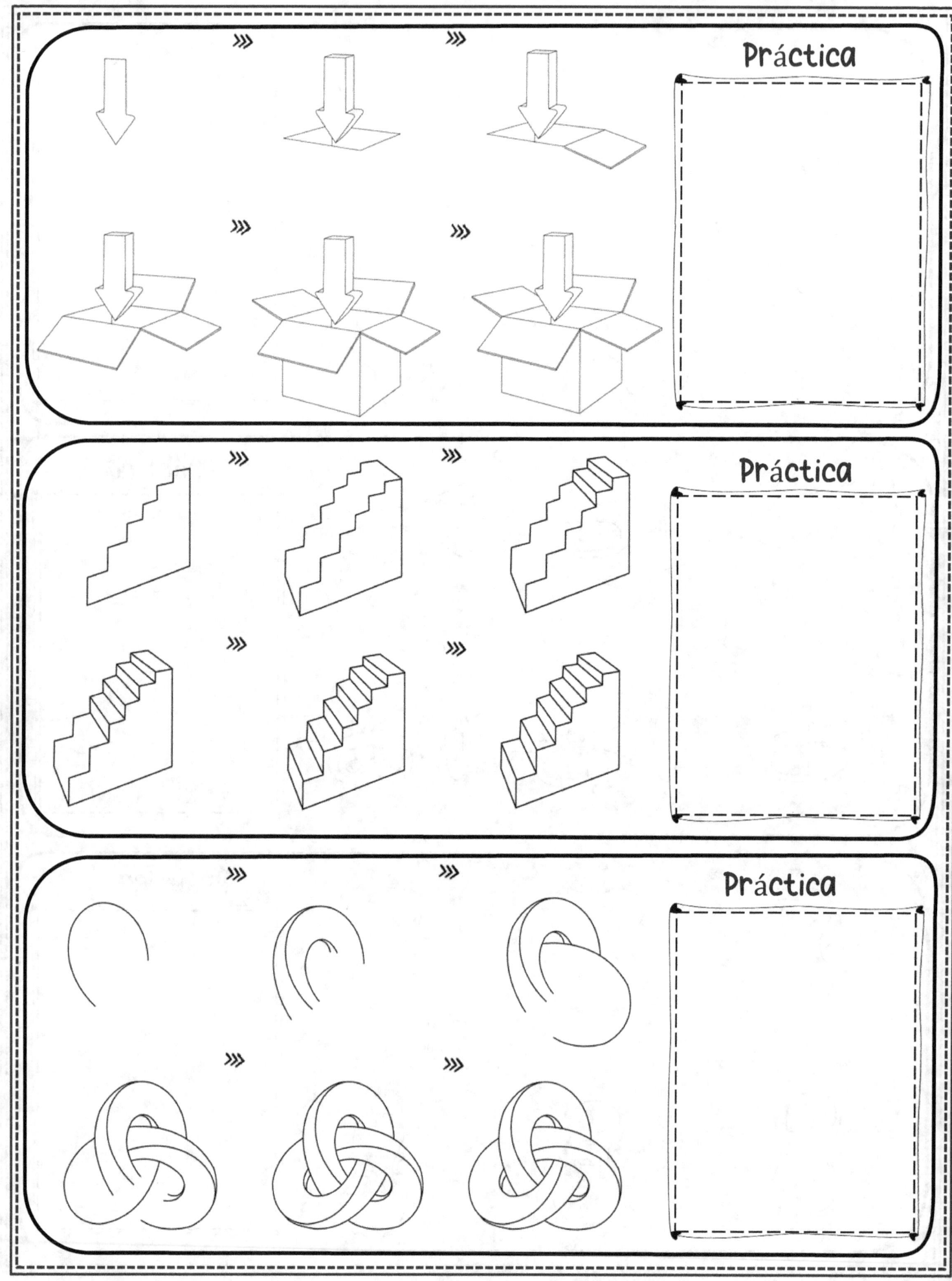

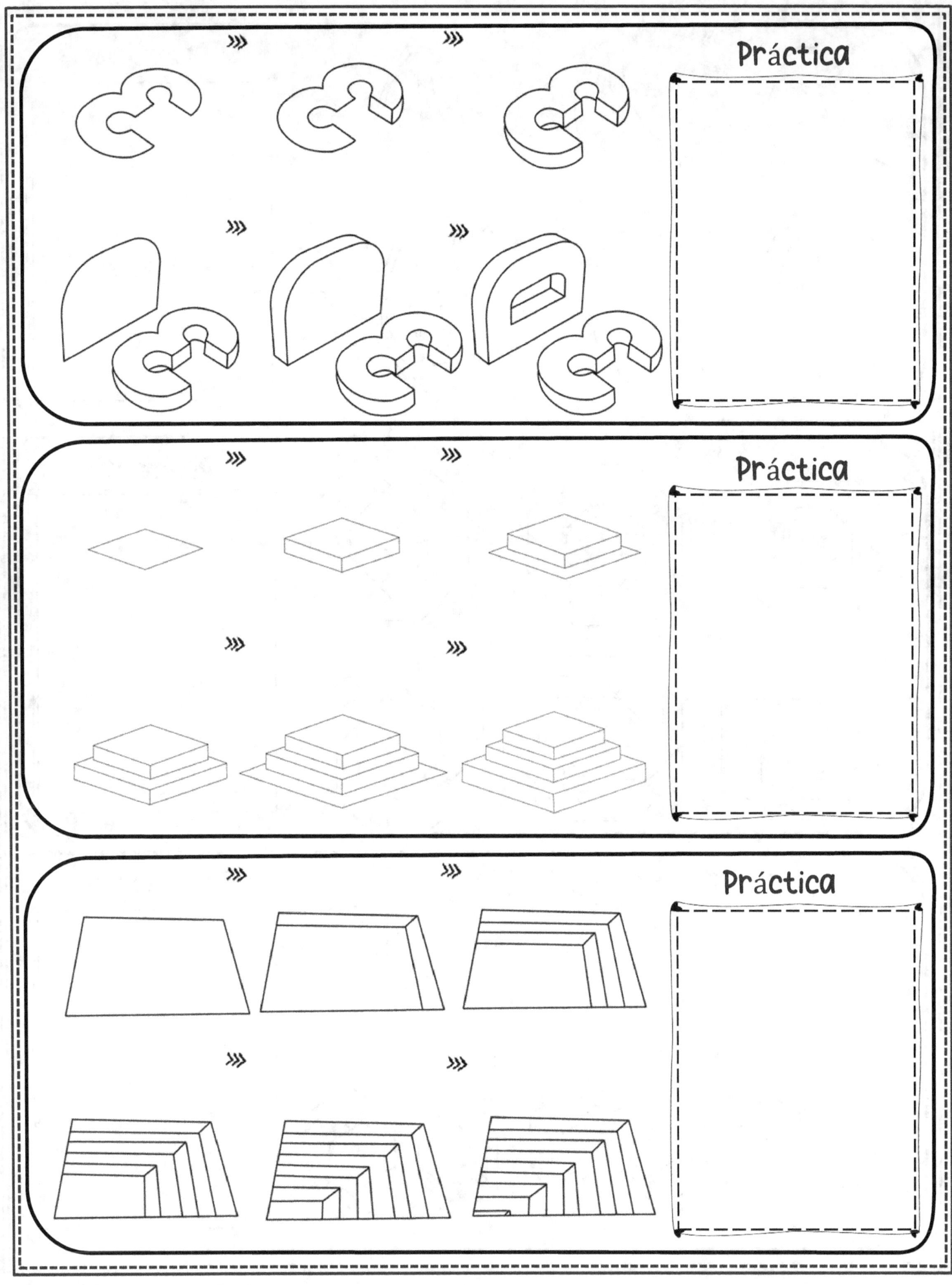

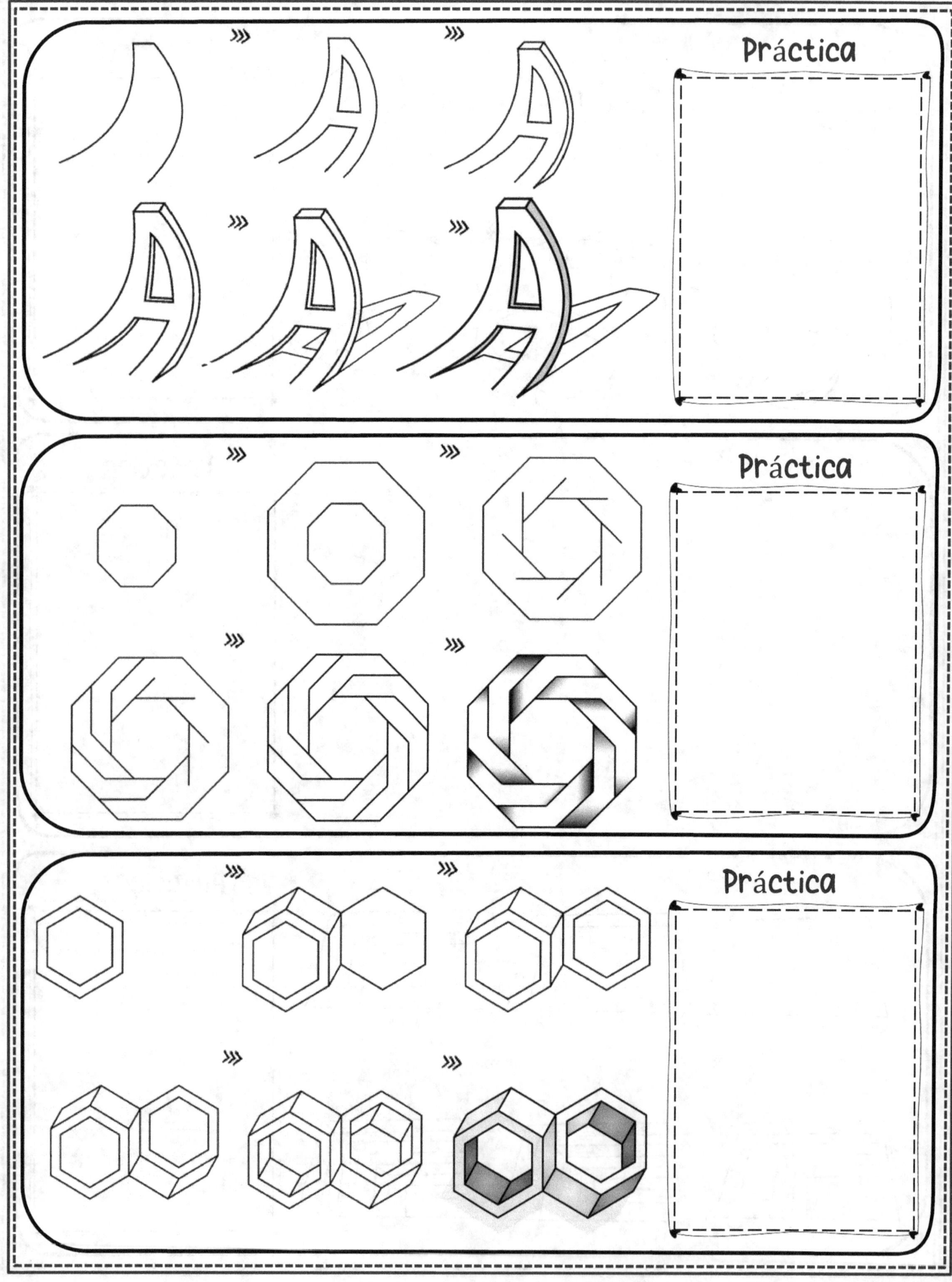

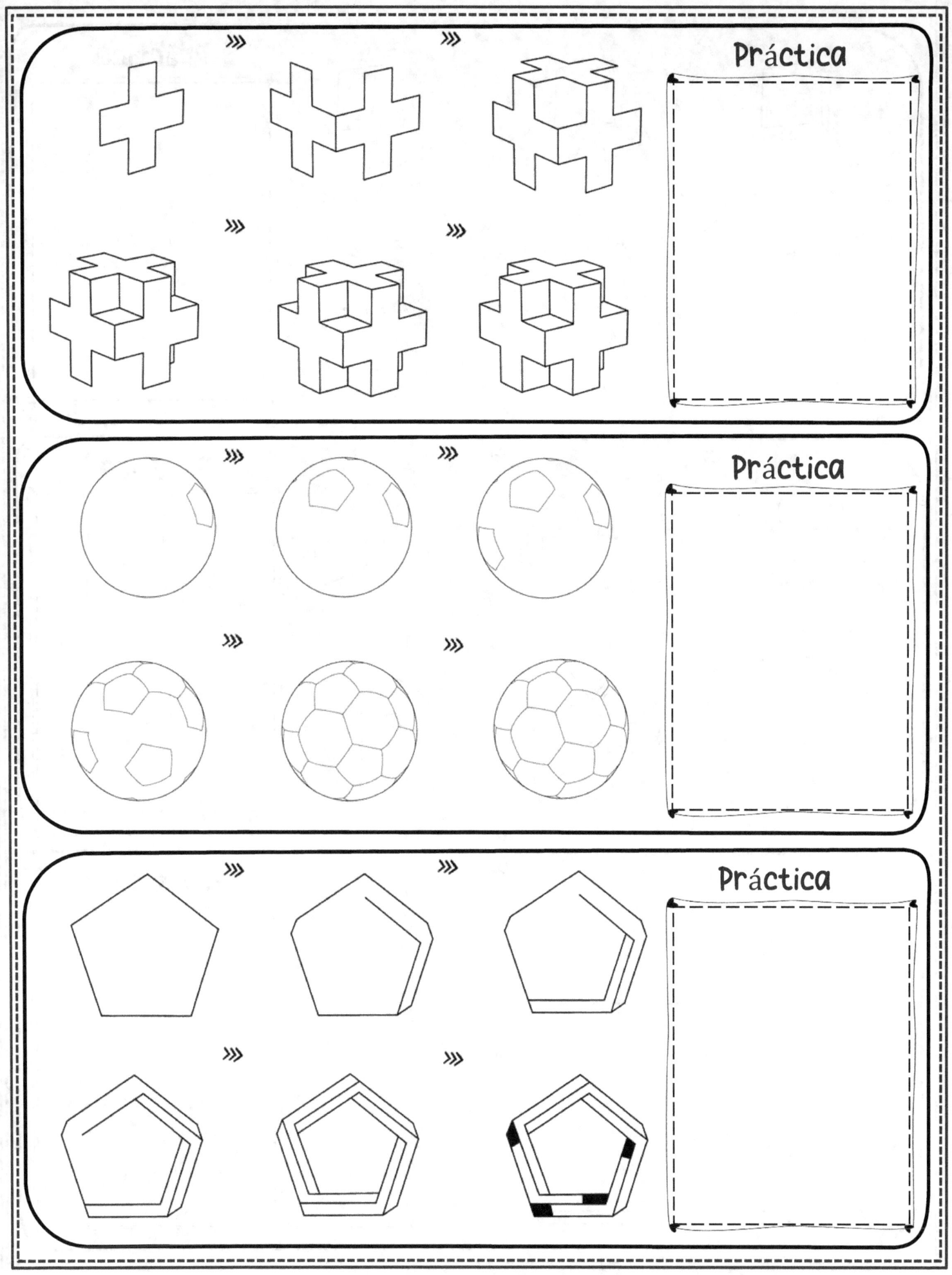

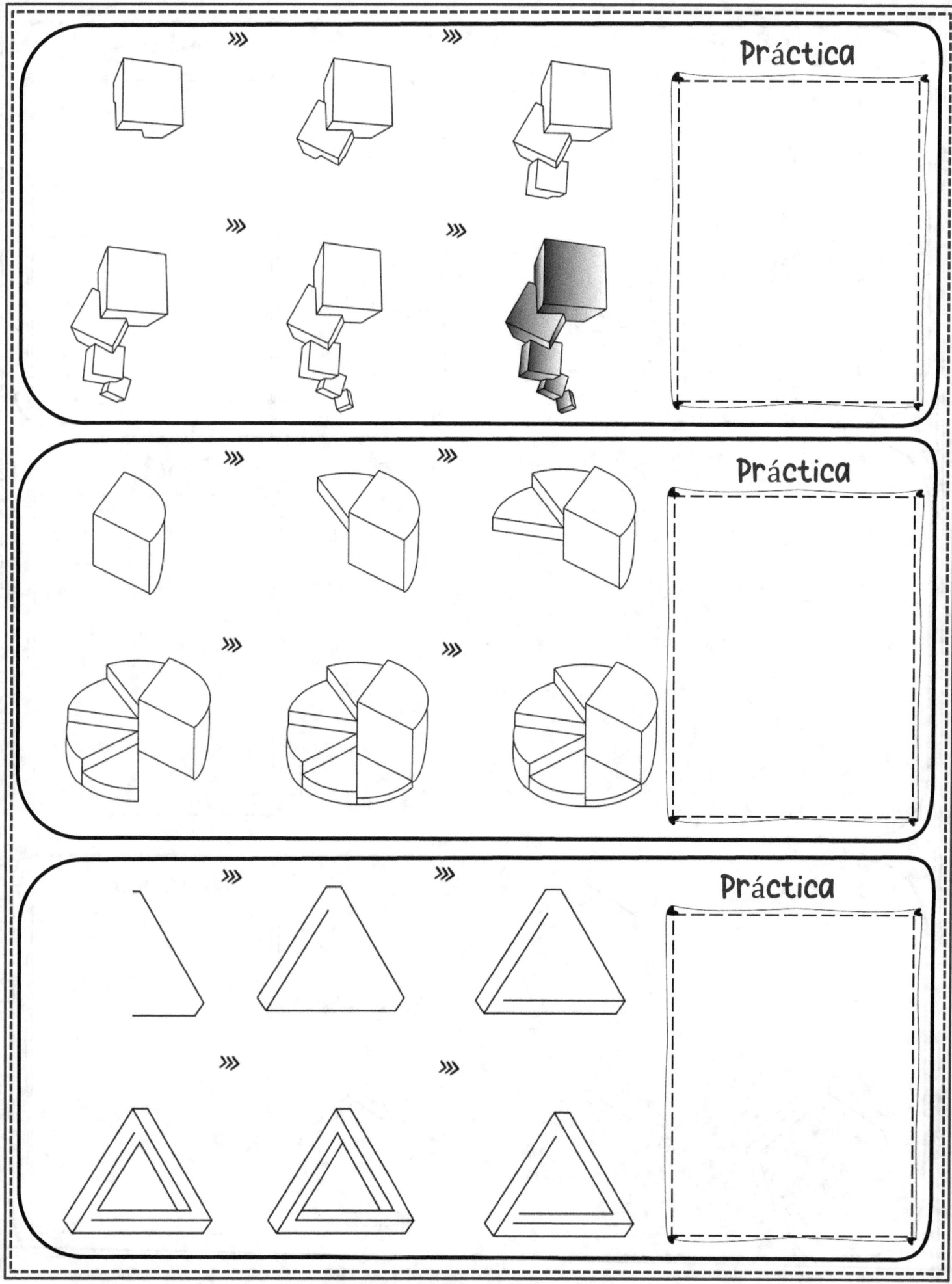

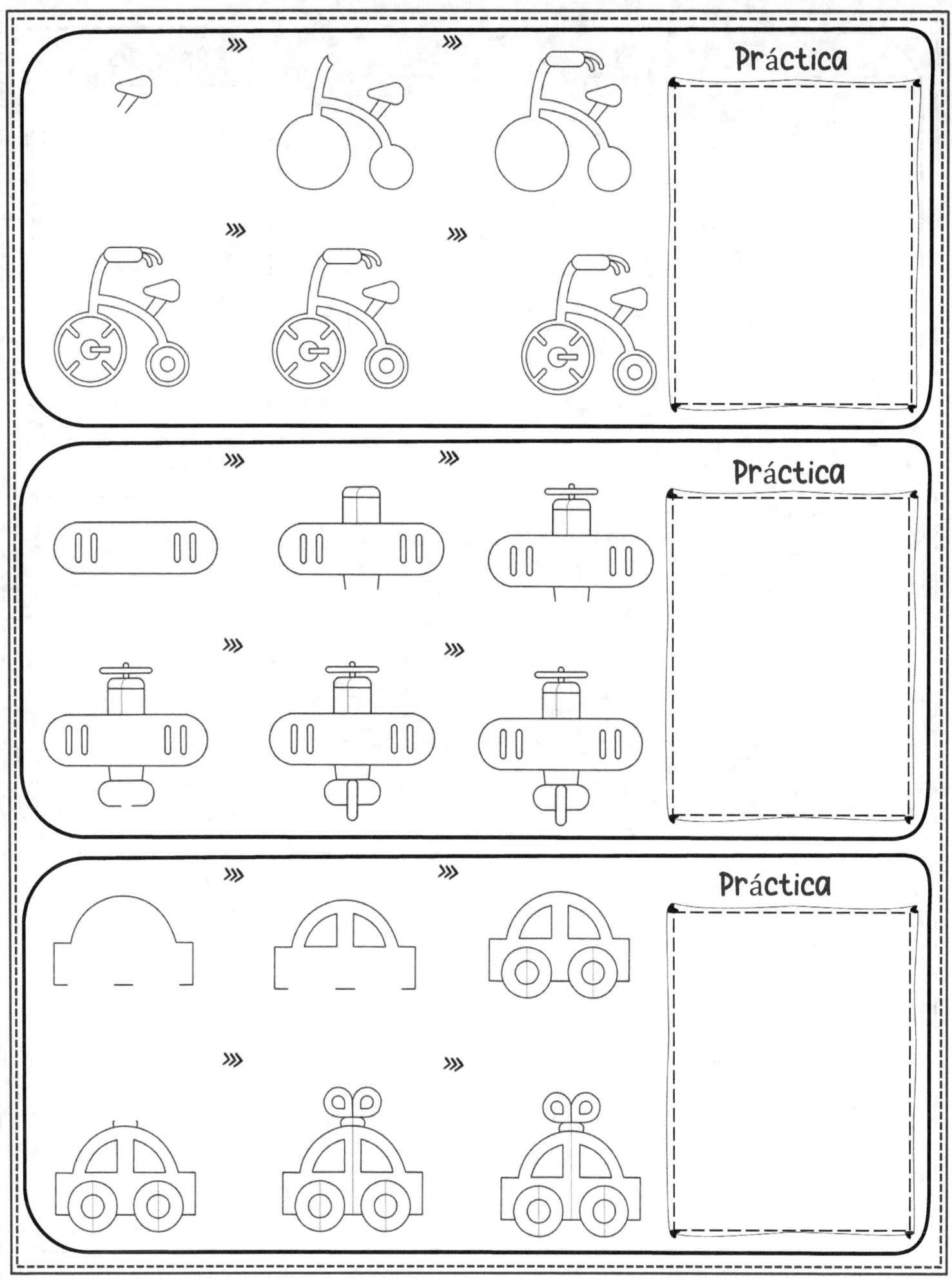

Práctica

Práctica

Práctica

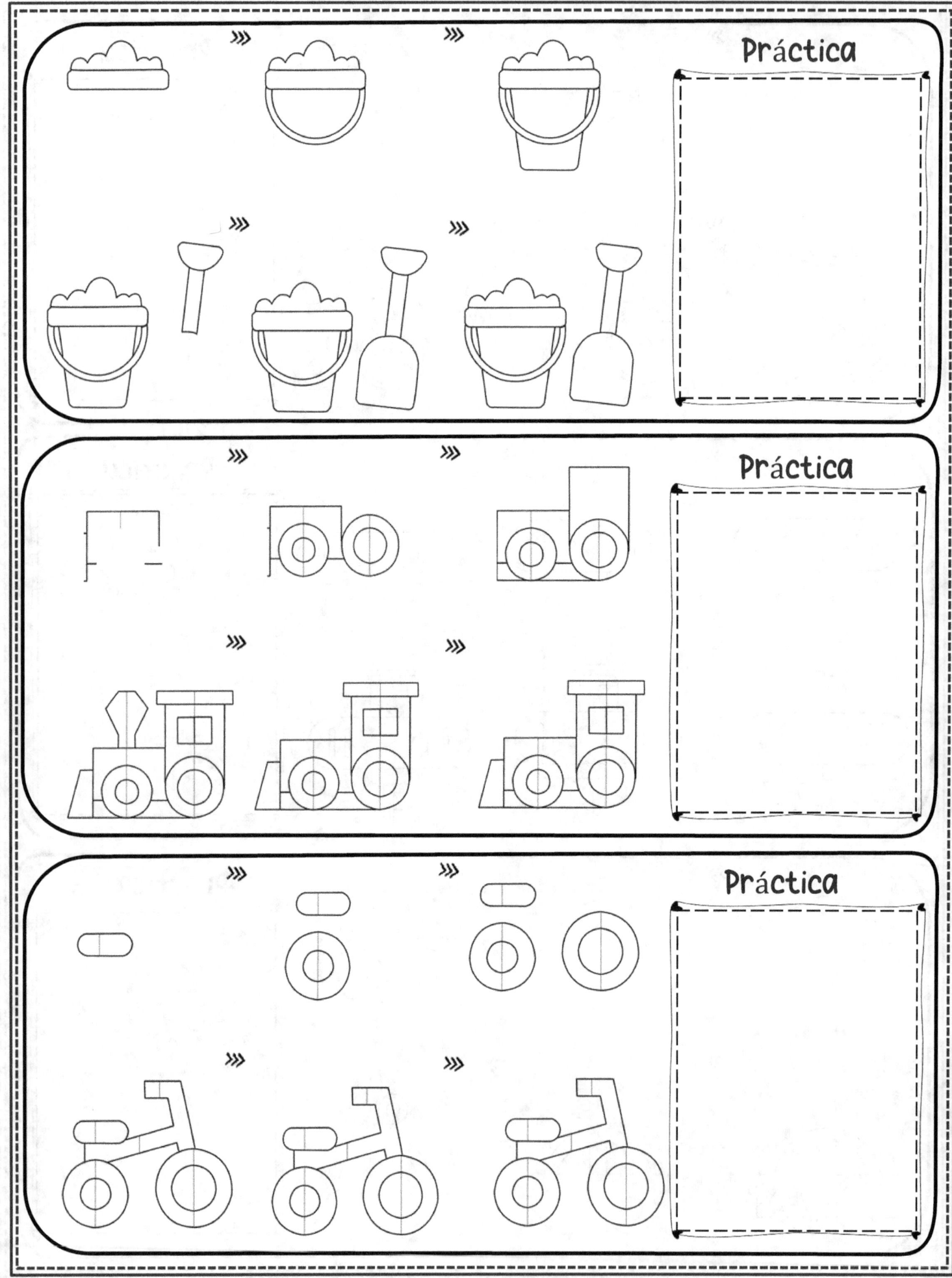

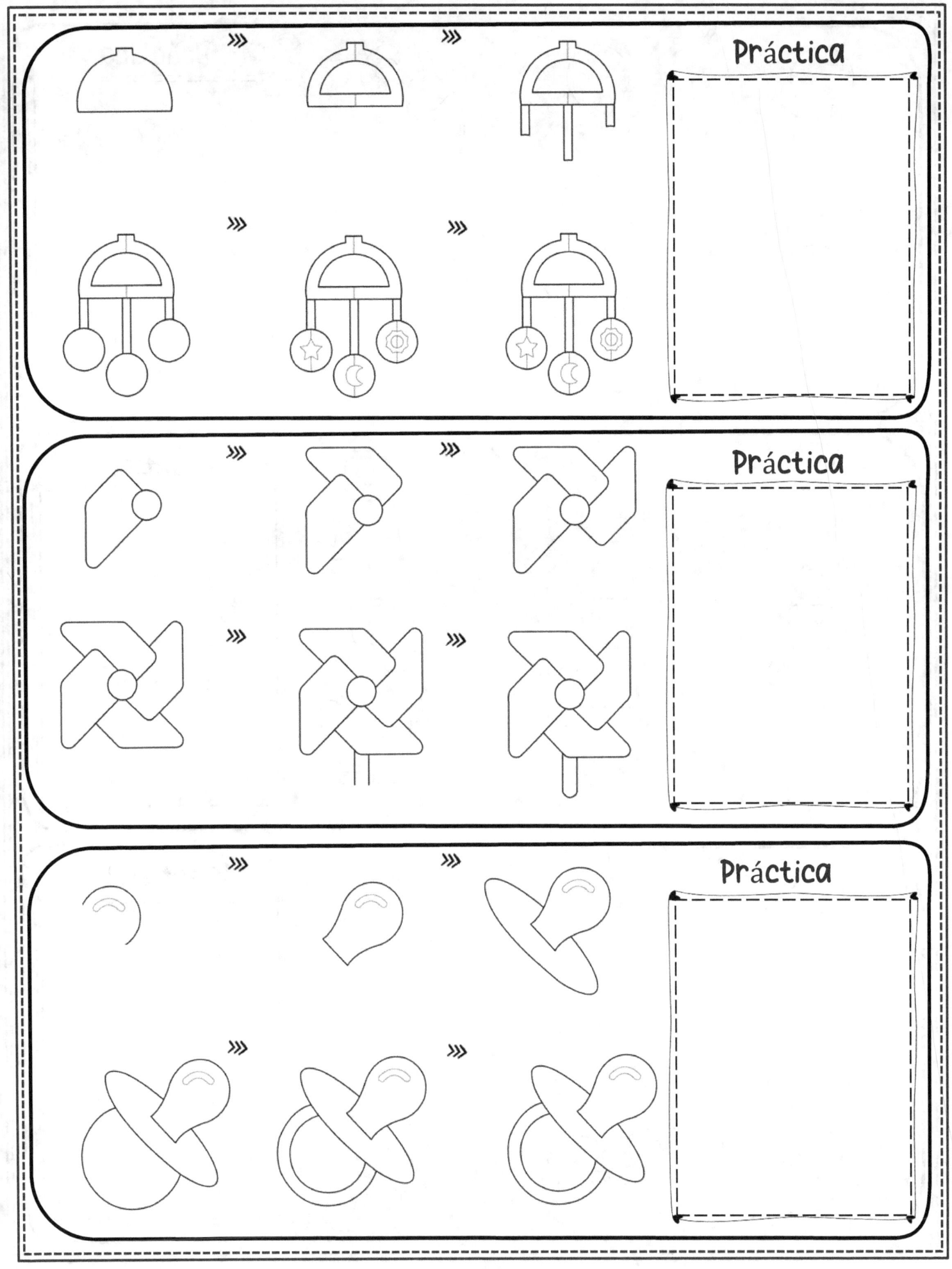

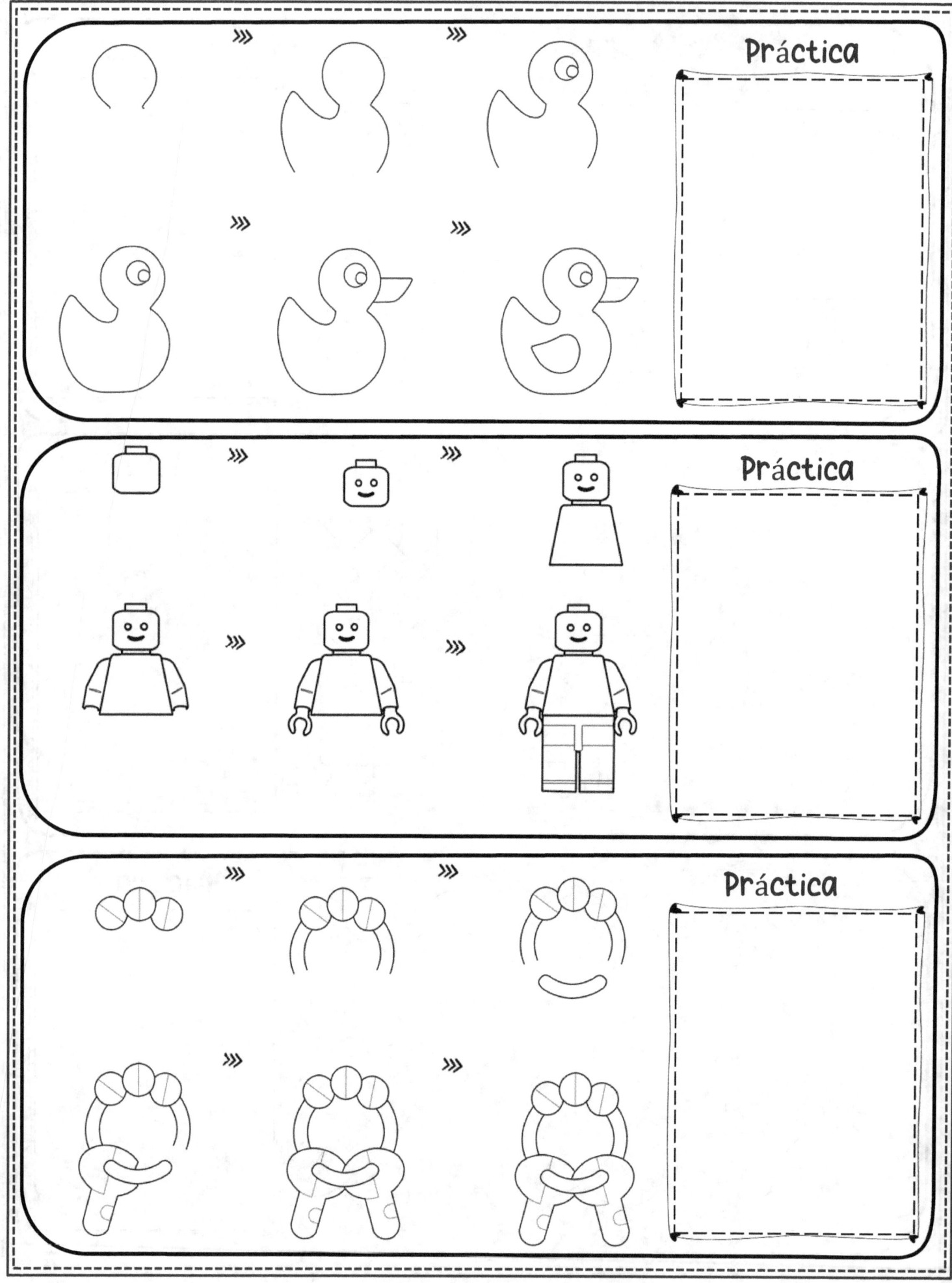

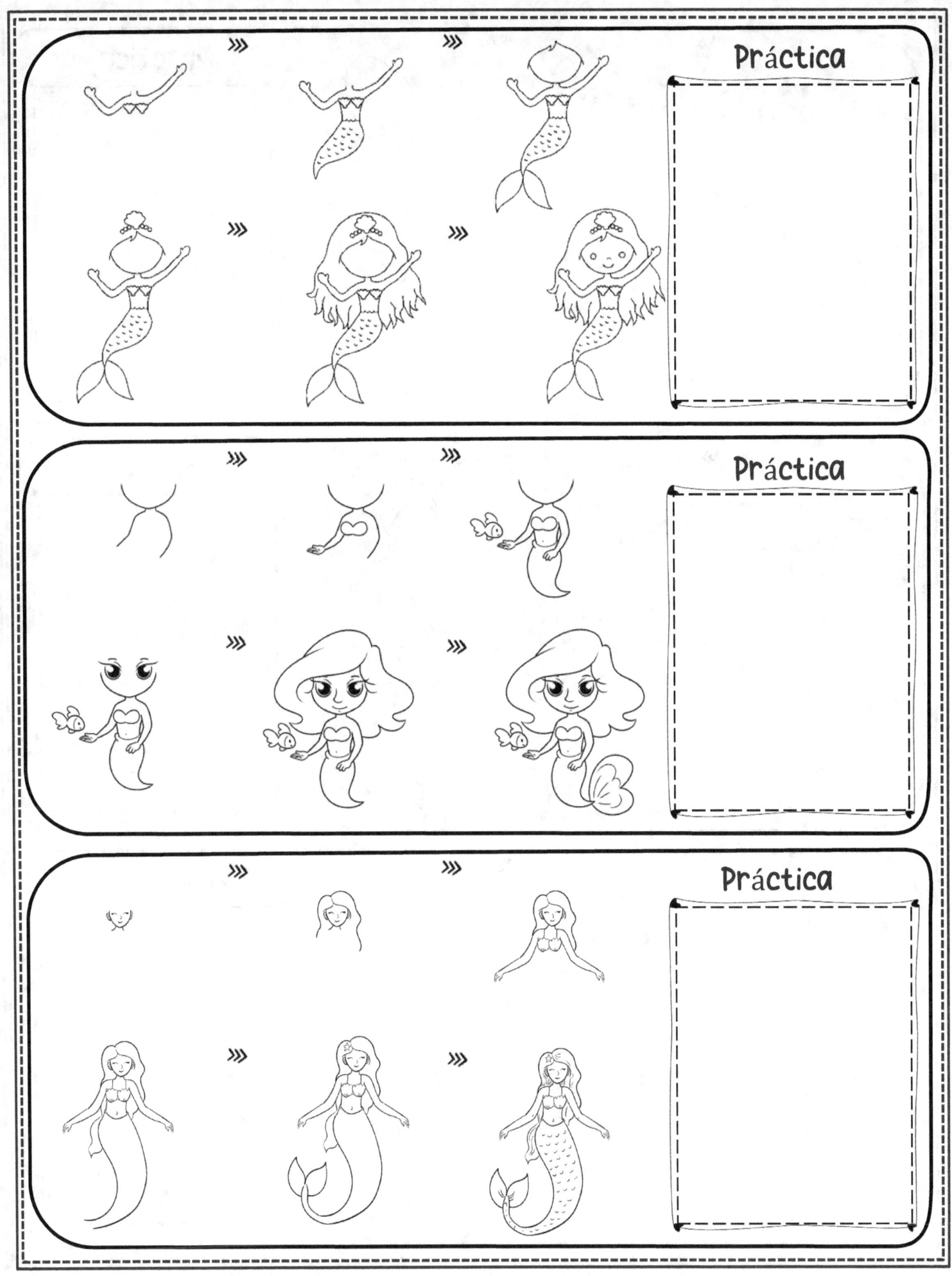

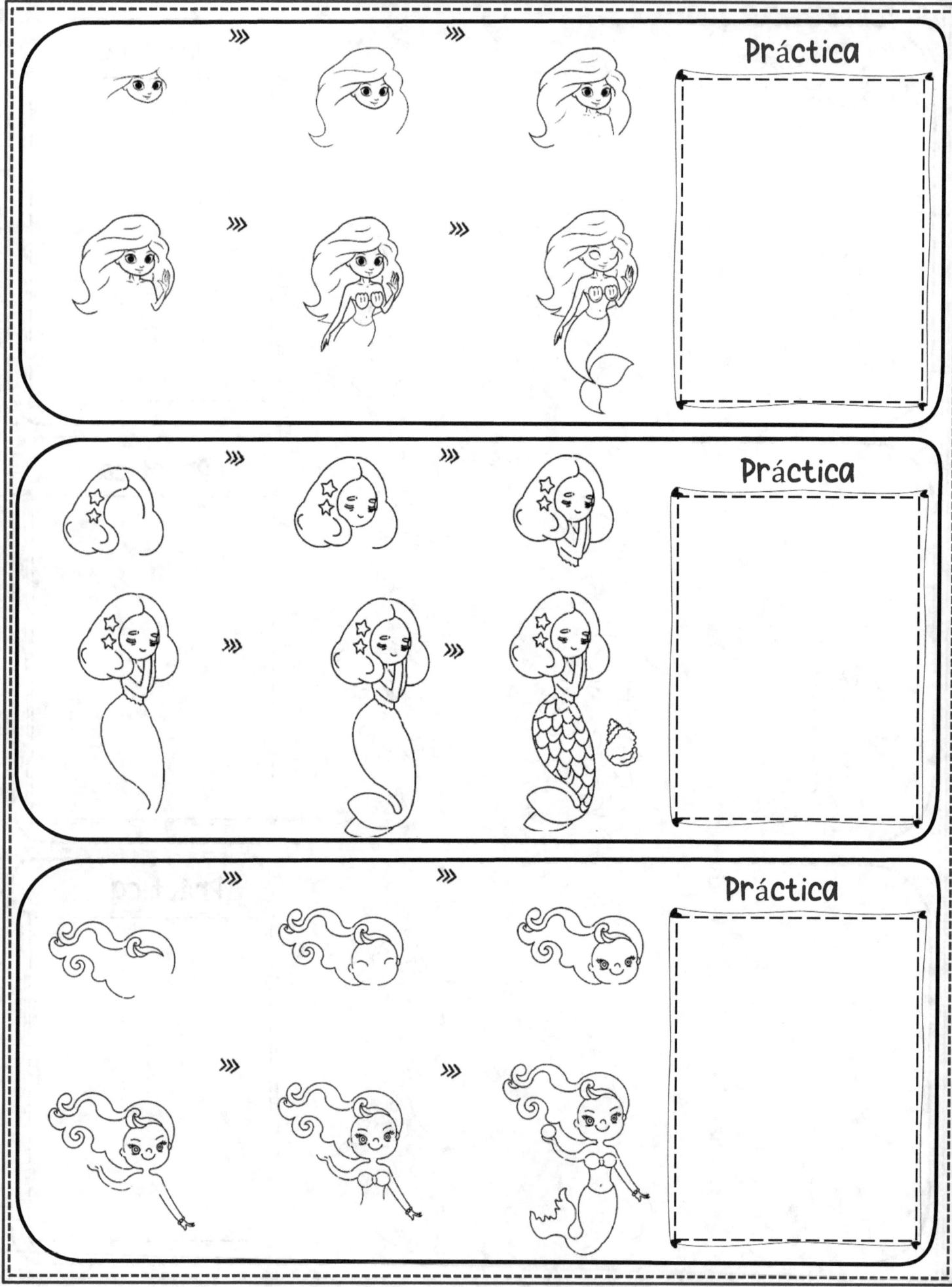

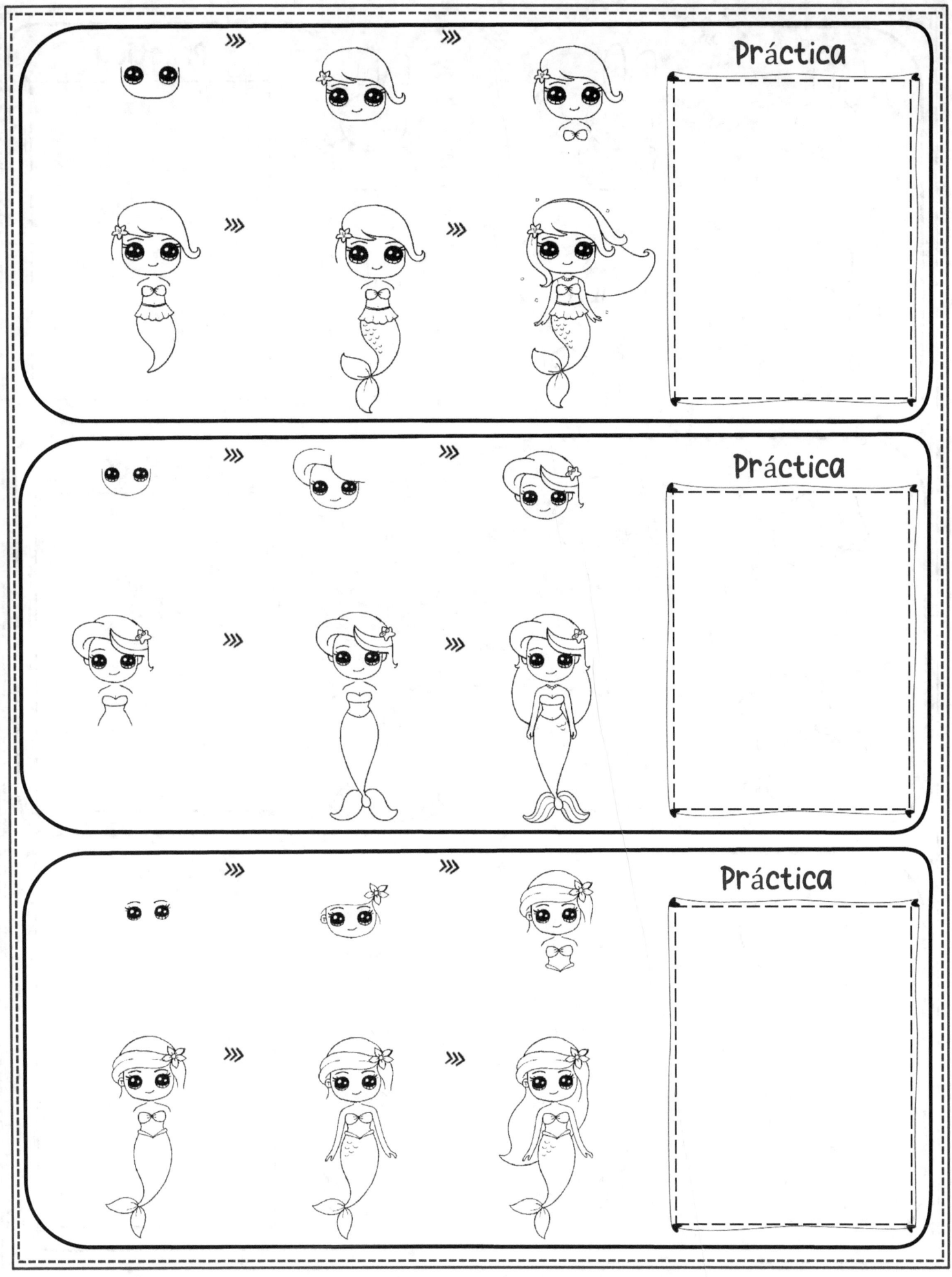

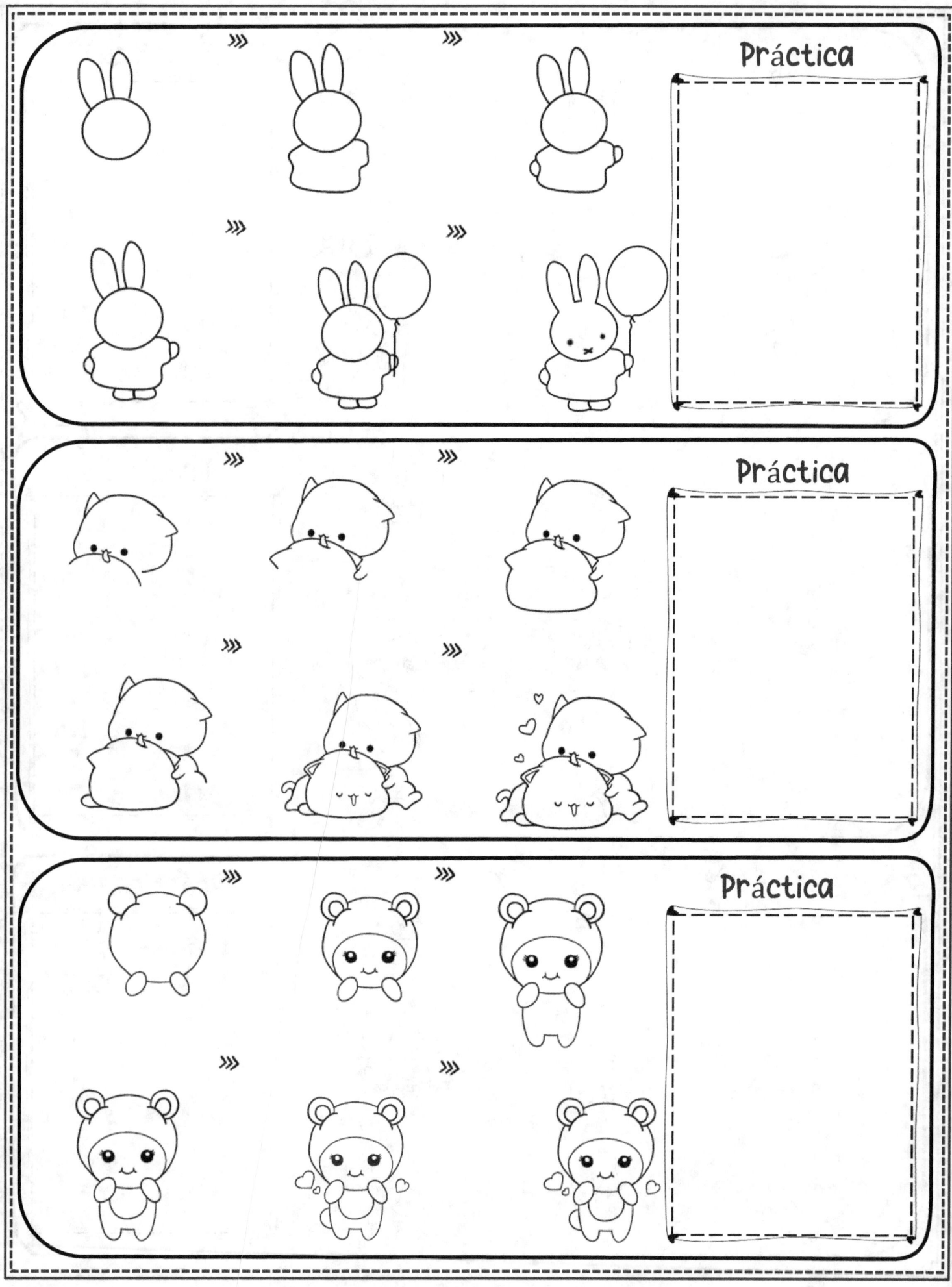

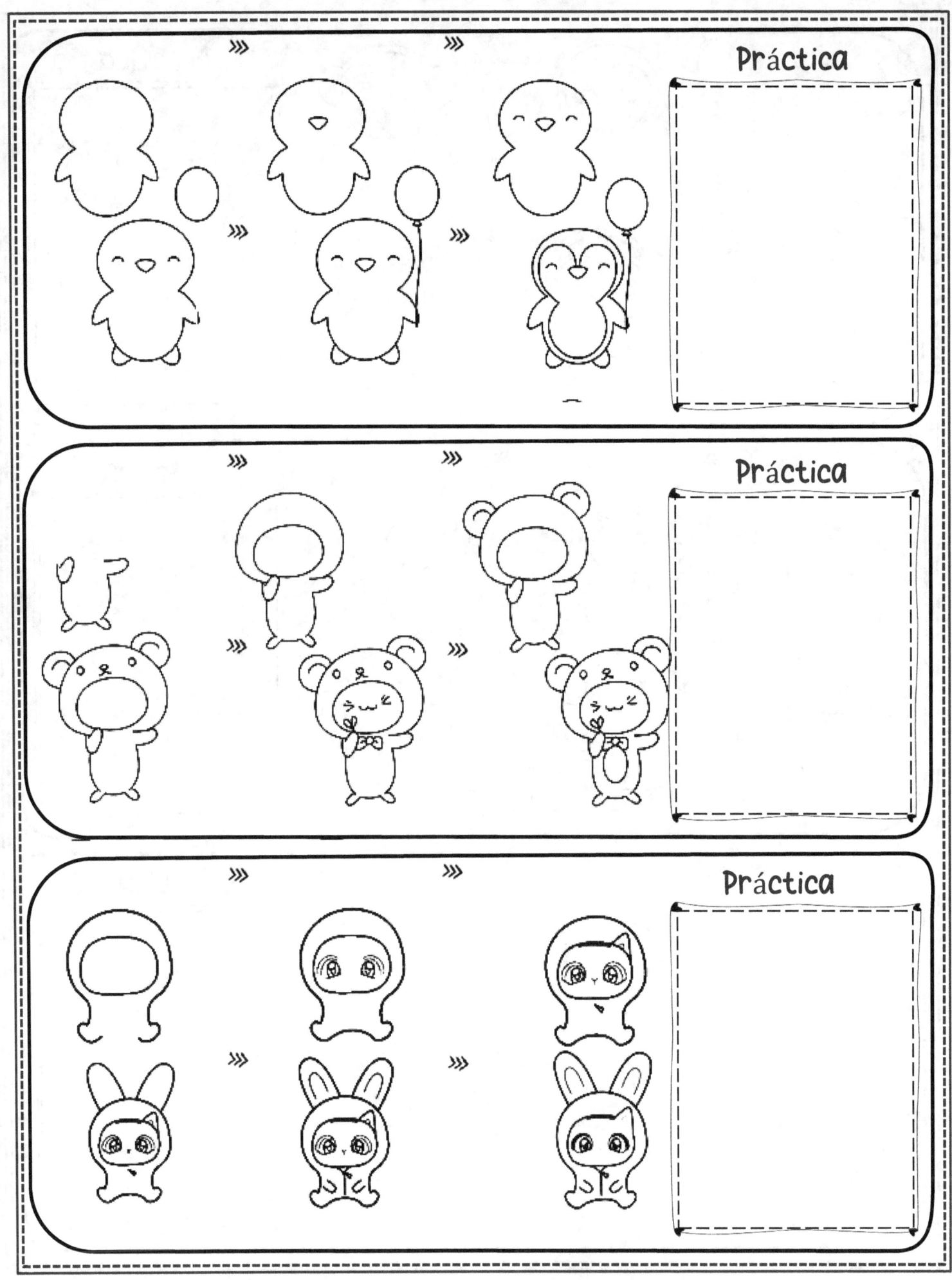

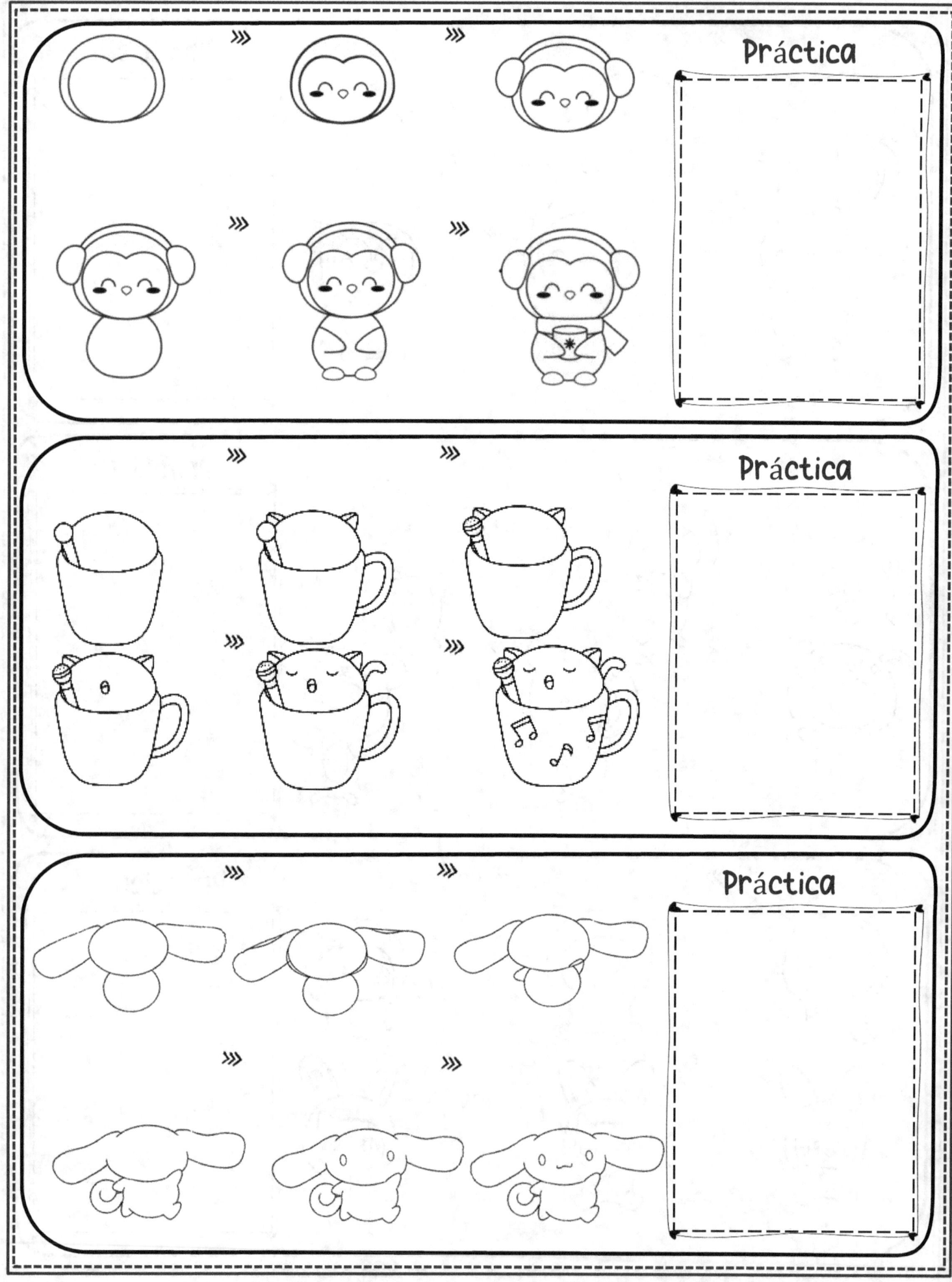

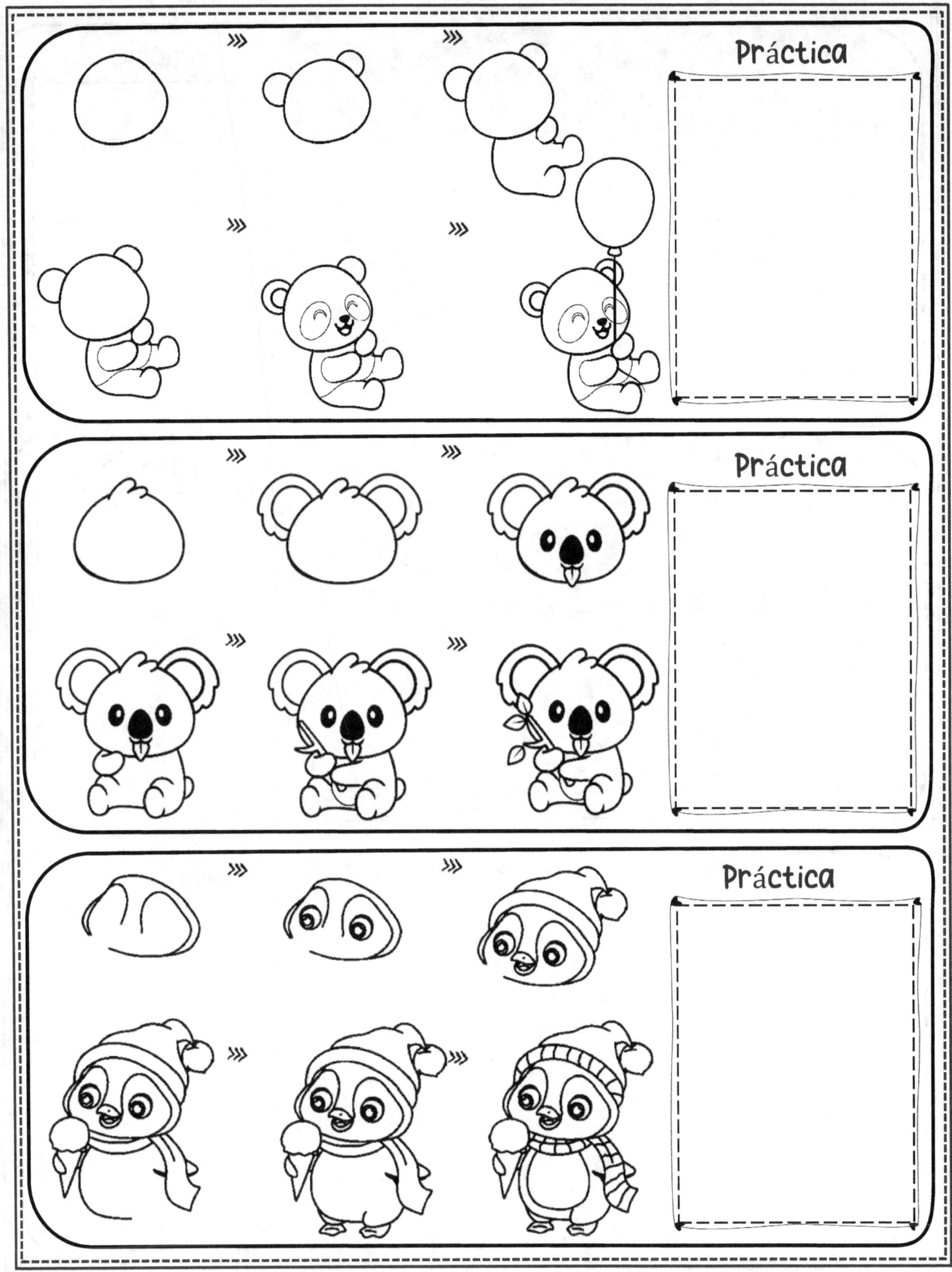

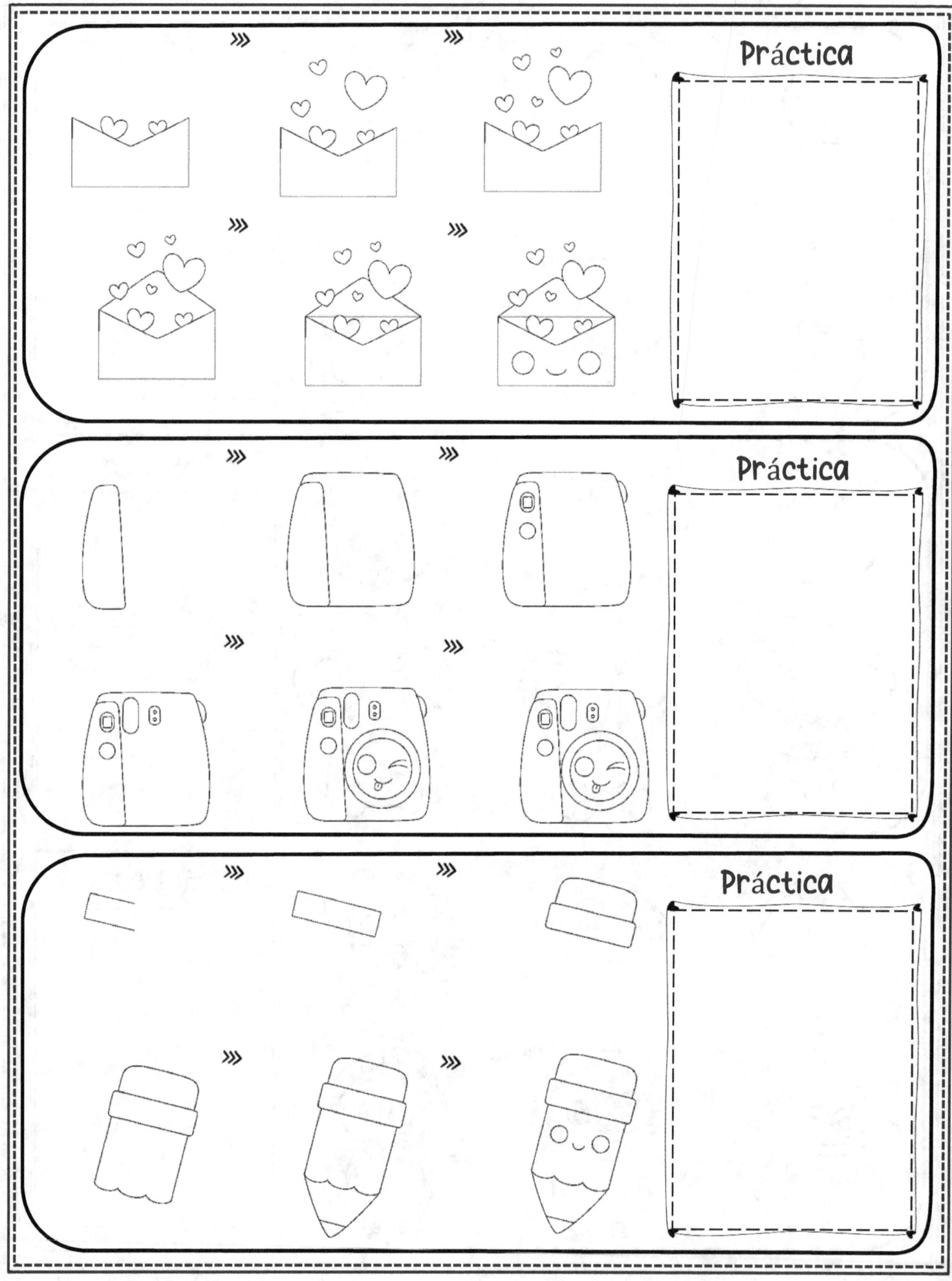

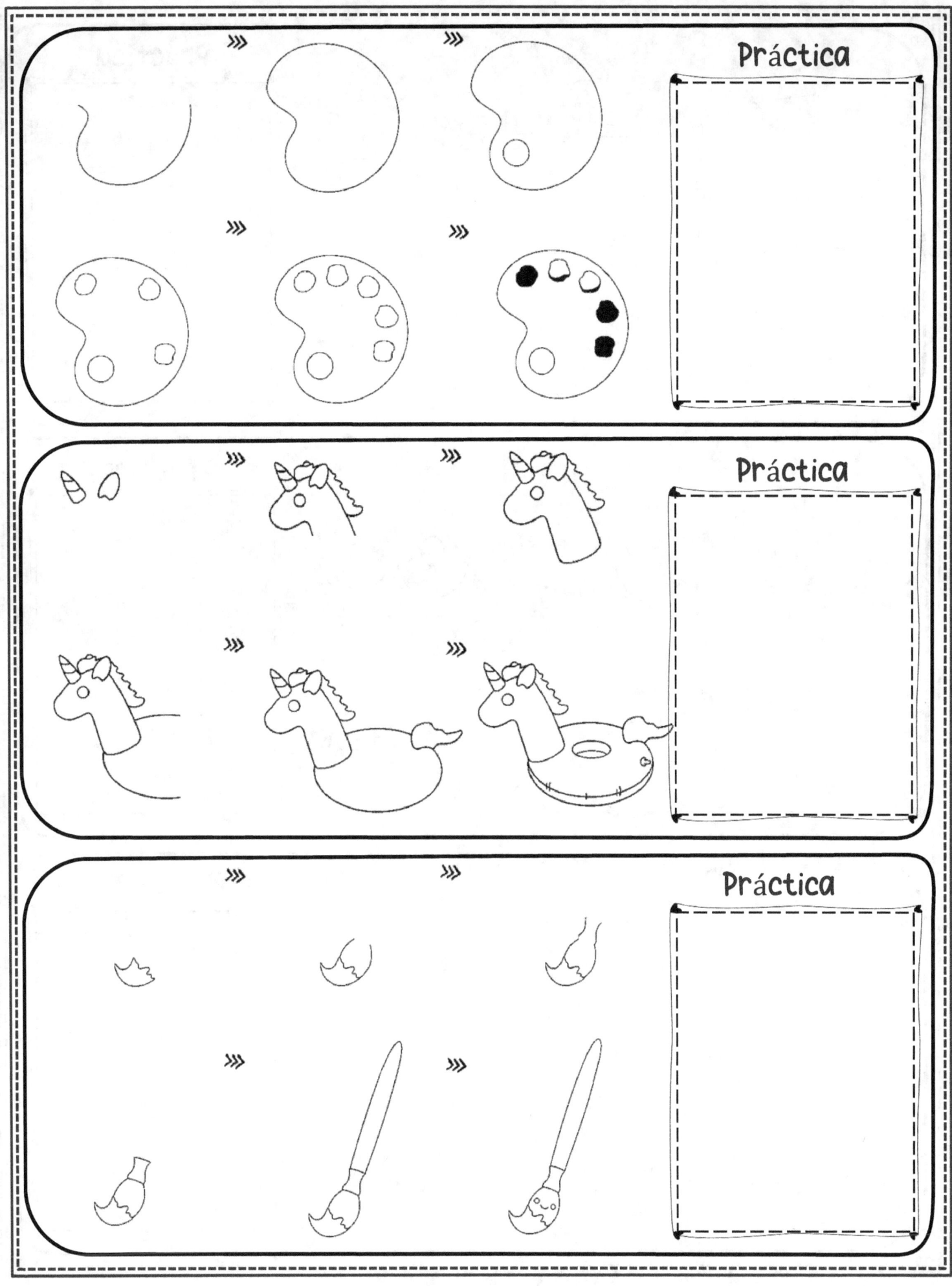

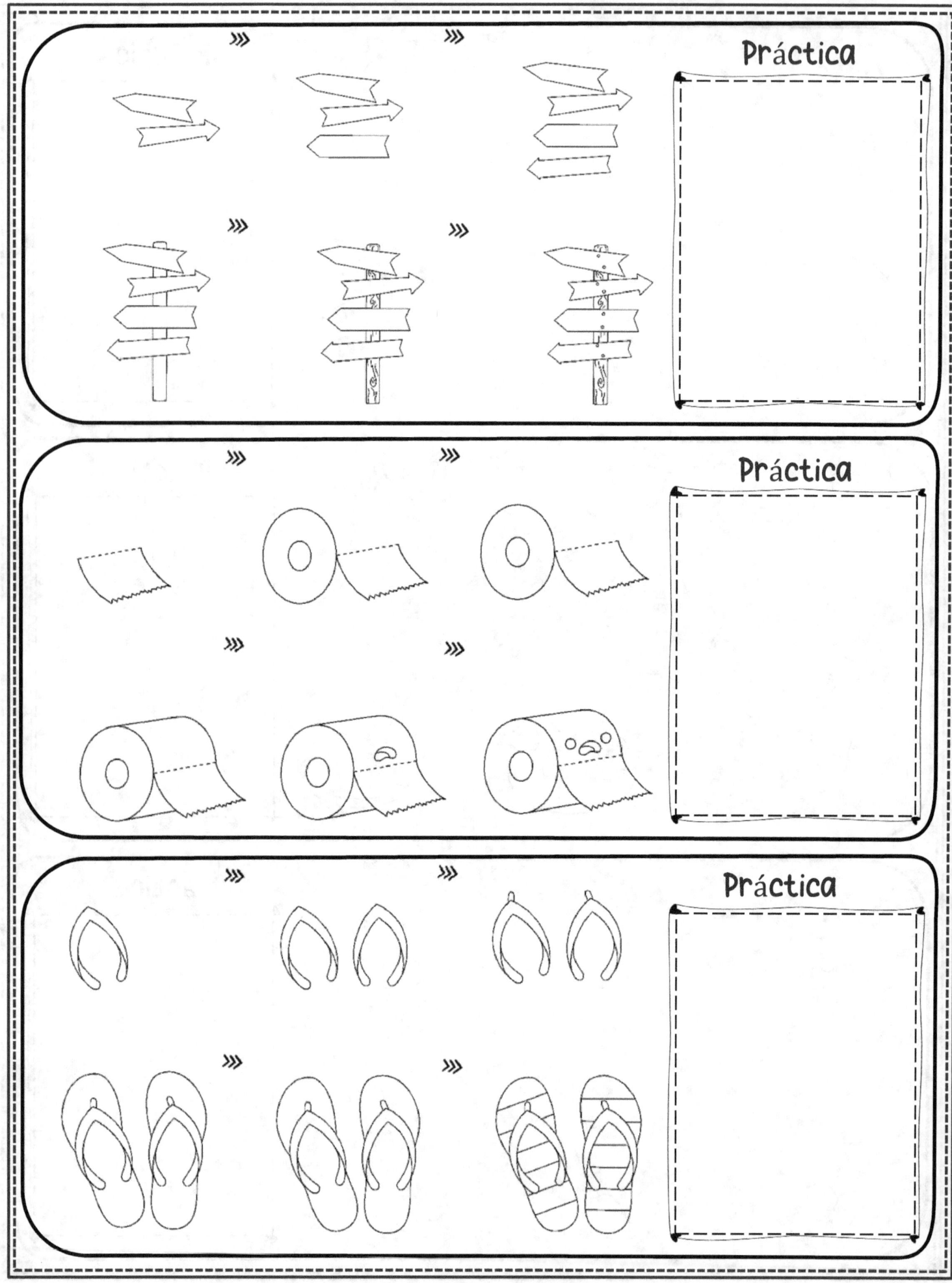

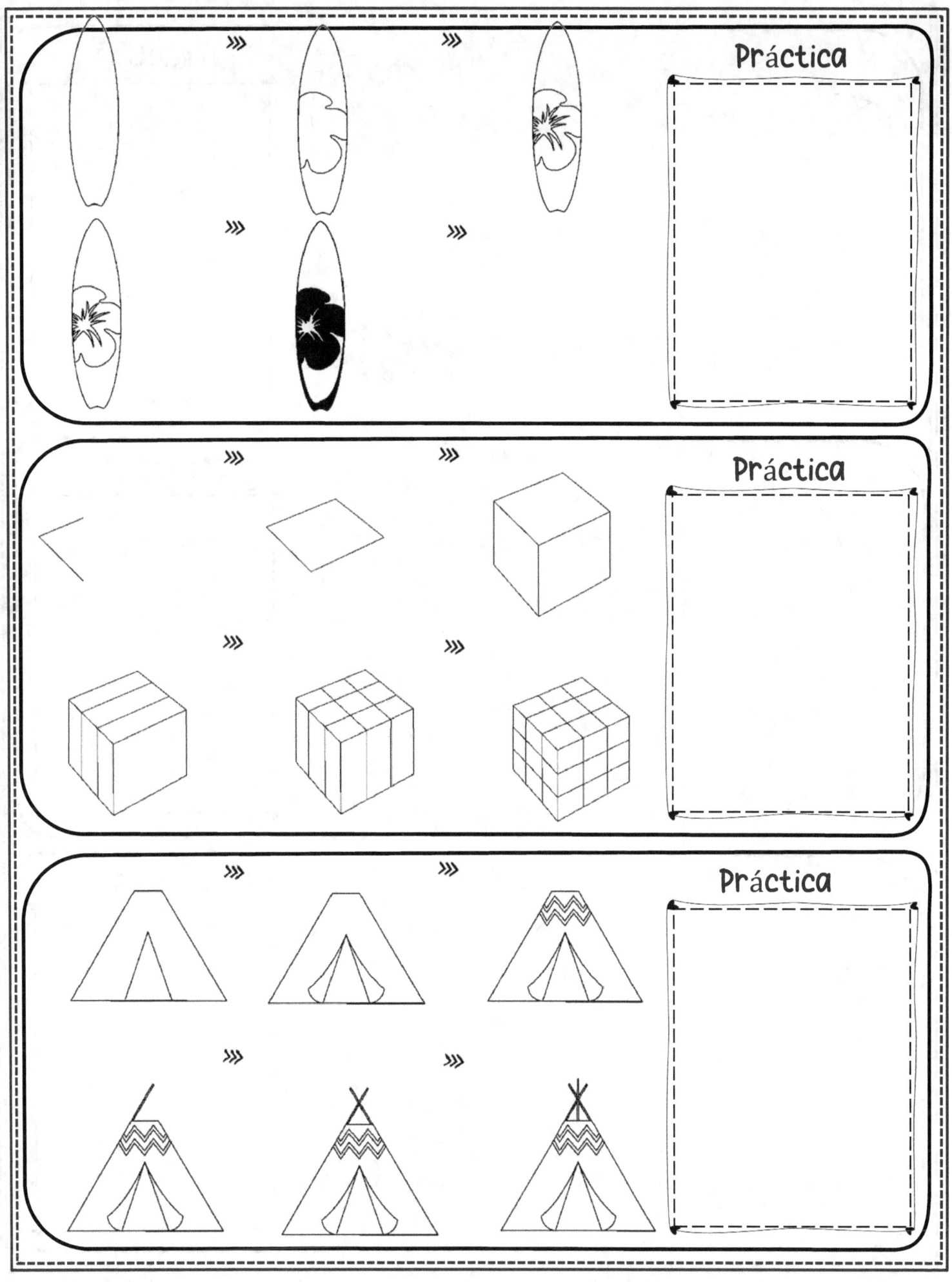

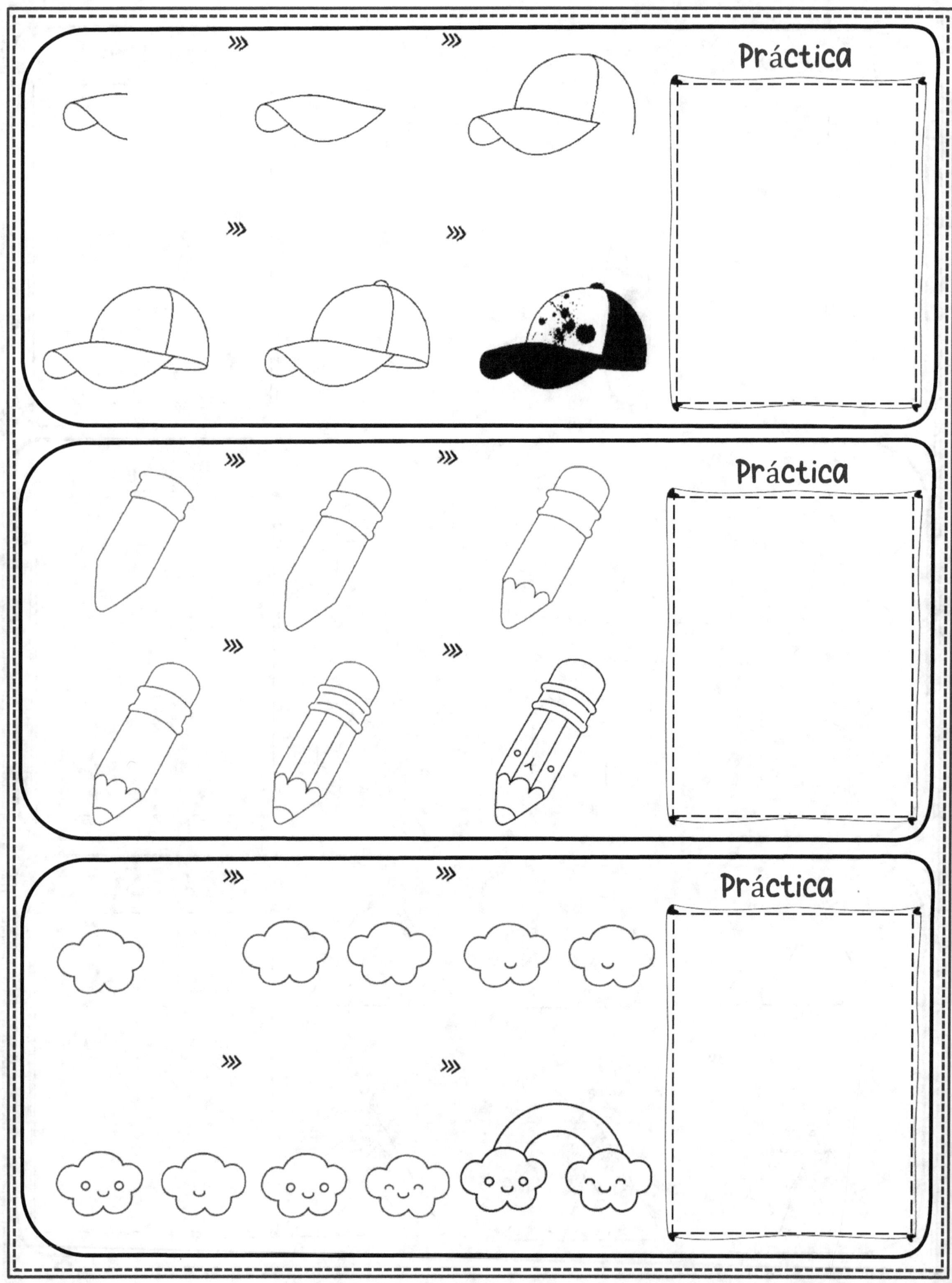

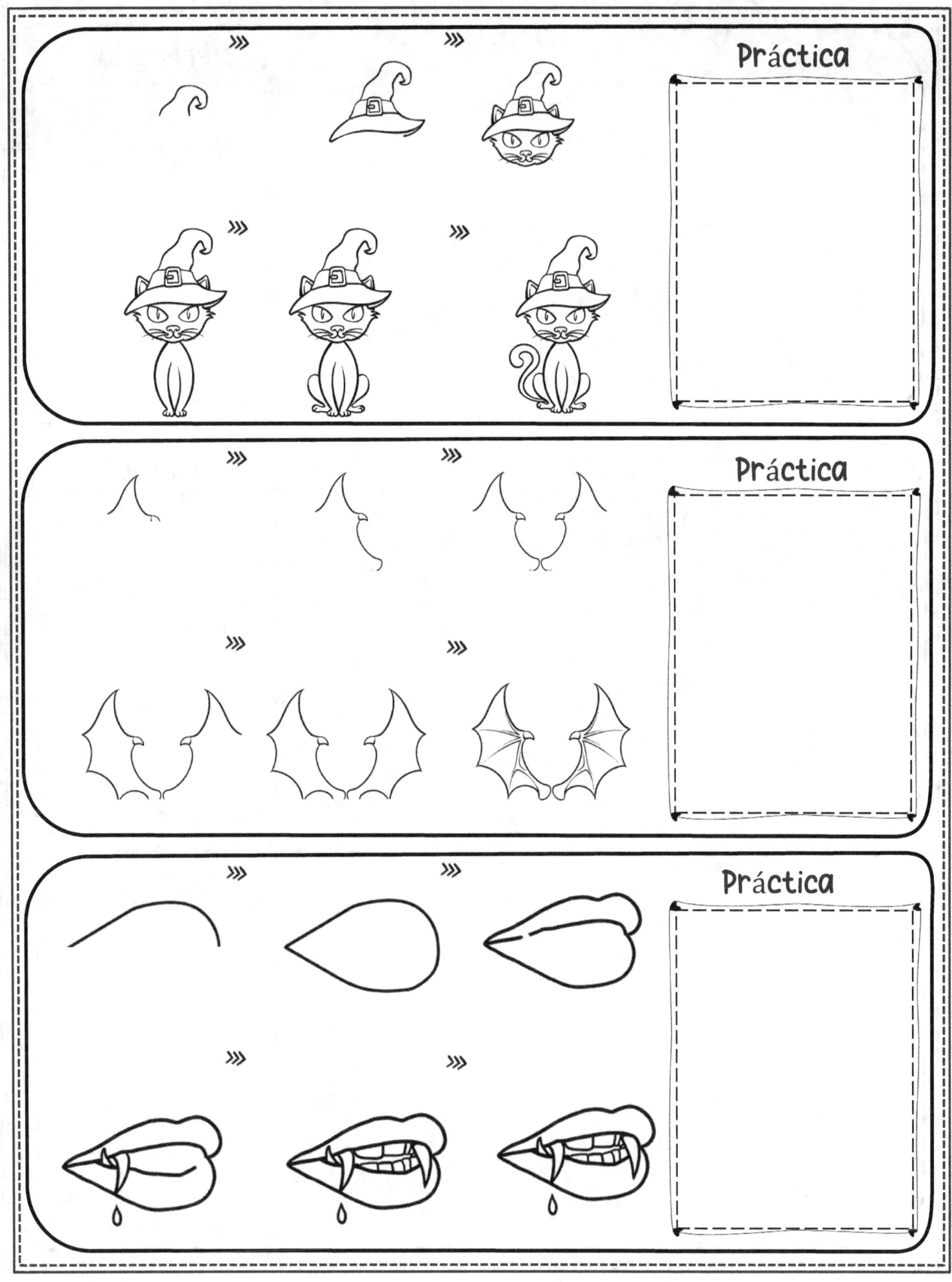

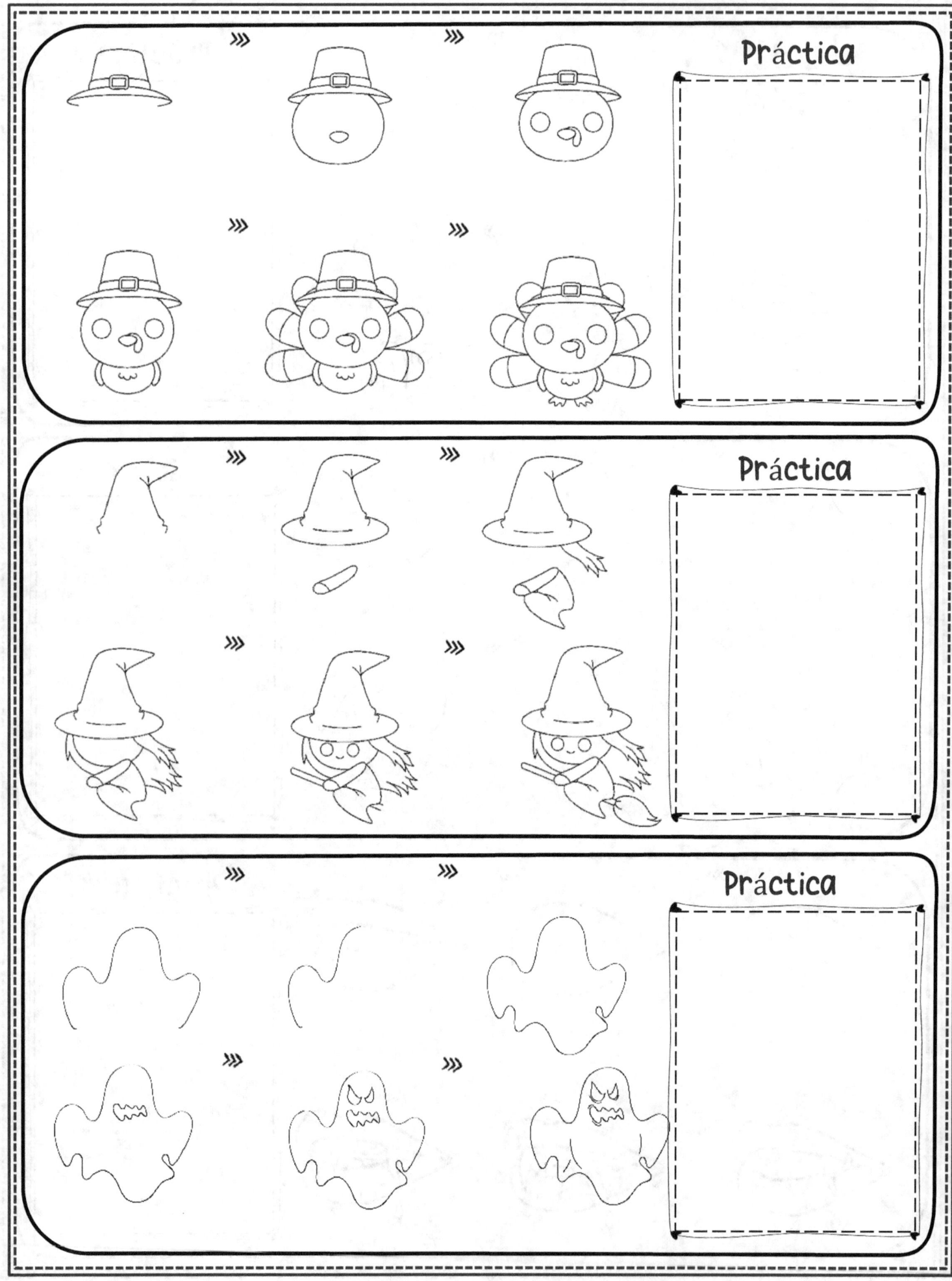

Práctica

Práctica

Práctica

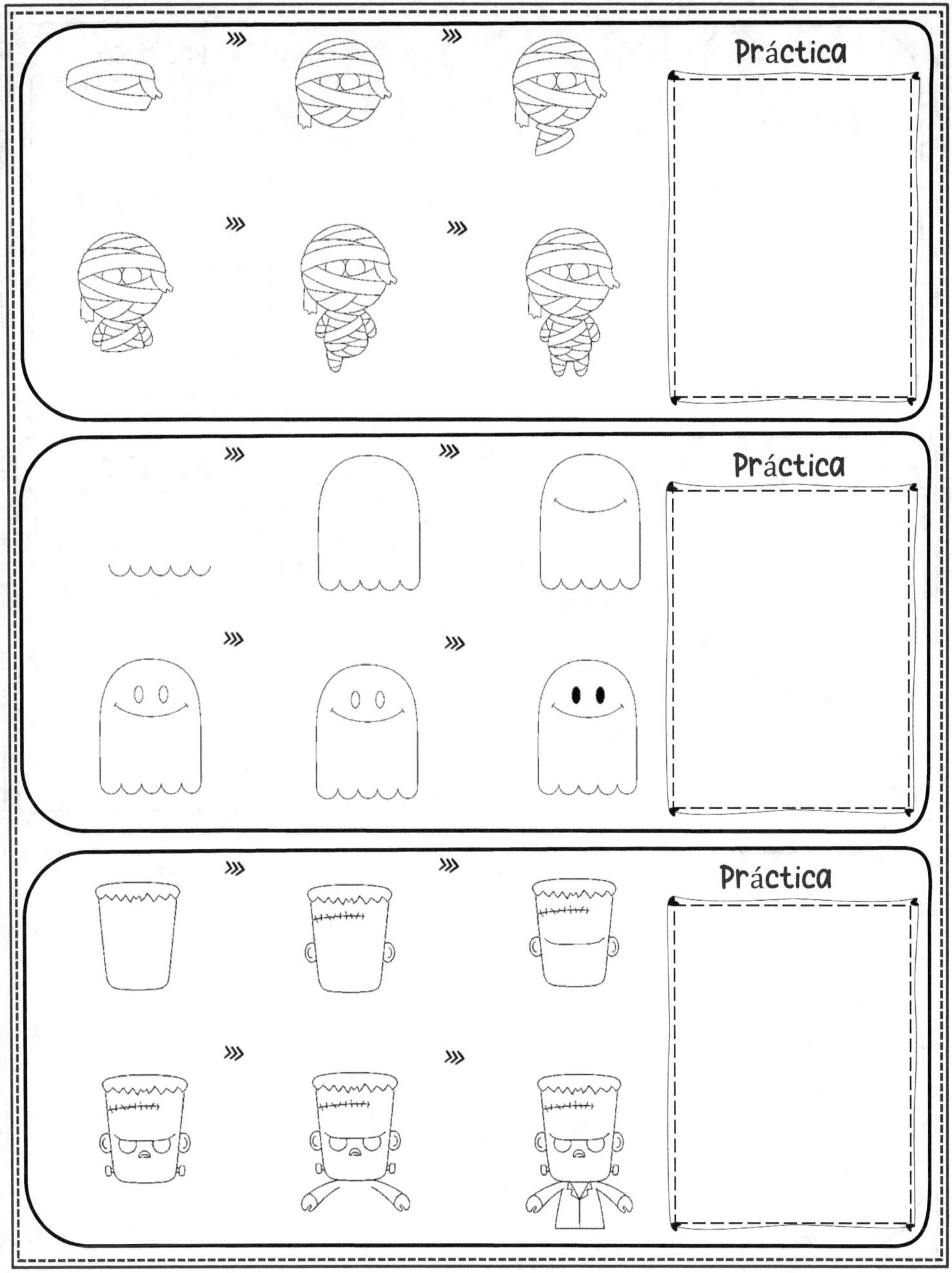

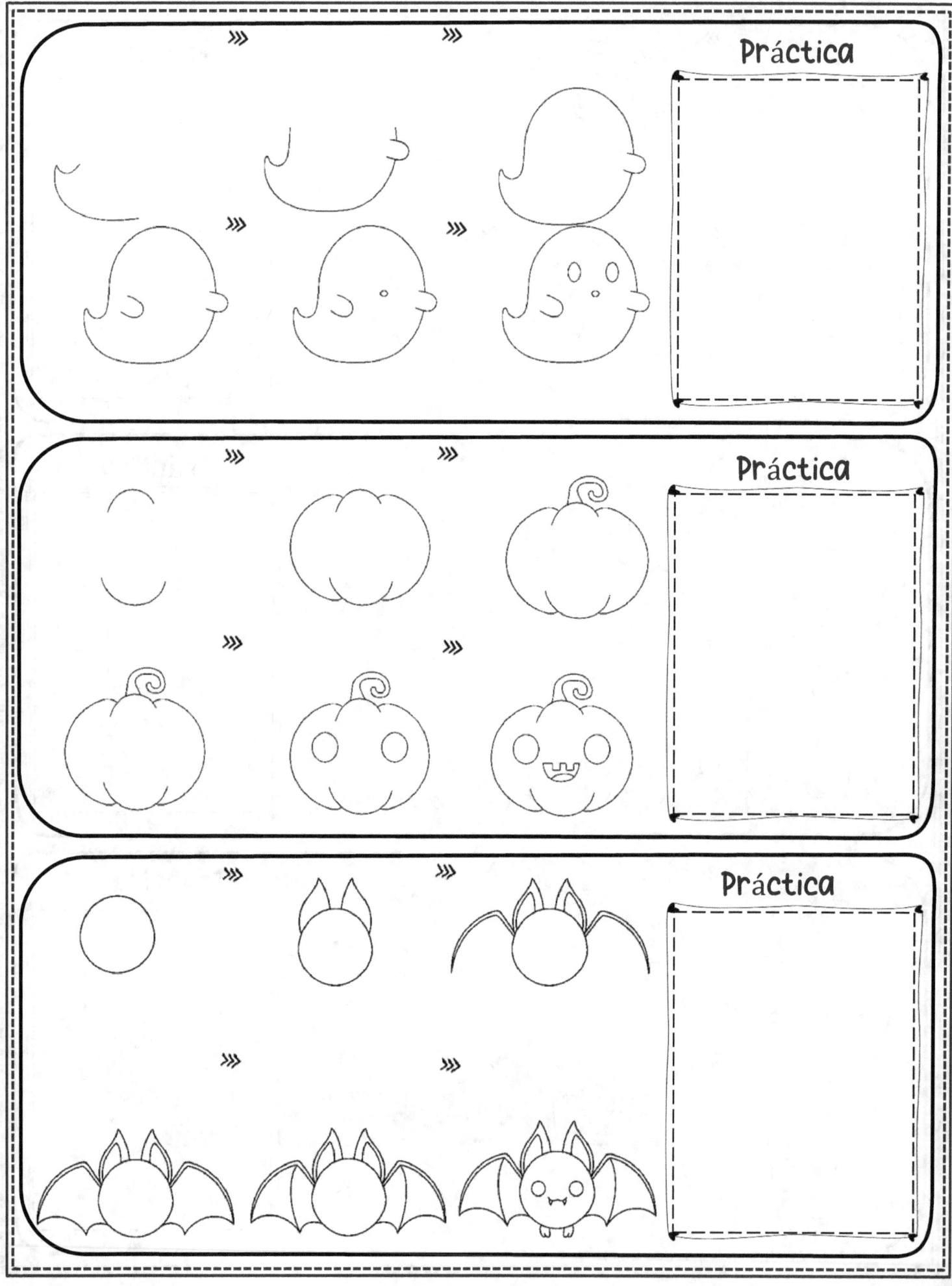

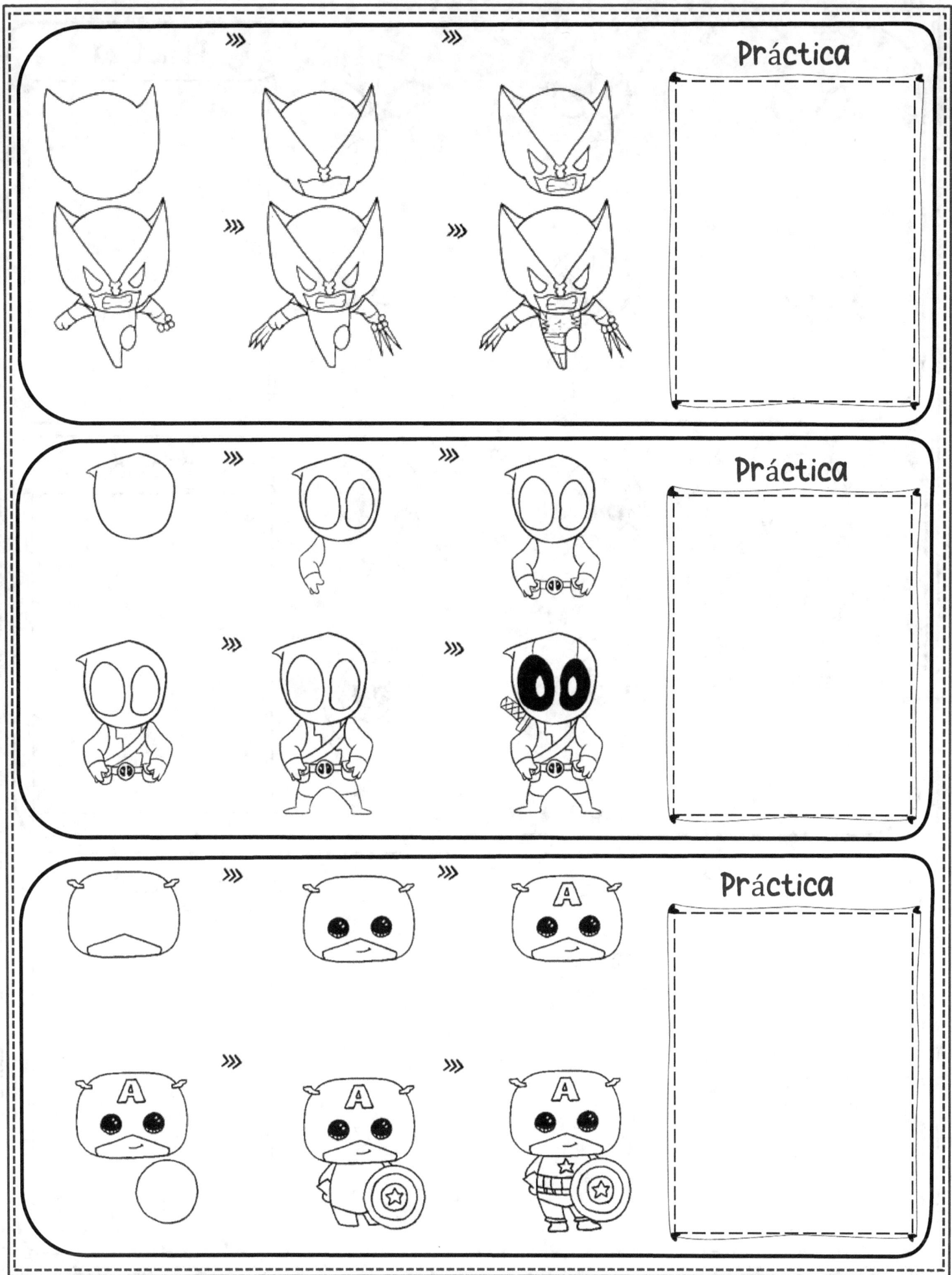

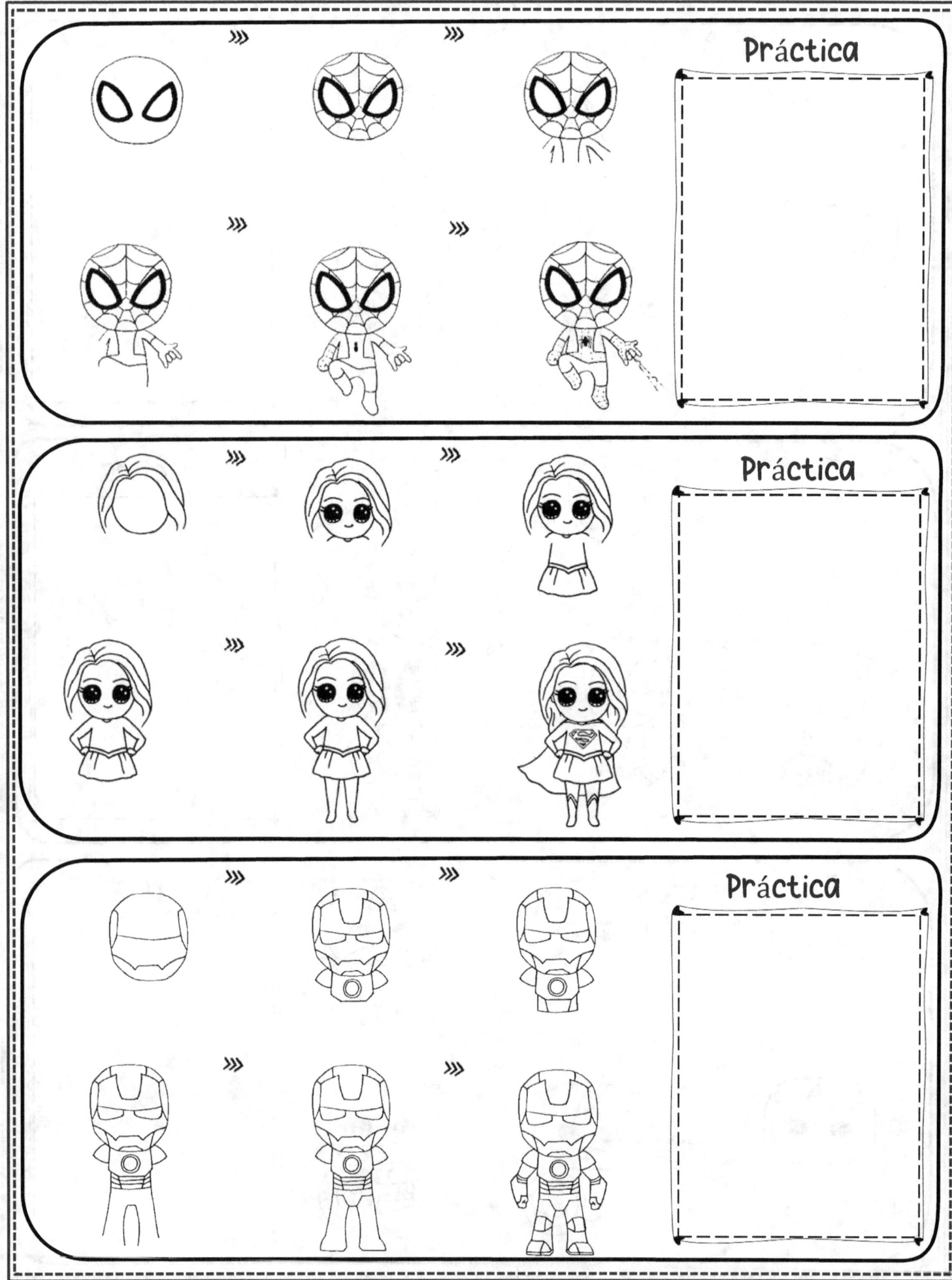

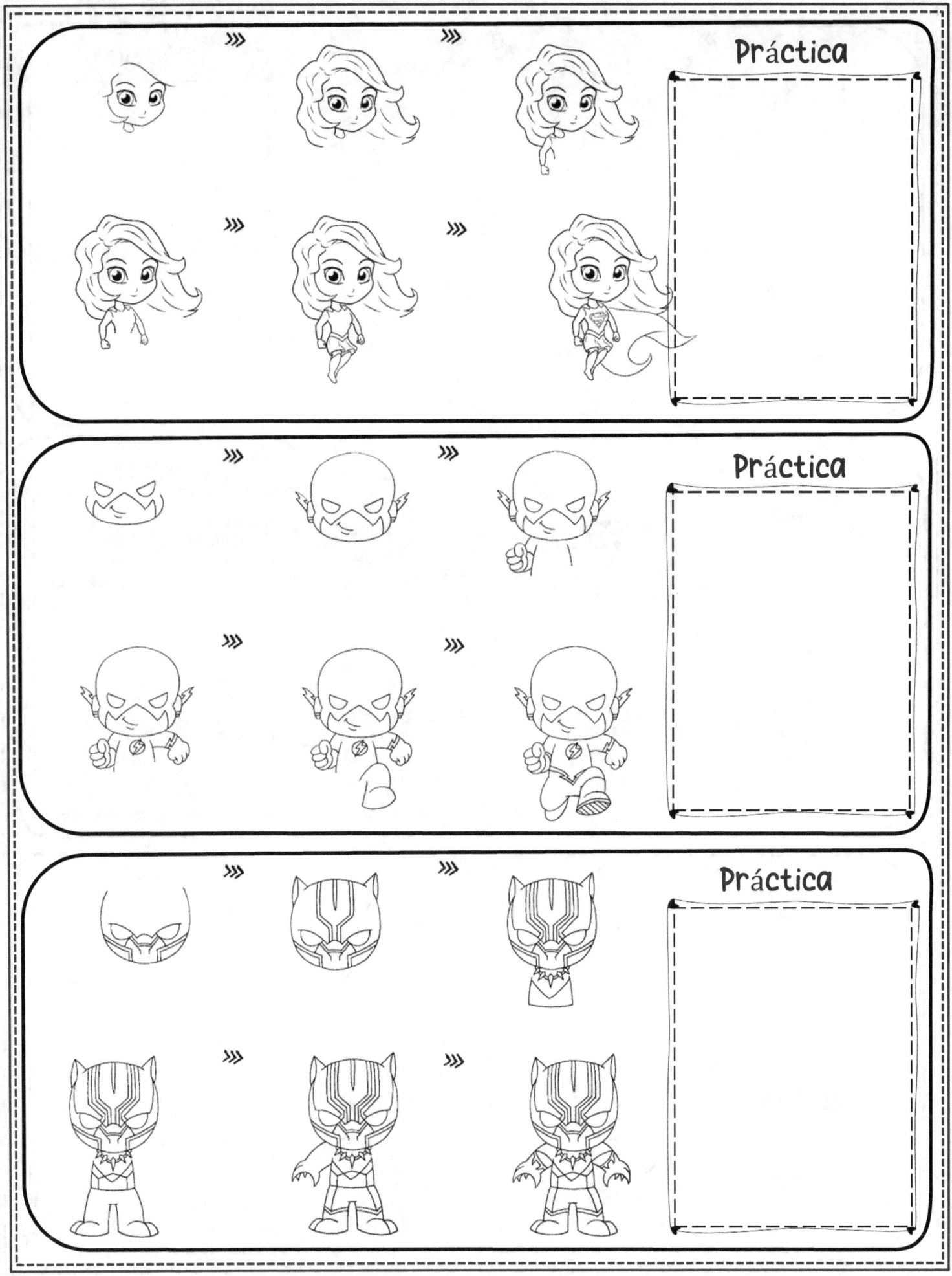

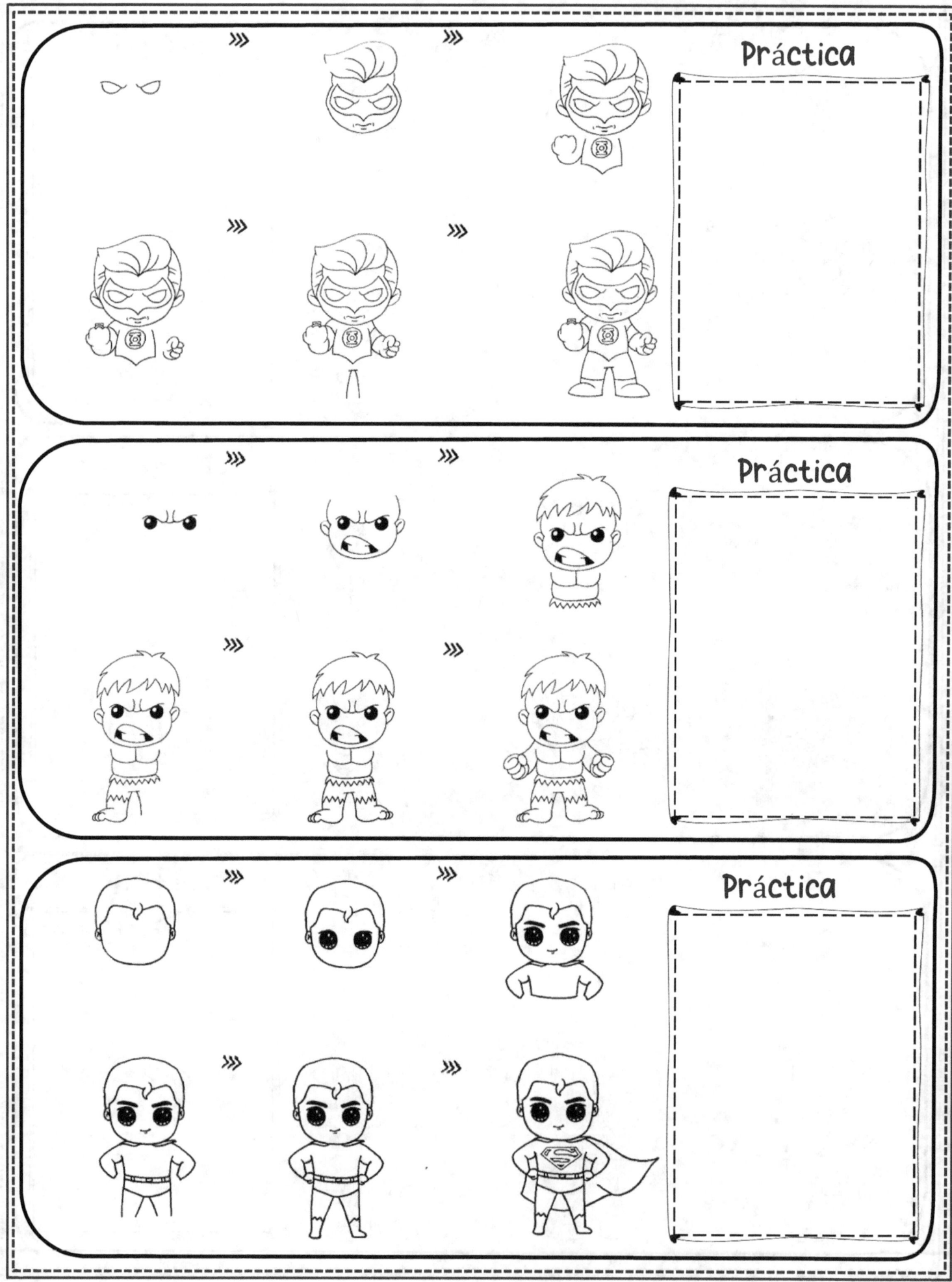

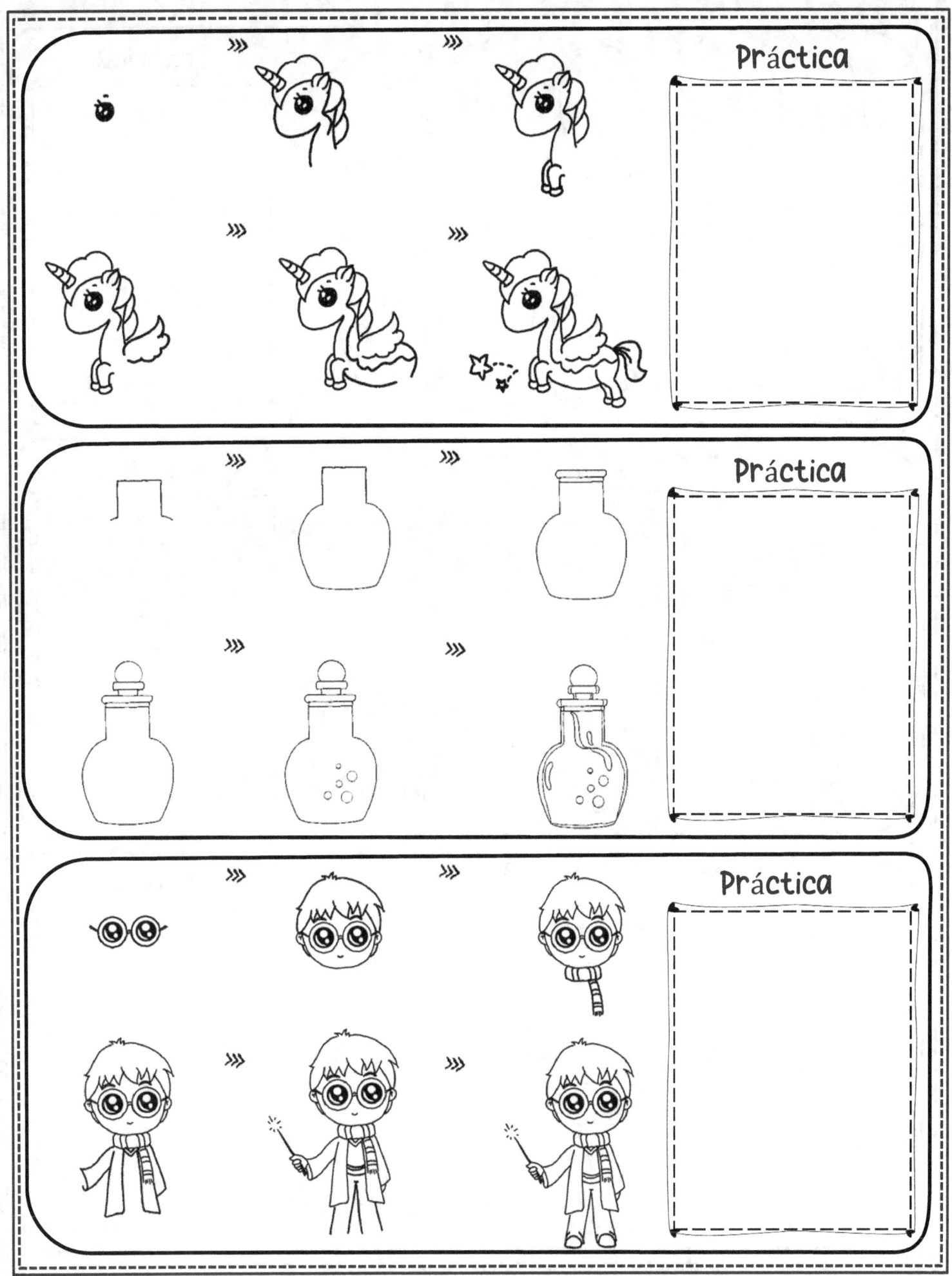

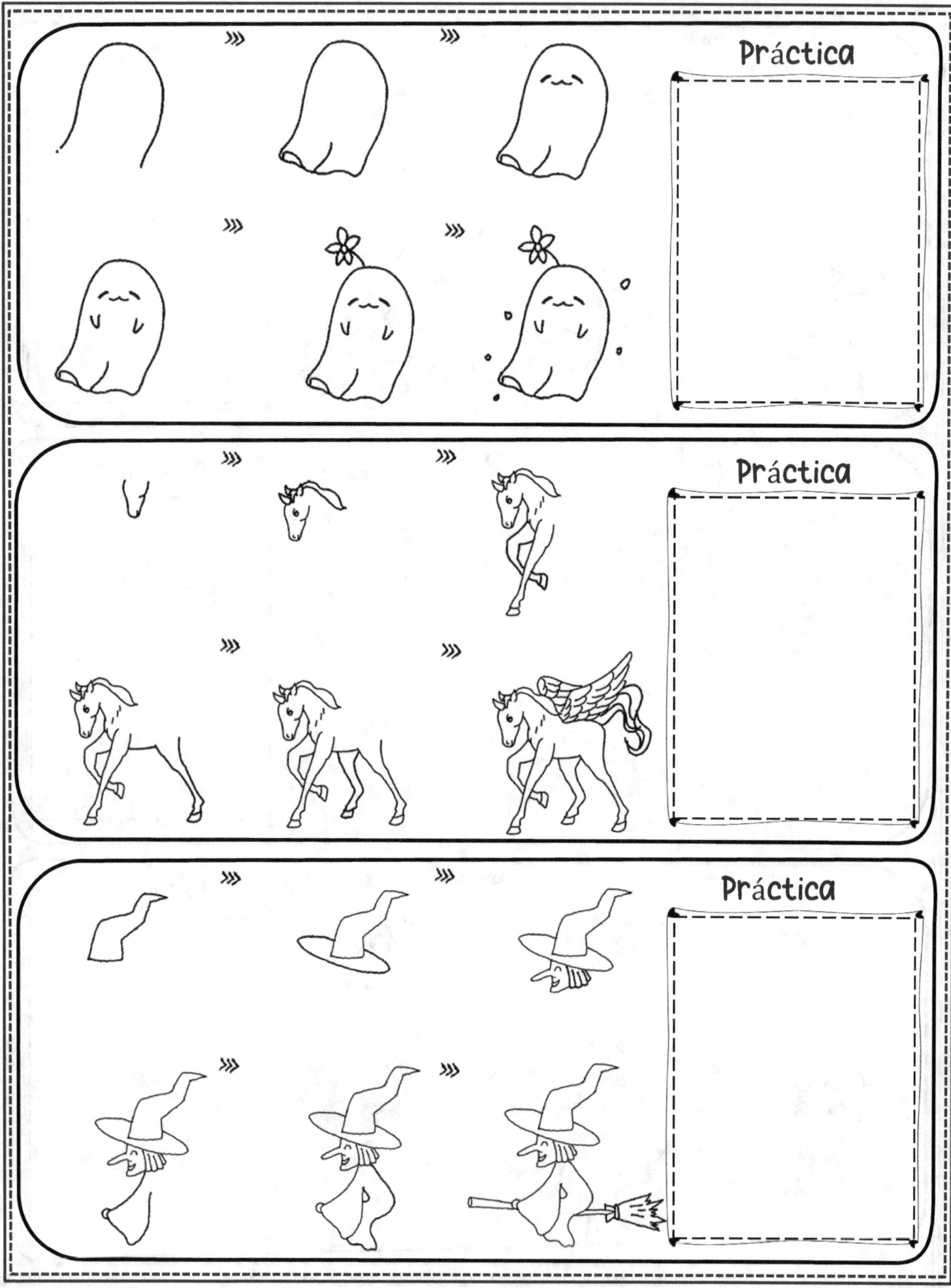

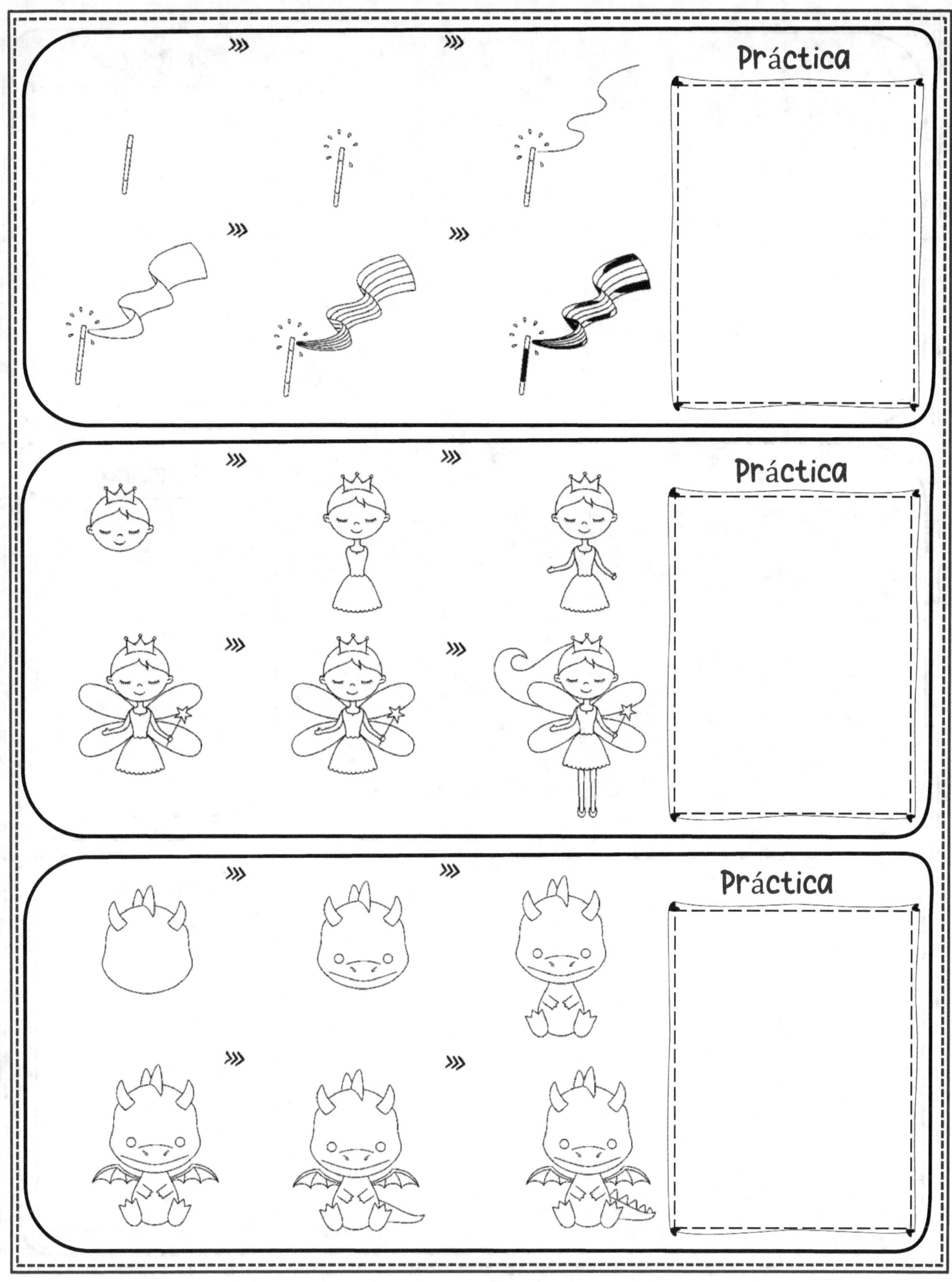

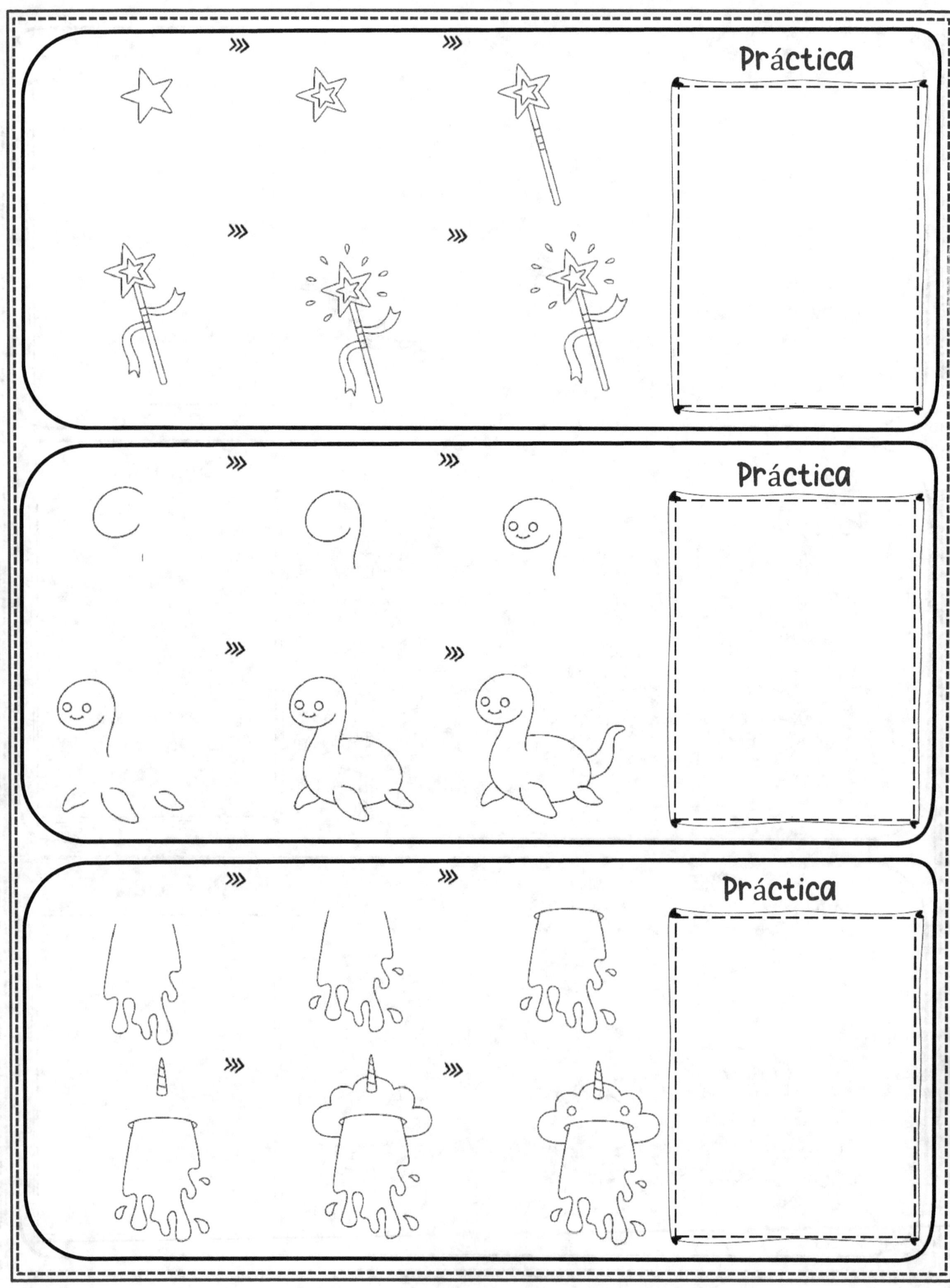

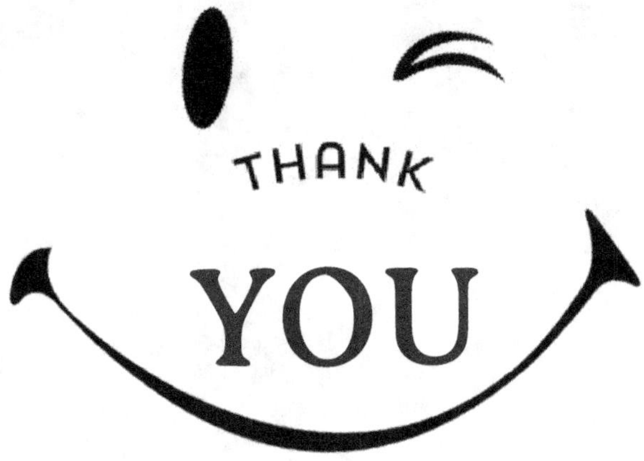

THANK YOU

¡Gracias por dibujar Fun! ¡Gracias por embarcarte en este viaje creativo con nosotros! Tu entusiasmo por el arte es inspirador. ¡Tu apoyo significa mucho para nosotros!

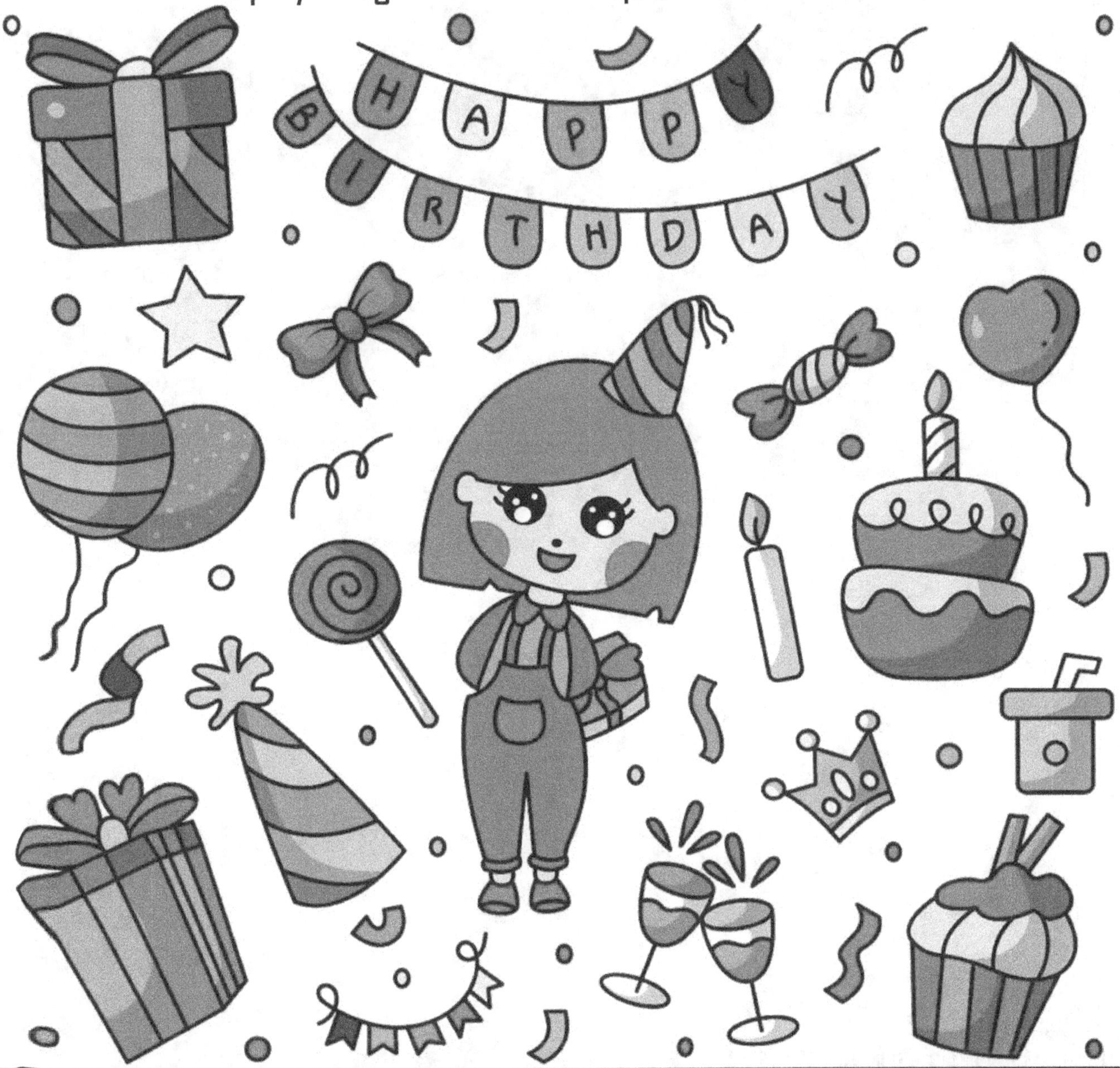

www.ingramcontent.com/pod-product-compliance
Lightning Source LLC
Chambersburg PA
CBHW082245220526
45469CB00009B/2886